Außerdeliktischer und deliktischer Integritätsschutz

EUROPÄISCHE HOCHSCHULSCHRIFTEN RECHT

European University Studies in Law

Publications Universitaires Européennes de Droit

Band/Volume 6807

Yongdeok Kwon

Außerdeliktischer und deliktischer Integritätsschutz

Eine historische und rechtsvergleichende Betrachtung von Deutschland und Korea

PETER LANG

Berlin - Bruxelles - Chennai - Lausanne - New York - Oxford

Bibliografische Information der Deutschen Nationalbibliothek
Die Deutsche Nationalbibliothek verzeichnet diese Publikation in der Deutschen Nationalbibliografie; detaillierte bibliografische Daten sind im Internet über http://dnb.d-nb.de abrufbar.

Zugl.: Köln, Univ., Diss., 2024

D 38
ISSN 0531-7312
ISBN 978-3-631-92787-8
E-BOOK 978-3-631-92788-5
E-PUB 978-3-631-92789-2
DOI 10.3726/b22426

Verlegt durch: Peter Lang GmbH, Berlin, Deutschland
info@peterlang.com www.peterlang.com

Diese Publikation wurde begutachtet.

Vorwort

Die vorliegende Arbeit wurde im Sommersemester 2024 von der Rechtswissenschaftlichen Fakultät der Universität zu Köln als Dissertation angenommen.

Meinem verehrten Doktorvater, Herrn Prof. Dr. Hans-Peter Haferkamp, danke ich herzlich für die Anregung zu diesem Thema und die wertvolle Betreuung. Mein Dank gilt auch dem Zweitgutachter, Herrn Prof. Dr. Klaus Peter Berger, für die zeitnahe Erstellung des Zweitgutachtens. Meinem koreanischen Lehrer während meines Masterstudiums in Cheongju, Herrn Prof. Dr. Seungheum Baek, danke ich für die Anregungen und Ermutigungen auf meinem akademischen Weg.

Herzlichen Dank schulde ich meinen Kolleginnen und Kollegen am Institut für Neuere Privatrechtsgeschichte, Deutsche und Rheinische Rechtsgeschichte: Dr. Wei Xiao, Chang Liu, Dr. Marc Wendt, Yasemin Tuncer, Hannah Brink, Noomi Hör und Albin Hoxha. Auch meinen Freunden in Köln, Yi-Joo Ryu, Seulgi Ji, Soomin Han, Woojin Kim, Dr. Haenooree Jung und Mohammad Alkatib möchte ich an dieser Stelle danken.

Meiner lieben Frau Eunkyoung Park danke ich herzlich für ihre liebevolle und akademische Unterstützung. Mein Dank gilt auch meinen Familien, insbesondere meinen lieben Eltern. Ihnen widme ich dieses Buch.

Yongdeok Kwon
Köln, August 2024

Inhaltsverzeichnis

Abkürzungsverzeichnis

a. F.	alte Fassung
aaO.	am angegebenen Ort
ABGB	Allgemeines bürgerliches Gesetzbuch (Österreich 1811)
AbR	Archiv für bürgerliches Recht (1889–1919)
Abs.	Absatz
Abschn.	Abschnitt
AcP	Archiv für civilistische Praxis (1818–1867; 2. Folge 1868–1922, 3. Folge seit 1923)
ADR	Akademie für Deutsches Recht 1933–1945
ALR	Allgemeines Landrecht für die Preußischen Staat (1794)
AOG	Das Gesetz zur Ordnung der nationalen Arbeit (am 20. Januar 1934)
Art.	Artikel
Aufl.	Auflage
Bd. / Bde.	Band / Bände(n)
Bearb.	Bearbeitung
BeckOK	Beck'scher Online-Kommentar zum BGB, Hrsg. v. Wolfgang Hau und Roman Poseck, 2023
Begr.	Begründer
BGB	Bürgerliches Gesetzbuch (1896)
BGB-DiskE	Diskussionsentwurf eines Schuldrechtsmodernisierungsgesetzes (am 4. August 2000)
BGB-KE	Kommissionsentwurf, in: Abschlussbericht der Kommission zur Überarbeitung des Schuldrechts, Hrsg. v. BMJ, 1992
BGB-KonDiskE	Konsolidierte Fassung des Diskussionsentwurfs eines Schuldrechtsmodernisierungsgesetzes (am 6. März 2001)
BGH	Bundesgerichtshof
BGHZ	Entscheidungen des Bundesgerichtshofs in Zivilsachen (seit 1951)
Bl.	Blatt
BMJ	Bundesministerium der Justiz
BT-Drucks.	Drucksache(n) des Deutschen Bundestages
bzw.	beziehungsweise
c.i.c.	culpa in contrahendo

d. h.	das heißt
DArbR	Deutsches Arbeitsrecht (1933–1944)
DB	Der Betrieb (seit 1948)
ders. / dies.	derselbe / dieselbe(n)
DJZ	Deutsche Juristen-Zeitung (1896–1936)
DR	Deutsches Recht (1931–1945)
DStR	Deutsches Steuerrecht (seit 1991)
Ed.	Edition
Einl.	Einleitung
f. / ff.	folgende / fortfolgende
Fn.	Fußnote(n)
GrünhZ	Zeitschrift für das Privat- und öffentliche Recht der Gegenwart (1874–1916), Hrsg. v. Carl Samuel Grünhut
h. L.	herrschende Lehre
h. M.	herrschende Meinung
Halbbd.	Halbband
Hrsg.	Herausgegeben
HKK	Historisch-kritischer Kommentar zum BGB, Hrsg. v. Mathias Schmoeckel, Joachim Rückert und Reinhard Zimmermann (seit 2003)
i. S. v.	im Sinne von (vom)
i. V. m.	in Verbindung mit
JhJb	Jahrbücher für die Dogmatik des heutigen römischen und deutschen Privatrechts (1857–1892); Jherings Jahrbücher für die Dogmatik des bürgerlichen Rechts (1893–1943)
JuS	Juristische Schulung (seit 1961)
JW	Juristische Wochenschrift (1872–1939)
JZ	Juristenzeitung (seit 1951)
KOGH	Koreanischer Oberster Gerichtshof
KOGHE	Entscheidung(en) des Koreanischen Obersten Gerichtshofs
KritV	Kritische Vierteljahresschrift für Gesetzgebung und Rechtswissenschaft (1859–1877; 2. Folge 1878–1894; 3. Folge 1895–1944; 4. Folge1986–1989; 1990–)
KZGB	Koreanisches Zivilgesetzbuch am 1. Januar 1960
LM	Nachschlagewerk des Bundesgerichtshofs, Hrsg. v. Lindenmaier-Möhring
LZ	Leipziger Zeitschrift für Deutsches Recht (1914–1933)
m. w. N.	mit weiteren Nachweisen
MDR	Monatsschrift für Deutsches Recht (seit 1947)

Motive	Motive zu dem Entwurfe eines Bürgerlichen Gesetzbuches für das Deutsche Reich, Bde 1–5 (1888)
Mugdan	Die gesammten Materialien zum Bürgerlichen Gesetzbuch für das Deutsche Reich, Bde 1–5 (1899)
MüKo	Münchener Kommentar zum BGB
n. F.	neue Fassung
NJW	Neue Juristische Wochenschrift (seit 1947)
NK-BGB	Nomos Kommentar zum BGB
Nr.	Nummer
NS	Nationalsozialismus
NSDAP	Die Nationalsozialistische Deutsche Arbeiterpartei
ÖJZ	Österreichische Juristen-Zeitung (seit 2010)
OLG	Oberlandesgericht
pFV	positive Forderungsverletzung
pVV	positive Vertragsverletzung
RabelsZ	Rabels Zeitschrift für ausländisches und internationales Privatrecht (1927–1944; 1949–1960; seit 1961)
RG	Reichsgericht
RGBl.	Reichsgesetzblatt (1871–1945)
RGZ	Entscheidung(en) des Reichsgerichts in Zivilsachen (1880–1944)
Rn.	Randnummer
RVO	Reichsversicherungsordnung
Rz.	Randziffer
S.	Satz; Seite(n)
SeuffA	Scheufferts Archiv für Entscheidungen der obersten Gerichte in den deutschen Staaten (1847–1857; 1859–1944)
sog.	sogenannt
Sp.	Spalte(n)
SRMG	Gesetz zur Modernisierung des Schuldrechts (am 26. November 2001)
u. a.	und andere
Urt.	Urteil(e)
usw.	und so weiter
v.	von (vom)
VbV	Verschulden beim Vertragsschluss
veröffentl.	veröffentlicht
VersR	Versicherungsrecht (seit 1950)
vgl.	vergleiche
VO	Verordnung

Vorb.	Vorbemerkung(en)
VSD	Vertrag mit Schutzwirkung zugunsten Dritter
ZAkDR	Zeitschrift der Akademie für Deutsches Recht (1934–1944)
z. B.	zum Beispiel
ZgesStaatsW	Zeitschrift für die gesamte Staatswissenschaft (1844–1944; 1948–1985)
zit.	zitiert
ZVglRWiss	Zeitschrift für vergleichende Rechtswissenschaft (1878–1942; seit 1953)

Einleitung

Die Entdeckung und der systematische Aufbau von Schutzpflichten sind als eine der wichtigsten Thematiken im Schuldrecht des 20. Jahrhunderts von Bedeutung.[1] Ihre Entdeckung war eine Reaktion auf die Haftungslücke im Deliktsrecht. Heinrich Stoll stellte im Linoleumrollen-Fall[2] fest, dass die Schutzlücke des Integritätsinteresses vor Vertragsschluss wegen der Exkulpationsmöglichkeit des Geschäftsherrn für den Verrichtungsgehilfen nach § 831 Abs. 1 S. 2 BGB nicht befriedigend geschlossen war. Er entdeckte die Haftung für das Verhalten vor Vertragsschluss als eine neue Haftungskategorie aus culpa in contrahendo.[3] In Abgrenzung zur von anderen bereits erwogenen Haftung für die Nichtigkeit des Vertrages[4] und zur Haftung für das Verhalten bei Vertragsschluss[5] konstruierte er dann die Haftung für das Verhalten vor Vertragsschluss in seiner Lehre von den Schutzpflichten.[6] Diese Lehre entwickelte sich in der Folgezeit hinsichtlich ihrer Rechtfertigung weiter.[7]

---

1 Benedict, Culpa in contrahendo, Tübingen 2007, S. 394; vgl. Medicus, Probleme um das Schuldverhältnis, Berlin 1987.

2 RGZ 78, 239–241 = JW 1912, 191 (Nr. 8).

3 Vgl. Stoll, Haftung für das Verhalten während der Vertragsverhandlungen, LZ 1923, Sp. 532 ff.

4 Vgl. Jhering, Culpa in contrahendo oder Schadensersatz bei nichtigen oder nicht zur Perfection gelangten Verträgen, JhJb 4 (1861), S. 1–112.

5 Vgl. Leonhard, Verschulden beim Vertragsschlusse, Berlin 1910.

6 Stoll, Abschied von der Lehre von der positiven Vertragsverletzung, AcP 136 (1932), S. 257 ff.; ders., Die Lehre von den Leistungsstörungen, Tübingen 1936.

7 Vgl. Dölle, Aussergesetzliche Schuldpflichten, ZgesStaatsW 103 (1943), S. 67 ff.; Ballerstedt, Zur Haftung für culpa in contrahendo bei Geschäftsabschluß durch Stellvertreter, AcP 151 (1950/1951), S. 501 ff.; Canaris, Ansprüche wegen „positiver Vertragsverletzung" und „Schutzwirkung für Dritte" bei nichtigen Verträgen, JZ 1965, S. 475 ff.; ders., Die Vertrauenshaftung im deutschen Privatrecht, München 1971; ders., Schutzgesetz – Verkehrspflichten – Schutzpflichten, in: Canaris/Diederichsen (Hrsg.), Festschrift für Karl Larenz zum 80. Geburtstag, München 1983, S. 27 ff. Bereits aber Siber, in: Planck's Kommentar zum bürgerlichen Gesetzbuch, Recht der Schuldverhältnisse (Allgemeiner Teil), Bd. 2/1, 4. Aufl., Berlin 1914, Vorb. zu §§ 275–292, S. 193.

A. Überblick über die Problematik der Schutzpflichten

Schutzpflichten bestehen, um über das Leistungsinteresse hinaus die Integritätsinteressen des anderen Teils zu schützen. Sie sind seit der Schuldrechtsmodernisierung 2002 im Schuldrecht Allgemeiner Teil, §§ 241 Abs. 2 i. V. m. 311 Abs. 2 BGB, angesiedelt. Warum übernimmt das Vertragsrecht den Integritätsschutz, der üblicherweise im Deliktsrecht gewährleistet wird? Und wie wird der Integritätsschutz vor Vertragsschluss begründet? Die Antwort auf diese Frage gibt die Dogmengeschichte der Schutzpflichten, die seit der Linoleumrollen-Entscheidung außerhalb des Deliktsrechts anerkannt sind.

Der historische Gesetzgeber des BGB übernahm keine Generalklausel in das Deliktsrecht, sondern nur den Schutz vor Einzeltatbeständen wie der Verletzung des Lebens, des Körpers, der Gesundheit, der Freiheit, des Eigentums oder eines sonstigen Rechts nach § 823 Abs. 1 BGB, der Verletzung eines Schutzgesetzes nach § 823 Abs. 2 BGB oder der vorsätzlichen sittenwidrigen Schädigung nach § 826 BGB. Fahrlässig begangene Vermögensschäden außerhalb von Schutzgesetzen werden also nicht erfasst. Das Deliktsrecht bietet dem Geschäftsherrn zudem die Möglichkeit, sich von der Haftung für Verrichtungsgehilfen zu befreien. Aufgrund der Exkulpationsmöglichkeit nach § 831 Abs. 1 S. 2 BGB kann der Geschädigte Schadensersatzansprüche oft nur gegen den Verrichtungsgehilfen geltend machen.[8] Dieser hätte das Schadensrisiko allein zu tragen.[9] Sein Vermögen reicht aber oft nicht aus, um den Schaden zu decken. Hier besteht eine Haftungslücke, die zu einer Härte für den Geschädigten führen könnte. Die deshalb entwickelten Schutzpflichten sollen die Schwächen des Deliktsrechts überwinden, indem sie die Integritätsinteressen des anderen Teils im Stadium der Vertragsverhandlungen durch vertragliche Haftung schützen.

Schutzpflichten werden derzeit nicht nur in der Literatur uneinheitlich erläutert, sondern auch in § 241 Abs. 2 BGB nicht definiert. Um hier Klärung zu betreiben, wird die Genese der Schutzpflichtenproblematik im 20. Jahrhundert untersucht. Die Schutzpflichten gehen auf die Entdeckung der Lückenhaftigkeit des BGB durch Hermann Staub zurück.[10] Er öffnet die Tür für die Ausdehnung

---

8 Insbesondere Linoleumrollen-Fall, RGZ 78, 239 ff. = JW 1912, 191 (Nr. 8); dazu siehe 2. Teil B II.

9 Vgl. HKK/Dorn, § 241 Rn. 77.

10 Vgl. Staub, Die positiven Vertragsverletzungen und ihre Rechtsfolgen, in: Festschrift für den 26. Deutschen Juristentag, Berlin 1902, S. 29–56; ders., Die positiven Vertragsverletzungen in Monographie, 1. Aufl., Berlin 1904 (2. Aufl. hrsg. und ergänzt von Müller, Berlin 1913); ders., Die positiven Vertragsverletzungen, in: Schmidt, Culpa in contrahendo, Bad Homburg u. a. 1969, S. 93–130.

der verschiedenen Pflichten neben den Leistungspflichten. Dabei entstehen die von den Leistungspflichten völlig unabhängigen Schutzpflichten.[11]

Nach der Entdeckung der Lehre von der culpa in contrahendo durch Jhering im Jahre 1861 entwickelte Leonhard die Lehre vom Verschulden beim Vertragsschluss (VbV), nach der die Haftung für VbV einen wirksamen Vertragsschluss voraussetzt.[12] Sie stand im Gegensatz zu der von Jhering vertretenen Haftung für die Nichtigkeit des Vertrages.[13] Einen Schritt weiter ging die Diskussion über die Begründung der vorvertraglichen Haftung in dem Linoleumrollen-Fall von 1911, in dem sie auf ein „den Kauf vorbereitendes Rechtsverhältnis", nämlich einen „Warenvorzeigevertrag"[14] gestützt wurde. Damit wurde der Integritätsschutz aus dem Deliktsrecht in das Vertragsrecht überführt. Die Frage, was ein „den Kauf vorbereitendes Rechtsverhältnis" im Hinblick auf die Begründung der vorvertraglichen Haftung ist, blieb jedoch offen. Dies führte zu einer ergänzenden Erläuterung des Begründungsansatzes des RG in der Literatur.[15]

Das Rechtsverhältnis wurde einerseits aus dem fingierten Vorvertrag, also dem Erhaltungsvertrag von Siber,[16] andererseits aus dem Schutzpflichtvertrag von Stoll[17] abgeleitet. Die Problematik des fingierten Vertrages lag aber darin, dass dem Vertragspartner ein Wille unterstellt wurde, den er nicht hatte. Um dieses Problem zu überwinden, stellte Dölle die Begründung der Schutzpflichten

11 Vgl. Kreß, Lehrbuch des Allgemeinen Schuldrechts, München 1929, §§ 1, 23; Stoll, Abschied von der Lehre von der positiven Vertragsverletzung, AcP 136 (1932), S. 257 ff.; ders., Die Lehre von den Leistungsstörungen, Tübingen 1936; zu den Diligenz- und Erhaltungspflichten siehe 1. Teil B II 2.

12 Vgl. Leonhard, Verschulden beim Vertragsschlusse, Berlin 1910.

13 Jhering, Culpa in contrahendo oder Schadensersatz bei nichtigen oder nicht zur Perfection gelangten Verträgen, in: C. F. von Gerber/R. v. Jhering (Hrsg.), JhJb 4 (1861), S. 2, 4, 19.

14 Prozessakte Bundesarchiv Berlin, R3002 Prozessakten Zivilsenate Nr. 18002 zu RG, Urteil vom 7. Dezember 1911 – VI 240/11 – RGZ 78, 239–241 = JW 1912, 191 (Nr. 8), Votum Theodor Meyer vom 16. August 1911 (Bl. 28–28v.); dazu siehe Thiessen, Von der (Linoleum-)Rolle – Die heimliche Anerkennung der culpa in contrahendo im Streit der Reichsgerichtsräte, in: Auer/Grigoleit/Hager u. a. (Hrsg.), Festschrift für Claus-Wilhelm Canaris zum 80. Geburtstag, Berlin/Boston 2017, S. 51, 61 f.

15 Siehe unter 2. Teil C.

16 Vgl. Siber, in: Planck's Kommentar zum bürgerlichen Gesetzbuch, Recht der Schuldverhältnisse (Allgemeiner Teil), Bd. 2/1, 4. Aufl., Berlin 1914, Vorb. zu §§ 275–292, S. 193.

17 Vgl. Stoll, Haftung für das Verhalten während der Vertragsverhandlungen, LZ 1923, Sp. 532, 543 f.

durch einen sozialen Kontakt dar.[18] Andere Juristen[19] begründeten die Schutzpflichten mit dem Vertrauensverhältnis, das sich aus der Sonderbeziehung ergebe.[20] Zu fragen war, was unter Vertrauen im rechtlichen Sinne zu verstehen ist und welches Vertrauen objektiv schutzwürdig ist. Kurt Ballerstedt fand die innere Rechtfertigung der außerdeliktischen Schutzpflichten in der Konstruktion eines zweiseitigen Vertrauenstatbestandes, nämlich der „Gewährung in Anspruch genommenen Vertrauens".[21] Anschließend ging Canaris einen Schritt weiter und vertrat ein einheitliches Schutzpflichtverhältnis,[22] um die Schutzpflichten in allen Vertragsstadien, d. h. vor und nach Vertragsschluss, anzuwenden. Darüber hinaus entwickelte er systematisch die Vertrauenshaftung im Privatrecht.[23] Zweifel daran bestanden in zwei Richtungen: Die eine Richtung führte zurück zur Vertragstheorie, die mit der Privatautonomie

---

18 Dölle, Aussergesetzliche Schuldpflichten, ZgesStaatsW 103 (1943), S. 67 ff.; zu der Einschränkung des Anwendungsbereichs der Schutzpflichten auf „geschäftlichen Kontakt" siehe Larenz, Culpa in contrahendo, Verkehrssicherungspflichten und sozialer Kontakt, MDR 1954, S. 515, 518. Die Lehre von sozialem Kontakt von Dölle lehnt an die Lehre der „faktischen Vertragsverhältnisse" von Günter Haupt und auch an die Eingliederungstheorie von Wolfgang Siebert an. Dazu siehe Dölle, Aussergesetzliche Schuldpflichten, ZgesStaatsW 103 (1943), S. 67, 90; vgl. Siebert, Das Arbeitsverhältnis als personenrechtliches (sozialrechtliches) Rechtsverhältnis, DArbR 1935, S. 95–100; ders., Das Arbeitsverhältnis in der Ordnung der nationalen Arbeit, Hamburg 1935; Haupt, Über faktische Vertragsverhältnisse, in: Festschrift für Heinrich Siber, Bd. 2, Leipzig 1943, S. 11.

19 Stoll, Abschied von der Lehre von der positiven Vertragsverletzung, AcP 136 (1932), S. 257 ff.; ders., Die Lehre von den Leistungsstörungen, Tübingen 1936; Ballerstedt, Zur Haftung für culpa in contrahendo bei Geschäftsabschluß durch Stellvertreter, AcP 151(1950/1951), S. 501 ff.; Canaris, Ansprüche wegen „positiver Vertragsverletzung" und „Schutzwirkung für Dritte" bei nichtigen Verträgen, JZ 1965, S. 475 ff.; Thiele, Leistungsstörung und Schutzpflichtverletzung, JZ 1967, S. 649 ff.; Gerhardt, Der Haftungsmaßstab im gesetzlichen Schutzverhältnis (Positive Vertragsverletzung, culpa in contrahendo), JuS 1970, S. 597 ff.

20 Die über die Leistungspflichten hinausgehenden Schutzpflichten begründete Heinrich Stoll durch eine besondere Vertrauensbeziehung unter Parteien. Dazu siehe ders., Abschied von der Lehre von der positiven Vertragsverletzung, AcP 136 (1932), S. 257, 288; ders., Die Lehre von den Leistungsstörungen, Tübingen 1936, S. 25 ff.; ders., Vertrag und Unrecht, Halbbd. 2, Tübingen 1943, § 6 I 4, S. 17.

21 Ballerstedt, Zur Haftung für culpa in contrahendo bei Geschäftsabschluß durch Stellvertreter, AcP 151 (1950/1951), S. 501, 507.

22 Zur Umschlagstheorie siehe unter 3. Teil C III 2 b).

23 Vgl. Canaris, Die Vertrauenshaftung im deutschen Privatrecht, München 1971.

operiert,[24] die andere Richtung zurück zum Deliktsrecht. Der letzte Aspekt wurde später im Rahmen der Schuldrechtsreform kontrovers diskutiert.[25]

Ziel der Arbeit ist es, die für Deutschland gewonnenen Einsichten für das koreanische Zivilrecht nutzbar zu machen. Das koreanische ZGB (KZGB) sieht eine Generalklausel der deliktischen Haftung nach § 750 KZGB vor. Eine deliktsrechtliche Schutzlücke besteht allerdings ähnlich wie in Deutschland wegen der Exkulpationsmöglichkeit des Geschäftsherrn für den Verrichtungsgehilfen nach § 756 Abs. 1 S. 2 KZGB. Wird der Kunde bei Vertragsverhandlungen durch ein rechtswidriges Verhalten des Verrichtungsgehilfen geschädigt, so kann er einen Schadensersatzanspruch aus Deliktsrecht geltend machen. Wegen dieser Exkulpationsmöglichkeit reicht die deliktische Haftung nicht aus, um den Geschädigten angemessen zu schützen. In der koreanischen Rechtsprechung wird diese Schutzlücke dadurch geschlossen, dass der koreanische Oberste Gerichtshof (KOGH) eine Exkulpationsmöglichkeit des Geschäftsherrn nicht zulässt.[26] Dies stellt jedoch nur eine Umgehung der Schutzlücke dar und führt zu Rechtsunsicherheit. In der Literatur stellt sich daher die Frage nach der Reformbedürftigkeit der deliktischen Gehilfenhaftung.

B. Gang der Arbeit

Die Arbeit befasst sich mit der Dogmengeschichte der Schutzpflichten im Rahmen ihrer Entdeckung, Begründung und Kodifizierung:

Der erste Teil befasst sich mit der Schutzpflichtdogmatik. Es wird geklärt, was Schutzpflichten sind und wo sie im Pflichtensystem stehen. Sie umfassen die Pflichten, die über das Leistungsinteresse hinaus den Schutz der Integrität

24 Vgl. Köndgen, Selbstbindung ohne Vertrag, Tübingen 1981.

25 Vgl. Medicus, Zur Entdeckungsgeschichte der culpa in contrahendo, in: Benöhr/Hackl/Knütel/Wacke (Hrsg.), Iuris Professio: Festgabe für Max Kaser zum 80. Geburtstag, Wien/Köln/Graz 1986, S. 169, 180 Fn. 60; ders., Verschulden bei Vertragsverhandlungen, in: BMJ (Hrsg.), Gutachten und Vorschläge zur Überarbeitung des Schuldrechts, Bd. 1, Köln 1981, S. 479, 489; Larenz, Bemerkungen zur Haftung für „culpa in contrahendo", in: Flume/Raisch/Steindorff (Hrsg.), Festschrift für Kurt Ballerstedt, S. 397, 403; Stoll, Tatbestände und Funktionen der Haftung für culpa in contrahendo, in: Ficker u. a. (Hrsg.), Festschrift für Ernst von Caemmerer, Tübingen 1978, S. 435, 437; Huber, Leistungsstörungen, in: BMJ (Hrsg.), Gutachten und Vorschläge zur Überarbeitung des Schuldrechts, Bd. 1, Köln 1981, S. 647, 736 und 742 ff.; Bar, Deliktsrecht, in: BMJ (Hrsg.), Gutachten und Vorschläge zur Überarbeitung des Schuldrechts, Bd. 2, Köln 1981, S. 1681, 1717; siehe unter 3. Teil E.

26 Siehe unter 4. Teil A II 1 c).

des anderen Teils gewährleisten. Sie gehören als selbständige Pflichten zu den nichtleistungsbezogenen Nebenpflichten und damit auch nicht zu den allgemeinen Verhaltenspflichten des Deliktsrechts, sind also außerdeliktischer Natur. Darüber hinaus befasst sich dieser Teil mit der Entdeckung und Entwicklung dieser Schutzpflichten. Hugo Kreß führte in seinem Lehrbuch den Begriff des „unentwickelten Schutzanspruchs" ein, der dem Erwerbsanspruch, also der Leistungspflicht, gegenüberstand. Heinrich Stoll grenzte die Schutzpflichten streng von den Leistungspflichten ab, wobei er von der Interessenlage der Vertragsparteien ausging.

Der zweite Teil betrifft die Frage, wie diese außerdeliktischen Schutzpflichten im Vertragsrecht begründet wurden. Jhering hatte in seinem Beitrag von 1861 die Lehre von der culpa in contrahendo entdeckt. In der Folgezeit erlangte seine Lehre allgemeine Bedeutung; im Linoleumrollen-Fall diente sie dazu, die Schwächen des Deliktsrechts auszugleichen. Das Reichsgericht verwies damals nicht auf die Haftung aus culpa in contrahendo, sondern auf den vertragsähnlichen Anspruch aus dem den Kauf vorbereitenden Rechtsverhältnis, nämlich dem Vorvertrag. Haftungsgrundlagen vor bzw. bei Vertragsschluss fanden sich zunächst in fingierten Vorverträgen. Dann wurde neben der Willenserklärung als Vertragsbegründungsweg der Vertragsschluss in faktischen Rechtsverhältnissen kraft sozialen Kontakts gesehen.

Der dritte Teil befasst sich mit dem Vertrauens- bzw. Schutzpflichtverhältnis, also der Abkehr vom Vertrag als Orientierungspunkt hin zu einer gesetzlichen Haftung. Heinrich Stoll nahm bei der Abgrenzung der Schutzpflichten von den Leistungspflichten deren Rechtsgrund in der Sonderbeziehung, nämlich dem Vertrauensverhältnis, auf. Kurt Ballerstedt sah den Rechtsgrund für die Begründung vorvertraglicher Pflichten in der Inanspruchnahme von Vertrauen durch den die Verhandlungen eröffnenden Teil und in der Gewährung dieses Vertrauens durch den anderen Teil. Canaris entwickelte diesen Gedanken später zu einem Konzept des „einheitlichen Schutzverhältnisses" weiter und behandelte systematisch die Lehre der Vertrauenshaftung. Daraus ergab sich die Ausdehnung von Schutzpflichten auf eine „dritte Spur des Haftungsrechts", also einer gesetzlichen Haftung zwischen Vertrag und Delikt, auf die der vertragliche Vermögensschutz und die strenge Haftung für Dritte gemäß § 278 BGB ausgedehnt wurden. Als Reaktion darauf entstand eine Bewegung, die die Probleme, die durch die oben genannten Lehren aufgeworfen wurden, der zu Unrecht nicht gesetzgeberisch modifizierten deliktischen Haftung zuschrieb.

Schließlich befasst sich die Arbeit im vierten Teil mit dem schuldrechtlichen Haftungssystem des KZGB und den außerdeliktischen Schutzpflichten im koreanischen Schuldrecht. Die meisten Vorschriften über den Vertragsschluss sowie über die deliktische Haftung und Gehilfenhaftung übernahmen die Vorschriften des mandschurischen ZGB. Im Falle einer Verletzung von außerdeliktischen Schutzpflichten ist die normale deliktische Haftung anwendbar, es besteht aber auch wie in Deutschland eine Schutzlücke des Deliktsrechts im Bereich der Gehilfenhaftung nach § 756 Abs. 1 S. 2 KZGB. Dabei gibt es drei verschiedene Lösungsansätze: den vertraglichen, den gesetzlichen und den deliktischen Ansatz. Beim deliktischen Ansatz wird die deliktische Haftung angewendet, da das Deliktsrecht eine große Generalklausel vorsieht und der KOGH dem Geschäftsherrn entgegen dem Wortlaut des § 756 Abs. 1 S. 2 KZGB fast nie eine Möglichkeit zubilligt, sich von der Haftung zu befreien. Der Begriff „Widerspruch zum Wortlaut" bedeutet aber, dass die Rechtssicherheit zugunsten billiger Ergebnisse geopfert wird. Es bedarf einer Reform der deliktischen Gehilfenhaftung.

1. Teil. Grundlagen, Entstehung und Entwicklung der Schutzpflichten

A. Grundlagen der Schutzpflichten

I. Terminologische Uneinheitlichkeit der Schutzpflichten

Seit der Schuldrechtsmodernisierung 2002 legt § 241 Abs. 2 BGB jedem Teil nach dem Inhalt des Schuldverhältnisses Rücksichtnahmepflichten auf die Rechte, Rechtsgüter und Interessen des anderen Teils auf. Der Terminus der Schutzpflichten befindet sich dort indes nicht. Auch die Literatur findet keine einheitliche Terminologie; neben den Schutzpflichten wird von Rücksichtnahmepflichten,[27] Sorgfaltspflichten,[28] (weiteren) Verhaltenspflichten,[29] Wohlverhaltenspflichten[30] oder Nebenpflichten[31] gesprochen. Der Gesetzgeber verwendete in den parlamentarischen Materialien[32] zumeist den Begriff der Schutzpflichten, sprach daneben aber auch von weiteren Verhaltenspflichten, Rücksichtnahmepflichten und Nebenpflichten.

Schutzpflichten findet man auch in der Rechtsprechung. Sie werden häufig im Zusammenhang mit anderen Pflichten dargestellt. Pflichtenpaare sind z. B. Schutz- und Treuepflichten,[33] Schutz- und Verhaltenspflichten[34] und Sorgfalts- und Schutzpflichten.[35]

---

27 Staudinger/Olzen (2019), § 241 Rn. 154 f.; vgl. Palandt/Grüneberg (2020), § 241 Rn. 6.

28 Evans-von Krbek, Nichterfüllungsregeln auch bei weiteren Verhaltens- oder Sorgfaltspflichtverletzungen?, AcP 179 (1979), S. 85 ff.; Schur, Leistung und Sorgfalt, Tübingen 2001, S. 7 ff.; Stürner, Der Anspruch auf Erfüllung von Treue- und Sorgfaltspflichten, JZ 1976, 384 ff.; Lorenz, Die Einbeziehung Dritter in vertragliche Schuldverhältnisse, JZ 1960, S. 108 ff.

29 Larenz, Lehrbuch des Schuldrechts Allgemeiner Teil, Bd. 1, 10. Aufl., München 1970, § 2 I, S. 8 f.; Gernhuber, Das Schuldverhältnis, Tübingen 1989, § 2 IV 2, S. 22 ff.; Jauernig/Mansel (2018) § 241 Rn. 10.

30 Fikentscher/Heinemann, Schuldrecht, 12. Aufl., Berlin 2022, § 5 I 1 b), Rn. 21.

31 MüKo/Bachmann (2022), § 241 Rn. 56; Bachmann/Schirmer, Leistungs- und Schutzpflichten in der Zivilrechtsdogmatik, in: Auer/Grigoleit/Hager u. a. (Hrsg.), Festschrift für Claus-Wilhelm Canaris zum 80. Geburtstag, Berlin/Boston 2017, S. 371 ff.

32 BT-Drucks. 14/6040, S. 125.

33 BGH, JZ 1987, 463.

34 BGHZ 119, 305, 330; BGH, NJW 1993, 1704, 1706.

35 BGH, NJW 1986, 2367.

II. Begriff der Schutzpflichten

Der Begriff „Schutzpflichten" wurde erstmals im Jahre 1932 von Heinrich Stoll in seiner Abhandlung „Abschied von der Lehre von der positiven Vertragsverletzung"[36] verwendet. Bereits vor dem Erscheinen seiner Abhandlung hatte jedoch Hugo Kreß in seinem Lehrbuch des Allgemeinen Schuldrechts[37] im Jahre 1929 den Begriff der Schutzpflichten anerkannt und sie einer eigenständigen Pflichtenkategorie zugeordnet. Er verwendete ausdrücklich die Begriffe „unentwickelter Schutzanspruch", „relativer Schutzanspruch" und „Schutzverpflichtungen".[38] Claus-Wilhelm Canaris sprach dann im Jahre 1965 von Schutzpflichten, bezeichnete sie jedoch als eigenständige gesetzliche Pflichten im Rahmen seines Konzepts des „einheitlichen Schutzverhältnisses".[39] Er leitete daraus eine Haftungskategorie neben der deliktischen und der vertraglichen Haftung für die Verletzung von Schutzpflichten ab. Er bezeichnete sie als „dritten Spur"[40] und verlieh dem einheitlichen Schutzverhältnis gesetzliche Natur.[41]

III. Einordnung der Schutzpflichten ins Pflichtensystem des Schuldrechts

1. Pflichten aus dem Schuldverhältnis

Das Schuldverhältnis ist „ein rechtliches Band",[42] aufgrund dessen der eine vom anderen ein bestimmtes Verhalten oder auch die Herbeiführung eines

---

36 AcP 136 (1932), S. 257 ff.; auch ders., Die Lehre von den Leistungsstörungen, Tübingen 1936, S. 26 ff.

37 Kreß, Lehrbuch des Allgemeinen Schuldrechts, München 1929.

38 Kreß, Lehrbuch des Allgemeinen Schuldrechts, München 1929, §§ 1, 23.

39 Canaris, Ansprüche wegen „positiver Vertragsverletzung" und „Schutzwirkung für Dritte" bei nichtigen Verträgen, JZ 1965, S. 475 ff.

40 Canaris, Schutzgesetz – Verkehrspflichten – Schutzpflichten, in: Canaris/Diederichsen (Hrsg.), Festschrift für Karl Larenz zum 80. Geburtstag, München 1983, S. 27, 102 ff.

41 Canaris, Ansprüche wegen „positiver Vertragsverletzung" und „Schutzwirkung für Dritte" bei nichtigen Verträgen, JZ 1965, S. 475, 476.

42 Vom Begriff des Schuldverhältnisses, der in erster Linie auf die einzelne Leistungsbeziehung abstellt, ist bereits Heinrich Siber abgewichen. Er betrachtete das Schuldverhältnis als einen „Organismus", aus dem einzelne Rechte und Pflichten entstehen können. Siber, in: Planck's Kommentar zum Bürgerlichen Gesetzbuch, Recht der Schuldverhältnisse (Allgemeiner Teil), Bd. 2/1, 4. Aufl., Berlin 1914, Vorb., S. 3.

bestimmten Erfolges verlangen kann,[43] d. h. „das die einzelnen Leistungs-, Abwicklungs- und Verhaltenspflichten zusammenhaltende Band".[44] Diese Pflichten ergeben sich aus dem konkreten Schuldverhältnis.[45] Zunächst ist zu klären, wo die Schutzpflichten im Pflichtensystem des Schuldrechts angesiedelt werden können.

a) Leistungspflichten

Eine Leistung kann gemäß § 241 Abs. 1 BGB in einem Tun oder Unterlassen des Schuldners bestehen. Sie hat eine doppelte Bedeutung.[46] Zum einen den vom Schuldner durch sein positives Tun herbeizuführenden Erfolg. Zum anderen ist darunter die Leistungshandlung des Schuldners zu verstehen. Erstere wird als primäre, letztere als sekundäre Leistungspflicht angesehen. Sekundäre Leistungspflichten entstehen, wenn der Schuldner eine Pflicht verletzt, z. B. durch Unmöglichkeit, Verzug oder Schlechtleistung. Dadurch werden sekundäre Pflichten ausgelöst, z. B. Schadensersatz zu leisten. Diese können den primären Leistungsanspruch i. S. v. § 280 Abs. 3 BGB vollständig ersetzen, aber auch i. S. v. § 280 Abs. 2 BGB neben ihn treten.[47]

Bei den primären Leistungspflichten wird zwischen Haupt- und Nebenleistungspflichten unterschieden. Die Hauptleistungspflicht bestimmt den Charakter des Schuldverhältnisses und ist maßgeblich für die Zuordnung zu den einzelnen Schuldverhältnistypen.[48] Die Nebenleistungspflichten dienen der Vorbereitung, Durchführung und Sicherung der Hauptleistung, d. h. der Herbeiführung des Leistungserfolges und der Ergänzung der Hauptleistungspflichten.[49]

---

43 Larenz, Lehrbuch des Schuldrechts Allgemeiner Teil, Bd. 1, 14. Aufl., München 1987, S. 5; vgl. Siber, Der Rechtszwang im Schuldverhältnis nach deutschem Reichsrecht, Leipzig 1903, 176 f.; vgl. ders., Zur Theorie von Schuld und Haftung nach Reichsrecht, JhJb 50 (1906), S. 55, 177 f.

44 Larenz, Entwicklungstendenzen der heutigen Zivilrechtsdogmatik, JZ 1962, S. 105, 108.

45 Palandt/Grüneberg (2020), § 241 Rn. 1; HKK/Dorn, § 241 Rn. 82.

46 Larenz, Lehrbuch des Schuldrechts Allgemeiner Teil, Bd. 1, 14. Aufl., München 1987, S. 8.

47 Fikentscher/Heinemann, Schuldrecht, 12. Aufl., Berlin 2022, § 7 3 a), Rn. 35.

48 Vgl. Schlechtriem/Schmidt-Kessel, Schuldrecht Allgemeiner Teil, 6. Aufl., Tübingen 2005, Rn. 166.

49 Palandt/Grüneberg (2020), § 241 Rn. 5; vgl. Gernhuber, Das Schuldverhältnis, Tübingen 1989, § 2 III 4, S. 18 f.; NK-BGB/Krebs (2021), § 241 Rn. 17.

Damit gehören die Nebenleistungspflichten zusammen mit den Hauptleistungspflichten zur Kategorie der Leistungspflichten.[50]

Die Einteilung in Leistungspflichten ist darauf zurückzuführen, dass in § 241 Abs. 1 BGB das gesamte Spektrum der Pflichten wenig erfasst ist und die Norm kaum etwas über die von ihr erfassten Pflichten aussagt.[51] Hinzu kommt, dass die Vertragsparteien bei der Vereinbarung aller Vertragspflichten in der Regel nur die Leistungspflichten festlegen, da sie nicht alle möglichen Konstellationen voraussehen können. Sie könnten dann allein durch die Erfüllung der Leistungspflichten den Vertragszweck nicht vollständig erreichen und müssten daher neben den Leistungspflichten noch weitere Pflichten erfüllen.[52] Man spricht hier von Nebenpflichten.

b) Nebenpflichten

Die Nebenpflichten werden von den Autoren[53] nicht einheitlich dargestellt und eine strukturelle Einheit der Nebenpflichten ist ebenfalls nicht gegeben. Gegenüber den Leistungspflichten und den Nebenleistungspflichten[54] sind die Nebenpflichten auf die Rücksichtnahme, Fürsorge und allgemeine Sicherung der ordnungsmäßigen Abwicklung des Schuldverhältnisses gerichtet.[55] Auch

---

50 Gernhuber, Das Schuldverhältnis, Tübingen 1989, § 2 III 3, S. 16.

51 HKK/Dorn, § 241 Rn. 82.

52 Mayr, Schutzpflichten im deutschen und französischen Recht, Frankfurt a. M. u. a. 2004, S. 22.

53 Weitere Verhaltenspflichten unterteilt Larenz in Schutzpflichten und Loyalitätspflichten. Ders., Lehrbuch des Schuldrechts Allgemeiner Teil, Bd. 1, 10. Aufl., München 1970, § 2 I, S. 8 f.; Gernhuber schließ an Larenz an, aber die Schutzpflichten bildeten eine in sich geschlossene Gruppe, die stets im Vordergrund stand. Gernhuber, Das Schuldverhältnis, Tübingen 1989, § 2 IV 2, S. 22 ff.; Sorgfaltspflichten in: Evans-von Krbek, Nichterfüllungsregeln auch bei weiteren Verhaltens- oder Sorgfaltspflichtverletzungen?, AcP 179 (1979), S. 85 ff.; Schur, Leistung und Sorgfalt, Tübingen 2001, S. 7 ff.; Stürner, Der Anspruch auf Erfüllung von Treue- und Sorgfaltspflichten, JZ 1976, S. 384 ff.; Lorenz, Die Einbeziehung Dritter in vertragliche Schuldverhältnisse, JZ 1960, S. 108 ff.; Wohlverhaltenspflichten in Fikentscher/Heinemann, Schuldrecht, 12. Aufl., Berlin 2022, § 5 I 1 b), Rn. 21; Nebenpflichten in: MüKo/Bachmann (2022), § 241 Rn. 56; Bachmann/Schirmer, Leistungs- und Schutzpflichten in der Zivilrechtsdogmatik, in: Auer/Grigoleit/Hager u. a. (Hrsg.), Festschrift für Claus-Wilhelm Canaris zum 80. Geburtstag, Berlin/Boston 2017, S. 371 ff.; Kamp, Funktion und Grenzen schuldverhältnisbedingter Nebenpflichten, Hamburg 2020, S. 21 ff.

54 Vgl. MüKo/Bachmann (2022), § 241 Rn. 37 f.

55 Esser, Schuldrecht Allgemeiner Teil, Bd. 1, 4. Aufl., Karlsruhe 1970, S. 25.

Nebenpflichten begründen regelmäßig keinen einklagbaren Erfüllungsanspruch, sondern nur einen Anspruch auf Schadensersatz bei ihrer Verletzung.[56] Die Rechtsprechung hat vertragliche Nebenpflichten aus §§ 157, 242 BGB erstmals 1921 anerkannt.[57]

Nebenpflichten können mit der Leistung in Zusammenhang stehen. Sie werden als leistungsbezogene Nebenpflichten bezeichnet. Leistungsbezogene Nebenpflichten sind ebenso wie Nebenleistungspflichten auf die Verwirklichung des Leistungsinteresses gerichtet und beinhalten, dass der Schuldner alles zu unterlassen hat, was den Schuldzweck wie den Leistungserfolg vereitelt, und dass er alles zu tun hat, was zu dessen Herbeiführung erforderlich ist.[58] Diese leistungsbezogenen Nebenpflichten verpflichten nicht nur den Schuldner, sondern auch den Gläubiger, sich leistungsgerecht zu verhalten, damit die Leistungspflicht sinnvoll und zweckmäßig erfüllt werden kann.[59] Es handelt sich um ganz unterschiedliche Pflichten wie Aufklärungs-, Auskunftspflichten,[60] Leistungstreue- und Mitwirkungspflichten,[61] Obhuts- und Fürsorgepflichten.[62] Sie werden aus dem Grundsatz von Treu und Glauben abgeleitet, §§ 157, 242 BGB.

Nebenpflichten können aber auch nicht leistungsbezogen sein. Sie werden als nichtleistungsbezogene Nebenpflichten,[63] „weitere Verhaltenspflichten“,[64]

---

56 HKK/Dorn, § 241 Rn. 91.

57 OLG Hamburg, SeuffA 76, S. 218 f. (Nr. 136).

58 Larenz, Lehrbuch des Schuldrechts Allgemeiner Teil, Bd. 1, 14. Aufl., München 1987, S. 9 f.

59 Larenz, Lehrbuch des Schuldrechts Allgemeiner Teil, Bd. 1, 14. Aufl., München 1987, S. 9 f.; vgl. HKK/Dorn, § 241 Rn. 92.

60 Krebs, Sonderverbindung und außerdeliktische Schutzpflichten, München 2000, S. 456 f.; vgl. zu Aufklärungspflichten siehe in BeckOK BGB/Sutschet (2024), § 241 Rn. 77 ff.; MüKo/Bachmann (2022), § 241 Rn. 39.

61 Gernhuber, Das Schuldverhältnis, Tübingen 1989, § 2 IV 1, S. 21 f.; MüKo/Bachmann (2022), § 241 Rn. 39.

62 Larenz, Lehrbuch des Schuldrechts Allgemeiner Teil, Bd. 1, 14. Aufl., München 1987, S. 9, 14.

63 HKK/Dorn, § 241 Rn. 93 ff.; Thom, Ähnliche geschäftliche Kontakte i. S. v. § 311 Abs. 2 Nr. 3 BGB als Voraussetzung für das Entstehen einer Sonderverbindung, Frankfurt a. M. u. a. 2009, S. 19 f.

64 Dieser Begriff wurde erstmals von Karl Larenz in seinem Lehrbuch des Schuldrechts verwendet, nachdem er in den Protokollen des Ausschusses für Schadensersatzrecht verschiedene Pflichten außerhalb der Leistungspflichten als „weitere Pflichten“ zusammengefasst hatte. Ders., Lehrbuch des Schuldrechts Allgemeiner Teil, Bd. 1, 14. Aufl., München 1987, S. 10 f.; Schubert (Hrsg.), Akademie für Deutsches Recht

Sorgfaltspflichten[65] oder Schutzpflichten[66] bezeichnet. Sie dienen über die Leistungspflicht des Schuldners hinaus zum Schutz sowohl des Gläubigers als auch des Schuldners vor möglichen Schäden an ihren Rechtsgütern, d. h. an ihrem Integritätsinteresse. Dieses kann sich aus der Durchführung des Schuldverhältnisses, sowie der Erhaltung eines Arbeits- oder Gesellschaftsverhältnisses, eines unentbehrlichen Vertrauensverhältnisses ergeben.[67] Am 1.1.2002 ist das modernisierte Schuldrecht in Kraft getreten und die §§ 241 Abs. 2, 311 Abs. 2 BGB wurden neu eingefügt. Damit wurden die Schutzpflichten gesetzlich verankert.

2. *Schutzpflichten in den nichtleistungsbezogenen Nebenpflichten bzw. weiteren Verhaltenspflichten*

Wie bereits erwähnt, ist die Terminologie der Schutzpflichten nicht einheitlich. In vielen Monographien[68] wird von Schutzpflichten in der Kategorie der

---

1933–1945, Protokolle der Ausschüsse, Bd. 3/5, Ausschuss für Schadensersatzrecht, Berlin 1993, S. 73. Er betrachtete „weitere Verhaltenspflichten" als den Oberbegriff der Schutzpflichten, weil der Ausdruck „Schutzpflichten" nur einen Teil der sog. Nebenpflichten treffe.

65 Schur, Leistung und Sorgfalt, Tübingen 2001, S. 207 ff.

66 Kreß, Lehrbuch des Allgemeinen Schuldrechts, München 1929, §§ 1, 23; Stoll, Abschied von der Lehre von der positiven Vertragsverletzung, AcP 136 (1932), S. 257 ff.; ders., Die Lehre von den Leistungsstörungen, Tübingen 1936, S. 26 ff., Canaris, Ansprüche wegen „positiver Vertragsverletzung" und „Schutzwirkung für Dritte" bei nichtigen Verträgen, JZ 1965, S. 475 ff. Thiele, Leistungsstörung und Schutzpflichtverletzung, JZ 1967, S. 649 ff.; Gerhardt, Der Haftungsmaßstab im gesetzlichen Schutzverhältnis (Positive Vertragsverletzung, culpa in contrahendo), JuS 1970, S. 597 ff.; Frost, Vorvertragliche und vertragliche Schutzpflichten, Berlin 1981; Krebs, Sonderverbindung und außerdeliktische Schutzpflichten, München 2000; Kuhlmann, Leistungspflichten und Schutzpflichten, Berlin 2001, S. 45 f.

67 Larenz, Lehrbuch des Schuldrechts Allgemeiner Teil, Bd. 1, 14. Aufl., München 1987, S. 10.

68 Kamp, Funktion und Grenzen schuldverhältnisbedingter Nebenpflichten, Hamburg 2020, S. 21 ff.; Wang, Vertragliche Nebenpflichten im Kaufrecht, Tübingen 2020, S. 79 ff.; Frost, Vorvertragliche und vertragliche Schutzpflichten, Berlin 1981; Kuhlmann, Leistungspflichten und Schutzpflichten, Berlin 2001; Lüsing, Die Pflichten aus culpa in contrahendo und positiver Vertragsverletzung, Baden-Baden 2010; Paßmann, Schutzpflichtverletzungen im Spannungsverhältnis von schuldrechtlichem und deliktischem Haftungsregime, Berlin 2010; Mayr, Schutzpflichten im deutschen und französischen Recht, Frankfurt a. M. u. a. 2004; Thom, Ähnliche

Nebenpflichten gesprochen. Konkret handelt es sich bei den Schutzpflichten um nichtleistungsbezogene Nebenpflichten.[69]

Welche Rechtsgüter durch die Schutzpflichten geschützt werden, ist noch offen. Unbestritten ist aber, dass zu den geschützten Rechtsgütern neben den absoluten Rechtsgütern im Sinne des § 823 Abs. 1 BGB wie Leben, körperliche Unversehrtheit, Eigentum, Freiheit usw. auch das bereits vorhandene Vermögen gehört.[70]

Die Schutzpflichten stehen aber nach Sinn und Zweck den allgemeinen Verhaltenspflichten des Deliktsrechts nahe.[71] Beide Pflichten sind auf den Integritätsschutz gerichtet. Der Verpflichtete ist gehalten, durch aktives Tun oder durch Unterlassen die Rechtsgüter des anderen Teils zu schützen.[72] Ihr Haftungsgrund liegt darin, dass einer Beziehung mit gesteigerter Einwirkungsmöglichkeit auf Rechtsgüter des anderen Teils[73] oder gesteigerter Vertrauensintensität eine gegenüber dem Deliktsrecht gesteigerte Pflicht entspricht.[74] Dies führt allerdings zu Einordnungsschwierigkeiten der Schutzpflichten. Einerseits werden sie als besondere Rechtspflichten angesehen, die als echte schuldrechtliche Pflichten außerhalb der deliktischen Verhaltenspflichten stehen.[75] Andererseits wird vertreten, dass es sich um echte deliktische Pflichten handelt.[76]

---

geschäftliche Kontakte i. S. v. § 311 Abs. 2 Nr. 3 BGB als Voraussetzung für das Entstehen einer Sonderverbindung, Frankfurt a. M. u. a. 2009.

69 HKK/Dorn, § 241 Rn. 93; Medicus/Petersen, Bürgerliches Recht, 28. Aufl., München 2021, Rn. 208.

70 Thom, Ähnliche geschäftliche Kontakte i. S. v. § 311 Abs. 2 Nr. 3 BGB als Voraussetzung für das Entstehen einer Sonderverbindung, Frankfurt a. M. u. a. 2009, S. 22.

71 Thiele, Leistungsstörung und Schutzpflichtverletzung, JZ 1967, S. 649, 650.

72 Thom, Ähnliche geschäftliche Kontakte i. S. v. § 311 Abs. 2 Nr. 3 BGB als Voraussetzung für das Entstehen einer Sonderverbindung, Frankfurt a. M. u. a. 2009, S. 25.

73 Vgl. Stoll, Abschied von der Lehre von der positiven Vertragsverletzung, AcP 136 (1932), S. 257, 288; Canaris, Ansprüche wegen „positiver Vertragsverletzung“ und „Schutzwirkung für Dritte“ bei nichtigen Verträgen, JZ 1965, S. 475, 476 f.; Thiele, Leistungsstörung und Schutzpflichtverletzung, JZ 1967, S. 649, 651.

74 MüKo/Bachmann (2022), § 241 Rn. 178.

75 Canaris, Ansprüche wegen „positiver Vertragsverletzung“ und „Schutzwirkung für Dritte“ bei nichtigen Verträgen, JZ 1965, S. 475 ff. Thiele, Leistungsstörung und Schutzpflichtverletzung, JZ 1967, S. 649 ff.; Gerhardt, Der Haftungsmaßstab im gesetzlichen Schutzverhältnis (Positive Vertragsverletzung, culpa in contrahendo), JuS 1970, S. 579, 598.

76 Caemmerer, Wandlungen des Deliktsrechts, in: ders. u. a. (Hrsg.), Hundert Jahre Deutsches Rechtsleben, Festschrift zum hundertjährigen Bestehen des Deutschen Juristentages, Bd. 2, Karlsruhe 1960, S. 49, 56 ff.; Larenz, Bemerkungen zur Haftung für „culpa in contrahendo“, in: Flume/Raisch/Steindorff (Hrsg.), Festschrift für

3. *Fazit*

Der Schuldner hat die Leistung nach dem Sinn und Zweck des Vertrages zu erbringen und sich dabei leistungsgerecht zu verhalten. Er hat auch alles zu tun, um den vereinbarten Leistungserfolg herbeizuführen. Darüber hinaus haben beide Vertragsparteien alles zu unterlassen, damit dieser Leistungserfolg eintreten kann. Die Erreichung des mit dem Vertrag verfolgten Zwecks darf nicht gefährdet oder beeinträchtigt werden.[77] Alle diese Konstellationen gehören zu den Leistungspflichten bzw. zu den leistungsbezogenen Pflichten. Demgegenüber gibt es nichtleistungsbezogene Pflichten und sogar integritätsbezogene Pflichten.[78] Die integritätsbezogenen Pflichten wie die Schutzpflichten dienen nicht nur dem reinen Vermögensschutz, sondern auch dem Schutz absoluter Rechtsgüter. Der Schutzgegenstand dieser Pflichten ist ein entscheidendes Unterscheidungsmerkmal zu den leistungsbezogenen Pflichten. Es besteht eine inhaltliche Parallelität zwischen den integritätsbezogenen Schutzpflichten und den allgemeinen deliktischen Verhaltenspflichten.

Die Arbeit befasst sich mit den Schutzpflichten, die auf die Gewährung des gegenwärtigen Güterstandes (status quo) gerichtet sind. Sie sind als selbständige Pflichten, die nicht dem Äquivalenzinteresse (status ad quem) dienen, den nichtleistungsbezogenen Nebenpflichten zuzuordnen. Die Schutzpflichten werden also nicht zu den Leistungspflichten und auch nicht zu den allgemeinen Verhaltenspflichten im Sinne des Deliktsrechts gezählt. Sie werden als außerdeliktische[79] Pflichten bezeichnet und unabhängig von einer vertraglichen oder

---

Kurt Ballerstedt zum 70. Geburtstag, Berlin 1975, S. 397, 402; Medicus, Vertragliche und deliktische Ersatzansprüche für Schäden aus Sachmängeln, in: Tübinger Festschrift für Eduard Kern, Tübingen 1968, S. 313, 329 ff.; Bar, Verkehrspflichten – Richterliche Gefahrsteuerungsgebote im deutschen Deliktsrecht, Köln u. a. 1980, S. 220 ff.

77 Mayr, Schutzpflichten im deutschen und französischen Recht, Frankfurt a. M. u. a. 2004, S. 23.

78 Thom, Ähnliche geschäftliche Kontakte i. S. v. § 311 Abs. 2 Nr. 3 BGB als Voraussetzung für das Entstehen einer Sonderverbindung, Frankfurt a. M. u. a. 2009, S. 20.

79 Krebs, Sonderverbindung und außerdeliktische Schutzpflichten, München 2000, S. 4 f.; Canaris, Ansprüche wegen „positiver Vertragsverletzung“ und „Schutzwirkung für Dritte“ bei nichtigen Verträgen, JZ 1965, S. 475 ff.; ders., Schutzgesetze – Verkehrspflichten – Schutzpflichten, in: Canaris/Diederichsen (Hrsg.), Festschrift für Karl Larenz zum 80. Geburtstag, München 1983, S. 27, 85 ff. und 108 f.; ders., Vertrauenshaftung im Lichte der Rechtsprechung des Bundesgerichtshofs, in: 50 Jahre Bundesgerichtshof: Festgabe aus der Wissenschaft, Bürgerliches Recht, Bd. 1, München 2000, S. 129, 172 ff.; vgl. Mayr, Schutzpflichten im deutschen

deliktischen Qualifikation verwendet. Außerdeliktische Schutzpflichten werden nicht durch deliktische Haftungsnormen begründet.

B. Entstehung und Entwicklung der Schutzpflichten

I. BGB von 1900

Der historische Gesetzgeber des BGB fand die Entstehungsgründe für Schuldverhältnisse unmittelbar in einem Gesetz, in einem Rechtsgeschäft oder in einer erlittenen Beschädigung.[80] Das Vertragsrecht soll die Äquivalenzinteressen des anderen Teils schützen, das Deliktsrecht die Integritätsinteressen. Beide Rechte sind streng voneinander getrennt zu betrachten. Ausnahmsweise regelt § 618 BGB jedoch vertragliche Schutzpflichten, die dem Schutz der Integritätsinteressen der anderen Vertragspartei dienen. Dies zeigt wiederum, dass der Schutz der Integrität nicht als Aufgabe des Vertragsrechts in Betracht kommt.[81] Allgemeine vertragliche Schutzpflichten waren im historischen BGB nicht ausdrücklich geregelt.

Die strikte Trennung von Vertrags- und Deliktsrecht geht auf das Gesellschaftsmodell der liberalen Markt- und Vertragsgesellschaft zurück, in der die Selbststeuerung der Wirtschaft über den Markt durch die privaten wirtschaftlichen Entscheidungen der Individuen im Vordergrund stand.[82] Für das Vertragsrecht galt der liberale Gedanke. Die Vertragspartner wurden als selbstverantwortliche, unabhängige und urteilsfähige Personen angesehen. Sie bedurften daher keines besonderen vertragsrechtlichen Schutzes; das Deliktsrecht genügte.[83] Dementsprechend lehnte es das RG ab, Schutzpflichten

---

und französischen Recht, Frankfurt a. M. u. a. 2004, S. 19. Er bezeichnet jedoch sie als „neutral“.

80 MüKo/Kramer (1979), Einl. Rn. 47, 49 ff.; Mayer-Maly, Über Sinngehalt des § 859 ABGB, ÖJZ 1965, S. 64 ff.; Diese Systematik geht auf das römische Recht zurück. Vgl. MüKo/Kramer (1979), Einl. Rn. 47 (Fn. 114); auch vgl. Mayer-Maly, „Von solchen Handlungen, die den Kontrakten in ihrer Wirkung gleichkommen“, in: Festschrift für Walter Wilburg zum 60. Geburtstag, 1965, S. 129, 131 ff.

81 Esser/Schmidt, Schuldrecht Allgemeiner Teil, Bd. 1, 7. Aufl., Heidelberg 1993, S. 128 f.; Mayr, Schutzpflichten im deutschen und französischen Recht, Frankfurt a. M. u. a. 2004, S. 32; Thom, Ähnliche geschäftliche Kontakte i. S. v. § 311 Abs. 2 Nr. 3 BGB als Voraussetzung für das Entstehen einer Sonderverbindung, Frankfurt a. M. u. a. 2009, S. 21.

82 Brüggemeier, Gesellschaftliche Schadensverteilung und Deliktsrecht, AcP 182 (1982), S. 385, 417.

83 Mayr, Schutzpflichten im deutschen und französischen Recht, Frankfurt a. M. u. a. 2004, S. 33.

zugunsten des Vertragspartners anzunehmen: „Nach der Rechtsprechung des Reichsgerichts liegt […] jedem, der in seinem Hause einen Verkehr eröffnet, die Pflicht ob, für die Sicherheit der Personen, denen er Einlaß gewährt, zu sorgen. Allein die Verletzung dieser allgemeinen Pflicht begründet im Falle der schuldhaften Schadenszufügung nur einen Anspruch aus unerlaubter Handlung, nicht aus Vertrag. Eine vertragliche Haftung tritt nur dann und nur insoweit ein, als Vertragsbeziehungen vorhanden sind".[84]

II. Entstehung von Nebenpflichten

1. Hermann Staub: Die positive Vertragsverletzung als eine Entdeckung?

Staub bemerkte eine Regelungslücke im Leistungsstörungsrecht. Das BGB enthalte keine entsprechende Regelung für die Fälle, in denen jemand einen Vertrag durch positives Tun verletze, etwas tue, was er zu unterlassen habe, oder die zu erbringende Leistung mangelhaft erbringe.[85] Diese Fälle seien, so Staub, als pVV anzusehen und weder von der Unmöglichkeit noch vom Verzug erfasst. Staubs These geht davon aus, dass die „festgestellte" oder zumindest „behauptete" Lücke im Gesetz[86] durch die pVV als dritte Kategorie von Leistungsstörungen neben Unmöglichkeit und Verzug geschlossen werde.[87]

> „§ 276 BGB 1900 regelte seinem Wortlaut nach nicht einen Haftungsgrund, sondern einen Haftungsmaßstab. Als Anspruchsgrundlage kam der Wortlaut nicht in Betracht. Und auch das weite Verständnis der Unmöglichkeit war dem BGB nicht zu entnehmen, was auch daran lag, dass die Gesetzesverfasser diesbezüglich keine einheitliche Meinung erreichen konnten. Für eine Wortlautwissenschaft im Staub'schen Sinne war also das Lückenargument nicht von der Hand zu weisen, besonders wenn man, wie er, aus der preußischen Tradition kommend, den weiten Unmöglichkeitsbegriff als ‚geschraubt und gewunden' empfand."[88]

---

84 RGZ 74, 124, 125 f.

85 Staub, Die positiven Vertragsverletzungen und ihre Rechtsfolgen, in: Festschrift für den 26. Deutschen Juristentag, Berlin 1902, S. 29, 31; ders., Die positiven Vertragsverletzungen in Monographie, 1. Aufl., Berlin 1904 (2. Aufl. hrsg. und ergänzt von Müller, Berlin 1913), S. 5; ders., Die positiven Vertragsverletzungen, in: Schmidt, Culpa in contrahendo, Bad Homburg u. a. 1969, S. 93, 93 f.

86 Hermann, Mehr Lotse als Entdecker, in: Henne/Schröder/Thiessen (Hrsg.), Anwalt – Kommentator – „Entdecker", Festschrift für Hermann Staub zum 150. Geburtstag am 21. März 2006, Berlin 2006, S. 25, 28.

87 Vgl. Haferkamp, Wege zur Rechtsgeschichte: Das BGB, 2. Aufl., Köln 2023, S. 155.

88 Haferkamp, Wege zur Rechtsgeschichte: Das BGB, 2. Aufl., Köln 2023, S. 156.

Es stellt sich jedoch die Frage, ob es tatsächlich eine solche Lücke im BGB gab. In der Praxis wurde die Schadensersatzpflicht des Schuldners oft aus § 276 Abs. 1 BGB a. F. abgeleitet,[89] welcher besagt, dass der Schuldner Vorsatz und Fahrlässigkeit zu vertreten hat, sofern nicht anders bestimmt. Die Literatur folgte oft diesem Praxisweg[90] und verstand diese Vorschrift als Anspruchsnorm.[91] Die Verfasser des BGB hatten § 224 Abs. 1 des ersten Entwurfs auf Vorschlag von Windscheid[92] wie folgt

---

89 Vgl. RGZ 52, 18, 19; 52, 365, 367; 53, 200, 201 f.; 62, 119, 120; 68, 192, 194; 106, 22, 25; RG in: DJZ 1902, 435; Würthwein, Zur Schadensersatzpflicht wegen Vertragsverletzungen im Gemeinen Recht des 19. Jahrhunderts, Berlin 1990, S. 263 (Fn. 27); Huber, Leistungsstörungen, Bd. 1, in: Gernhuber (Hrsg.), Handbuch des Schuldrechts in Einzeldarstellungen, Bd. 9/1, Tübingen 1999, § 3 II 3 a), S. 79; Nüßlein, Die Integration der culpa in contrahendo in das BGB nach der Schuldrechtsreform, Berlin 2018, S. 106 ff. Dagegen vgl. Staub, Die positiven Vertragsverletzungen und ihre Rechtsfolgen, in: Festschrift für den 26. Deutschen Juristentag, Berlin 1902, S. 29, 33 f.; ders., Die positiven Vertragsverletzungen in Monographie, 1. Aufl., Berlin 1904 (2. Aufl. hrsg. und ergänzt von Müller, Berlin 1913), S. 7; ders., Die positiven Vertragsverletzungen, in: Schmidt (Hrsg.), Rudolf von Jhering, Culpa in contrahendo und Herrmann Staub, Die positiven Vertragsverletzungen, Bad Homburg u. a. 1969, S. 93, 95; Lehmann, Die positiven Vertragsverletzungen, AcP 96 (1905), S. 60, 81; Zitelmann, Nichterfüllung und Schlechterfüllung. Selbstmahnung des Schuldners, in: Festgabe der Bonner juristischen Fakultät für Paul Krüger, Berlin 1911, S. 265, 266 f.; Siber, Zur Theorie von Schuld und Haftung nach Reichsrecht, JhJb 50 (1906), S. 55, 199; Himmelschein, Erfüllungszwang und Lehre von den positiven Vertragsverletzungen, AcP 135 (1932), S. 255, 261 und 276; Faenger, Leistungsunabhängige Nebenpflichten zum Schutz des Integritätsinteresses im deutschen und französischen Recht, Köln 2012, S. 26.

90 Dernburg, Ueber das Rücktrittsrecht des Käufers wegen positiver Vertragsverletzung, DJZ 1903, S. 1, 2 f., 5; Kipp, Das Reichsgericht und die positiven Vertragsverletzungen, DJZ 1903, S. 253, 254; Werner, Die Schadensersatzpflicht wegen Verschuldens bei Erfüllung einer Verbindlichkeit, Das Recht 1903, S. 308; Krückmann, Unmöglichkeit und Unmöglichkeitsprozeß, AcP 101 (1907), S. 1, 191; Crome, System des Deutschen Bürgerlichen Rechts, Bd. 2/1, Tübingen/Leipzig 1902, § 150 III 2 c, S. 65: „Der Inhalt der Verpflichtung beschränkt sich meist darauf, dass ein gewisses Maß an Sorgfalt auf die Erfüllung verwendet werde. Ihre Außerachtlassung (Vorsatz, Fahrlässigkeit) macht also schadensersatzpflichtig."

91 HKK/Dorn, § 241 Rn. 83; Würthwein, Zur Schadensersatzpflicht wegen Vertragsverletzungen im Gemeinen Recht des 19. Jahrhunderts, Berlin 1990, S. 263 ff.

92 Windscheid, Lehrbuch des Pandektenrechts, Bd. 2, 7. Aufl., Frankfurt a. M. 1891, § 250, S. 1 f.: „Die Forderungsrechte bilden eine Unterart der persönlichen Rechte. Persönliche Rechte sind diejenigen Rechte, kraft deren der Wille des Berechtigten maßgebend ist für das Verhalten eines dem Berechtigten gegenüberstehenden

gefasst:[93] „Der Schuldner ist verpflichtet, die nach dem Schuldverhältnisse ihm obliegende Leistung vollständig zu bewirken. Er haftet nicht bloß wegen vorsätzlicher, sondern auch wegen fahrlässiger Nichterfüllung seiner Verbindlichkeit".[94] Das Wort „haften" werde hier im Sinne von „vertreten", „einstehen" und „Ersatz leisten müssen" verwendet. § 224 des ersten Entwurfs stelle eine Generalklausel für alle Vertragsverletzungen dar.[95] Diese Vorschrift sei ein „Kompromissprodukt", das die Reste der alten culpa-Haftung mit der auf Friedrich Mommsen zurückgehenden weiten Unmöglichkeitslehre[96] verbinde, um für die von Staub genannten Fälle zwei Lösungsmöglichkeiten zu bieten: Zum einen sahen die Kommissionsmitglieder sie in den Motiven als „selbstverständlich" an und wiesen ausdrücklich darauf hin, dass die Verpflichtung ihrem ganzen

---

Einzelnen (oder einer Mehrheit von Einzelnen), [...] Die Forderungsrechte enthalten, wie alle Rechte, einen dem Berechtigten zu eigen gegebenen Befehl der Rechtsordnung, und der Inhalt dieses Befehls ist, [...], daß derjenige, an welchen der Befehl ergeht, seinen Willen in gewisser Weise zu einem äußeren Verhalten bestimme, daß er in gewisser Weise handele"; vgl. HKK/Dorn, § 241 Rn. 18: „Gegenstand des Forderungsrechts ist dementsprechend nicht die Person des Schuldners, sondern die Handlung, ‚zu welcher das Forderungsrecht den Schuldner verpflichtet'."

93 Haferkamp, Wege zur Rechtsgeschichte: Das BGB, 2. Aufl., Köln 2023, S. 155 f.

94 Erster Entwurf eines bürgerlichen Gesetzbuches für das Deutsche Reich, Berlin/Leipzig 1888, S. 51; vgl. Haferkamp, Wege zur Rechtsgeschichte: Das BGB, 2. Aufl., Köln 2023, S. 156.

95 Würthwein, Zur Schadensersatzpflicht wegen Vertragsverletzungen im Gemeinen Recht des 19. Jahrhunderts, Berlin 1990, S. 259 f. Anders als sie gesehen siehe Huber, Leistungsstörungen, Bd. 1, in: Gernhuber (Hrsg.), Handbuch des Schuldrechts in Einzeldarstellungen, Bd. 9/1, Tübingen 1999, § 3 II 2, S. 79: „Soweit besondere Bestimmungen über die Haftungssanktion (wie §§ 280, 286, 325, 326) fehlen, ist dem § 276 die allgemeine Regel zu entnehmen, daß der Schuldner für jede schuldhafte Verletzung einer schuldrechtlichen Pflicht haftet [...]." Dazu siehe Nüßlein, Die Integration der culpa in contrahendo in das BGB nach der Schuldrechtsreform, Berlin 2018, S. 109.

96 Mommsen, Beträge zum Obligationenrecht, 1. Abtheilung: Die Unmöglichkeit der Leistung, Braunschweig 1853, S. 228 ff., 232: „Die Regel, welche für diese Unmöglichkeit gilt, ist folgende: Der Schuldner ist von der Verpflichtung zur Leistung befreit, insoweit dieselbe ohne ein von ihm zu vertretendes Verschulden unmöglich geworden ist. – Tritt eine derartige Unmöglichkeit vor der Perfection der Obligation ein, so hindert sie die Entstehung der beabsichtigten Obligation; und der Schuldner braucht in diesem Fall auch wegen des gehinderten Zustandekommens derselben keine Entschädigung zu leisten."; Jakobs, Unmöglichkeit und Nichterfüllung, Bonn 1969, S. 112 ff.

Umfang nach, insbesondere auch in Ansehung aller „Nebenpunkte", zu erfüllen sei[97].[98] Die Kommissionsmitglieder haben unter Nebenpunkten nicht nur ausdrücklich vereinbarte Nebenpflichten verstanden, sondern auch das, „was sich aus den Bestimmungen und der Natur des Vertrages nach Gesetz und Verkehrssitte sowie mit Rücksicht auf Treu und Glauben als Inhalt seiner Verbindlichkeit ergiebt"[99].[100] Zum anderen wurde für viele der von Staub genannten Fälle eine andere Lösung gefunden, indem ein weiterer Begriff der Unmöglichkeit verwendet wurde. Dies bezieht sich nicht nur auf die Leistung selbst, sondern auch auf die Zeit, den Ort und die Umstände der Leistung.[101] Dieser weitere Begriff der Unmöglichkeit erfasst auch Schlechtleistungen als quantitativ bzw. qualitativ teilweise unmöglich[102].[103]

Die erste entworfene Vorschrift wurde gestrichen und in die folgenden zwei Vorschriften des zweiten Entwurfs umformuliert: „Der Schuldner ist verpflichtet, die Leistung so zu wirken, wie Treu und Glauben mit Rücksicht auf die Verkehrssitte es erfordern."[104] „Der Schuldner hat, sofern nicht ein Anders bestimmt ist, Vorsatz und die Außerachtlassung der im Verkehr erforderlichen Sorgfalt (Fahrlässigkeit) zu vertreten".[105] Diese zweiten entworfenen Vorschriften drückten den entscheidenden Haftungsgedanken nicht mehr aus.[106]

Die Formulierung des § 276 Abs. 1 BGB a. F. sollte jedoch nach der Ansicht Staubs[107] nicht automatisch als Haftung auf Schadensersatz interpretiert

---

97 Motive II, S. 26.

98 Haferkamp, Wege zur Rechtsgeschichte: Das BGB, 2. Aufl., Köln 2023, S. 156.

99 § 359 des ersten Entwurfs eines bürgerlichen Gesetzbuches für das Deutsche Reich, Berlin/Leipzig 1888, S. 79.

100 Haferkamp, Wege zur Rechtsgeschichte: Das BGB, 2. Aufl., Köln 2023, S. 156.

101 Haferkamp, Wege zur Rechtsgeschichte: Das BGB, 2. Aufl., Köln 2023, S. 156; Motive II, S. 56: Eine „theilweise Unmöglichkeit der Erfüllung der ihm obliegenden Leistung, nämlich der Erfüllung in Ansehung der Zeit, zu welcher sie zu bewirken ist", lag vor, wenn eine Leistung zu spät erfolgte.

102 Motive II, S. 49.

103 Haferkamp, Wege zur Rechtsgeschichte: Das BGB, 2. Aufl., Köln 2023, S. 156.

104 § 206 des zweiten Entwurfs eines bürgerlichen Gesetzbuches für das Deutsche Reich, Berlin 1894, S. 70.

105 § 233 des zweiten Entwurfs eines bürgerlichen Gesetzbuches für das Deutsche Reich, Berlin 1894, S. 77.

106 Haferkamp, Wege zur Rechtsgeschichte: Das BGB, 2. Aufl., Köln 2023, S. 156.

107 Staub, Die positiven Vertragsverletzungen in Monographie, 1. Aufl., Berlin 1904 (2. Aufl. hrsg. und ergänzt von Müller, Berlin 1913), S. 7 f.: Die Ansicht Cromes sei ein falsches Gefühl, […] „Der § 276 BGB gibt nichts weiter als eine Definition der zivilrechtlichen Schuld. Zivilrechtlich schuldhaft handelt, ‚zu vertreten hat',

werden.[108] Diese Ansicht wurde später von Ulrich Huber in Frage gestellt. Eine „einengende Interpretation" von § 276 Abs. 1 BGB a. F. würde zu einer „empfindlichen Lücke" im Haftungssystem führen. Diese Lücke, die durch die Interpretation entstanden ist, wurde durch das vermeintlich selbstgeschaffene Rechtsinstitut der „positiven Vertragsverletzung" gefüllt.[109] Der Gesetzgeber wollte mit Sicherheit nicht eine restriktive Interpretation von § 276 Abs. 1 BGB a. F. vornehmen:

> „Es gehört zu den Rätseln der Dogmengeschichte, daß es gerade ein Autor von dem Rang und dem praktischen Verständnis Staubs war, der die enge, dem bisherigen Rechtszustand [...] und den Erfordernissen der Praxis widersprechende, dem Buchstaben verhaftete Interpretation des § 276 BGB so zäh verteidigt hat."[110]

Sollte man von einer Gesetzeslücke sprechen, so müsste zumindest nachgewiesen werden, dass das Gesetz die Fälle nicht regele, die derjenige, der eine Lücke behaupte, für regelungsbedürftig halte. Ein solcher Nachweis sei weder dem damaligen Advokaten noch später anderen Befürwortern der pVV überzeugend gelungen.[111] Staub erwähnte zudem eher die gesetzliche Verankerung

---

wer vorsätzlich oder fahrlässig handelt. Der Gesetzgeber bringt diese Definition im allgemeinen Teil des Rechts der Schuldverhältnisse, weil er mit diesem Begriff zu zahlreichen Stellen operiert."; ähnlich vgl. Lehmann, Die positiven Vertragsverletzungen, AcP 96 (1905), S. 60, 81.

108 Hermann, Mehr Lotse als Entdecker, in: Henne/Schröder/Thiessen (Hrsg.), Anwalt – Kommentator – „Entdecker", Festschrift für Hermann Staub zum 150. Geburtstag am 21. März 2006, Berlin 2006, S. 25, 31.

109 Huber, Leistungsstörungen, Bd. 1, in: Gernhuber (Hrsg.), Handbuch des Schuldrechts in Einzeldarstellungen, Bd. 9/1, Tübingen 1999, § 3 II 3 b), S. 80; vgl. Hermann, Mehr Lotse als Entdecker, in: Henne/Schröder/Thiessen (Hrsg.), Anwalt – Kommentator – „Entdecker", Festschrift für Hermann Staub zum 150. Geburtstag am 21. März 2006, Berlin 2006, S. 25, 40; Schermaier, „Dem Deutschen thut das Studium der Römer noth ...", JZ 2006, S. 330, 335 f.: Schermaier wandte sich im Anschluss an die Schuldrechtsmodernisierung gegen die Lehre von der pVV. Ein solches Missverständnis mache die Modernisierung selbst zum Missverständnis. Ders., aaO., JZ 2006, S. 330, 335 (Fn. 73): Kritisch setzte er sich dabei mit der Bezeichnung Staubs als „Pionier des Schuldrechts" auseinander, die erstens unrichtig und zweitens lächerlich sei; so etwas könne nur Leuten einfallen, die in der Schuldrechtsmodernisierung eine „Pioniertat" sähen.

110 Huber, Leistungsstörungen, Bd. 1, in: Gernhuber (Hrsg.), Handbuch des Schuldrechts in Einzeldarstellungen, Bd. 9/1, Tübingen 1999, § 3 II 3 b), S. 80 (Fn. 94).

111 Benedict, Culpa in contrahendo, Tübingen 2007, S. 303 f.

des Grundsatzes des Schadensersatzes wegen Pflichtverletzung,[112] anstatt die sehr unterschiedlichen Pflichten der genannten Fälle zu qualifizieren oder zu begründen.[113]

§ 276 Abs. 1 BGB a. F. war nach der Vorstellung des Gesetzgebers als Anspruchsgrundlage für die Haftung für Schäden aus der Verletzung von sog. Schutzpflichten und sonstigen Verhaltenspflichten zu verstehen.[114] Kurz nach Inkrafttreten des BGB gab es daher keine tatsächliche Lücke im Leistungsstörungsrecht. Es ist wohl zutreffend, dass Staub eine Lücke selbst geschaffen und durch seine Lehre von der pVV selbst herbeigeführt hatte.[115] Bei Erwähnung der pVV und ihrer Entdeckung durch Staub werde allerdings übersehen, dass sich die Schuldrechtsdogmatik inzwischen weit von dem entwickelt habe, was Staub 1902 noch vor Augen hatte.[116] Der Grundsatz von Treu und Glauben nach § 242 BGB diene im 20. Jahrhundert als Handwerkszeug, um immer neue verletzbare Schutz- und Nebenpflichten zu schaffen[117]:

> „Nun wurde § 242 BGB zum Ankerpunkt der neuen Lehre. [...] Es war aber auch ein Zeichnen für die endgültige Abkehr von der Konzeption des BGB. § 242 BGB trug nun eine immer mehr auswuchernde richterrechtliche Schutzpflichtdogmatik, für die

---

112 Staub, Die positiven Vertragsverletzungen in Monographie, 1. Aufl., Berlin 1904 (2. Aufl. hrsg. und ergänzt von Müller, Berlin 1913), S. 34, 126: Staub wandte sich dem Schuldnerverzug nach § 286 BGB a. F. zu und leitete aus dessen Analogie die allgemeine Rechtsfolge ab, dass der in Verzug geratene Schuldner Schadensersatz zu leisten habe. Infolge der analogen Anwendung der Vorschriften der §§ 286, 326 BGB a. F. stehen dem durch die pVV geschädigten Vertragspartner drei Rechte zu, nämlich der Anspruch auf einzelnen Schadensersatz wegen jeder einzelnen Vertragsverletzung, der Rücktritt vom gesamten Vertrag oder das Wahlrecht auf Schadensersatz wegen Nichterfüllung.

113 Wiegand, Die Verhaltenspflichten, in: Stolleis u. a. (Hrsg.), Die Bedeutung der Wörter, Studien zur europäischen Rechtsgeschichte, Festschrift für Sten Gagnér zum 70. Geburtstag, München 1991, S. 547, 552 f.

114 HKK/Dorn, § 241 Rn. 83.

115 Vgl. Huber, Leistungsstörungen, Bd. 1, in: Gernhuber (Hrsg.), Handbuch des Schuldrechts in Einzeldarstellungen, Bd. 9/1, Tübingen 1999, § 3 II 3 b), S. 80; siehe auch Schermaier, „Dem Deutschen thut das Studium der Römer noth ...“, JZ 2006, S. 330, 335 f.; Hermann, Mehr Lotse als Entdecker, in: Henne/Schröder/Thiessen (Hrsg.), Anwalt – Kommentator – „Entdecker“, Festschrift für Hermann Staub zum 150. Geburtstag am 21. März 2006, Berlin 2006, S. 25, 40 (Fn. 74).

116 Haferkamp, Wege zur Rechtsgeschichte: Das BGB, 2. Aufl., Köln 2023, S. 158.

117 Hermann, Mehr Lotse als Entdecker, in: Henne/Schröder/Thiessen (Hrsg.), Anwalt – Kommentator – „Entdecker“, Festschrift für Hermann Staub zum 150. Geburtstag am 21. März 2006, Berlin 2006, S. 25, 35 f.

> § 242 BGB eine bessere Ausgangsposition bot als Analogien zum Leistungsstörungsrecht des BGB.“[118]

Die Entdeckung[119] der „vermeintlichen Lücke“ im Leistungsstörungsrecht des BGB gilt als Mittel zur Konkretisierung[120] und Systematisierung[121] der vertraglichen Pflichten des Schuldners aus dem Schuldverhältnis. Die Provokation Staubs führte später zu den Weichenstellungen Stolls in Leistungsstörung und Schutzpflichtverletzung, ohne die der heutige Oberbegriff der „Pflichtverletzung“ nicht wirklich denkbar wäre:

> „Ob ‚Entdecker‘ oder ‚Irrender‘: Staub bleibt eine condicio sine qua non für die Ausprägung auch noch des jetzigen Leistungsstörungsrechts. Meine Würdigung verlagert sich damit vom Entdeckertopos zum Lotsentopos: ‚Mehr Lotse als Entdecker‘ “.[122]

Die Lehre von der pVV Staubs war prägend für die Entwicklung zahlreicher vertraglicher Pflichten. Später verabschiedete sich Stoll jedoch von dieser Lehre[123] und stellte die Weichen für die Leistungsstörung und die Schutzpflichtverletzung. Es ist festzustellen, dass Staub eine vermeintliche Lücke im Leistungsstörungsrecht durch seine selbstgeschaffene Lehre von der pVV ausfüllte, obwohl diese Lücke tatsächlich nicht existierte. Seiner Lehre steht aber Verdienst zu, den Weg zu der Weiterentwicklung zahlreicher vertraglicher Pflichten geebnet zu haben. In diesem Sinne kann er als „Lotse“ bezeichnet werden.

---

118 Haferkamp, Wege zur Rechtsgeschichte: Das BGB, 2. Aufl., Köln 2023, S. 158.

119 Vgl. Haferkamp, Wege zur Rechtsgeschichte: Das BGB, 2. Aufl., Köln 2023, S. 155: Hans Dölle bezeichnete Hermann Staub später als einen der großen juristischen Entdecker. Staub entdeckte eine riesige Lücke im BGB, die bis 2001 durch die Lehre von der positiven Vertrags- bzw. – in Erweiterung auf gesetzliche Schuldverhältnisse – der positiven Forderungsverletzung gefüllt wurde. Dazu siehe Dölle, Juristische Entdeckungen, in: Festvortrag, Verhandlungen des 42. Deutschen Juristentages, Bd. 2, Tübingen 1958, B 15 f.

120 Vgl. Frost, Vorvertragliche und vertragliche Schutzpflichten, Berlin 1981, S. 140; Mayr, Schutzpflichten im deutschen und französischen Recht, Frankfurt a. M. u. a. 2004, S. 33.

121 HKK/Dorn, § 241 Rn. 85.

122 Hermann, Mehr Lotse als Entdecker, in: Henne/Schröder/Thiessen (Hrsg.), Anwalt – Kommentator – „Entdecker“, Festschrift für Hermann Staub zum 150. Geburtstag am 21. März 2006, Berlin 2006, S. 25, 41.

123 Vgl. Stoll, Abschied von der Lehre von der positiven Vertragsverletzung, AcP 136 (1932), S. 257, 260; Benedict, Culpa in contrahendo, Tübingen 2009, S. 304.

2. *Leistungs- und integritätsbezogene Nebenpflichten*

a) Überblick über das Prinzip der Einheit der Obligation

Der Begriff der Obligation geht auf das klassische römische Recht zurück. Dort wurde das Modell einer Verbindlichkeit mit doppeltem Inhalt entwickelt, nämlich der „Schuld und Haftung".[124] „Die Schuld ging auf Erfüllung in Natur, zugleich – im Anschluss an das klassisch-römischrechtliche Prinzip der condemnatio pecuniaria – auf Geldleistung".[125] Im Jahre 1875 analysierte Gustav Hartmann die Dogmatik der „Identität der Obligation",[126] die der Konzeption des BGB zugrunde liegt[127] und bis heute diskutiert

---

124 Kaser, Das römische Privatrecht, Abschn. 1, 2. Aufl., München 1971, S. 479 ff.; ders., Das römische Privatrecht, Abschn. 2, 2. Aufl., München 1975, S. 329 ff.; Knütel, Die Schwächen der „konkreten" und „abstrakten" Schadensberechnung und das positive Interesse bei der Nichterfüllung, AcP 202 (2002), S. 555, 576 ff.; Weller, Die Vertragstreue, Tübingen 2009, S. 212; HKK/Dorn, § 241 Rn. 6: Die römischen Juristen verwendeten den Begriff „obligatio", um die schuldrechtliche Beziehung zwischen Gläubiger und Schuldner zu beschreiben. Dieser Begriff bedeutet im juristischen Kontext unmittelbar „Bindung."

125 Zimmer, Das Recht der Leistungsstörungen, NJW 2002, S. 1, 2; Kaser, Das römische Privatrecht, Abschn. 1, 2. Aufl., München 1971, S. 499.

126 Hartmann, Die Obligation, Erlangen 1875, S. 159 ff.; vgl. Weller, Die Vertragstreue, Tübingen 2009, S. 212.

127 Sutschet, Garantiehaftung und Verschuldenshaftung im gegenseitigen Vertrag, Tübingen 2006, S. 9; vgl. Zimmer, Das Recht der Leistungsstörungen, NJW 2002, S. 1, 2; Weller, Die Vertragstreue, Tübingen 2009, S. 212: Die Einheit der Obligation war z. B. im Wortlaut des § 275 Abs. 1 BGB a. F. in der Konzeption des BGB von 1896 angelegt, wonach der Schuldner von der Leistungspflicht nur frei wird, wenn er die Unmöglichkeit der Leistung nicht zu vertreten hat. Diese Vorschrift wurde so geregelt, weil die Obligation mit doppeltem Inhalt – die Naturalleistungs- und Schadensersatzpflicht – insoweit entfällt, als der Schuldner auch die Unmöglichkeit der Leistung zu vertreten hätte. Dazu siehe Sutschet, aaO., S. 14 f., 217 ff.; Huber, Das geplante Leistungsstörungsrecht, in: Zimmermann (Hrsg.), Zivilrechtswissenschaft und Schuldrechtsreform, Tübingen 2001, S. 31, 140 ff.; HKK/Dorn, § 241 Rn. 41: Die „Verknüpfung von Schuld und Haftung erschien so selbstverständlich, […] Schon Kübel hatte vielmehr darauf verwiesen, dass das aus dem Schuldverhältnis resultierende Recht des Gläubigers auf die Leistung immer nur auf eine oder mehrere Handlungen beschränkt, während die aus dem Schuldverhältnis resultierende Haftung prinzipiell unbeschränkt sei, d. h. sich auf dessen gesamtes Vermögen erstrecke." Dazu siehe Kübel, Entwurf eines bürgerlichen Gesetzbuches für das Deutsche Reich. Recht der Schuldverhältnisse. I. Allgemeiner Teil mit Begründung, Berlin 1882, S. 8.

wird.[128] Das Einheitsprinzip der Obligation besagt, dass der Gläubiger mit einem wirksamen Vertrag in Natur zu befriedigen ist. Falls dies nicht möglich ist, soll er zumindest durch Geld vollständig befriedigt werden.[129]

Entgegen der Auffassung des BGB-Gesetzgebers, die von der Einheitlichkeit der Obligation ausging, wurde nach Inkrafttreten des BGB die Auffassung vertreten, dass Schuld und Haftung zwei selbständige, voneinander unabhängige Rechtsinstitute seien.[130] Franz Dorn formuliert dies so:

> „Im modernen Schuldrecht träfe beides zwar in der Regel zusammen. Wegen der unterschiedlichen rechtlichen Struktur des Leistensollens auf der einen und des Einstehenmüssens für die Nichtleisten auf der anderen Seite sei dies aber weder denknotwendig oder zwangsläufig und deshalb auch im geltenden Schuldrecht nicht immer der Fall, so dass es durchaus ein Schulden ohne Haftung und ein Haften ohne Schuld gebe.“[131]

Der Gedanke der Trennung von Schuld und Haftung geht auf folgende Juristen zurück:[132] Alois von Brinz verstand für das gemeine Recht das Wesen der Obligation mit der Haftung des Schuldners, nämlich die Unterwerfung des

128 Weller, Die Vertragstreue, Tübingen 2009, S. 212; zur „Identität zwischen Erfüllungs- und Ersatzanspruch“ siehe Meincke, Rechtsfolgen nachträglicher Unmöglichkeit der Leistung beim gegenseitigen Vertrag, AcP 171 (1971), S. 19, 27 ff.; zum „Prinzip der Einheit der Obligation“ siehe Dedek, Negative Haftung, Tübingen 2007, S. 141, 149 ff., 217 ff., 221, 233 f.; siehe auch Ehmann, Garantie- oder Verschuldenshaftung bei Nichterfüllung und Schlechtleistung?, in: Heldrich/Prölss/Koller (Hrsg.), Festschrift für Claus-Wilhelm Canaris, Bd. 1, München 2007, S. 165, 169 ff.; Sutschet, Garantiehaftung und Verschuldenshaftung im gegenseitigen Vertrag, Tübingen 2006, S. 8 ff.; HKK/Dorn, § 241 Rn. 40, 42 ff.

129 Sutschet, Garantiehaftung und Verschuldenshaftung im gegenseitigen Vertrag, Tübingen 2006, S. 83: „Im Falle der Nichterfüllung ist dem Gläubiger grundsätzlich das Interesse zu leisten. Das Interesse ist insoweit der Geldwert der ausgebliebenen Leistung. An die Stelle der Leistung tritt also Geld, der Leistungsgegenstand wird durch Geld substituiert. Der Anspruch des Gläubigers auf Erfüllung ist gerichtet auf die Befriedigung des Erfüllungsinteresses. Wird dieses nicht vermittels der neutralen Leistung befriedigt, so ist es in Geld zu befriedigen. Hier wie dort wird der Erfüllungsanspruch befriedigt.“; Weller, Die Vertragstreue, Tübingen 2009, S. 212; Dedek, Negative Haftung, Tübingen 2007, S. 141.

130 HKK/Dorn, § 241 Rn. 42; Hübner, Grundzüge des deutschen Privatrechts, 5. Aufl., Leipzig 1930, S. 493 f.

131 HKK/Dorn, § 241 Rn. 42.

132 Vgl. HKK/Dorn, § 241 Rn. 43 ff.

Schuldners unter die Zwangsvollstreckung des Gläubigers.[133] Er wies darauf hin, dass die Gebundenheit des Schuldners dem Gläubiger nur Ersatz oder Satisfaktion wegen der Nichterfüllung gewährleiste, „indem sie es ihm ermöglichte, auf die Person des Schuldners oder sein Vermögen als der Pertinenz seiner rechtlichen Persönlichkeit wie auf ein Pfand Zugriff zu nehmen".[134] Auch von germanistischer Seite hatte sich Karl von Amira zwar an Brinzs Gedanken orientiert, war aber in einem entscheidenden Punkt davon abgewichen. Nach seiner Ansicht war die Schuld ohne beigefügte Haftung nur ein nicht erzwingbares bloßes Sollen.[135] Es meinte nicht nur das „Leistensollen" des Schuldners, sondern auch das „Bekommensollen"[136] auf Seiten des Gläubigers. Das Bekommensollen des Gläubigers sei das wesentliche Merkmal der Schuld gewesen. Es gebe also keine Schuld ohne Bekommensollen, wohl aber ein bloßes Bekommensollen ohne ein Leistensollen auf der anderen Seite.[137]

---

133 Brinz, Der Begriff der obligatio, GrünhZ 1 (1874), S. 11 ff.; ders., Lehrbuch der Pandekten, Bd. 2/1, 2. Aufl., Erlangen 1879, §§ 206 ff.; ders., Obligation und Haftung, AcP 70 (1886), S. 371 ff.; ders., Kritische Blätter civilrechtlichen Inhalts in zwangslosen Heften 3 (1853), S. 3 ff.: Brinz kritisierte den Begriff der Obligation von Savigny. Dieser wurde von ihm im Obligationenrecht als Teil des heutigen römischen Rechts, Bd. 1, Berlin 1851, § 2, S. 4 ff., insbesondere 6 f. erklärt. Seiner Auffassung nach könne ein Verhältnis der Handlung des Schuldners durch „zweierlei, oft mit einander verbundene, Eigenschaften" begründet werden – „ganz einzeln stehende, vorübergehende Handlungen [...], wie Geldzahlungen" und „die Erfüllung der Obligation", die auf „die Gewißheit des Erfolges ihrer Thätigkeit" gerichtet sein müsse. Vgl. HKK/Dorn, § 241 Rn. 19, 43; Sutschet, Garantiehaftung und Verschuldenshaftung im gegenseitigen Vertrag, Tübingen 2006, S. 43.

134 HKK/Dorn, § 241 Rn. 43.

135 Amira/Eckhard, Germanisches Recht, Bd. 2, Berlin 1967, § 41, S. 107 ff.; Gierke, Deutsches Privatrecht, Bd. 3, 2. Aufl. (unveränderter Nachdruck der 1. Aufl. von 1917), Berlin 2010, S. 8 ff.; Hübner, Grundzüge des deutschen Privatrechts, 5. Aufl., Leipzig 1930, S. 496 ff. Dazu siehe HKK/Dorn, § 241 Rn. 44.

136 Amira, Nordgermanisches Obligationenrecht, Bd. 1, Leipzig 1882, S. 43 ff.; ders., Nordgermanisches Obligationenrecht, Bd. 2, Leipzig 1895, S. 78 ff.; ders./Eckhardt, Germanisches Recht, Bd. 2, Berlin 1967, § 41, S. 107 f.; Gierke, Deutsches Privatrecht, Bd. 3, 2. Aufl. (unveränderter Nachdruck der 1. Aufl. von 1917), Berlin 2010, S. 10 ff.; HKK/Dorn, § 241 Rn. 44.

137 Amira/Eckhardt, Germanisches Recht, Bd. 2, Berlin 1967, § 41, S. 108; HKK/Dorn, § 241 Rn. 44: Entgegen der Ansicht Amiras sprachen andere, wie Gierke, dafür, dass der Begriff der Schuld immer an das gegenseitige Bekommen- und Leistensollen angeknüpft habe, da ohne ein Leistensollen auf Seiten des Schuldners ein Bekommensollen auf Seiten des Gläubigers nicht denkbar sei. Dazu siehe Gierke,

Siber vertrat die Auffassung, dass die Ansicht von Brinz nur für das ältere römische Recht zutreffe. Im klassischen römischen Recht habe der Schuldner nicht bloß gehaftet, sondern vielmehr geschuldet.[138] Anders als die von Brinz entwickelte Lehre postulierte die von den Germanisten entwickelte Lehre die Schuld – das Leisten- und Bekommensollen – als wesentlichen Ausfluss des Schuldverhältnisses.[139] Siber meinte, dass das Schuldverhältnis nach § 241 BGB a. F. nicht nur ein Recht des Gläubigers begründe, vom Schuldner eine Leistung zu fordern, sondern auch zweifellos ein diesem Recht entsprechendes Leistensollen des Schuldners erzeuge.[140] Dies werde auch in § 194 Abs. 1 BGB bestätigt, wonach der Anspruch „das Recht, von einem Andern ein Thun oder ein Unterlassen zu verlangen", ist.[141]

b) Leistungsbezogene Diligenzpflicht nach Sibers Verständnis des Schuldverhältnisses

Staubs Lehre von der pVV als dritter Kategorie von Leistungsstörungen neben Unmöglichkeit und Verzug zielte auf eine Umgestaltung des Leistungsstörungsrechts ab. Seine pVV inspirierte aber bald auch andere Juristen, insbesondere Heinrich Siber, der mit seiner Lehre von der Diligenzpflicht das an der Leistungspflicht orientierte Pflichtensystem neu zu ordnen suchte.

Die Lehre von der Diligenzpflicht geht auf sein Verständnis der Leistung im Schuldverhältnis zurück. Siber verstand unter dem Begriff Leistung eine Leistung im doppelten Sinne, nämlich nicht nur als Leistungserfolg, sondern auch als das Verhalten zur Herbeiführung des Leistungserfolges (das Leistungsverhalten).[142] Dieses ist von höchster Komplexität, denn Leistung umfasst jedes

---

Deutsches Privatrecht, Bd. 3, 2. Aufl. (unveränderter Nachdruck der 1. Aufl. von 1917), Berlin 2010, S. 10 f.

138 Siber, Der Rechtszwang im Schuldverhältnis nach deutschem Reichsrecht, Leipzig 1903, S. 1 ff.; Sutschet, Garantiehaftung und Verschuldenshaftung im gegenseitigen Vertrag, Tübingen 2006, S. 44.

139 HKK/Dorn, § 241 Rn. 45.

140 Siber, Der Rechtszwang im Schuldverhältnis nach deutschem Reichsrecht, Leipzig 1903, S. 17; Sutschet, Garantiehaftung und Verschuldenshaftung im gegenseitigen Vertrag, Tübingen 2006, S. 44; HKK/Dorn, § 241 Rn. 45.

141 Siber, Der Rechtszwang im Schuldverhältnis nach deutschem Reichsrecht, Leipzig 1903, S. 69 f.; Sutschet, Garantiehaftung und Verschuldenshaftung im gegenseitigen Vertrag, Tübingen 2006, S. 44.

142 Siber, Der Rechtszwang im Schuldverhältnis nach deutschem Reichsrecht, Leipzig 1903, 176 f.; ders., Zur Theorie von Schuld und Haftung nach Reichsrecht, JhJb 50 (1906), S. 55, 177 f.

vorbereitende positive oder negative Verhalten.[143] Nach seinem doppelsinnigen Leistungsbegriff besteht daher Diligenzpflicht neben der Leistungspflicht im Schuldverhältnis und ihr Inhalt wird erst durch die Beziehung auf einen konkreten Leistungsinhalt bestimmt.[144] Dieses Leistungsverständnis stand jedoch im Widerspruch zur bestehenden gesetzlichen Regelung im BGB, die die Pflicht des Schuldners auf den Leistungserfolg beschränkte. Schon der Gesetzgeber des BGB habe das Schuldverhältnis in Übereinstimmung mit der herrschenden Lehre des Gemeinen Rechts als Rechtspflicht des Schuldners zu einem bestimmten Verhalten verstanden; der Wille des Schuldners sei dem Willen des Gläubigers untergeordnet.[145] Nach Sibers Auffassung habe das Schuldverhältnis aber nicht notwendig „eine Willensaktion des Schuldners" als solche zum Gegenstand, sondern nur „ein Bekommen des Gläubigers", also einen Erfolg, der auch anders als durch den Willen des Schuldners herbeigeführt werden könne.[146] Das Schuldverhältnis sei daher keine Rechtspflicht des Schuldners, sondern „eine durch eine solche Rechtspflicht gesicherte Erfolgsanwartschaft" des Gläubigers.[147] Der Zweck des Schuldverhältnisses bleibt die Herbeiführung des Leistungserfolges.

Siber führte aus, dass die Sorgfaltsbeobachtung vom ursprünglichen Leistungsinhalt abweiche und lediglich die Rechtsbedingung für den Eintritt der Schadensersatzpflicht darstelle.[148] Dementsprechend bezeichnete er die Ersatzpflicht für unterlassene Sorgfalt[149] als „Diligenzpflicht". Die Verletzung der Diligenzpflicht führt also neben der Leistungspflicht zu einem zusätzlichen Schadensersatzanspruch, wobei die Außerachtlassung der Sorgfalt nicht als

---

143 Siber, Zur Theorie von Schuld und Haftung nach Reichsrecht, JhJb 50 (1906), S. 55, 178.

144 Siber, Der Rechtszwang im Schuldverhältnis nach deutschem Reichsrecht, Leipzig 1903, S. 171.

145 Der Leistungsbegriff des Bürgerlichen Gesetzbuches ist ein enger und geht auf die Pandektisten, insbesondere auf Savigny, zurück. Vgl. Friedrich Carl von Savigny, Das Obligationenrecht als Theil des heutigen römischen Rechts, Bd. 2, Berlin 1853, § 82 S. 293; Motive II, S. 5 = Mugdan II, S. 3.

146 Siber, in: Planck's Kommentar zum Bürgerlichen Gesetzbuch, Recht der Schuldverhältnisse (Allgemeiner Teil), Bd. 2/1, 4. Aufl., Berlin 1914, Vorb., S. 16 f.

147 Siber, in: Planck's Kommentar zum Bürgerlichen Gesetzbuch, Recht der Schuldverhältnisse (Allgemeiner Teil), Bd. 2/1, 4. Aufl., Berlin 1914, Vorb., S. 22.

148 Siber, Der Rechtszwang im Schuldverhältnis nach deutschem Reichsrecht, Leipzig 1903, S. 180.

149 Siber, Der Rechtszwang im Schuldverhältnis nach deutschem Reichsrecht, Leipzig 1903, S. 173.

Rechtsbedingung einer eventuellen Prästationspflicht, sondern als Eigenschaft der ursprünglich geschuldeten Leistungstätigkeit angesehen werde.[150] Die Diligenzpflicht wird von ihm als eine selbständige Pflicht angesehen.

c) Integritätsbezogene Erhaltungspflicht

Siber hob den Schutzcharakter vieler Nebenpflichten hervor und sprach von Erhaltungspflichten als selbständigen Nebenpflichten. Erhaltungspflichten dienen dazu, Rechtsgüter des Gläubigers oder eines Dritten in einem bestimmten Zustand zu erhalten.[151] Bei den Gegenständen der Erhaltungspflichten wurde zwischen der unselbständigen Vorbereitung der Hauptleistung und der selbständig geschuldeten Erhaltung unterschieden. Als unselbständige Vorbereitung der Hauptleistung ist die Erhaltung anzusehen, wenn der Verkäufer die Kaufsache so zu erhalten hat, dass er sie zum Liefertermin unbeschädigt übergeben kann. Gegenstand der selbständig geschuldeten Erhaltung kann aber auch die Sicherheit der Person des Gläubigers sein.[152] Dies ist z. B. der Fall, wenn von der Erhaltungspflicht des Gastwirts für die dem Gast zur Verfügung stehenden Räume einschließlich der Bedürfnisse die Rede ist.[153]

Zusammenfassend ist festzuhalten, dass Staub trotz seiner Einordnung der pVV als dritte Kategorie neben Unmöglichkeit und Verzug im Leistungsstörungsrecht keinen Versuch unternahm, die einzelnen Pflichten zu qualifizieren oder zu begründen. Siber ging später auf die Qualifizierung dieser Pflichten durch den Begriff der Diligenzpflicht ein. Diese Pflicht besteht neben der Leistungspflicht und ihre Verletzung gibt dem Gläubiger neben der Leistungspflicht einen zusätzlichen Anspruch auf Ersatz des entsprechenden Schadens.

Zahlreiche Nebenpflichten wurden mit der Einführung der Diligenzpflicht in Anzeige- und Erhaltungspflichten unterteilt. Siber behandelte das Verhältnis von leistungsbezogenen Neben- und Erhaltungspflichten, indem er den Gegenstand der Erhaltungspflichten von der unselbständigen Vorbereitung der Hauptleistung und der selbständigen Erhaltung abgrenzte. Im Rahmen des

---

150 Siber, Der Rechtszwang im Schuldverhältnis nach deutschem Reichsrecht, Leipzig 1903, S. 172.

151 Siber, in: Planck's Kommentar zum Bürgerlichen Gesetzbuch, Recht der Schuldverhältnisse (Allgemeiner Teil), Bd. 2/1, 4. Aufl., Berlin 1914, Vorb. zu §§ 275–292, S. 185; zu deren Begründung Sibers siehe unter 2. Teil C I 1.

152 Siber, in: Planck's Kommentar zum Bürgerlichen Gesetzbuch, Recht der Schuldverhältnisse (Allgemeiner Teil), Bd. 2/1, 4. Aufl., Berlin 1914, Vorb. zu §§ 275–292, S. 185 ff.

153 RG JW 1909, 723 (Nr. 15).

bestehenden Schuldrechts fehlen jedoch die notwendigen Rechtsgrundlagen für die Gedanken der Diligenzpflicht und der Erhaltungspflicht sowie der Hinweis auf das Verhältnis zwischen Leistungspflichten und Diligenz- bzw. Erhaltungspflichten. Hugo Kreß und Heinrich Stoll greifen die Problematik bei der selbständigen Schutzpflicht auf, die neben Leistungspflichten auf den Schutz des Integritätsinteresses gerichtet ist.

III. Lehre von Schutzansprüchen und von Schutzpflichten

Kreß und Stoll übernahmen die Aufgabe, die Schutzpflichten von den Leistungspflichten abzugrenzen und spielten dabei eine wichtige Rolle bei der Entdeckung der Schutzpflichten.[154] Im Zusammenhang mit den Arbeiten[155] der beiden Juristen zeigte sich die Entwicklung der Schutzpflichten in der Übernahme des deliktischen Integritätsschutzes mit seinen Verbesserungen der Gläubigerstellung in das Vertragsrecht.[156] Darüber hinaus wurde die eigenständige Haftungsregelung für die Verletzung von Schutzpflichten realisiert. Resultierend wurde eine dritte Spur[157] zwischen deliktischer und vertraglicher Haftung geschaffen.

1. Hugo Kreß' einheitliche Lehre von Schutzansprüchen

Die von Heinrich Stoll begründeten Schutzpflichten gehen auf die Gedanken von Hugo Kreß in seinem Lehrbuch[158] zurück. Er verstand das bürgerliche Recht als „Recht der Güter“[159] und ging davon aus, dass der Mensch von Natur aus den Trieb habe, Güter zu erwerben und das Erworbene zu bewahren.[160] Dementsprechend unterschied er zunächst zwischen Schutzansprüchen und Erwerbsansprüchen. Die Schutzansprüche dienen dazu, sich so zu verhalten,

---

154 HKK/Dorn, § 241 Rn. 98; Staudinger/Olzen (2019), § 241 Rn. 388; vgl. Krebs, Sonderverbindung und außerdeliktische Schutzpflichten, München 2000, S. 2 f.

155 Kreß, Lehrbuch des Allgemeinen Schuldrechts, München 1929, §§ 1, 23; Stoll, Abschied von der Lehre von der positiven Vertragsverletzung, AcP 136 (1932), S. 257 ff.; ders., Die Lehre von den Leistungsstörungen, Tübingen 1936.

156 Soergel/Wiedemann (1990), Vor § 275 Rz. 361.

157 Vgl. Canaris, Ansprüche wegen „positiver Vertragsverletzung“ und „Schutzwirkung für Dritte“ bei nichtigen Verträgen, JZ 1965, S. 475 ff.; ders., Schutzgesetz – Verkehrspflichten – Schutzpflichten, in: Canaris/Diederichsen (Hrsg.), Festschrift für Karl Larenz zum 80. Geburtstag, München 1983, S. 27, 102 ff.

158 Kreß, Lehrbuch des Allgemeinen Schuldrechts, München 1929, §§ 1, 23.

159 Schur, Leistung und Sorgfalt, Tübingen 2001, S. 17.

160 Kreß, Lehrbuch des Allgemeinen Schuldrechts, München 1929, S. 1 ff.

dass eine Verletzung des Gutes vermieden wird. Die Erwerbsansprüche dienen dagegen der Verschaffung des Gutes, also der Güterbewegung.[161]

Kreß unterteilte die Schutzansprüche in vier Gruppen; nämlich absolute und relative Schutzansprüche, und weiter unentwickelte und entwickelte Schutzansprüche. Der unentwickelte Schutzanspruch ist nicht auf eine Leistung, sondern auf ein Verhalten zur Vermeidung der Verletzung des geschützten Gutes gerichtet.[162] Er bleibt zunächst unentwickelt, wird aber erst dann voll entwickelt, wenn die Güterverletzung eintritt. Die schuldhafte Verletzung des geschützten Gutes verpflichte also zur Wiedergutmachung und führe zur vollen Entwicklung des Schutzanspruchs; schon die Drohung der Wiedergutmachung beuge den Willen der betroffenen Person. Sie zwinge sie zu einem Verhalten, welches der Verletzung des fremden Gutes ausweiche und gebe dem Inhaber des Gutes eine entsprechende Machtstellung – den unentwickelten Schutzanspruch.[163] Der unentwickelte Anspruch verlange von dem Betroffenen (Schuldner) die Unterlassung von Eingriffen in das geschützte Gut. Aber auch eine Verpflichtung des Schuldners zu einer positiven Schutzhandlung komme in Betracht.[164] Bei voller Entwicklung der Schutzansprüche geht es um Schadensersatzansprüche.[165]

Kreß trennte zweckmäßig den unentwickelten Schutzanspruch in absolute und relative Schutzansprüche. Der unentwickelte Schutzanspruch habe einerseits den Schutzzweck zum Inhalt, der sich aus den gesetzlichen Schuldverhältnissen ergebe. Es diente zum Schutz von Rechtsgütern (z. B. §§ 823 Abs. 1, 1004, 861, 1007 BGB u. a.).[166] Zum anderen wird der Inhalt des unentwickelten Schutzanspruchs unmittelbar aus der Vereinbarung[167] der Parteien, d. h.

---

161 Kreß, Lehrbuch des Allgemeinen Schuldrechts, München 1929, S. 2 f.; vgl. Sutschet, Der Schutzanspruch zugunsten Dritter, Berlin 1999, S. 16, 57.

162 Kreß, Lehrbuch des Allgemeinen Schuldrechts, München 1929, S. 6. Er stellte klar, „Die im Dienste der Güterbewegung stehenden Ansprüche sind auf entsprechende Leistungen, die entwickelten Schutzansprüche auf Wiedergutmachung (Schadensersatz) gerichtet".

163 Kreß, Lehrbuch des Allgemeinen Schuldrechts, München 1929, S. 4 ff.

164 Kreß, Lehrbuch des Allgemeinen Schuldrechts, München 1929, S. 5 ff., 578 ff., 593 ff.

165 Kreß, Lehrbuch des Allgemeinen Schuldrechts, München 1929, S. 4 ff., 22, 587 ff.

166 Kreß, Lehrbuch des Allgemeinen Schuldrechts, München 1929, S. 3 f.

167 Kreß, Lehrbuch des Allgemeinen Schuldrechts, München 1929, S. 579: „Die relativen Schutzansprüche können durch besondere Vereinbarung begründet werden; […] Solche Vereinbarungen können ohne weitere Zweckbestimmung abgeschlossen werden; der Zweck des Schutzes der Güter ist immer gegeben und ausreichend."

aus dem Vertragsverhältnis, abgeleitet oder im Wege der ergänzenden Auslegung nach §§ 157 bzw. 242 BGB ermittelt.[168] Ersterer wird als absolut, d. h. gegen jeden, der durch sein Verhalten das Gut verletzt, angesehen, letzterer als relativ, d. h. gegen bestimmte Personen im Schuldverhältnis.[169] Beim relativen unentwickelten Schutzanspruch ist jeder Vertragsteil verpflichtet, sich so zu verhalten, dass „der Vertragszweck nicht gefährdet, das Vertrauen des anderen Vertragsteils in die Erfüllung des Vertrages (in die Vertragstreue) nicht ernstlich erschüttert wird".[170] „Der Schuldner wie der Gläubiger haben ihr Verhalten so einzurichten, daß die bei der Abwicklung der schuldrechtlichen Beziehungen berührten Interessen (Güter) des anderen Teiles nicht verletzt werden".[171] Dies sei mit der pVV gemeint. Der Fall der Verletzung der Schutzpflicht durch ein die geschützten Interessen verletzendes Verhalten sei im BGB nicht geregelt. Die Lücke sei durch analoge Anwendung der Vorschriften über die Pflichtverletzung bei der gewöhnlichen Leistung, also der nachträglichen zu vertretenden Unmöglichkeit der Leistung nach §§ 280, 325 Abs. 1 BGB, zu schließen. Der Schuldner habe dem Gläubiger daher den durch die Verletzung der Schutzpflicht entstandenen Schaden zu ersetzen.[172]

Kreß bezweifelte jedoch, ob für die Vertragsverhandlungen die relativen unentwickelten Verpflichtungen der Beteiligten zu diesem Verhalten

168 Kreß, Lehrbuch des Allgemeinen Schuldrechts, München 1929, S. 578 ff.

169 Kreß, Lehrbuch des Allgemeinen Schuldrechts, München 1929, S. 4, 578 f.

170 Kreß, Lehrbuch des Allgemeinen Schuldrechts, München 1929, S. 582. Dementsprechend äußerte sich später Heinrich Stoll, Die Lehre von den Leistungsstörungen, Tübingen 1936, S. 58: „Verträge sind das rechtliche Mittel zur Gestaltung der wirtschaftlichen und sozialen Beziehungen der Volksgenossen untereinander. Sie müssen der Erfüllung der großen Aufgabe dienen, die Güterverteilung in der Volksgemeinschaft sinnvoll zu regeln. […] Schuldner und Gläubiger müssen beim Abschluß eines Rechtsgeschäftes aufeinander gebührende Rücksicht nehmen und haben zur Erreichung des Vertragszweckes gegenseitig vertrauensvoll zusammenzuwirken. […] Die Vertragstreue ist die Grundlage des Rechtsverkehrs und einer gesunden Wirtschaft. Wer sie bricht, schädigt die Gemeinschaft."; Haferkamp, Wege zur Rechtsgeschichte: Das BGB, 2. Aufl., Köln 2023, S. 219 f.: Die Leistungspflichten seien auf eine gemeinschaftliche Verwirklichung des Leistungserfolges auszurichten. Die Vertragserfüllung sei vom Anspruch des Vertragspartners zur volkswirtschaftlichen Pflicht geworden. Dieser Gedanke sei zwar schon bei Hugo Kreß vorhanden, eine volkswirtschaftliche Indienstnahme des Vertrages sei aber nicht zu finden, auch wenn die Parteiinteressen Orientierungspunkt blieben.

171 Kreß, Lehrbuch des Allgemeinen Schuldrechts, München 1929, S. 582.

172 Kreß, Lehrbuch des Allgemeinen Schuldrechts, München 1929, S. 590 f.

(Schutzpflichten) angenommen werden könnten. Zu diesen Schutzpflichten bei Vertragsverhandlungen verwies er auf die Rechtsprechung, die diese weitergehend anerkannt habe.[173] Die Schutzpflichten hätten bereits bei den Vertragsverhandlungen unabhängig vom Vertragsschluss bestehen müssen.[174] Ihre Rechtsgrundlage fand er in der Analogie der gesetzlichen Einzelvorschriften wie §§ 523 Abs. 1, 524 Abs. 1, 600, 694, 307 BGB usw., da die Schutzpflichten nicht aus dem „späterhin abgeschlossenen Vertrage" hergeleitet werden könnten. Soweit die Gesetzanalogie nicht eingreifen könne, seien sie durch ergänzende Auslegung nach § 157 BGB zu ermitteln.[175] Bei culpa in contrahendo, so Kreß, bestünden die Schutzpflichten bereits. Ihre schuldhafte Verletzung führe zur Verpflichtung zum Ersatz des daraus entstandenen Schadens. Dabei habe jeder an Vertragsverhandlungen Beteiligte nach § 276 BGB Vorsatz und Fahrlässigkeit zu vertreten.[176]

Kreß bejahte eine Schadensersatzhaftung sowohl aus positiver Vertragsverletzung als auch aus culpa in contrahendo bei Verletzung relativer Schutzpflichten. Er vertrat die Auffassung, dass die Schutzpflicht im vertraglichen Verhältnis weiter gehe als im vorvertraglichen Verhältnis und dass zu den vertraglichen Schutzpflichten alle leistungsbezogenen Nebenpflichten gehörten.[177] Bei ihrer Verletzung hafte der Schuldner dem Gläubiger in analoger Anwendung der §§ 280, 325 Abs. 1 BGB a. F. für den daraus entstehenden Schaden.[178]

Darüber hinaus grenzt Kreß den unentwickelten Schutzanspruch scharf von den auf die entsprechende Leistungspflicht gerichteten Erwerbsansprüchen

173 Kreß, Lehrbuch des Allgemeinen Schuldrechts, München 1929, S. 583. Z. B. siehe RGZ 78, 239, 240 = JW 1912, 191 (Nr. 8); siehe unter 2. Teil B II.

174 Der Auffassung von Kreß stand die VbV von Franz Leonhard gegenüber. Dazu siehe unter 2. Teil A IV.

175 Kreß, Lehrbuch des Allgemeinen Schuldrechts, München 1929, S. 584.

176 Kreß, Lehrbuch des Allgemeinen Schuldrechts, München 1929, S. 592.

177 Nach Kreß hat jede Vertragspartei bei Vertragsschluss Schutzpflichten zu beachten, d. h. den Vertragszweck nicht zu gefährden. Dazu siehe ders., Lehre des Allgemeinen Schuldrechts, München 1929, S. 582; HKK/Dorn, § 241 Rn. 99. Siehe auch HKK/Dorn, § 241 Rn. 85: „Stellt man […] das Schutz- und Integritätsinteresse der aus dem Schuldverhältnis Beteiligten in den Vordergrund und geht man davon aus, dass auch der aus dem Schuldverhältnis resultierende Anspruch auf die Leistung ein zu schützendes Recht darstellt, dann stellt sich alles, was der Schuldner zu tun und zu lassen hat, um die Erfüllung der Leistungspflicht nicht zu gefährden, als Schutzpflicht dar."

178 HKK/Dorn, § 241 Rn. 99.

ab.[179] Der unentwickelte Schutzanspruch sei nicht zu erfüllen und nicht zu befriedigen, weil er nicht auf eine Leistung im Sinne einer „Güterbewegung" gerichtet sei.[180] Er wendet sich damit gegen die Vorstellung, dass der Gläubiger sich vor der Rechtsgutsverletzung im Zustand der Befriedigung befinde. Der unentwickelte Schutzanspruch sei nicht auf Erfüllung der Leistungspflicht, sondern auf Vorbeugung, d. h. Wahrung der Güter gerichtet.[181]

Kreß' Lehre von den Schutzansprüchen ist insofern von Bedeutung, als er zunächst versucht, eine selbständige Schutzpflicht neben der Leistungspflicht zu entwickeln, indem er zwischen den beiden Pflichten im Hinblick auf das geschützte Gut unterscheidet. Sein Versuch, den unentwickelten Schutzansprüchen strikt von den Erwerbsansprüchen abzugrenzen, gelingt aber nicht, weil er den unentwickelten Schutzanspruch aus dem einheitlichen Verständnis des absoluten und relativen Schuldverhältnisses ableitet. Die Grenze zwischen Schutzpflicht und Leistungspflicht ist daher unklar.[182] Der von Kreß verwendete Begriff des „unentwickelten Schutzanspruchs" überdehnt zum einen den Anspruchsbegriff, weil seine Konzeption auf der Verwendung eines unentwickelten Anspruchs statt einer Pflicht beruht. Zum anderen setzt auch dieser Begriff ein falsches Signal für die entscheidende Aufgabe: Seine wesentliche Perspektive bleibt immer die des Gläubigers, auch wenn das Verhalten des Schuldners, das der Verletzung des unentwickelten Anspruches entspricht, analysiert wird.[183] Die unentwickelten Schutzansprüche sind also nicht ganz deckungsgleich mit den Schutzpflichten, die als außerdeliktische bezeichnet werden.

2. *Heinrich Stolls Lehre von Schutzpflichten*

Heinrich Stoll wollte mit seiner Lehre von den Schutzpflichten die inhaltliche Unklarheit der pVV überwinden, die sich aus dem „Unterlassensollen" als Voraussetzung für die pVV ergab. Die pVV umfasste die Kategorien der Nichtleistung, der Schlechtleistung und der Unterlassungspflicht einschließlich der von Leistungspflichten unabhängigen Schutzpflichten.[184]

---

179 Vgl. Kreß, Lehrbuch des Allgemeinen Schuldrechts, München 1929, S. 6.
180 Kreß, Lehrbuch des Allgemeinen Schuldrechts, München 1929, S. 585.
181 Kreß, Lehrbuch des Allgemeinen Schuldrechts, München 1929, S. 8 (Fn. 19).
182 Vgl. Schur, Leistung und Sorgfalt, Tübingen 2001, S. 18.
183 Vgl. Schur, Leistung und Sorgfalt, Tübingen 2001, S. 18.
184 Wang, Vertragliche Nebenpflichten im Kaufrecht, Tübingen 2020, S. 89 (Fn. 36).

Heinrich Lehmann konstruierte die vielfältigen Pflichten aus Treu und Glauben, alle Kräfte in den Dienst der Obligation zu stellen und daher auch alles zu unterlassen, was die Erreichung des Obligationszwecks gefährden oder vereiteln könnte.[185] Er fasste damit die positive Vertragsverletzung als ein Zuwiderhandeln gegen eine Unterlassungspflicht zusammen.[186] Der Grundsatz von Treu und Glauben, der im 20. Jahrhundert für die pVV stets virulent und präsent blieb, bot das Potential, mit dem neue verletzbare Schutz- und Nebenpflichten geschaffen werden konnten.[187] In den 1970er Jahren wurde jedoch Kritik an dieser Methode laut.

> „Allzu undurchsichtig ist das Dickicht der den Leistungsvorgang begleitenden Nebenpflichten wie der sonstigen Schutzpflichten, die von der Judikatur häufig ad hoc und im nachhinein aufgestellt werden und ohne nähere Systematisierung nur in der gemeinsamen Zielrichtung verbunden sind, nach Möglichkeit eine schadensfreie Abwicklung des gesteigerten sozialen Kontakts zu gewährleisten."[188]

Im Anschluss an die Lehre von Kreß trug bereits Stoll[189] zu diesem kritischen Punkt bei,[190] nämlich die umfassenden Pflichten in das System einzubringen und die Schutzpflichten strikt von den Leistungspflichten abzugrenzen. Eike Schmidt bezeichnete ihn als den schärfsten Kritiker von Staub.[191] Stoll stellte

---

185 Depping, Das BGB als Durchgangspunkt, Tübingen 2002, S. 17.

186 Lehmann, Die positiven Vertragsverletzungen, AcP 96 (1905), S. 60, 68 ff.; Depping, Das BGB als Durchgangspunkt, Tübingen 2002, S. 17: Lehmann versuchte, die pVV zu rechtfertigen und auch zu systematisieren und ihre Rechtsfolgen zu bestimmen; Hermann, Mehr Lotse als Entdecker, in: Henne/Schröder/Thiessen (Hrsg.), Anwalt – Kommentator – „Entdecker", Festschrift für Hermann Staub zum 150. Geburtstag am 21. März 2006, Berlin 2006, S. 25, 35 (Fn. 48).

187 Hermann, Mehr Lotse als Entdecker, in: Henne/Schröder/Thiessen (Hrsg.), Anwalt – Kommentator – „Entdecker", Festschrift für Hermann Staub zum 150. Geburtstag am 21. März 2006, Berlin 2006, S. 25, 35 f.

188 Esser/Schmidt, Schuldrecht, Allgemeiner Teil, Bd. 1/2, Heidelberg/Karlsruhe 1976, S. 105; Hermann, Mehr Lotse als Entdecker, in: Henne/Schröder/Thiessen (Hrsg.), Anwalt – Kommentator – „Entdecker", Festschrift für Hermann Staub zum 150. Geburtstag am 21. März 2006, Berlin 2006, S. 25, 36.

189 Vgl. HKK/Dorn, § 241 Rn. 100. Franz Dorn hält es in Rn. 98 des HKK für unzutreffend, Heinrich Stoll als Begründer der modernen Lehre von den Schutzpflichten zu bezeichnen. Dieses Verdienst komme vielmehr Hugo Kreß zu.

190 Der Beitrag von Stoll war jedoch unvollständig, was die Begründung von Schutzpflichten im vorvertraglichen Stadium durch das „Vertrauensverhältnis" anbelangt. Dazu siehe 2. Teil C.

191 Schmidt, Nachwort, in: ders. (Hrsg.), Rudolf von Jhering, Culpa in contrahendo und Hermann Staub, Die positiven Vertragsverletzungen, Bad Homburg

in seinem Beitrag „Abschied von der Lehre von der positiven Vertragsverletzung" klar, „daß die Lehre von der pVV historisch betrachtet kein Ruhmesblatt der deutschen Rechtswissenschaft sein wird und daß es an der Zeit wäre, nach ihrem dreißigjährigen Bestand endgültig von ihr Abstand zu nehmen."[192] Begründet wurde dies damit, dass die Lehre von der pVV für das Bürgerliche Recht „unbrauchbar" und „irreführend" sei. Es sei unbestritten, „daß uns die von Staub begründete Lehre heute mehr hemmt, als fördert."[193] Zudem sei der Oberbegriff „positive Vertragsverletzung" begrifflich unklar und daher ein „irreführender Sammelname". Stattdessen hielt er „Forderungsverletzung" für einen geeigneten Oberbegriff an.[194]

a) Strenge Unterscheidung der Schutzpflichten von Leistungspflichten

Er griff den Gedanken von Kreß zur Unterscheidung von Schutz- und Leistungspflichten auf und bemühte sich, die Kategorien der pVV durch die Interessenlage der am Schuldverhältnis Beteiligten zu rekonstruieren.[195] Mit Blick auf deren Interessenlage unterschied er zunächst zwischen Leistungs- und Schutzpflichten.

Der Gegenstand der Schutzpflichten wird deutlicher, wenn man sie den Leistungspflichten gegenüberstellt. Schon Heinrich Stoll stellte sie den Leistungspflichten gegenüber, die der Verwirklichung des Leistungsinteresses des Gläubigers dienen und nur den Schuldner treffen. Sie seien auf ein positives Ziel gerichtet. Demgegenüber wies er darauf hin, dass die Schutzpflichten nicht auf

---

v. d. H. u. a. 1969, S. 131, 140; Hermann, Mehr Lotse als Entdecker, in: Henne/Schröder/Thiessen (Hrsg.), Anwalt – Kommentator – „Entdecker", Festschrift für Hermann Staub zum 150. Geburtstag am 21. März 2006, Berlin 2006, S. 25, 36.

192 Stoll, Abschied von der Lehre von der positiven Vertragsverletzung, AcP 136 (1932), S. 257, 260.

193 Stoll, Abschied von der Lehre von der positiven Vertragsverletzung, AcP 136 (1932), S. 257, 319 f.; Hermann, Mehr Lotse als Entdecker, in: Henne/Schröder/Thiessen (Hrsg.), Anwalt – Kommentator – „Entdecker", Festschrift für Hermann Staub zum 150. Geburtstag am 21. März 2006, Berlin 2006, S. 25, 36 f.

194 Stoll, Abschied von der Lehre von der positiven Vertragsverletzung, AcP 136 (1932), S. 257, 314. Bereits Kreß hatte in seinem Lehrbuch „Schuldrecht", S. 590, kritisch angemerkt, dass die Auffassung von Staub irrig sei. Der von ihm geprägte Begriff der „positiven Vertragsverletzung" sei aber so üblich geworden, dass er nicht ohne weiteres aufgegeben werden könne.

195 Stoll, Abschied von der Lehre von der positiven Vertragsverletzung, AcP 136 (1932), S. 257, 287 ff.; ders., Die Lehre von den Leistungsstörungen, Tübingen 1936, S. 26 ff.

den Leistungserfolg, sondern auf das Schutzinteresse gerichtet seien. Sie stünden in keinem Zusammenhang mit dem Vertragsinhalt und träfen Schuldner und Gläubiger gleichermaßen. Sie sollten nämlich Schäden an den Rechtsgütern der Parteien verhindern, die bei den Vertragsverhandlungen und der Vertragsdurchführung entstehen könnten. Sie verfolgten ein negatives Ziel.[196]

Stoll räumt den Schutzpflichten einen eigenständigen Spielraum ohne Bezug zum Vertragsinhalt ein. Die Schutzpflichten setzen also bei den Vertragsverhandlungen und bei der Vertragsdurchführung ein. Dieser Gedanke führt aber zu der Frage, wie die Schutzpflichten begründet werden. Die Antwort findet er im Begriff des Schuldverhältnisses. Das Schuldverhältnis führe zum einen dazu, dass der Gläubiger und der Schuldner in einer besonderen Rechtsbeziehung zueinanderstehen. Diese Rechtsbeziehung sei auf die Befriedigung des Gläubigerinteresses auf Kosten des Schuldnerinteresses gerichtet.[197] Sie habe die Leistungspflichten zum Inhalt. Es gelte der Austauschgedanke. Schuldnerpflicht stehe Gläubigererfolg gegenüber und beide stünden in Korrelation.[198] Würden die Leistungspflichten verletzt, führe dies zu Störungen des Leistungserfolges; der Leistungserfolg könne vereitelt, beeinträchtigt oder gefährdet werden.[199] Zum anderen begründe das Schuldverhältnis als bonae fidei judicium zwischen den beiden Parteien eine Sonderbeziehung, die als gegenseitiges Vertrauensverhältnis in Betracht komme. Insoweit gelte der Vertrauensgedanke. Bei der Verletzung von Schutzpflichten werde nur der Gegner in seinen sonstigen Interessen, insbesondere Schutzinteressen, gefährdet; das Schutzinteresse könne niemals vereitelt, sondern nur beeinträchtigt und gefährdet werden.[200]

Allerdings geht er auf Abgrenzungsprobleme zwischen Schutzpflichten und allgemeinen Rechtspflichten des Deliktsrechts ein. Er wusste bereits, wann allgemeine Rechtpflichten zu besonderen vertraglichen Schutzpflichten werden: Die durch die Sonderbeziehung eröffnete Einwirkungsmöglichkeit auf den fremden Rechtskreis.[201] Damit räumte er Bedenken aus, dass die Haftung für

196 Stoll, Abschied von der Lehre von der positiven Vertragsverletzung, AcP 136 (1932), S. 257, 287 ff.; ders., Die Lehre von den Leistungsstörungen, Tübingen 1936, S. 27 ff.

197 Stoll, Abschied von der Lehre von der positiven Vertragsverletzung, AcP 136 (1932), S. 257, 287.

198 Dazu siehe 3. Teil A.

199 Stoll, Die Lehre von den Leistungsstörungen, Tübingen 1936, S. 27.

200 Stoll, Die Lehre von den Leistungsstörungen, Tübingen 1936, S. 27.

201 Vgl. Stoll, Abschied von der Lehre von der positiven Vertragsverletzung, AcP 136 (1932), S. 257, 288.

Schutzpflichten zu weit ausgedehnt werden könnte. Er verwies auf den konkreten Zeitpunkt der Begründung eines Vertrauensverhältnisses, wenn die Parteien erkennbar vertragliche Beziehungen anbahnen sollten.[202]

Zwischen den Schutzpflichten von Stoll und den unentwickelten Schutzansprüchen von Kreß besteht hinsichtlich ihres Anwendungsbereichs kein großer Unterschied. Die Schutzpflichten seien bereits 1932 nur in Fällen der culpa in contrahendo anwendbar gewesen.[203] Ihr Anwendungsbereich sei aber später im Jahre 1936 wie bei Hugo Kreß auch auf vertraglichen Bereich (pVV) ausgedehnt worden.[204]

b) Vorschlag zu den Schutzpflichten im Volksgesetzbuch

Heinrich Stoll hatte sich als Vorsitzender der Kommission für Personen-, Vereins- und Schuldrecht in der Akademie für Deutsches Recht mit der Ausarbeitung der Lehre von den Leistungsstörungen für ein mögliches NS-Volksgesetzbuch befasst.[205] Er konzipierte das Leistungsstörungsrecht neu, indem er die Interessen der Vertragsparteien würdigte, nämlich das Leistungs- und das Schutzinteresse im Vertragsinhalt unterschied. Das Schutzinteresse war nicht auf den Leistungserfolg, sondern auf den Schutz vor Schäden an Leben, Körper und Eigentum des anderen Vertragspartners gerichtet. Die Schutzpflichten entstanden daher unabhängig vom Leistungserfolg. Darüber hinaus begründete er Schutzpflichten, indem er die Volksgemeinschaft[206] in den Mittelpunkt des Schuldverhältnisses stellte, woraus sich ergab, dass Schuldner und Gläubiger auf die Interessen des jeweils anderen Rücksicht zu nehmen hatten. Dies könne aber nur durch negative gegenseitige „Rücksichtnahme" und positive „Zusammenwirkung" erreicht werden, woraus sich für beide Parteien die

---

202 Stoll, Die Lehre von den Leistungsstörungen, Tübingen 1936, S. 28.

203 Stoll, Abschied von der Lehre von der positiven Vertragsverletzung, AcP 136 (1932), S. 257, 289 (Fn. 66).

204 Stoll, Die Lehre von den Leistungsstörungen, Tübingen 1936, S. 10.

205 Schubert (Hrsg.), Akademie für Deutsches Recht 1933–1945, Protokolle der Ausschüsse, Bd. 3/3. Ausschuss für Personen-, Vereins- und Schuldrecht, Berlin 1990, S. 148 ff., 232 ff.

206 Dies war der vorherrschende Begriff in der NS-Zeit. Ausführlich dazu Haferkamp, Wege zur Rechtsgeschichte: Das BGB, 2. Aufl., Köln 2023, S. 211 ff., insbesondere 212: „An die Stelle von Einzelinteressen trat die Volksgemeinschaft. Dies bedeutete einerseits die Ausgrenzung der ‚Volksfremden', deren Diskriminierung, Vertreibung und Ermordung bereits 1933 begann. Andererseits musste das verbleibende, ‚rassereine' Volk zur Gemeinschaft werden."

Pflicht zur vertrauensvollen Zusammenarbeit ergebe. Dies sei ein Grund dafür, dass die Lehre vom Verschulden bei Vertragsschluss und die Fortwirkung der Treuepflicht auch über das Vertragsverhältnis hinaus enthalten seien.[207]

Er erarbeitete das Recht der Leistungsstörungen in seinen (Teil-)Entwürfen des Volksgesetzbuches 1934 bzw. 1936, wobei er von den systematisierten Forderungsverletzungen ausging.[208] In seinem ersten Teilentwurf eines Volksgesetzbuches von 1934 schlug er § 1 unter der Überschrift „Schuldverhältnis" vor:

> „§ 242 (§ 1) Schuldverhältnis.
> Schuldner und Gläubiger stehen von Beginn der Vertragsverhandlungen an bis zur Beendigung des Schuldverhältnisses in einem gegenseitigen Vertrauensverhältnis, das sie wechselseitig zur Rücksichtnahme verpflichtet (Schutzpflicht). Sie haben zur Verwirklichung der Leistung unter Beachtung des Gemeinwohls so zusammen zu arbeiten, wie Treu und Glauben mit Rücksicht auf die Verkehrssitte es erfordern."[209]

Die Vertragsparteien standen „in einem gegenseitigen Vertrauensverhältnis", das sie nicht nur zur gegenseitigen Rücksichtnahme verpflichtete, sondern auch das Bestehen des Verhältnisses „vom Beginn der Vertragsverhandlungen bis zur Beendigung des Schuldverhältnisses" garantierte. Stoll bezeichnete dies als Schutzpflichten.

In seinem Entwurf eines Volksgesetzbuches von 1936 schlug er unter der Überschrift „Vertrauensverhältnis und Schutzpflicht" § 2 vor, der dem § 242 BGB entsprach:

> „§ 2 (BGB § 242). Vertrauensverhältnis und Schutzpflicht.
>
> (1) Schuldner und Gläubiger stehen vom Beginn der Vertragsverhandlungen bis zur Beendigung des Schuldverhältnisses in einem gegenseitigen Vertrauensverhältnis (Treupflicht).
>
> (2) Damit der Leistungserfolg erzielt wird, haben Gläubiger und Schuldner so zusammenzuwirken, wie Treu und Glauben mit Rücksicht auf die Verkehrssitte es erfordern.

---

207 Schubert (Hrsg.), Akademie für Deutsches Recht 1933–1945, Protokolle der Ausschüsse, Bd. 3/3, Ausschuss für Personen-, Vereins- und Schuldrecht, Berlin 1990, S. 158.

208 Vgl. Stoll, Abschied von der Lehre von der positiven Vertragsverletzung, AcP 136 (1932), S. 257, 287; Schubert (Hrsg.), Akademie für Deutsches Recht 1933–1945, Protokolle der Ausschüsse, Bd. 3/3, Ausschuss für Personen-, Vereins- und Schuldrecht, Berlin 1990, S. 24.

209 Schubert (Hrsg.), Akademie für Deutsches Recht 1933–1945, Protokolle der Ausschüsse, Bd. 3/3, Ausschuss für Personen-, Vereins- und Schuldrecht, Berlin 1990, S. 207.

(3) Schuldner und Gläubiger müssen in wechselseitiger Rücksichtnahme dafür sorgen, daß keiner den anderen durch sein Wirken schädigt (gegenseitige Schutzpflicht)."[210]

Er hat in § 2 Abs. 1 klargestellt, dass die Vertragsparteien in einem gegenseitigen Vertrauensverhältnis Treuepflichten übernehmen. Sie sollen nicht nur nach § 2 Abs. 2 zur Erreichung des Leistungserfolges zusammenwirken, sondern nach § 2 Abs. 3 auch gegenseitige Schutzpflichten übernehmen.

Neben den Bestimmungen über die Haftung für schuldhafte Pflichtverletzungen in § 3, der § 275 BGB entsprach, und für Erfüllungsgehilfen und gesetzliche Vertreter in § 6, der § 278 BGB entsprach, schlug er unter der Überschrift „Verletzung einer Schutzpflicht" § 8 vor:

„§ 8 (BGB § 280). Verletzung einer Schutzpflicht.

(1) Der durch die Verletzung einer Schutzpflicht entstandene Schaden kann ohne Rücksicht auf Gültigkeit und Fortbestand des Vertrages und neben sonstigen Ansprüchen geltend gemacht werden.
(2) Wer ohne sein Verschulden einen rechtwidrigen Zustand verursacht hat, ist dem anderen Vertragsteil zu dessen Beseitigung verpflichtet."[211]

Dass der Schadensersatz aus einer Schutzpflichtverletzung unabhängig von der „Gültigkeit und dem Fortbestand des Vertrages und neben anderen Ansprüchen" geltend gemacht werden kann, wurde in § 8 Abs. 1 festgelegt.

Heinrich Lehmann hielt den (Volks-)Gemeinschaftsgedanken für zentral, da die Umsetzung dieses Gedankens zumindest zu einer Erweiterung der theoretischen Herausarbeitung geführt habe. In Anlehnung an die von Stoll vorgeschlagenen Formulierungen formulierte er den Entwurf selbst, nicht um eine Verbesserung der Formulierungen von Stoll zu erreichen, sondern um seine Gedanken „etwas anders oder etwas einfacher" zu formulieren.

Seine Formulierungen lauten:[212]

„§ 241 Abs. 1 Schuldverhältnis und Leistungspflicht. Kraft des Schuldverhältnisses ist der Gläubiger berechtigt, vom Schuldner eine Leistung zu fordern (Leistungspflicht). Die Leistung kann auch in einem Unterlassen bestehen. – Der Schuldner hat seine Kräfte soweit in den Dienst des Schuldzwecks zu stellen, als ihm das nach Treu und Glauben unter Berücksichtigung der Verkehrssitte zugemutet werden kann."

---

210 Stoll, Die Lehre von den Leistungsstörungen, Tübingen 1936, S. 61, 129.
211 Stoll, Die Lehre von den Leistungsstörungen, Tübingen 1936, S. 65.
212 Schubert (Hrsg.), Akademie für Deutsches Recht 1933–1945, Protokolle der Ausschüsse, Bd. 3/3, Ausschuss für Personen-, Vereins- und Schuldrecht, Berlin 1990, S. 160, 207, 297.

„§ 242. Schutzpflicht. Schuldner und Gläubiger stehen vom Beginn der Vertragsverhandlungen an in einem gegenseitigen Vertrauensverhältnis, das sie zu wechselseitiger Rücksichtnahme verpflichtet (beiderseitige Schutzpflicht)."

Die Schutzpflicht ergibt sich nach ihm aus dem Vertrauensverhältnis zwischen den Parteien und wird von ihm als „Gemeinschaftsinteresse der Volksgemeinschaft" verstanden.[213] Es ist also festzustellen, dass, wie Lehmann sagt, inhaltlich kein großer Unterschied zwischen den Entwürfen von Stoll und Lehmann besteht.

Karl Larenz bezweifelte jedoch die von Heinrich Stoll vorgenommene Abgrenzung der Leistungspflichten von den Schutzpflichten, die nicht dem Leistungserfolg dienen. Sein Zweifel lag darin, dass alle Pflichten nur in diese beiden Arten eingeteilt wurden. Er hielt dies für „zu gewaltsam und unglücklich" und teilte die Pflichten der Vertragsparteien in drei Gruppen ein, nämlich „die Anforderungen der Vo[l]ksgemeinschaft zu beachten", „zur Förderung des Leistungszwecks zusammenzuwirken" und schließlich sich „zu gegenseitiger Rücksichtnahme gemäß Treu und Glauben" zu verpflichten.[214] Die Pflicht zur gegenseitigen Rücksichtnahme ähnelt den Schutzpflichten nach Stoll und wird von ihm als „vertragliche Sorgfaltspflicht" bzw. vorvertragliche Sorgfaltspflicht bezeichnet, die bereits bei der Anbahnung von Vertragsverhandlungen entsteht.[215]

Im Gegensatz zu Stoll fasst Larenz verschiedene Pflichten neben den Leistungspflichten unter dem Begriff der „weiteren (Verhaltens-) Pflichten"[216] zusammen. Im Hinblick auf den Begriff der „Sorgfaltspflicht" stellte er fest, dass dieser sowohl für die eigentliche Leistungshandlung als auch für jedes weitere Verhalten gelte, das in einem mehr oder minder engen Zusammenhang mit

---

213 Schubert (Hrsg.), Akademie für Deutsches Recht 1933–1945, Protokolle der Ausschüsse, Bd. 3/3, Ausschuss für Personen-, Vereins- und Schuldrecht, Berlin 1990, S. 161.

214 Schubert (Hrsg.), Akademie für Deutsches Recht 1933–1945, Protokolle der Ausschüsse, Bd. 3/5, Ausschuss für Schadensersatzrecht, Berlin 1993, S. 74.

215 Schubert (Hrsg.), Akademie für Deutsches Recht 1933–1945, Protokolle der Ausschüsse, Bd. 3/5, Ausschuss für Schadensersatzrecht, Berlin 1993, S. 74.

216 Er fasste verschiedenartige Pflichten in ADR als „weitere Pflichten" auf und später in seinem Lehrbuch als „weitere Verhaltenspflichten". Schubert (Hrsg.), Akademie für Deutsches Recht 1933–1945, Protokolle der Ausschüsse, Bd. 3/5, Ausschuss für Schadensersatzrecht, Berlin 1993, S. 73; Larenz, Lehrbuch des Schuldrechts Allgemeiner Teil, Bd. 1, 10. Aufl., München 1970, S. 9: „Der Ausdruck ‚weitere Verhaltenspflichten' erscheint […] als der angemessenste".

der Durchführung des Schuldverhältnisses stehe.[217] Die von Stoll formulierten Schutzpflichten sind nur ein Teil der weiteren Verhaltenspflichten, da sie im Rahmen der Vertragsverhandlungen und der Vertragsdurchführung der Vermeidung von Schäden an Rechtsgütern der Vertragsparteien dienen.

C. Fazit

Die Terminologie der Schutzpflichten ist noch nicht einheitlich. Die Schutzpflichten dienen über die Leistungspflicht des Schuldners hinaus dem Schutz sowohl des Gläubigers als auch des Schuldners vor möglichen Schäden an ihren Rechtsgütern, d. h. an ihren Integritätsinteressen, die sich aus der Abwicklung des Schuldverhältnisses, insbesondere der Erhaltung eines Vertrauensverhältnisses, ergeben können. Die Schutzpflichten sind einerseits als nichtleistungsbezogene Nebenpflichten in das Pflichtensystem einzuordnen, andererseits sind sie Verhaltenspflichten; der Verpflichtete hat sich so zu verhalten, dass die Integrität des anderen Teils nicht verletzt wird. Damit stehen die Schutzpflichten den allgemeinen Verhaltenspflichten des Deliktsrechts nahe. Zwischen den integritätsbezogenen Schutzpflichten und den allgemeinen deliktischen Verhaltenspflichten besteht eine Parallelität des Schutzgegenstandes. Die Schutzpflichten stehen außerhalb des Deliktsrechts und sind daher als außerdeliktische Pflichten zu bezeichnen.

Die Entstehung der Schutzpflichten zeigt sich in der Entwicklung der Nebenpflichten, die mit der Lehre von Staub von den pVV beginnt und eine dritte Kategorie neben Unmöglichkeit und Verzug im Leistungsstörungsrecht darstellt. Seine Lehre führt die vertraglichen Pflichten neben den Leistungspflichten zur Konkretisierung, die Siber übernimmt. Mit seiner Lehre von der Diligenzpflicht rekonstruiert er das an der Leistung orientierte Pflichtensystem und begründet es mit dem umfassenden Verständnis der Leistung im Schuldverhältnis; nicht nur als Leistungserfolg, sondern auch als das Verhalten zur Herbeiführung des Leistungserfolgs (das Leistungsverhalten). Auf die Diskussion des Verhältnisses von Diligenzpflicht und Leistungspflicht geht er allerdings nicht ein.

Der erste Versuch von Kreß zielt auf die Unterscheidung zwischen unentwickelten Schutzansprüchen und Leistungspflichten. Ihm folgend versucht Stoll, Schutzpflichten und Leistungspflichten nach der Interessenlage der

217 Larenz, Lehrbuch des Schuldrechts Allgemeiner Teil, Bd. 1, 14. Aufl., München 1987, S. 10.

Vertragsparteien zu unterscheiden und begründet sie mit der Sonderbeziehung, durch die die Einwirkungsmöglichkeit auf den fremden Rechtskreis eröffnet wird und die als Vertrauensverhältnis anzusehen ist. Offen bleibt jedoch die Frage nach der Begründung außerdeliktischer Schutzpflichten. Darum geht es im folgenden Teil.

2. Teil. Begründung einer vorvertraglichen Haftung wegen Schutzlücken des Deliktsrechts

A. Die Lehre von der culpa in contrahendo und ihre Entwicklung

I. Überblick

Rudolf von Jhering erkannte mit seinem sensiblen Rechtsempfinden das Problem: Es bestand eine Schutzlücke zwischen Vertragsrecht und Deliktsrecht in den Fällen, in denen einerseits ein vertraglicher Schadensersatzanspruch nicht geltend gemacht werden konnte, weil der Vertrag nach Vertragsschluss nichtig wurde oder nicht zustande kam, und andererseits ein deliktischer Schadensersatzanspruch wegen der Beschränkung des Deliktsrechts im Gemeinen Recht nicht möglich war.[218] Er konstruierte daher einen eigenständigen Anspruch für den durch die Unwirksamkeit des Vertrages entstandenen Schaden und begründete ihn mit culpa, also Verschulden.

Sein Gedanke ist allerdings nur teilweise in das historische BGB von 1900 eingeflossen, d. h. eine Generalklausel der culpa in contrahendo findet sich dort nicht, sondern der Gesetzgeber regelt die Haftung aus culpa in contrahendo nur im Einzelfall.[219] Den Weg zur Weiterentwicklung der culpa in contrahendo ebnete Franz Leonhard mit einer Antithese zu Jherings These;[220] er fand die Rechtfertigung für die Haftung aus Verschulden bei Vertragsschluss darin, dass der Vertrag wirksam zustande gekommen ist.

II. Jherings Entdeckung der culpa in contrahendo

Jherings Beitrag „Culpa in contrahendo oder Schadensersatz bei nichtigen oder nicht zur Perfection gelangten Verträgen“ von 1861[221] behandelte ein bereits

---

218 Vgl. Jhering, Culpa in contrahendo oder Schadensersatz bei nichtigen oder nicht zur Perfection gelangten Verträgen, in: C. F. von Gerber/R. v. Jhering (Hrsg.), JhJb 4 (1861), S. 23 ff.; Melliger, Culpa in contrahendo oder Schadensersatz bei nichtigen Verträgen nach dem gemeinen und schweizerischen Obligationenrecht sowie dem deutschen bürgerlichen Gesetzbuch, 2. Aufl., Zürich 1898, S. 131.

219 Vgl. Motive I, S. 195 = Mugdan I, S. 460; Motive II, S. 179 = Mugdan II, S. 98 f.

220 Vgl. Kreuzer, Culpa in contrahendo und Verkehrspflichten, Freiburg 1971, neu veröffentl. in Würzburg 2015, S. 21; siehe unter 2. Teil A IV.

221 Jhering, Culpa in contrahendo oder Schadensersatz bei nichtigen oder nicht zur Perfection gelangten Verträgen, in: C. F. von Gerber/R. v. Jhering (Hrsg.), JhJb 4

bekanntes, aber nicht überzeugend gelöstes Problem;[222] er ging von den Fällen der Nichtigkeit eines Vertrages wegen schuldhaften Irrtums[223] oder schuldhaften Dissenses[224] aus. Die von ihm dargestellten Probleme gingen auf die im Wesentlichen von Savigny begründete Willenstheorie zurück.[225] Die Willenstheorie ging davon aus, dass die Willenserklärung dann nichtig ist, wenn der Erklärende einem wesentlichen Irrtum unterlegen ist. Savignys Gedanke, dass „der Wille als das einzig Wichtige und Wirksame gedacht werden muss",[226] war für Jhering selbstverständlich.[227]

Jhering hielt es jedoch in den vorgenannten Fällen für unbillig, dass „der culpose Theil dem Gegner nicht zum Ersatz der durch seine culpa ihm verursachten Auslagen haftet".[228] Dieser Ersatzanspruch, auf den eigentlich die „Grundsätze über contractliche culpa" Anwendung finden müssten, sei nicht durchsetzbar, „da der Contract nicht zu Stande gekommen ist"; die Folge sei: „Der culpose

---

(1861), S. 1–112; Seine Lehre der culpa in contrahendo kritisierten andere Juristen außerhalb Vangerow in seinem Lehrbuch der Pandekten, Marburg/Leipzig 1863, S. 165 f. seinen Gedanken an den Schadensersatzanspruch aus culpa in contrahendo. Köppen, Der obligatorische Vertrag unter Abwesenden, JhJb 11 (1871), S. 139 ff.; Bähr, Ueber Irrungen im Contrahieren, JhJb 14 (1875), S. 393 ff.; Mommsen, Ueber die Haftung der Contrahenten bei der Abschließung von Schuldverträgen, Braunschweig 1879, S. 5 ff.; Bekker, Psychologische Jurisprudenz, KritV 22 (1880), S. 33, 56. Die Kritiken sind auf Dualismus von Willen und Erklärung zurückzuführen. Vgl. Benedict, Culpa in contrahendo, Tübingen 2007, S. 18 f.; Haferkamp, Fall. 16 Der Kölner Telegrafenfall, in: Falk/Luminati/Schmoeckel (Hrsg.), Fälle aus der Rechtsgeschichte, München 2008, S. 254, 257 ff.

222 Jhering zog die Vorschrift, ALR I 5 § 284, neben römisch-rechtlichen Quellen zur Begründung der culpa in contrahendo heran. Vgl. ders., Culpa in contrahendo, S. 8 ff., 50 f.

223 Jemand wollte 100 Pfund von einer Sache bestellen, verwechselte aber das Pfund mit dem Centner. So kamen die 100 Centner an und wurden von ihm zurückgewiesen. Oder der Vertreter eines Handelshauses sollte im Namen des Auftraggebers eine bestimmte Sache bestellen, verwechselte aber seinen Namen mit dem des Auftraggebers. In diesen Fällen ist der Vertrag unzweifelhaft nichtig, wenn der Irrtum nachgewiesen werden kann. Jhering, aaO., S. 2, 19.

224 Jemand bat einen Freund, der nach Bremen reiste, ihm bei seinem Zigarrenhändler ¼ Kiste Zigarren zu bestellen, versah sich aber und bestellte 4 Kisten. Diese werden ihm zugesandt, aber von ihm abgelehnt. Jhering, aaO., S. 4 f.

225 Savigny, System III, S. 98 ff., 263 ff.

226 Savigny, System III, S. 258.

227 Schanze, Culpa in contrahendo bei Jhering, Ius Commune 7 (1978), S. 326, 346.

228 Jhering, Culpa in contrahendo, S. 2.

Theil geht frei aus, der unschuldige wird das Opfer der fremden Culpa!".[229] Mit diesem ungerechten und trostlosen Ergebnis wollte er sich nicht abfinden: „Wer fühlt nicht, daß es hier einer Schadensersatzklage bedarf?"[230] Sein Rechtsgefühl führt ihn dazu, das bisherige Haftungssystem nach vertraglicher und außervertraglicher culpa zu durchbrechen und einen weiteren Grundsatz aufzustellen, nach dem die Aufnahme von Vertragsverhandlungen Pflichten begründet, die weder rein deliktischer noch vertraglicher Natur sind.[231]

In diesen Fällen könne die andere Partei ihre vergeblichen Aufwendungen nur nach außervertraglichen Grundsätzen geltend machen. Jhering stellte bald fest, dass sich aus diesen Grundsätzen, nämlich aus der actio doli oder der actio legis Aquiliae,[232] oft kein Schadensersatzanspruch ergebe, sodass zur Vermeidung unbilliger Ergebnisse ein vertraglicher Schadensersatzanspruch erforderlich sei.[233] Dies lag an der Beschränkung der deliktischen Haftung im Gemeinen Recht; der Partner eines beabsichtigten Vertrages kann nicht mit der actio doli in Anspruch genommen werden, wenn ihm keine Arglist vorzuwerfen ist; auch die actio legis Aquiliae wurde abgelehnt, da sie nicht das Vermögen, sondern nur die unbefugte Einwirkung auf einen einzelnen Vermögensgegenstand schützt.[234] Sein Schadensersatzanspruch sollte nicht dem Anspruch bei wirksamem Vertragsschluss nachgebildet werden, sondern stellte einen Anspruch eigener Art für den durch die Unwirksamkeit des Vertrages entstandenen

229 Jhering, aaO., S. 2.

230 Jhering, aaO., S. 5.

231 Schmidt, Nachwort, in: ders. (Hrsg.), Rudolf von Jhering, Culpa in contrahendo und Hermann Staub, Die positiven Vertragsverletzungen, Bad Homburg v. d. H. u. a. 1969, S. 131, 132.

232 Sie könnten nur dann zur Vermeidung unbilliger Ergebnisse nur herangezogen werden, wenn man bei der actio doli das Moment des dolus und bei der actio legis Aquiliae das der Eigenart der Schädigung vernachlässigen würde. Jhering, aaO., S. 23 ff.; Melliger, Culpa in contrahendo oder Schadensersatz bei nichtigen Verträgen nach dem gemeinen und schweizerischen Obligationenrecht sowie dem deutschen bürgerlichen Gesetzbuch, 2. Aufl., Zürich 1898, S. 131.

233 Kindereit, in: Hoeren (Hrsg.), Zivilrechtliche Entdecker, München 2001, S. 107, 125.

234 HKK/Harke, § 311 II, III Rn. 8. Zu Jherings Ausdehnung der actio doli auf Fälle grober Fahrlässigkeit und seinem Einwand gegen die Lehre Friedrich Mommsens siehe Jhering, Culpa in contrahendo, S. 12 ff. und Friedrich Mommsen, Beträge zum Obligationenrecht, 1. Abtheilung: Die Unmöglichkeit der Leistung, Braunschweig 1853, S. 107. Dazu siehe Wollschläger, Die Entstehung der Unmöglichkeitslehre, Köln/Wien 1970, S. 156; auch vgl. Choe, Culpa in contrahendo bei Rudolph von Jhering, Göttingen 1988, S. 71 (Fn. 35).

Schaden dar.[235] Er stützte ihn auf Verschulden, nämlich auf culpa.[236] In den Fällen der culpa, in denen die Voraussetzungen für einen wirksamen Vertrag nicht gegeben waren und der Vertragspartner durch den unrichtigen Schein der Wirksamkeit in die Irre geführt wurde, sah er ein Vertragsverhältnis vor.[237] Als solche Fälle bezeichnete er die fehlende Geschäftsfähigkeit des schadensersatzpflichtigen Subjekts, die fehlende Einigung über den Vertragsgegenstand und die Unklarheit des contractlichen Willens.[238] Mit dem Vertragsschluss trete der Vertragspartner in den positiven Pflichtenkreis der Vertragssphäre ein und übernehme damit die allgemeine Pflicht, bereits bei den Vertragsverhandlungen selbst die erforderliche diligentia aufzubringen. Er führte dazu konkret aus: „Wer contrahiert, tritt damit aus dem rein negativen Pflichtenkreis des außercontractlichen Verkehrs in den positiven der Contractssphäre, von dem Gebiete der bloßen culpa in faciendo auf das der culpa in non faciendo, der positiven diligentia, und die erste und allgemeinste Verpflichtung, die er damit übernimmt, ist die: beim Contrahieren selbst bereits die nöthige diligentia aufzuwenden".[239]

Zur Begründung seiner Lehre von der culpa in contrahendo verwies er neben den Quellen des römischen Rechts[240] auf das preußische ALR I. 5 § 284; dort heißt es: „Was wegen des bei Erfüllung des Vertrages zu vertretenden Grades der Schuld Rechtens ist, gilt auch auf den Fall, wenn einer der Contrahenten bei Abschließung des Vertrags die ihm obliegenden Pflichten vernachläßigt hat". Die preußische Regelung des Verschuldens bei Vertragserfüllung, die auf den Fall der Vernachlässigung der bei Vertragsschluss obliegenden Pflichten ausgedehnt wird,[241] sei als „eine ganz überraschende Bestätigung" seiner Idee gewesen.[242] Er selbst interessiert sich nicht besonders für diese Regelung, sondern ordnet sie in sein eigenes Problembewusstsein ein.[243] Damit übersah er entscheidende Unterschiede. Dass die preußische Regelung stets einen später

235 Kindereit, in: Hoeren (Hrsg.), Zivilrechtliche Entdecker, München 2001, S. 107, 127.

236 Jhering, Culpa in contrahendo, S. 34 f.; vgl. HKK/Harke, § 311 II, III Rn. 9.

237 Jhering, aaO., S. 26 f.

238 Jhering, aaO., S. 44, 56 ff.

239 Jhering, aaO., S. 41 f.; das lateinische Wort „diligentia" bedeutet Sorgfalt, Umsicht, Aufmerksamkeit usw. Lehmann/Stroux (Begr.), Mittellateinisches Wörterbuch, Bd. 3, München 2007, Sp. 653.

240 Vgl. Jhering, Culpa in contrahendo, S. 8 ff.

241 Giaro, Culpa in contrahendo: eine Geschichte der Wiederentdeckungen, in: Falk/Mohnhaupt (Hrsg.), Das Bürgerliche Gesetzbuch und seine Richter, Frankfurt a. M. 2000, S. 113, 114.

242 Jhering, Culpa in contrahendo, S. 44.

243 Schanze, Culpa in contrahendo bei Jhering, Ius Commune 7 (1978), S. 326, 330.

wirksamen Vertragsschluss voraussetzt,[244] unterscheidet sich allerdings wesentlich von Jherings Theorie, nach der Voraussetzung für den Schadensersatz die Nichtigkeit des Vertrages oder das Nichtzustandekommen des Vertrages ist.[245]

Jhering sah darüber hinaus vor, dass „der Verkäufer dem Käufer rücksichtlich derjenigen nachteiligen Handlungen, zu denen der Glaube an die Gültigkeit des Contracts ihn veranlasst hat, schadlos halte".[246] Unterbleibt der Vertrauensschutz, so führt dies zum vertraglichen Schadensersatz; er ordnet als Rechtsfolge den Ersatz des negativen Vertragsinteresses an, also dessen, „was er [der Geschädigte] haben würde, wenn die äußere Thatsache des Contractsabschlusses gar nicht vorgekommen wäre".[247] Die Höhe des negativen Interesses kann das positive Interesse nicht übersteigen; er formuliert es so, „dass die Interessenforderung des Klägers, wie sie sich einerseits bis zur Höhe des Erfüllungsinteresses erheben, so andererseits auf Nichts reducieren kann, bedarf nicht erst der Bemerkung".[248]

Der Obertitel „culpa in contrahendo", der nur Verschulden bei Vertragsverhandlungen bedeutet, hat allgemeine Bedeutung;[249] er dient insbesondere dazu, die Schwächen des Deliktsrechts auszugleichen, indem er Pflichtverletzungen erfasst, die nicht mit dem Vertrag selbst zusammenhängen, also die Verletzung deliktisch geschützter Rechtsgüter eines Vertragspartners betreffen. Nach Jhering entsteht trotz der Orientierung am Vertragsmodell ein Schuldverhältnis, das jedoch keine Leistungspflichten umfasst, d. h. weder auf Erfüllung gerichtet ist noch primäre Leistungspflichten begründet, sondern allein auf der Haftungsebene wirkt.[250]

Die culpa in contrahendo ist seit ihrer Entdeckung durch Jhering im Jahre 1861 ein Rechtsinstitut geblieben und erst im Jahre 2002 durch den Gesetzgeber in der Regelung des § 311 Abs. 2 BGB gesetzlich anerkannt worden. Ausdrücklich

---

244 Koch, Allgemeines Landrecht für die preußischen Staaten, Bd. 1, 4. Aufl., Berlin 1862, ALR I. 5 §§ 284, 285, S. 324. Er bemerkte: „Vorausgesetzt ist hier immer ein gültiger Vertrag. Ist der Vertrag ungültig, so findet daraus gar keine Klage also auch kein Anspruch auf Entschädigung statt".

245 Vgl. Nüßlein, Die Integration der culpa in contrahendo, 2018, S. 80.

246 Jhering, Culpa in contrahendo, S. 14.

247 Jhering, aaO., S. 16.

248 Jhering, aaO., S. 21 f.

249 Medicus, Zur Entdeckungsgeschichte der culpa in contrahendo, in: Benöhr/Hackl/Knütel/Wacke (Hrsg.), Iuris Professio: Festgabe für Max Kaser zum 80. Geburtstag, Wien/Köln/Graz 1986, S. 169, 175 und 177.

250 Schmidt, Nachwort, in: ders. (Hrsg.), Rudolf von Jhering, Culpa in contrahendo und Hermann Staub, Die positiven Vertragsverletzungen, Bad Homburg v. d. H. u. a. 1969, S. 131, 132.

anerkannt war die culpa in contrahendo allerdings bereits in der Vorschrift des § 11 Nr. 7 Hs. 2 AGBG.[251]

Jherings Verständnis der culpa in contrahendo hat mit der modernen Lehre von der culpa in contrahendo wenig gemein, da Jhering bei der Begründung der culpa in contrahendo gar nicht an den Schutz von Körper und Gesundheit des potentiellen Vertragspartners dachte;[252] gleichwohl gebührt ihm das Verdienst, die culpa in contrahendo entdeckt zu haben.[253]

III. Die Lehre von der culpa in contrahendo im historischen BGB

Der Gesetzgeber des BGB übernahm die Lehre von der culpa in contrahendo nicht und traf keine allgemeine Regelung.[254] Auch das Schuldverhältnis aus Vertragsverhandlungen kannte das BGB nicht.[255] Der Gesetzgeber regelte die Rechtsfolge des Verschuldens bei Vertragsschluss nicht einheitlich, sondern verzichtete bewusst auf eine Generalklausel des Verschuldens bei Vertragsschluss und schrieb Haftungspflichten nur im Einzelfall vor, etwa in §§ 122, 179 Abs. 2, 307 a. F., 309 BGB a. F.[256] Diese Vorschriften gehen auf Jherings Fälle der culpa in contrahendo zurück.[257]

---

251 Vgl. Fikentscher, Schuldrecht, 9. Aufl., Berlin/New York 1997, Rn. 146 (Fn. 36). Das AGB-Gesetz ist jedoch bereits zum 1.1.2002 außer Kraft getreten.

252 HKK/Schiemann, §§ 823–830, 840, 842–853 Rn. 88.

253 Vgl. Gernhuber, Das Schuldverhältnis, Tübingen 1989, § 8 I 1, S. 173; Schmidt, Nachwort, in: ders. (Hrsg.), Rudolf von Jhering, Culpa in contrahendo und Hermann Staub, Die positiven Vertragsverletzungen, Bad Homburg v. d. H. u. a. 1969, S. 131 f.; Medicus, Zur Entdeckungsgeschichte der culpa in contrahendo, in: Benöhr/Hackl/Knütel/Wacke (Hrsg.), Iuris Professio: Festgabe für Max Kaser zum 80. Geburtstag, Wien/Köln/Graz 1986, S. 169, 181.

254 Schmidt, Nachwort, in: ders. (Hrsg.), Rudolf von Jhering, Culpa in contrahendo und Hermann Staub, Die positiven Vertragsverletzungen, Bad Homburg v. d. H. u. a. 1969, S. 131, 132.

255 Gernhuber, Das Schuldverhältnis, Tübingen 1989, § 8 I 3, S. 174.

256 Vgl. hierzu Giaro, Culpa in contrahendo: eine Geschichte der Wiederentdeckungen, in: Falk/Mohnhaupt (Hrsg.), Das Bürgerliche Gesetzbuch und seine Richter, Frankfurt a. M. 2000, S. 113, 122 f.; HKK/Harke, § 311 II, III Rn. 11; Medicus, Zur Entdeckungsgeschichte der culpa in contrahendo, in: Benöhr/Hackl/Knütel/Wacke (Hrsg.), Iuris Professio: Festgabe für Max Kaser zum 80. Geburtstag, Wien/Köln/Graz 1986, S. 169, 177 f.; vgl. Motive I, S. 195 = Mugdan I, S. 460; Motive II, S. 179 = Mugdan II, S. 98 f.; vgl. Nüßlein, Die Integration der culpa in contrahendo, 2018, S. 80 ff.

257 Schmidt, Nachwort, in: ders. (Hrsg.), Rudolf von Jhering, Culpa in contrahendo und Hermann Staub, Die positiven Vertragsverletzungen, Bad Homburg

§§ 97 Abs. 3, 99 Abs. 2 des ersten Entwurfs entsprechen dem § 122 Abs. 1 BGB. Irrt sich der Erklärende, § 99, oder meint er seine Erklärung nicht ernst, § 97, so ist er bei leichter Fahrlässigkeit zum Ersatz des negativen Interesses verpflichtet, §§ 97 Abs. 3, 99 Abs. 2; bei grober Fahrlässigkeit ordnen §§ 97 Abs. 2, 99 Abs. 1 des ersten Entwurfs dagegen die Wirksamkeit der Willenserklärung an. Die Motive knüpfen an die „Übermittlung einer unzuverlässigen Erklärung" an,[258] anders als Jhering, der das Verschulden darin sah, dass eine andere Person zur Übermittlung einer Willenserklärung eingesetzt wurde.[259] Die Bestimmungen der §§ 97 Abs. 3, 99 Abs. 2 des ersten Entwurfs verlangen demgegenüber Fahrlässigkeit „bei Eingehung eines Rechtsgeschäfts" und sind im zweiten Entwurf in § 97 Abs. 1 zusammengefasst. § 97 Abs. 1 des zweiten Entwurfs tritt ausdrücklich an die Stelle des negativen Interesses[260] und setzt kein Verschulden, sondern das Vertrauen des Erklärungsgegners voraus; die Höhe des negativen Interesses ist auf das positive Erfüllungsinteresse beschränkt.[261] Hinsichtlich der Höhe des negativen Interesses besteht daher kein Unterschied zu Jherings Idee der culpa in contrahendo.[262] Die Regelung des § 122 BGB geht als verschuldensunabhängige Haftung auf § 97 des zweiten Entwurfs zurück.

§ 125 des ersten Entwurfs ist ein Vorläufer des § 179 BGB. Eine Regelung der culpa in contrahendo lehnte der Gesetzgeber hier ab; die Haftung des Vertreters sei nicht auf das negative, sondern auf das positive Interesse, also das Erfüllungsinteresse, gerichtet. Eine Beschränkung der Haftung auf das negative Interesse liefe

---

v. d. H. u. a. 1969, S. 131, 132; vgl. Schanze, Culpa in contrahendo bei Jhering, Ius Commune 7 (1978), S. 326, 345.

258 Motive I, S. 195 = Mugdan I, S. 460.

259 Schon Jhering verwies auf das Beispiel, wenn sich jemand eines Boten bedient: „jeder Contrahent hat seinen Willen *selber* zu äußern; wer sich zu dem Zweck anderer Personen bedient, thut dies auf eigene Gefahr". Jhering, Culpa in contrahendo, S. 85.

260 2. Entwurf eines Bürgerlichen Gesetzbuch für deutsche Reich, 1. Buch, Berlin 1894, S. 35 f.

261 MüKo/Kramer (2006), § 122 Rn. 6; Soergel/Hefermehl (1988), § 122 Rz. 1, 7; Medicus, Zur Entdeckungsgeschichte der culpa in contrahendo, in: Benöhr/Hackl/Knütel/Wacke (Hrsg.), Iuris Professio: Festgabe für Max Kaser zum 80. Geburtstag, Wien/Köln/Graz 1986, S. 169, 176; Giaro, Culpa in contrahendo: eine Geschichte der Wiederentdeckungen, in: Falk/Mohnhaupt (Hrsg.), Das Bürgerliche Gesetzbuch und seine Richter, Frankfurt a. M. 2000, S. 113, 124.

262 Vgl. Jhering, Culpa in contrahendo, S. 21 f.

nach Ansicht des Gesetzgebers dem Verkehrsinteresse zuwider.[263] § 179 Abs. 2 BGB schaffe der Gesetzgeber aus Gründen der ausgleichenden Gerechtigkeit.[264]

§ 345 des ersten Entwurfs wurde zu § 307 a. F. und § 347 zu § 309 BGB a. F. Aus den Motiven ergab sich, dass es sich hier um Fälle der culpa in contrahendo handelte.[265] Die Ersatzpflicht wegen Vertragsnichtigkeit ist verschuldensabhängig und trifft sowohl den Schuldner als auch den Gläubiger der unmöglichen Leistung; Jhering hatte demgegenüber nur eine verschuldensunabhängige Ersatzpflicht desjenigen angenommen, der die unmögliche Leistung versprochen hatte.[266] Der Gesetzgeber führte aus, dass die Haftung für das negative Vertragsinteresse in Übereinstimmung mit einem „allgemein anerkannten unabweisbaren Verkehrsbedürfnisse" gewährt wurde und dass bei einem nichtigen Vertrag der Ersatz des Erfüllungsinteresses nicht in Betracht komme.[267]

Eine Konstruktionsfrage der Haftung aus culpa in contrahendo überließ der Gesetzgeber jedoch der Wissenschaft: „Ob begrifflich die Haftung für culpa in contrahendo auf einen Eingriff in den fremden Rechtskreis, mithin auf eine unerlaubte Handlung oder auf die Verletzung einer rechtsgeschäftlichen Pflicht zurückzuführen sei, ist eine Konstruktionsfrage, deren Lösung der Wissenschaft überlassen werden darf."[268] Man folgte also nicht der Auffassung Jherings, für den die culpa in contrahendo ein Fall der Vertragshaftung war und die deliktische Lücke[269] durch die Vertragsklage geschlossen wurde.[270]

---

263 Motive I, S. 241 f. = Mugdan I, S. 487.

264 Protokolle I, S. 319 f.; vgl. Nüßlein, Die Integration der culpa in contrahendo, 2018, S. 84.

265 Motive I, S. 195 = Mugdan I, S. 460.

266 Medicus, Zur Entdeckungsgeschichte der culpa in contrahendo, in: Benöhr/Hackl/Knütel/Wacke (Hrsg.), Iuris Professio: Festgabe für Max Kaser zum 80. Geburtstag, Wien/Köln/Graz 1986, S. 169, 176. Dazu siehe Jhering, Culpa in contrahendo, S. 41. Die culpa besteht darin, „daß der Verkäufer contrahirt, ohne die Erfordernisse der Gültigkeit des Vertrages in seiner Person prästiren zu können, und durch den falschen Schein des Contracts den anderen Theil irre führt".

267 Motive II, S. 178 = Mugdan II, S. 98.

268 Motive I, S. 195 = Mugdan I, S. 460. Dazu kritisierte Schmidt im Nachwort, S. 143 f.: „das zweite erklärt nichts und formuliert nur negativ, daß wir die Kontraktsebene verlassen haben".

269 Jhering, Culpa in contrahendo, S. 23 ff.; vgl. Melliger, Culpa in contrahendo oder Schadensersatz bei nichtigen Verträgen nach dem gemeinen und schweizerischen Obligationenrecht sowie dem deutschen bürgerlichen Gesetzbuch, 2. Aufl., Zürich 1898, S. 131.

270 Vgl. Medicus, Zur Entdeckungsgeschichte der culpa in contrahendo, in: Benöhr/Hackl/Knütel/Wacke (Hrsg.), Iuris Professio: Festgabe für Max Kaser zum 80. Geburtstag, Wien/Köln/Graz 1986, S. 169, 177.

IV. Weiterentwicklung der Lehre Jherings durch Zielvertragstheorie Leonhards

Franz Leonhard hatte in seiner Dissertation von 1896[271] versucht, die zweifelhafte Haftung des Verkäufers aus Verschulden bei Vertragsschluss für Sachmängel im römischen Recht nachzuweisen.[272] Im Jahre 1910 stellte er in seiner Monographie die Lehre vom „Verschulden beim Vertragsschlusse"[273] vor, die zur weiteren Entwicklung der culpa in contrahendo führte.[274] Eine allgemeine Haftung aus culpa in contrahendo wurde in den ersten Jahren nach Inkrafttreten des BGB bis zum Erscheinen seiner Schrift von 1910 in der Literatur und auch in der Rechtsprechung abgelehnt.[275]

Als Haftungsgrundlage für culpa in contrahendo sah er in seiner Monographie den wirksam geschlossenen Vertrag an; „wie die Schuld bei der Erfüllung haftbar macht, so auch die Schuld beim Abschlusse des Geschäfts".[276] Die Haftung für vorvertragliches Verschulden behandelte er unter der Voraussetzung, dass ein

---

271 Leonhard, Die Haftung des Verkäufers für sein Verschulden beim Vertragsschlusse, Göttingen 1896.

272 Benedict, Culpa in contrahendo, Tübingen 2007, S. 314; bereits 1896 vertrat er in seiner Dissertation „Die Haftung des Verkäufers für sein Verschulden beim Vertragsschlusse" (S. 66 ff.) die Auffassung der h. L., dass das geltende Recht keine Haftung für Verschulden bei Vertragsschluss kenne. Vgl. Cabjolsky, Entwicklung und heutiger Stand der Lehre von der Haftung für Verschulden beim Vertragsschluß, Belgard-Pers. 1933, S. 15.

273 Leonhard, Verschulden beim Vertragsschlusse, Berlin 1910.

274 Die Leonhards Lehre von „Verschulden beim Vertragsschlusse" wurde von Heinrich Hildebrandt als „Zielvertragstheorie" verstanden. Ders., Die Erklärungshaftung, Berlin 1931, S. 58–65; Cabjolsky, Entwicklung und heutiger Stand der Lehre von der Haftung für Verschulden beim Vertragsschluß, Belgard-Pers. 1933, S. 15–18; Kreuzer, Culpa in contrahendo und Verkehrspflichten, Freiburg 1971, neu veröffentl. in Würzburg 2015, S. 20 ff.; Benedict, Culpa in contrahendo, Tübingen 2007, S. 341 ff.

275 Vgl. Cabjolsky, Entwicklung und heutiger Stand der Lehre von der Haftung für Verschulden beim Vertragsschluss, Belgard-Pers. 1933, S. 10 ff.; Nirk, Culpa in contrahendo, in: Hefermehl/Nipperdey (Hrsg.), Festschrift für Philipp Möhring, München/Berlin 1965, S. 385, 388 f.; Esser, Grundsatz und Norm in der richterlichen Fortbildung des Privatrechts, 4. Aufl., Tübingen 1990, S. 162; Pouliadis, Culpa in contrahendo und Schutz Dritter, Berlin 1982, S. 33.

276 Leonhard, Verschulden beim Vertragsschlusse, Berlin 1910, S. 1; vgl. Medicus, Zur Entdeckungsgeschichte der culpa in contrahendo, in: Benöhr/Hackl/Knütel/Wacke (Hrsg.), Iuris Professio: Festgabe für Max Kaser zum 80. Geburtstag, Wien/Köln/Graz 1986, S. 169, 178.

Vertrag wirksam zustande gekommen sei.[277] Er wollte sich von dem gewöhnlichen Begriff der culpa in contrahendo lösen und einen gemeinsamen Haftungsgrund zusammenfassen: Die Haftung aus culpa in contrahendo sollte nur geltend gemacht werden können, wenn der Vertrag äußerlich nichtig war,[278] während Leonhard die Haftung aus Verschulden bei Vertragsschluss für den Fall vorsah, dass der Vertrag wirksam zustande gekommen war.[279] Der Schuldner hafte für sein Verschulden bei der Vertragserfüllung und auch für sein Verschulden bei Vertragsschluss.[280] Der wirksam zustande gekommene Vertrag begründe eine besondere Sorgfaltspflicht, die bei Vertragsschluss tatsächlich bestanden habe; diese Pflicht sei der Erfüllungspflicht praktisch gleichwertig. Es sei daher verfehlt, aus bloßen Vorverhandlungen, die nicht auf den Vertragsschluss gerichtet seien, eine Haftung abzuleiten.[281]

Später, im Luisinlicht-Fall vom 26.4.1912,[282] bezog sich das Reichsgericht auf Leonhards Lehre vom „Verschulden beim Vertragsschlusse“ und leitete eine vorvertragliche Haftung aus dem nachträglichen Abschluss eines wirksamen

---

277 Leonhard, Verschulden beim Vertragsschlusse, Berlin 1910, S. 58; vgl. HKK/Harke, § 311 II, III Rn. 21.

278 Vgl. Jhering, Culpa in contrahendo, S. 1 ff.

279 Cabjolsky, Entwicklung und heutiger Stand der Lehre von der Haftung für Verschulden beim Vertragsschluß, Belgard-Pers. 1933, S. 15; Kreuzer, Culpa in contrahendo und Verkehrspflichten, Freiburg 1971, neu veröffentl. in Würzburg 2015, S. 20; vgl. Bohrer, Die Haftung des Dispositionsgaranten, München 1980, S. 118.

280 Leonhard, Verschulden beim Vertragsschlusse, Berlin 1910, S. 42. Er sehe die Schuld des Verkäufers praktisch gleich an, wenn der Verkäufer sorglos mangelhaft die Ware liefere oder verkaufe.

281 Leonhard, Verschulden beim Vertragsschlusse, Berlin 1910, S. 44 ff., 58.

282 JW 1912, 743 (Nr. 5). Nach dem Sachverhalt hatte die Beklagte mit der Klägerin am 26.10.1909 einen Vertrag geschlossen, durch den die Klägerin der Beklagten den Betrieb mehrerer Fabrikate, darunter auch das Luisinlicht, für die Dauer von 10 Jahren übertrug. Die Beklagte habe jedoch keine Kenntnis von den Hindernissen gehabt, die dem Betrieb des Luisinlichts von Seiten der Konkurrenz der Klägerin entgegengesetzt worden seien. Der Verkauf des Luisinlichts sei Anfang 1910 durch Maßnahmen der Konkurrenz zum Stillstand gekommen. Auf der Seite der Beklagten hänge die Erreichung des Vertragszwecks und des aus dem Vertrag erhofften wirtschaftlichen Gewinns wesentlich von der ungestörten Ausübung des Betriebes ab. Unter diesen Umständen hätte der Schadensersatzanspruch der Beklagten nicht verneint werden dürfen, soweit er auf einer Fahrlässigkeit der Klägerin beruhe.

Vertrages ab;[283] es grenzte dementsprechend das Verschulden bei nichtigen Verträgen vom Verschulden beim Abschluss wirksam gewordener Verträge ab. Allerdings sah das Reichsgericht die Entstehung der vor- und nachvertraglichen Pflichten in einem einheitlichen Ganzen der Vertragsverhandlungen und des Vertragsschlusses.[284] Eine vorvertragliche Pflicht zur Offenlegung von Informationen, die für die Entscheidung über den Vertragsabschluss von Bedeutung sind, ergebe sich aus dem Grundsatz von Treu und Glauben und aus dem Begriff des redlichen und tatsächlichen Geschäftsverkehrs[285] und bestehe nach Auffassung des Reichsgerichts auch nach Vertragsschluss fort.[286]

Leonhard grenzte sich von der Lehre Jherings ab, indem er die Haftung aus Verschulden bei Vertragsschluss erst mit dem späteren Zustandekommen des Vertrages anerkannte; sein Begründungsansatz löste eine weitere Diskussion über die Begründung der vorvertraglichen Haftung in Rechtsprechung und Literatur aus.

B. Schutz der Integrität bei Vertragsverhandlungen in den Urteilen des Reichsgerichts

I. Urteile des Reichsgerichts vor dem Linoleumrollen-Fall

Nach Inkrafttreten des BGB befasste sich das Reichsgericht mit der Problematik der Haftung für Integritätsverletzung wegen Verschuldens bei Vertragsverhandlungen. Es sah das Verschulden jedoch nur entweder als unerlaubte Handlung oder als eine Verletzung rechtsgeschäftlicher Pflichten an, da der Gesetzgeber in den Motiven zum BGB die Entscheidung über die Konstruktionsfrage der culpa in contrahendo der Wissenschaft überlassen habe.[287] Das Reichsgericht lehnte bis 1910 eine allgemeine Haftung aus culpa in contrahendo ab[288] und verfolgte im Rahmen der vertraglichen oder deliktischen Haftung

283 Nirk, Culpa in contrahendo, in: Hefermehl/Nipperdey (Hrsg.), Festschrift für Philipp Möhring, München/Berlin 1965, S. 385, 389.

284 RG JW 1912, 744 (Nr. 5); ähnlich RGZ 95, 58, 60.

285 Hierzu kritisch vgl. Herholz, Das Schuldverhältnis als konstante Rahmenbeziehung, AcP 130 (1929), S. 257, 288: „Die Berufung auf Treu und Glauben und die Bedürfnisse des reellen Geschäftsverkehrs ist ebenso wenig ausreichend, […]".

286 RG JW 1912, 743 (Nr. 5).

287 Motive I, S. 195 = Mugdan I, S. 460.

288 RGZ 61, 207, 213; Nirk, Culpa in contrahendo, in: Hefermehl/Nipperdey (Hrsg.), Festschrift für Philipp Möhring, München/Berlin 1965, S. 385, 388 f.

drei verschiedene Ansätze, um die Haftung für Integritätsverletzungen bei Vertragsverhandlungen zu begründen.

1. Deliktsrechtliche Ansprüche aus unerlaubter Handlung

Das Reichsgericht beschritt den Weg der deliktischen Ansprüche, wenn die Integrität durch schuldhaftes Verhalten bei Vertragsverhandlungen verletzt wurde. Hier bejahte das Reichsgericht im Jahre 1909 die deliktische Haftung aus § 823 Abs. 1 BGB, da diese Vorschrift nur bestimmte Rechtsgüter und Rechte schütze, nicht aber das Vermögen schlechthin.[289] Auch die Haftung wegen schuldhaften Verhaltens bei Vertragsverhandlungen wurde vom Reichsgericht 1910 als deliktische Haftung qualifiziert.[290]

In einem Fall, in dem der gewerbliche Verkäufer den Ausgang seines Hauses nicht beleuchtet hatte und die Käuferin deshalb beim Verlassen des Hauses auf der unbeleuchteten Treppe stürzte, bejahten die Vorinstanzen eine vertragliche Haftung für die Unfallfolgen. Das Reichsgericht wies die Revision des Verkäufers mit der Begründung zurück, dass der Verkäufer nicht „kraft Vertrages [...] für eine die Sicherheit nicht gefährdende Beschaffenheit der Räumlichkeiten" hafte; denn die Hauptleistungspflichten des Verkäufers einer Sache nach dem Kaufvertrag, § 433 BGB, bestünden nur in der Übergabe der Sache und der Verschaffung des Eigentums daran.[291] Die Verkehrssicherungspflicht des Verkäufers sah das Reichsgericht als eine allgemeine Pflicht an, deren schuldhafte Verletzung nur deliktische, nicht aber vertragliche Ansprüche begründen könne.[292] Eine vertragliche Haftung komme nur in Betracht, soweit das Vertragsverhältnis auf die Nutzung einer Räumlichkeit gerichtet sei.[293]

2. Vorvertragliche Ansprüche aus Auslegung eines bereits geschlossenen Vertrags

Einen anderen Weg ging das Reichsgericht in einem Fall des Beförderungsvertrages. Im Wege der Auslegung eines bereits geschlossenen Beförderungsvertrages sah es die Verkehrssicherungspflicht als Vertragspflicht an; der Eisenbahnunternehmer verpflichte sich, den Reisenden einen sicheren Ausgang

289 RG JW 1909, S. 684, Nr. 3; RGZ 62, 315, 317.
290 RG LZ 1910, Sp. 80, 81, Nr. 2.
291 RGZ 74, 124, 125.
292 RGZ 74, 125 f.
293 RGZ 74, 126.

zu gewähren, „den sie ungefährdet passieren können".[294] Die Verletzung dieser Vertragspflicht begründe einen vertraglichen Schadensersatzanspruch des Reisenden, wenn dieser einen Körperschaden erleide.[295] Diese Vertragspflicht bestehe auch nach Beendigung der Beförderung im Eisenbahnwagen fort.[296] Das Reichsgericht ging davon aus, dass von einer vertraglichen oder auch nur vertragsähnlichen Haftung keine Rede sein könne, solange der Reisende noch keine Fahrkarte gelöst habe.[297] Daraus ist zu schließen, dass das Reichsgericht für die Verkehrssicherungspflicht des Eisenbahnunternehmers den Kauf einer Fahrkarte durch den Reisenden voraussetzt.

3. *Haftung aus fingiertem Garantievertrag*

Das Reichsgericht bejahte auch eine vertragliche Haftung aus fingiertem Garantievertrag.[298] Der Bergmann erblindete infolge einer Verletzung des linken Auges, die durch einen schuldhaften Bolzenschuss beim Betreten der Gastwirtschaft des Wirtes verursacht worden war. Das Reichsgericht führte in diesem Fall aus, dass zwischen dem Gast und dem Gastwirt durch das Eintreten des Gastes ein Vertragsverhältnis über die Benutzung der Räume entstehe, „kraft dessen der Wirt dem Gast für die Sicherheit des Verkehrs in den Räumen haftet".[299] Die Verkehrssicherungspflicht des Gastwirts wurde mit dem Betreten der Gaststätte fingiert, d. h. mit diesem äußeren Tatbestand fingierte das Reichsgericht stillschweigende Garantieverträge.[300] So verpflichtete sich der Gastwirt, „dafür zu sorgen, daß in den Räumen kein die Gäste gefährdender Unfug verübt wird".[301] Auch das Reichsgericht hatte bereits 1904 in einer Entscheidung „ein Vertragsverhältnis gemischter Art (insbesondere Kauf und

294 RGZ 55, 335, 337.
295 RGZ 55, 335, 336 f.
296 RGZ 55, 335, 336.
297 RG LZ 1914, Sp. 1530 Nr. 10.
298 Windscheid, Wille und Willenserklärung. Eine Studie, AcP 63 (1880), S. 72 ff.; Haferkamp, Fall. 16 Der Kölner Telegrafenfall, in: Falk/Luminati/Schmoeckel (Hrsg.), Fälle aus der Rechtsgeschichte, München 2008, S. 254, 258.
299 RG JW 1911, S. 360 (Nr. 6).
300 Giaro, Culpa in contrahendo: eine Geschichte der Wiederentdeckungen, in: Falk/Mohnhaupt (Hrsg.), Das Bürgerliche Gesetzbuch und seine Richter, Frankfurt a. M. 2000, S. 113, 132 f.
301 RG JW 1911, S. 360 (Nr. 6).

Miete)" zwischen Gastwirt und Gast anerkannt, aus dem den Gastwirt die Pflicht treffe, die Räume in verkehrssicherem Zustande zu überlassen.[302]

II. „Ein den Kauf vorbereitendes Rechtsverhältnis" im Linoleumrollen-Fall

1. Überblick

Der Linoleumrollen-Fall[303] ist eine klassische Entscheidung des Reichsgerichts, die den vertraglichen Schutz deliktischer Integritätsinteressen im Stadium der Vertragsanbahnung ohne Bezug zur culpa in contrahendo durch Annahme von „vorbereitenden Verträgen" oder „Vorverträgen" sicherstellt.[304] Dieser Fall wurde im Nachhinein zur culpa in contrahendo umgedeutet[305] und als die Entscheidung bezeichnet, in der die culpa in contrahendo zum Ersatz von Körper- und Eigentumsschäden eingeführt wurde,[306] obwohl Jhering, als er die culpa in contrahendo entdeckte, gar nicht den Schutz von Körper und Gesundheit des potentiellen Vertragspartners im Visier hatte.[307] Im Hinblick auf die weitere Entwicklung der culpa in contrahendo betonte Hans Dölle, dass Jhering uns

302 RG, in: Gruchot (Hrsg.), Beiträge zur Erläuterung des deutschen Rechts, 49 (1905), S. 617 ff. Nr. 28.

303 RGZ 78, 239 ff. = JW 1912, 191 (Nr. 8); dazu Krüger, Eine Linoleumrollen und die Folge, in: Brambring/Medicus/Vogt (Hrsg.), Festschrift für Horst Hagen, Köln 1990, S. 409 ff.; als der jüngste, sehr detaillierte Beitrag, Thiessen, Von der (Linoleum-)Rolle – Die heimliche Anerkennung der culpa in contrahendo im Streit der Reichsgerichtsräte, in: Auer/Grigoleit/Hager u. a. (Hrsg.), Festschrift für Claus-Wilhelm Canaris zum 80. Geburtstag, Berlin/Boston 2017, S. 51 ff. Hier beschreibt er ausführlich die Hintergründe des Rechtsstreits in den Prozessakten des zuständigen VI. Zivilsenats des Reichsgerichts. Hinsichtlich der Hintergründe wird auf den Beitrag von Thiessen verwiesen.

304 Pouliadis, Culpa in contrahendo und Schutz Dritter, Berlin 1982, S. 34; bereits Leonhard hatte in seiner Monographie „Verschulden beim Vertragsschlusse", 1910, S. 46, auf die im Linoleumrollen-Fall zutage getretene Problematik der deliktischen Haftungslücke hingewiesen: „Bei unerlaubten Handlungen haftet man für Angestellte bekanntlich dann nicht, wenn man die eigne Schuldlosigkeit beweisen kann. Bei der Verletzung einer Vertragspflicht dagegen haftet man schlechthin."

305 Vgl. Bohrer, Die Haftung des Dispositionsgaranten, München 1980, S. 153 (Fn. 58).

306 Medicus, Verschulden bei Vertragsverhandlungen, in: BMJ (Hrsg.), Gutachten und Vorschläge zur Überarbeitung des Schuldrechts, Bd. 1, Köln 1981, S. 479, 488.

307 HKK/Schiemann, §§ 823–830, 840, 842–853 Rn. 88; vgl. Medicus, Zur Entdeckungsgeschichte der culpa in contrahendo, in: Benöhr/Hackl/Knütel/Wacke

den Weg zu einer gerechten und vernünftigen Beurteilung zahlreicher sozialer Gegebenheiten gebahnt habe.[308]

Heinrich Stoll analysierte die drei verschiedenen Haftungsgruppen, wobei er aus dem Linoleumrollen-Fall eine eigenständige Gruppe herausarbeitete, die eine Haftung für Verhalten vor Vertragsschluss begründet.[309] Diese Gruppe unterscheide sich von den beiden anderen Gruppen, die bereits durch die Lehren von Jhering[310] und Leonhard[311] eingeführt worden seien, dadurch, dass sie vom Zustandekommen eines wirksamen Vertrages unabhängig sei.[312] Damit stellt sich aber die Frage nach der Begründung der vorvertraglichen Haftung, denn wenn der Schaden bereits während der Vertragsverhandlungen eintritt, fehlt es an einem wirksamen Vertrag.[313]

Im Urteil und in den Prozessakten des Reichsgerichts zum Linoleumrollen wurde der Versuch erwogen, die deliktische Haftungslücke durch stillschweigende Willensübereinstimmung bei Vertragsverhandlungen, also durch einen fingierten Vorvertrag, zu schließen.

2. *Verlagerung von der deliktischen zur vertraglichen Haftung im Linoleumrollen-Fall*

a) *Schutzlücke des Deliktsrechts wegen der Exkulpationsmöglichkeit*

Bei dem Sachverhalt des Linoleumrollen-Falls[314] liegt es näher, die deliktische Haftung aus § 823 Abs. 1 BGB heranzuziehen; der Handlungsgehilfe verletzte

(Hrsg.), Iuris Professio: Festgabe für Max Kaser zum 80. Geburtstag, Wien/Köln/Graz 1986, S. 169 ff.

308 Ders., Juristische Entdeckungen, in: Festvortrag, Verhandlungen des 42. Deutschen Juristentages, Bd. 2, Tübingen 1958, B 9.

309 Vgl. Haftung für das Verhalten während der Vertragsverhandlungen, LZ 1923, Sp. 532 ff.

310 Vgl. Culpa in contrahendo, S. 1 ff.

311 Vgl. Verschulden beim Vertragsschlusse, Berlin 1910.

312 Vgl. Kreuzer, Culpa in contrahendo und Verkehrspflichten, Freiburg 1971, S. 21; vgl. Medicus, Bürgerliches Recht, 21. Aufl., München 2007, § 10 Rn. 199.

313 Medicus, Probleme um das Schuldverhältnis, Berlin 1987, S. 7.

314 Die Kundin besuchte am 24. September 1909 mit ihrem Kind ein Warenhaus, um dort einzukaufen. Sie begab sich in das Linoleumlager, in dem der Handlungsgehilfe (W.) arbeitete, erklärte ihm, dass sie einen Linoleumteppich kaufen wolle, und suchte den gewünschten Teppich unter den von ihm vorgelegten Mustern aus. Als er die von der Kundin angegebenen Rollen herausholen wollte, legte er zwei andere Rollen beiseite. Die beiseite gestellten Rollen fielen um, und die Kundin

das Integritätsinteresse der Kundin und ihres Kindes, indem er die Linoleumrollen vor Vertragsschluss schuldhaft fallen ließ. Eine vertragliche Haftung gegen den Geschäftsherrn, § 278 S. 1 BGB, schied daher aus, da ein Vertrag noch nicht zustande gekommen war. Nach der deliktischen Haftungslösung haftete der Geschäftsherr für den Verrichtungsgehilfen gemäß § 831 Abs. 1 S. 1 BGB, so dass der Kundin ein Schadensersatzanspruch gegen den Geschäftsherrn aus § 823 Abs. 1 BGB zustand. Dieser wäre jedoch an seiner Exkulpationsmöglichkeit nach § 831 Abs. 1 S. 2 BGB gescheitert. Dies führte auf Seiten der Geschädigten, also der Kundin, zu unbilligen Ergebnissen, da sie den von ihm verursachten Schaden nur von dem gegenüber dem Geschäftsherrn wirtschaftlich schwächeren Verrichtungsgehilfen hätte ersetzt verlangen können. Statt eines für sie nachteiligen deliktischen Schadensersatzanspruchs hätte sie gegen ihn einen vertraglichen Schadensersatzanspruch nach § 278 S. 1 BGB geltend machen müssen.

Die zweite Kommission sprach sich allerdings gegen eine Generalklausel nach französischem Vorbild, § 704 E I,[315] aus, weil sie darin einen Konflikt mit dem Marktmodell des BGB sah. Der Anreiz zum Vertragsschluss ergebe sich gerade daraus, dass die Schädigung des anderen, etwa durch einen überhöhten Kaufpreis, zulässig sei.[316]

Im Linoleumrollen-Fall stellt sich nun die Frage, ob und unter welchen Voraussetzungen ein Vorvertrag zwischen der Kundin und dem Kaufhausinhaber zustande gekommen ist.

---

und ihr Kind, die in der Nähe standen, wurden von den Rollen getroffen und fielen zu Boden. Die Kundin bestand darauf, dass sie und ihr Kind durch die Rollen zu Boden gefallen und verletzt worden seien und dass sie durch den Sturz und den Schock eine Nervenkrankheit erlitten habe. RGZ 78, 239 = JW 1912, 191 (Nr. 8); vgl. Thiessen, Von der (Linoleum-)Rolle – Die heimliche Anerkennung der culpa in contrahendo im Streit der Reichsgerichtsräte, in: Auer/Grigoleit/Hager u. a. (Hrsg.), Festschrift für Claus-Wilhelm Canaris zum 80. Geburtstag, Berlin/Boston 2017, S. 51.

315 Der erste Entwurf eines bürgerlichen Gesetzbuches für das Deutschen Reich, Berlin/Leipzig 1888, S. 156: „Hat jemand durch eine aus Vorsatz oder Fahrlässigkeit begangene widerrechtliche Handlung […] einem anderen einen Schaden zugefügt […], so ist er dem anderen zum Ersatz des durch die Handlung verursachten Schadens verpflichtet". Zur Kritik und Würdigung des § 704 E I vgl. Katzenmeier, Zur neueren dogmengeschichtlichen Entwicklung der Deliktsrechtstatbestände, AcP 203 (2003), S. 79, 84 ff.

316 Haferkamp, Wege zur Rechtsgeschichte: Das BGB, 2. Aufl., Köln 2023, S. 217.

b) Argumente des Reichsgerichts zum Besuchsvertrag und zum Vorzeigevertrag

Das Reichsgericht bejahte einen vertraglichen Schadensersatzanspruch der kaufwilligen Kundin gegen den Kaufhausinhaber aus § 278 S. 1 BGB wegen des durch den Unfall mit den Linoleumteppichen entstandenen Schadens, indem es die Handlungen zwischen der Kundin und dem Handlungsgehilfen als „ein den Kauf vorbereitendes Rechtsverhältnis“[317] ansah. Dabei erwähnte das Reichsgericht die Haftung aus culpa in contrahendo nicht,[318] d. h. sein Entscheidungsspielraum für den vorliegenden Linoleumrollen-Fall lag nur entweder in der vertraglichen oder in der deliktischen Haftung,[319] da für die Richter des VI. Zivilsenats des Reichsgerichts keine Haftungslücke bestand, die sie im Wege der Analogie oder durch Rechtsfortbildung praeter legem oder gar contra legem hätten schließen müssen.[320]

Der Kaufhausinhaber haftete auch ohne wirksamen Kaufvertrag gemäß § 278 S. 1 BGB für die schuldhafte Integritätsverletzung der Kundin durch seinen Handlungsgehilfen; den Haftungsgrund fand das Reichsgericht in einem

317 RGZ 78, 239, 240 = JW 1912, 191 (Nr. 8); Heinrich Hildebrandt zählte ein vertragsähnliches vorbereitendes Schuldverhältnis zu Quasivertragstheorie. Ders., Die Erklärungshaftung, Heidelberg 1931, S. 83 f.; siehe auch Giaro, Culpa in contrahendo: eine Geschichte der Wiederentdeckungen, in: Falk/Mohnhaupt (Hrsg.), Das Bürgerliche Gesetzbuch und seine Richter, Frankfurt a. M. 2000, S. 113, 135.

318 Thiessen, Von der (Linoleum-)Rolle – Die heimliche Anerkennung der culpa in contrahendo im Streit der Reichsgerichtsräte, in: Auer/Grigoleit/Hager u. a. (Hrsg.), Festschrift für Claus-Wilhelm Canaris zum 80. Geburtstag, Berlin/Boston 2017, S. 51, 60; Nüßlein, Die Integration der culpa in contrahendo in das BGB nach der Schuldrechtsreform, Berlin 2018, S. 30, 85.

319 Vgl. Giaro, Culpa in contrahendo: eine Geschichte der Wiederentdeckungen, in: Falk/Mohnhaupt (Hrsg.), Das Bürgerliche Gesetzbuch und seine Richter, Frankfurt a. M. 2000, S. 113, 134 f.

320 Thiessen, Von der (Linoleum-)Rolle – Die heimliche Anerkennung der culpa in contrahendo im Streit der Reichsgerichtsräte, in: Auer/Grigoleit/Hager u. a. (Hrsg.), Festschrift für Claus-Wilhelm Canaris zum 80. Geburtstag, Berlin/Boston 2017, S. 51, 59: In den Prozessakten von der Anmerkung Theodor Meyer vom 5. November 1911 (unpaginiert) hielt die Mehrheit der Richter es für wünschenswert, eine verschärfte Haftung des Kaufhausinhabers für eine Schadenszufügung durch Aufenthalt anzunehmen, wenn die Kundin beim Ausgang einen Unfall erlitten hätte; sie glaubten, dass durch Ausdehnung und Anspannung der Aufsichtspflicht sowie durch strengere Beurteilung des Entlastungsbeweises aus § 831 dem Bedürfnis genügt werden könne.

„den Kauf vorbereitenden Rechtsverhältnis", nämlich darin, dass die Kundin dem Handlungsgehilfen die Vorlage von zwei Linoleumrollen angeboten hatte und dieser das Angebot durch Vorlage der Kaufsache angenommen hatte.[321] Der zwischen der Kundin und dem Handlungsgehilfen stillschweigend geschlossene Vorvertrag begründet den vertraglichen Anspruch der Kundin auf Ersatz des durch die Verletzung der Integrität entstandenen Schadens. Das Reichsgericht wies darauf hin, dass es sich lediglich um eine Entscheidung über einen „vertragsähnlichen"[322] Anspruch aus einem den Kauf vorbereitenden Rechtsverhältnis handele, aus dem den Verkäufer wie den Kauflustigen die Pflicht treffe, bei der Vorlegung und Besichtigung der Ware mit der für die Gesundheit und das Eigentum des anderen Teils erforderlichen Sorgfalt zu verfahren;[323] Antrag

321 RGZ 78, 239, 240 = JW 1912, 191 (Nr. 8); vgl. Bohrer, Die Haftung des Dispositionsgaranten, München 1980, S. 105; vgl. HKK/Harke, § 311 II, III Rn. 13.

322 Eine kritische Betrachtung dieser Terminologie findet sich bei Giaro, Culpa in contrahendo: eine Geschichte der Wiederentdeckungen, in: Falk/Mohnhaupt (Hrsg.), Das Bürgerliche Gesetzbuch und seine Richter, Frankfurt a. M. 2000, S. 113, 136 und Lackum, Verschmelzung und Neuordnung von „Culpa in contrahendo" und „positiver Vertragsverletzung", Bonn 1970, S. 74: Lackums Kritik lautet: Wenn das Reichsgericht von Antrag und Annahme spricht, „ist es nicht folgerichtig, die daraus folgende Beziehung nur ‚vertragsähnlich' zu nennen, sondern nach allgemeiner Wertung läge dann ein Vertrag vor, […]"; vgl. Fischer, Gefälligkeitsfahrt und vorvertragliche Haftung, Kiel 1938, S. 56; vgl. Siber, Die schuldrechtliche Vertragsfreiheit, JhJb 70 (1921), S. 223, 259 f.

323 RGZ 78, 239, 240 = JW 1912, 191 (Nr. 8); Prozessakte Bundesarchiv Berlin, R3002 Prozessakten Zivilsenate Nr. 18002 zu RG, Urteil vom 7. Dezember 1911 – VI 240/11 – RGZ 78, 239–241 = JW 1912, 191 (Nr. 8), Votum Theodor Meyer vom 16. August 1911 (Bl. 28v); dazu siehe Thiessen, Von der (Linoleum-)Rolle – Die heimliche Anerkennung der culpa in contrahendo im Streit der Reichsgerichtsräte, in: Auer/Grigoleit/Hager u. a. (Hrsg.), Festschrift für Claus-Wilhelm Canaris zum 80. Geburtstag, Berlin/Boston 2017, S. 51, 62; nur ein Richter, Reichsgerichtsrat Bernhard Schaffeld, wandte sich gegen die von Berichterstatter Meyer bevorzugte vertragliche Lösung mit der Begründung, „daß auf diese Weise die culpa in contrahendo als vertragsmäßige Haftung schlechterdings wieder in das BGB hineininterpretiert und mit ihr zugleich eine ausgedehnte Haftung für fahrlässige Vermögensbeschädigung geschaffen wird". Prozessakte Bundesarchiv Berlin, R3002 Prozessakten Zivilsenate Nr. 18002 zu RG, Urteil vom 7. Dezember 1911 – VI 240/11 – RGZ 78, 239–241 = JW 1912, 191 (Nr. 8), Anmerkung Bernhard Schaffeld vom 24. November 1911 (unpaginiert); dazu siehe Thiessen, Von der (Linoleum-)Rolle – Die heimliche Anerkennung der culpa in contrahendo im Streit der Reichsgerichtsräte, in: Auer/Grigoleit/Hager u. a. (Hrsg.), Festschrift für Claus-Wilhelm Canaris zum 80. Geburtstag, Berlin/Boston 2017, S. 51, 58.

auf Vorlegung des Teppichs und dessen Annahme seien auf die Herbeiführung eines Kaufs, also eines rechtsgeschäftlichen Erfolges, gerichtet und „kein bloß tatsächlicher Vorgang" wie etwa eine reine Gefälligkeitshandlung gewesen.[324]

Theodor Meyer bejahte als Richter des VI. Zivilsenats die Sorgfaltspflicht des Verkäufers, also des Warenhausinhabers, aus einem Vorvertrag, wollte aber nicht jeden zufällig das Warenhaus betretenden Passanten schützen.[325] Hierauf geht seine Abgrenzung zwischen dem sog. Warenhausbesuchsvertrag und dem sog. Warenvorzeigevertrag zurück;[326] der Warenhausbesuchsvertrag bestehe darin, „daß der Warenhausinhaber durch die Gewährung freien Zutritts ohne Kaufzwang jedem sich Annähernden den Antrag gefahrlosen Zutritt u. damit der Haftung für die Angestellten mache [...]. Die Haftung für gefahrlosen Zutritt u. Aufenthalt ist vielmehr nicht Vertragsgegenstand, sondern eine Verbindlichkeit, die aus dem durch Antrag (Einladung) zum Besuch und Annahme des Antrags zustande gekommenen Vertragsverhältnis folgt."[327] Demgegenüber bejahte er das Zustandekommen des Warenvorzeigevertrages dadurch, dass die Kundin den Antrag auf Vorlage von Linoleumteppichen bei dem Handlungsgehilfen gestellt und dieser den Antrag für den Warenhausinhaber angenommen

---

324 Prozessakte Bundesarchiv Berlin, R3002 Prozessakten Zivilsenate Nr. 18002 zu RG, Urteil vom 7. Dezember 1911 – VI 240/11 – RGZ 78, 239–241 = JW 1912, 191 (Nr. 8), Votum Theodor Meyer vom 16. August 1911 (Bl. 29); dazu siehe Thiessen, Von der (Linoleum-)Rolle – Die heimliche Anerkennung der culpa in contrahendo im Streit der Reichsgerichtsräte, in: Auer/Grigoleit/Hager u. a. (Hrsg.), Festschrift für Claus-Wilhelm Canaris zum 80. Geburtstag, Berlin/Boston 2017, S. 51, 62 f.

325 Thiessen, Von der (Linoleum-)Rolle – Die heimliche Anerkennung der culpa in contrahendo im Streit der Reichsgerichtsräte, in: Auer/Grigoleit/Hager u. a. (Hrsg.), Festschrift für Claus-Wilhelm Canaris zum 80. Geburtstag, Berlin/Boston 2017, S. 51, 61.

326 Thiessen, Von der (Linoleum-)Rolle – Die heimliche Anerkennung der culpa in contrahendo im Streit der Reichsgerichtsräte, in: Auer/Grigoleit/Hager u. a. (Hrsg.), Festschrift für Claus-Wilhelm Canaris zum 80. Geburtstag, Berlin/Boston 2017, S. 51, 62.

327 Prozessakte Bundesarchiv Berlin, R3002 Prozessakten Zivilsenate Nr. 18002 zu RG, Urteil vom 7. Dezember 1911 – VI 240/11 – RGZ 78, 239–241 = JW 1912, 191 (Nr. 8), Votum Theodor Meyer vom 16. August 1911 (Bl. 28–28v.); dazu siehe Thiessen, Von der (Linoleum-)Rolle – Die heimliche Anerkennung der culpa in contrahendo im Streit der Reichsgerichtsräte, in: Auer/Grigoleit/Hager u. a. (Hrsg.), Festschrift für Claus-Wilhelm Canaris zum 80. Geburtstag, Berlin/Boston 2017, S. 51, 61 f.

habe. Dies sei nicht tatsächlicher, sondern rechtsgeschäftlicher Natur;[328] eine selbstverständliche Verpflichtung des Handlungsgehilfen aus diesem Vorvertrag sei es gewesen, „daß er beim Aussuchen und Vorzeigen des Musters die gebotene Sorgfalt beobachtet habe, damit die Kaufliebhaberin nicht an ihrer Gesundheit beschädigt werde".[329] Der Warenvorzeigevertrag sei im Hinblick auf bestimmte „stillschweigende Vor- und Nebenverträge" stillschweigend zustande gekommen, nicht aber im Hinblick auf den Kauf.[330]

3. *Linoleumrollen-Fall als Katalysator für weitere Argumente in der Rechtsgeschichte*

Entspreche eine gesetzliche Vorschrift nicht mehr den Bedürfnissen des Rechts und den Gerechtigkeitsvorstellungen der Gemeinschaft, so finde dies alsbald seinen Niederschlag in der Rechtsprechung, meinte 1964 Hauss.[331] Im Linoleumrollen-Fall versuchte das Reichsgericht, die Schutzlücke des Deliktsrechts wegen der Exkulpationsmöglichkeit, § 831 Abs. 1 S. 2 BGB, zu überwinden, ohne eine Haftung aus culpa in contrahendo anzuerkennen.[332] Am Ende der richterlichen Argumentation stand ein neu konstruierter Typus des Vorvertrages, der

328 Prozessakte Bundesarchiv Berlin, R3002 Prozessakten Zivilsenate Nr. 18002 zu RG, Urteil vom 7. Dezember 1911 – VI 240/11 – RGZ 78, 239–241 = JW 1912, 191 (Nr. 8), Votum Theodor Meyer vom 16. August 1911 (Bl. 28–28v.); dazu siehe Thiessen, Von der (Linoleum-)Rolle – Die heimliche Anerkennung der culpa in contrahendo im Streit der Reichsgerichtsräte, in: Auer/Grigoleit/Hager u. a. (Hrsg.), Festschrift für Claus-Wilhelm Canaris zum 80. Geburtstag, Berlin/Boston 2017, S. 51, 61 f.

329 Prozessakte Bundesarchiv Berlin, R3002 Prozessakten Zivilsenate Nr. 18002 zu RG, Urteil vom 7. Dezember 1911 – VI 240/11 – RGZ 78, 239–241 = JW 1912, 191 (Nr. 8), Votum Theodor Meyer vom 16. August 1911 (Bl. 28v.); dazu siehe Thiessen, Von der (Linoleum-)Rolle – Die heimliche Anerkennung der culpa in contrahendo im Streit der Reichsgerichtsräte, in: Auer/Grigoleit/Hager u. a. (Hrsg.), Festschrift für Claus-Wilhelm Canaris zum 80. Geburtstag, Berlin/Boston 2017, S. 51, 62.

330 Prozessakte Bundesarchiv Berlin, R3002 Prozessakten Zivilsenate Nr. 18002 zu RG, Urteil vom 7. Dezember 1911 – VI 240/11 – RGZ 78, 239–241 = JW 1912, 191 (Nr. 8), Votum Theodor Meyer vom 16. August 1911 (Bl. 29); dazu siehe Thiessen, Von der (Linoleum-)Rolle – Die heimliche Anerkennung der culpa in contrahendo im Streit der Reichsgerichtsräte, in: Auer/Grigoleit/Hager u. a. (Hrsg.), Festschrift für Claus-Wilhelm Canaris zum 80. Geburtstag, Berlin/Boston 2017, S. 51, 62 f.

331 Hauss, Zur Reform des deutschen Haftungsrechts, Düsseldorf 1964, S. 9.

332 Im November 1926 wurde die Haftung aus culpa in contrahendo erstmals von der Rechtsprechung als Grundsatz anerkannt, wonach bereits solche Vorverhandlungen eine Haftung auch ohne Vertragsschluss begründen. Sie entsteht unabhängig

sog. „Warenvorzeigevertrag“. Damit war der Weg in den „Himmel der Rechtsgeschichte“ eröffnet,[333] wobei das Reichsgericht die seit Jherings Aufsatz von 1861 in der Literatur entwickelte Haftung aus culpa in contrahendo[334] leicht fahrlässig übersah. Gleichwohl erwies sich das Urteil als Katalysator für eine Weiterentwicklung im Rahmen der Haftung aus culpa in contrahendo.

Im Bananenschalen-Fall, in dem der Besucher eines Warenhauses über eine auf dem Boden eines Verkaufsraumes liegende Bananenschale stürzte, bejahte der BGH die Haftung aus der culpa in contrahendo unabhängig davon, ob zum Zeitpunkt des Unfalls bereits Kaufverhandlungen stattgefunden hatten.[335] Darüber hinaus wurde der Schutzbereich der Haftung aus culpa in contrahendo im Gemüseblatt-Fall erweitert; der BGH erlegte diese Haftung einem Kind auf, das seine Mutter beim Einkauf in einem Selbstbedienungsladen begleitete; das Kind rutschte an der Kasse auf einem Gemüseblatt aus, als es zum Packtisch ging, um seiner Mutter beim Einpacken zu helfen.[336] Der BGH bezog das Kind jedoch in den Schutzbereich des zwischen seiner Mutter und dem Inhaber des Selbstbedienungsladens bestehenden vertragsähnlichen Schuldverhältnisses ein, da es zum Zeitpunkt des Unfalls mit diesem Inhaber in Vertragsverhandlungen stand.[337] Damit wird die Anwendung der vertraglichen Haftung über die an den Vertragsverhandlungen Beteiligten hinaus auf Dritte ausgedehnt.[338]

---

davon, ob ein Vertrag wirksam zustande gekommen ist. Dazu siehe RGZ, JW 1927, 262 (Nr. 14); vgl. Giaro, Culpa in contrahendo: eine Geschichte der Wiederentdeckungen, in: Falk/Mohnhaupt (Hrsg.), Das Bürgerliche Gesetzbuch und seine Richter, Frankfurt a. M. 2000, S. 113, 146 f.; Medicus, Bürgerliches Recht, 21. Aufl., München 2007, § 10 Rn. 199.

333 Thiessen, Von der (Linoleum-)Rolle – Die heimliche Anerkennung der culpa in contrahendo im Streit der Reichsgerichtsräte, in: Auer/Grigoleit/Hager u. a. (Hrsg.), Festschrift für Claus-Wilhelm Canaris zum 80. Geburtstag, Berlin/Boston 2017, S. 51: „Mag der Weg in die Hölle mit guten Vorsätzen gepflastert sein, so ist der Weg in den Himmel der Rechtsgeschichte manchmal mit leichter Fahrlässigkeit befestigt“.

334 Vgl. Jhering, Culpa in contrahendo, S. 1 ff.; weitere Entwicklung vor allem Leonhard, Verschulden beim Vertragsschlusse, Berlin 1910.

335 BGH NJW 1962, 31 f.

336 BGHZ 66, 51 ff. = NJW 1976, 712 ff.

337 BGHZ 66, 51 = NJW 1976, 712.

338 Zum Vertrag mit Schutzwirkung für Dritte vgl. Larenz, Lehrbuch des Schuldrechts Allgemeiner Teil, Bd. 1, 14. Aufl., München 1987, § 17 II; Medicus, Bürgerliches Recht, 21. Aufl., München 2007, §§ 10, 33 Rn. 202, 844 ff.; zu Schuldverhältnissen aus geschäftlichem Kontakt mit Schutzwirkung für Dritte siehe Larenz, Lehrbuch des Schuldrechts Allgemeiner Teil, Bd. 1, 14. Aufl., München 1987, § 17 III;

Der erste deutsche Weg zur Lösung der Schutzlücke besteht darin, das Deliktsrecht, insbesondere § 831 Abs. 1 S. 2 BGB, unangetastet zu lassen und stattdessen eine vertragliche Haftung auf den Vorvertrag auszudehnen. Eine „dritte Spur des Haftungsrechts" setzte sich zunächst nicht durch.[339]

III. Zusammenfassung

Der Linoleumrollen-Fall ist ein klassischer Fall, in dem das Reichsgericht einen vertraglichen Schadensersatzanspruch der Kundin (der Geschädigten) aus einem den Kauf vorbereitenden Rechtsverhältnis bejaht; der Anspruch habe vertragsähnlichen Charakter.[340] Seine Begründung geht auf die Schwächen des Deliktsrechts wegen der Exkulpationsmöglichkeit zurück, § 831 Abs. 1 S. 2 BGB, die aber schon das Reichsgericht erkennt[341] und durch die Anwendung des Vertragsrechts umgeht, § 278 S. 1 BGB. Der Schutz der Kundin ist also gelungen, aber der Kritik an der Terminologie „vertragsähnlich" kann man sich nur schwer entziehen.[342]

In den Prozessakten des VI. Zivilsenats bejahte Richter Theodor Meyer die Sorgfaltspflicht des Verkäufers aus dem Vorvertrag, lehnte aber einen Schutz vor jedem zufällig das Kaufhaus betretenden Passanten ab, um eine uferlose Ausdehnung der vertragsähnlichen Haftung zu vermeiden. Er unterschied zwischen dem Warenhausbesuchsvertrag und dem Warenvorzeigevertrag und sah den letzteren nicht als tatsächlicher, sondern als rechtsgeschäftlicher Natur an. Damit konstruierte er einen neuen Typus des Vorvertrages.

---

vgl. Canaris, Ansprüche wegen „positiver Vertragsverletzung" und „Schutzwirkung für Dritte" bei nichtigen Verträgen, JZ 1965, 475 ff.

339 Haferkamp, Wege zur Rechtsgeschichte: Das BGB, 2. Aufl., Köln 2023, S. 217; vgl. Canaris, Schutzgesetz – Verkehrspflichten – Schutzpflichten, in: Canaris/Diederichsen (Hrsg.), Festschrift für Karl Larenz zum 80. Geburtstag, München 1983, S. 27, 102.

340 RGZ 78, 239, 240 = JW 1912, 191 (Nr. 8).

341 RGZ 78, 239, 240 f. = JW 1912, 191 (Nr. 8).

342 Siber, Die schuldrechtliche Vertragsfreiheit, JhJb 70 (1921), S. 223, 259 f.; Fischer, Gefälligkeitsfahrt und vorvertragliche Haftung, Kiel 1938, S. 56; Lackum, Verschmelzung und Neuordnung von „Culpa in contrahendo" und „positiver Vertragsverletzung", Bonn 1970, S. 74; Giaro, Culpa in contrahendo: eine Geschichte der Wiederentdeckungen, in: Falk/Mohnhaupt (Hrsg.), Das Bürgerliche Gesetzbuch und seine Richter, Frankfurt a. M. 2000, S. 113, 136.

Die durch den Linoleumrollen-Fall aufgeworfene Problematik entwickelte sich später im Zusammenhang mit der Haftung aus culpa in contrahendo, obwohl das Reichsgericht sie weder in seiner Entscheidung noch in den Prozessakten des VI. Zivilsenats[343] erwähnt hatte. Zunächst ging man den Weg der Vertragslösung weiter. Dies zeigten auch andere Fälle, in denen Verträge ohne Willenserklärungen konstruiert wurden, um die Haftung für Verletzungen der Integrität bei auftretenden Schwächen des Deliktsrechts aufzufangen.

C. Legitimationsversuch außerdeliktischer Schutzpflichten in fingierten und faktischen Vertragsverhältnissen

I. Der fingierte Schutzpflichtvertrag

1. Erhaltungsvertrag von Heinrich Siber

Heinrich Siber befasste sich im Rahmen seiner Lehre von der Diligenzpflicht mit verschiedenen Pflichten neben den Leistungspflichten und unterschied davon die Erhaltungspflichten als selbständige Nebenpflichten. Die Frage war nun, wie die Erhaltungspflichten vor Vertragsschluss begründet werden können. Dazu übernahm und entwickelte er die Lehre Leonhards vom Verschulden beim Vertragsschluß (VbV) weiter,[344] ohne sie mit Jherings Lehre von der culpa in contrahendo zu vergleichen.[345]

---

343 Die Wiedereinführung der culpa in contrahendo als Vertragshaftung in das BGB wurde ausnahmsweise von Bernhard Schaffeld befürchtet. Vgl. Prozessakte Bundesarchiv Berlin, R3002 Prozessakten Zivilsenate Nr. 18002 zu RG, Urteil vom 7. Dezember 1911 - VI 240/11 - RGZ 78, 239–241 = JW 1912, 191 (Nr. 8), Anmerkung Bernhard Schaffeld vom 24. November 1911 (unpaginiert); dazu siehe Thiessen, Von der (Linoleum-)Rolle – Die heimliche Anerkennung der culpa in contrahendo im Streit der Reichsgerichtsräte, in: Auer/Grigoleit/Hager u. a. (Hrsg.), Festschrift für Claus-Wilhelm Canaris zum 80. Geburtstag, Berlin/Boston 2017, S. 51, 58.

344 Siber, in: Planck's Kommentar zum Bürgerlichen Gesetzbuch, Recht der Schuldverhältnisse (Allgemeiner Teil), Bd. 2/1, 4. Aufl., Berlin 1914, Vorb. zu §§ 275–292, S. 190 ff.; vgl. Leonhard, Verschulden beim Vertragsschlusse, Berlin 1910, S. 58.

345 Bohrer, Die Haftung des Dispositionsgaranten, München 1980, S. 120; siehe auch oben 2. Teil A.

a) Kritik an der Zielvertragstheorie

Die Zielvertragstheorie[346] hielt er zwar für einen wesentlichen Fortschritt, aber für eine „Halbheit"[347] und kritisierte sie als „innerlich unbegründet und logisch unmöglich".[348] Die Zielvertragstheorie nehme eine weitergehende Haftung wegen unterlassener Anzeige aufgrund Verschuldens am wirksamen Zustandekommen des Vertrages an; wenn tatsächlich eine gesetzliche Anzeigepflicht vor und nach dem Vertragsschluss bestehe und auch eine nur fahrlässige Verletzung dieser Pflicht für den durch das Verschweigen entstandenen Schaden[349] hafte, müsse diese Haftung auch dann eintreten, wenn der Vertrag nicht zustande komme; es fehle nicht nur ein gesetzlicher Anhaltspunkt, sondern auch ein gesetzgeberisches Motiv dafür, dass die Ersatzpflicht wegen Verletzung einer schon vor Vertragsschluss bestehenden Pflicht durch den späteren Vertragsschluss bedingt sein solle, obwohl die Folgen der Verletzung auch ohne Vertragsschluss ganz dieselben sein könnten.[350] Er vertrat daher die Ansicht, dass die von Leonhard vertretene Theorie des Zielvertrages, wonach erst der rechtswirksame Vertragsschluss die Parteien zu besonderer Aufmerksamkeit veranlasst, sie also zu besonderer Sorgfalt verpflichtet, nicht zutreffe; diese Pflicht bestehe auch dann, wenn der Vertrag aus einem den Parteien unbekannten Grund nichtig sei.[351]

Allerdings hatte das Reichsgericht erstmals im Weinsteinsäure-Fall vom 5.4.1922[352] die Zielvertragstheorie durchbrochen und die Haftung aus culpa in

---

346 Zur Kategorisierung des VbV von Franz Leonhard siehe Hildebrandt, Die Erklärungshaftung, Berlin 1931, S. 56 ff.

347 Siber, in: Planck's Kommentar zum Bürgerlichen Gesetzbuch, Recht der Schuldverhältnisse (Allgemeiner Teil), Bd. 2/1, 4. Aufl., Berlin 1914, Vorb. zu § 275–292, S. 192.

348 Cabjolsky, Entwicklung und heutiger Stand der Lehre von der Haftung für Verschulden beim Vertragsschluß, Belgard-Pers. 1933, S. 20.

349 RG JW 1912, 743 f. (Nr. 5).

350 Siber, in: Planck's Kommentar zum Bürgerlichen Gesetzbuch, Recht der Schuldverhältnisse (Allgemeiner Teil), Bd. 2/1, 4. Aufl., Berlin 1914, Vorb. zu §§ 275–292, S. 192.

351 Siber, in: Planck's Kommentar zum Bürgerlichen Gesetzbuch, Recht der Schuldverhältnisse (Allgemeiner Teil), Bd. 2/1, 4. Aufl., Berlin 1914, Vorb. zu §§ 275–292, S. 192.

352 RGZ 104, S. 265–269 = JW 1922, S. 1313 f. Die Klägerin hatte der Beklagten eine Preisliste übersandt, die ein freibleibendes Angebot über die von ihr geführte Ware – Weinsteinsäure, kristallisiert, zum Preis von 68,50 M – enthielt. Die Beklagte hatte sich am 20.5.1920 mit folgendem Telegramm an die Klägerin gewandt: „Erbitten Limit über hundert Kilo Weinsteinsäure Gries bleifrei." Die

contrahendo auch für den Fall des Dissenses, also des Nichtzustandekommens des Vertrages, anerkannt. Ernst Levy wies darauf hin, dass die culpa in contrahendo auch dann schadenersatzpflichtig machen könne, wenn der Vertrag später nicht zustande komme, und dass diese Ausdehnung allein den Bedürfnissen des Lebens und der inneren Logik entspreche. Bereits im Stadium der Vertragsverhandlungen bestünden gewisse Aufklärungs- und Schadensverhütungspflichten gegenüber dem anderen Teil; es sei ein „ὕστερον πρότερον" (Hysteron-Proteron), die Begründung dieser Pflichten dann doch wieder von dem etwaigen Zustandekommen des Hauptvertrages abhängig zu machen.[353] Der rechtswirksame Hauptvertrag habe allenfalls die Bedeutung, den aus der Pflichtverletzung resultierenden Schaden zu sichern, d. h. wenn z. B. der Verkäufer durch Verschweigen ungünstiger Umstände die Vereinbarung eines höheren Kaufpreises erreicht, sei nicht der Hauptvertrag verletzt, sondern dieser selbst Folge der vorangegangenen Pflichtverletzung.[354] Das Gesetz kenne zwar die Möglichkeit der Rückwirkung von rechtlichen Tatsachen, die Zielvertragstheorie sei aber weder gesetzlich vorgesehen noch von den Parteien gewollt; zudem könne der Schädiger die Zielvertragstheorie umgehen, indem er den Vertrag bewusst nicht abschließe, um sich der Haftung zu entziehen.[355]

Klägerin hatte am 22.5.1920 geantwortet: „Weinsteinsäure Gries bleifrei Kilogramm 128 M Nettokasse bei hiesiger Übernahme." Darauf hatte die Beklagte geantwortet: „hundert Kilo Weinsteinsäure Gries bleifrei geordnet, briefliche Bestätigung unterwegs." Es habe sich herausgestellt, „daß jeder der beiden Teile hatte verkaufen wollen und demgemäß die Gegenseite als Käufer angesehen hatte." Die Klägerin hatte die Ware öffentlich versteigern lassen, weil die Beklagte die Annahme und Zahlung verzögert hatte. Sie verlangte daher als Schadensersatz die Differenz zwischen dem ihrer Ansicht nach vereinbarten Kaufpreis und dem Versteigerungserlös.

353 Levy, JW 1922, S. 1313; vgl. Enneccerus/Lehmann, Recht der Schuldverhältnisse, Bd. 2, 15. Bearb., Tübingen 1958, § 43 III, S. 191.

354 Levy, JW 1922, S. 1313; vgl. Siber, in: Planck's Kommentar zum Bürgerlichen Gesetzbuch, Recht der Schuldverhältnisse (Allgemeiner Teil), Bd. 2/1, 4. Aufl., Berlin 1914, Vorb. zu §§ 275–292, S. 192; ders., Die schuldrechtliche Vertragsfreiheit, JhJb 70 (1921), S. 223, 258 ff.

355 Lackum, Verschmelzung und Neuordnung von „Culpa in contrahendo" und „positiver Vertragsverletzung", Bonn 1970, S. 69; Baumert, Tatbestand und Haftungsmaßstab der einzelnen Pflichten bei der culpa in contrahendo, Berlin 1955, S. 20.

b) Rekonstruktion der Begründung vorvertraglicher Erhaltungspflichten durch einen fiktiven Erhaltungsvertrag

Der Vorwurf gegen die Zielvertragstheorie wirft allerdings die Frage auf, wie man den Haftungstatbestand der culpa in contrahendo rekonstruieren kann, ohne dass der Vertrag später zustande kommt. Wie bereits erwähnt, griff das Reichsgericht im Linoleumrollen-Fall diese Frage auf und löste sie mit der Begründung eines den Kauf vorbereitenden Rechtsverhältnisses, nämlich stillschweigender Vorverträge. Auch Siber konstruierte für die Haftung aus culpa in contrahendo einen Vorvertrag durch Antrag an eine unbestimmte Person und dessen Annahme gemäß § 151 BGB.[356] Nicht erst der abgeschlossene Vertrag, sondern bereits der Eintritt in Vertragsverhandlungen bilde eine vertragliche Beziehung zwischen den Parteien.[357] Dem Vertragsschluss gingen sehr häufig Verhandlungen voraus,[358] „die schon einen namenlosen, nur auf Begründung von Erhaltungspflichten gerichteten Vertrag in sich schließen".[359] Es entsteht also ein Vorvertragsverhältnis, das ausschließlich Erhaltungs-, Schutz- und Fürsorgepflichten enthält. Siber erreichte diesen Vorvertrag im Wege der Vertragsauslegung nach § 157 BGB: Aufgrund der Vertragsfreiheit könne ein eigener, die Schadensersatzpflicht aus Verschulden bei Vertragsschluss begründender Vorvertrag bestehen und mangels Formvorschrift auch stillschweigend zustande kommen; sein Vorvertragsgedanke geht von dem Verständnis aus, dass die Auslegung nach § 157 BGB nicht einen inneren Willen, sondern nur die Angemessenheit nach dem objektiven Maßstab von Treu und Glauben nach der Verkehrssitte zu ermitteln habe.[360] Dem Gedanken Sibers schloss sich Hugo Kreß an; die Schutzverpflichtungen müssten schon bei den Vertragsverhandlungen bestehen, wenn ihre Verletzung zu Schadensersatzansprüchen führen solle. Sie könnten nicht dem später abgeschlossenen Vertrag entnommen

---

356 Vgl. Siber, in: Planck's Kommentar zum Bürgerlichen Gesetzbuch, Recht der Schuldverhältnisse (Allgemeiner Teil), Bd. 2/1, 4. Aufl., Berlin 1914, Vorb. zu §§ 275–292, S. 194; ders., Die schuldrechtliche Vertragsfreiheit, JhJb 70 (1921), S. 223, 259 f.

357 Siber, Die schuldrechtliche Vertragsfreiheit, JhJb 70 (1921), S. 223, 258.

358 Vgl. Fischbach, Vorbereitende Rechtsverhältnisse, AbR 41 (1915), S. 160.

359 Siber, in: Planck's Kommentar zum Bürgerlichen Gesetzbuch, Recht der Schuldverhältnisse (Allgemeiner Teil), Bd. 2/1, 4. Aufl., Berlin 1914, Vorb. zu §§ 275–292, S. 193.

360 Siber, Die schuldrechtliche Vertragsfreiheit, JhJb 70 (1921), S. 223, 258 f.

werden,[361] sondern ergäben sich „aus einem schon durch die Vertragsverhandlungen als solche begründeten Rechtsverhältnis".[362]

Auch Fischbach übernahm und konkretisierte die Lösung des Reichsgerichts im Linoleumrollen-Fall.[363] Wie das Reichsgericht bejahte er ein den Kauf vorbereitendes Rechtsverhältnis nur dann, wenn die Parteien einen rechtsgeschäftlichen Erfolg gewollt hätten. Dies sei aber als innerer Tatbestand nur sehr schwer feststellbar und reiche daher zur Begründung des Rechtsverhältnisses nicht aus.[364] Er stellte daher auf die Vorbereitungshandlung ab, also auf die Handlung, die als äußerer Tatbestand den rechtsgeschäftlich bezweckten Erfolg tatsächlich vorbereite.[365]

c) Kritik an der Fiktion des Erhaltungsvertrags

Nach Siber entsteht ein vorvertragliches Schuldverhältnis, das eine Erhaltungspflicht beinhaltet. Dieses Schuldverhältnis kann als Erhaltungsvertrag angesehen werden. Der Erhaltungsvertrag wird als Vorvertrag eigener Art begründet und wurde im Wege der Vertragsauslegung nach § 157 BGB auch weitgehend anerkannt. Bei der Auslegung nach dieser Norm ist die Angemessenheit nach dem objektiven Maßstab von Treu und Glauben nach der Verkehrssitte und nicht nach dem inneren Willen zu ermitteln.[366] Demgegenüber wandte Hans Dölle ein, dass § 157 BGB nicht das Zustandekommen eines Vertrages regele, sondern ganz allgemein für das Verhalten von Personen gelte, die im Verkehr miteinander in Kontakt träten.[367]

Der entscheidende Einwand gegen Sibers Idee des fingierten Vorvertrages lag darin, dass den Parteien Willenserklärungen ohne Rücksicht auf ihren wirklichen Willen unterstellt werden. In Fällen, in denen der Schaden bereits vor Annahme der Einladung eingetreten sei, greife Sibers Idee nicht, da der Vorvertrag erst mit der Annahme zustande komme.[368] Im Übrigen denke niemand beim Betreten eines Warenhauses an den Abschluss eines

361 Kreß, Lehrbuch des Allgemeinen Schuldrechts, München 1929, § 23, S. 584.

362 RGZ 114, 159; dazu siehe Kreß, Lehrbuch des Allgemeinen Schuldrechts, München 1929, § 23, S. 584 (Fn. 22).

363 RGZ 78, 239 ff. = JW 1912, 191 (Nr. 8).

364 Fischbach, Vorbereitende Rechtsverhältnisse, AbR 41 (1915), S. 160, 161.

365 Fischbach, Vorbereitende Rechtsverhältnisse, AbR 41 (1915), S. 160, 161 f.

366 Siber, Die schuldrechtliche Vertragsfreiheit, JhJb 70 (1921), S. 223, 259.

367 Dölle, Aussergesetzliche Schuldpflichten, ZgesStaatsW 103 (1943), S. 67, 70.

368 Baumert, Tatbestand und Haftungsmaßstab der einzelnen Pflichten bei der culpa in contrahendo, Berlin 1955, S. 21 f.

Erhaltungsvertrages.[369] Dies zeigt auch der Satz: „Der nichterklärte wahre Wille sollte nicht erforscht werden".[370]

2. Der Schutzpflichtvertrag durch die Eintrittstheorie Heinrich Stolls

Heinrich Stoll betonte zunächst die Problematik, die sich insbesondere im Linoleumrollen-Fall gezeigt hatte: Die Beeinträchtigung des Integritätsinteresses der Kundin trat vor Vertragsschluss ein und wurde durch die deliktsrechtliche Schutzlücke der Exkulpationsmöglichkeit, § 831 Abs. 1 S. 2 BGB, nicht hinreichend behoben.[371] Bei der Analyse der Haftung aus culpa in contrahendo unterschied er zunächst drei Fallgruppen: Die erste Gruppe ordnete er der Haftung für die Nichtigkeit des Vertrages zu (Jhering), die zweite Gruppe der Haftung für das Verhalten bei Vertragsschluss (Leonhard) und die dritte Gruppe der Haftung für das Verhalten vor Vertragsschluss.[372] Die letztgenannte Gruppe betreffe Fälle, in denen es zwar nicht zu dem beabsichtigten Vertragsschluss komme, eine Partei aber bereits bei dessen Vorbereitung durch das Verhalten der anderen Partei geschädigt werde.[373] Er bedauerte, dass das Reichsgericht zur Begründung der Haftung aus culpa in contrahendo geschwiegen und auf die Rechtsanalogie nach einzelnen gesetzlichen Vorschriften und nach einzelnen vom Grundsatz von Treu und Glauben anerkannten Pflichten verwiesen

369 Lackum, Verschmelzung und Neuordnung von „Culpa in contrahendo" und „positiver Vertragsverletzung", Bonn 1970, S. 71.

370 Cabjolsky, Entwicklung und heutiger Stand der Lehre von der Haftung für Verschulden beim Vertragsschluß, Belgard-Pers. 1933, S. 21; siehe auch Haupt, Über faktische Vertragsverhältnisse, in: Festschrift für Heinrich Siber, Bd. 2, Leipzig 1943, S. 10 f.; vgl. Wieacker, Leistungsbeziehungen ohne Vereinbarung, ZAkDR 1943, S. 33, 34: „[…] daß ja die Willenserklärung der gegenwärtigen Dogmatik kein naturalistisch-psychologischer, sondern ein juristischer Geltungstatbestand ist, der also auch bei fehlender psychologischer Willensbildung ohne den Vorwurf einer Fiktion angenommen werden kann". Siehe auch Lackum, Verschmelzung und Neuordnung von „Culpa in contrahendo" und „positiver Vertragsverletzung", Bonn 1970, S. 71.

371 Stoll, Haftung für das Verhalten während der Vertragsverhandlungen, LZ 1923, Sp. 532, 537 ff.

372 Stoll, Haftung für das Verhalten während der Vertragsverhandlungen, LZ 1923, Sp. 532, 533.

373 Stoll, Haftung für das Verhalten während der Vertragsverhandlungen, LZ 1923, Sp. 532, 535.

habe; eine Rechtsanalogie erschien ihm nicht ausreichend.[374] Er suchte daher selbst nach dem Rechtsgrund für die Haftung aus culpa in contrahendo.

Als allgemeinen Haftungsgrund der culpa in contrahendo hielt er den Gedanken Andreas von Tuhrs für richtig. Schon Tuhr hatte darauf hingewiesen, „daß die Parteien schon mit Beginn der Verhandlungen einander nicht mehr als ganz fremde Personen gegenüberstehen, für welche nur das Deliktsrecht gelten würde, sondern in ein Rechtsverhältnis eintreten, vermöge dessen sie gewisse Tatsachen nicht verschweigen dürfen. Aus diesem Rechtsverhältnis ergibt sich aber ferner, daß eine in Verhandlungen stehende Partei den Zugang einer an sie gerichteten Erklärung nicht vereiteln und nichts tun darf, was den normalen Verlauf der Verhandlungen stört oder gefährdet".[375]

Stoll griff die Auffassung Tuhrs auf, dass die Parteien bereits mit Beginn der Verhandlungen in ein Rechtsverhältnis eintreten, das „als Vorläufer des Vertrags zwischen den Parteien" anzusehen sei und eigene Wirkungen entfalte.[376] Dieses Rechtsverhältnis sah er als Schuldverhältnis an, da die Parteien gegenseitig zu einem Tun und Unterlassen verpflichtet seien; das Schuldverhältnis werde durch das einseitige Rechtsgeschäft, nämlich „das Vertragsangebot" oder „die Aufforderung zum Eintritt in die Vertragsverhandlungen", begründet (Eintrittstheorie[377]).[378] Aus diesem Schuldverhältnis ergäben sich die besonderen Rechtspflichten[379] im Stadium der Vertragsverhandlungen.[380] Das Schuldverhältnis sei als eine zwischen dem Vertrag und der unerlaubten Handlung neu entstandene Sonderbeziehung, also eine Sonderverbindung,[381]

374 Stoll, JW 1927, S. 1086; vgl. ders., Haftung für das Verhalten während der Vertragsverhandlungen, LZ 1923, Sp. 532, 540.

375 Tuhr, Schadensersatz bei Dissens, AcP 121 (1923), S. 359, 360; vgl. ders., Der Allgemeiner Teil des Deutschen Bürgerlichen Rechts, Bd. 2/1, München/Leipzig 1914, S. 486 ff.

376 Tuhr, Der Allgemeiner Teil des Deutschen Bürgerlichen Rechts, Bd. 2/1, München/Leipzig 1914, S. 486.

377 Vgl. Hildebrandt, Die Erklärungshaftung, Berlin 1931, S. 89 ff.

378 Stoll, Haftung für das Verhalten während der Vertragsverhandlungen, LZ 1923, Sp. 532, 543 f.

379 Stoll bezeichnete sie als Pflichten verschiedener Art, z. B. Sorgfalts-, Aufklärungs- und Mitteilungspflichten. Ders., Haftung für das Verhalten während der Vertragsverhandlungen, LZ 1923, Sp. 532, 545.

380 Stoll, Haftung für das Verhalten während der Vertragsverhandlungen, LZ 1923, Sp. 532, 545.

381 Vgl. Hildebrandt, Die Erklärungshaftung, Berlin 1931, S. 124 f. und 136; zum Begriff der Sonderverbindung bzw. zur Dichotomie von Vertrag und Delikt vgl. Krebs, Sonderverbindung und außerdeliktische Schutzpflichten, München

anzusehen; seine Geltung und seine Rechtsfolgen richteten sich nicht nach dem BGB, sondern lediglich nach der geltenden Rechtsordnung, die bereits vor Vertragsschluss Rechtspflichten gegenüber dem Gegner begründet habe.[382]

Darüber hinaus hielt er es für terminologisch zu eng, die Entstehungsgründe des Schuldverhältnisses auf den Vertragsschluss oder eine diesem rechtlich gleichstehende Handlung zu beschränken und damit das Schuldverhältnis an eine bestimmte Erscheinungsform zu binden.[383] Er nahm daher an, dass das Schuldverhältnis als Organismus seine Erscheinungsform beliebig wechseln könne.[384] Kommt der Vertrag als Schuldverhältnis aufgrund des Rechtsverhältnisses der Vertragsverhandlung wirksam zustande, so wechselt das Schuldverhältnis nur seine Erscheinungsform, d. h. sein „Gewand“, der schuldrechtliche Organismus bleibt jedoch stets derselbe.[385]

Stoll war es also, der, nach Jhering, als erster wieder die Vertragskonstruktion verließ und ein Schuldverhältnis zwischen Vertrag und Delikt begründete. Wenn Stoll feststellte, dass das Rechtsverhältnis während der Vertragsverhandlungen durch ein einseitiges Rechtsgeschäft entsteht und sich daraus besondere Rechtspflichten ergeben, nämlich Sorgfalts-, Aufklärungs- und Mitteilungspflichten, unterstellte auch er einen Willen des Erklärenden, den er nicht hat. Die fingierten Willenserklärungen sind nicht mit dem wirklichen Willen des

---

2000, S. 6 ff., 65 ff.; vgl. Frost, Vorvertragliche und vertragliche Schutzpflichten, Berlin 1981, S. 53 ff.: Vertragsschluss setzt voraus, dass die Parteien das deliktsrechtliche Nebeneinander-Verhältnis aufgeben. Sie treten damit in ein Nebeneinanderverhältnis ein, das ihr Handeln bis zur Erfüllung des geschlossenen Vertrages bestimmt. Vor dem Eintritt in das Miteinander-Verhältnis handeln sie die Bedingungen des Vertragsschlusses und der Vertragsdurchführung aus.

382 Stoll, Haftung für das Verhalten während der Vertragsverhandlungen, LZ 1923, Sp. 532, 543; vgl. Haferkamp, Wege zur Rechtsgeschichte: Das BGB, 2. Aufl., Köln 2023, S. 187 f.

383 Stoll, Haftung für das Verhalten während der Vertragsverhandlungen, LZ 1923, Sp. 532, 543 f.

384 Stoll, Haftung für das Verhalten während der Vertragsverhandlungen, LZ 1923, Sp. 532, 544; ders., Rücktritt und Schadensersatz, AcP 131 (1929), S. 141, 183 f.; seine Auffassung vom Schuldverhältnis als Organismus geht auf Sibers Verständnis des Schuldverhältnisses zurück. Dazu siehe Siber, in: Planck's Kommentar zum Bürgerlichen Gesetzbuch, Recht der Schuldverhältnisse (Allgemeiner Teil), Bd. 2/1, 4. Aufl., Berlin 1914, Vorb., S. 3.

385 Stoll, Haftung für das Verhalten während der Vertragsverhandlungen, LZ 1923, Sp. 532, 544; vgl. Frost, Vorvertragliche und vertragliche Schutzpflichten, Berlin 1981, S. 146.

Erklärenden identisch: Wer kann wissen, was der Erklärende wirklich will, wenn nicht er selbst? Auch seine Eintrittstheorie konnte sich daher der oben geäußerten Kritik an einem fingierten Vorvertrag nur schwer entziehen. Hans Dölle hob in diesem Zusammenhang hervor, dass Stolls Lehre eine Vergewaltigung der Wirklichkeit sei, „insofern sie dem Erklärenden einen Willen unterstellt, den er nicht hat".[386] Auch Lackum erhob später Einwände gegen seine Theorie: Sie gehe einen Schritt weiter als der Ansatz zur Begründung vorvertraglicher Schuldverhältnisse von Siber bzw. des Reichsgerichts im Linoleumrollen-Fall, indem sie einen Schutzpflichtvertrag durch ein einseitiges Rechtsgeschäft, nämlich durch den äußeren Tatbestand[387] „Eintritt in die Vertragsverhandlungen", begründe, wobei es sich aber wiederum um eine Fiktion des Willens der Erklärenden handele; dies sei daher unbefriedigend.[388] Auch sein Begriff des „einheitlichen Organismus" sorgt bis heute für Verwirrung, da er nicht dem üblichen Verständnis eines durch den konkreten Leistungsgegenstand definierten Schuldverhältnisses entspricht.[389]

3. *Kritik an der Willensfiktion*

Diese Kritik an Willensfiktionen gewann an Boden. Im Linoleumrollen-Fall hatte das Reichsgericht einen Schadensersatzanspruch wegen Körperverletzung aus einem den Kauf vorbereitenden Rechtsverhältnis hergeleitet. Dies führte in der Literatur zu einer Diskussion über den Rechtfertigungsgrund der Haftung aus culpa in contrahendo, d. h. über die Suche nach Rechtfertigungsgründen für die Pflichten aus dem Rechtsverhältnis im Stadium der Vertragsverhandlungen. Die Begründung des Rechtsverhältnisses erfolgte durch den fingierten Willen der an den Vertragsverhandlungen Beteiligten.

Die Kritik an der Fiktion von Willenserklärungen entstand nicht erst im 20. Jahrhundert, sondern wurde bereits im 19. Jahrhundert formuliert.[390] In Weimar wuchs der Widerstand gegen die Lösung durch die Fiktion der stillschweigenden Willenserklärung; dies war auch eine Reaktion auf die Vertragswirklichkeit, in der zunehmend Verträge zustande kamen, bei denen eine Partei

---

386 Dölle, Aussergesetzliche Schuldpflichten, ZgesStaatsW 103 (1943), S. 67, 71.

387 Vgl. Fischbach, Vorbereitende Rechtsverhältnisse, AbR 41 (1915), S. 160, 161 f.

388 Lackum, Verschmelzung und Neuordnung von „Culpa in contrahendo" und „positiver Vertragsverletzung", Bonn 1970, S. 76.

389 Kindereit, in: Hoeren (Hrsg.), Zivilrechtliche Entdecker, München 2001, S. 107, 143.

390 Vgl. Haferkamp, „Methodenehrlichkeit"?, in: Berger/Borges u. a. (Hrsg.), Festschrift für Norbert Horn, Berlin 2006 S. 1077, 1078 ff.

allenfalls noch über den Abschluss, nicht aber mehr über den Inhalt frei war.[391] Alfred Manigk rief 1918 zum Kampf gegen die Willensfiktion auf, die sich in der Gruppe der stillschweigenden Willenserklärung leicht einniste; es handele sich nicht um Willenserklärungen, sondern um „typisierte Erklärungsakte mit normierter Wirkung", wenn kein wirklicher Wille vorliege.[392] Esser verneinte später radikaler die Daseinsberechtigung der Rechtsfiktion als dogmatisches Begründungsmittel überhaupt,[393] da sie an der Wirklichkeit vorbeigehe und eine weltfremde Jurisprudenz schaffe.[394] In der Folge blieb eine umfassende Lücke im BGB zunächst ungelöst; ohne Rückgriff auf das an den Parteiwillen anknüpfende Modell des Gesetzes wurde im Arbeitsrecht der weitere Schritt unternommen, ein ganzes Rechtsgebiet aus dem Vertragsrecht des BGB herauszulösen.[395] Es lag nahe, noch einen Schritt weiter zu gehen und Verträge zu konstruieren, die ohne Willenserklärungen zustande kommen.

II. Vorvertragliche Haftung aus faktischem Vertragsverhältnis und ihre Grenzen

1. Lehre von faktischem Arbeitsverhältnis

Der Versuch, sich im Arbeitsrecht von dem an den Parteiwillen anknüpfenden Vertragsmodell des BGB zu lösen, wurde bereits 1919 von Hugo Sinzheimer in seinem Aufsatz „Die Neuordnung des Arbeitsrechts" unternommen, in dem er vor allem eine eigene Kodifikation des Arbeitsrechts forderte.[396] Das Gesamtprojekt der Kodifikation scheiterte jedoch 1923 aus finanziellen Gründen; gleichzeitig begann in der Arbeitsrechtswissenschaft die Abkehr vom Vertragsmodell des BGB für das Arbeitsrecht.[397] Ein Vordenker war hier Heinz Potthoff.[398]

---

391 Haferkamp, Wege zur Rechtsgeschichte: Das BGB, 2. Aufl., Köln 2023, S. 187.

392 Manigk, Irrtum und Auslegung, Berlin 1918, S. 273 f.

393 Esser, Wert und Bedeutung der Rechtsfiktionen: Kritisches zur Technik der Gesetzgebung und zur bisherigen Dogmatik des Privatrechts, Frankfurt a. M. 1940, S. 204.

394 Esser, Wert und Bedeutung der Rechtsfiktionen: Kritisches zur Technik der Gesetzgebung und zur bisherigen Dogmatik des Privatrechts, Frankfurt a. M. 1940, S. 132 ff.; vgl. Haferkamp, „Methodenehrlichkeit"?, in: Berger/Borges u. a. (Hrsg.), Festschrift für Norbert Horn, Berlin 2006, S. 1077, 1081 ff.

395 Haferkamp, Wege zur Rechtsgeschichte: Das BGB, 2. Aufl., Köln 2023, S. 188.

396 Sinzheimer, Die Neuordnung des Arbeitsrechts, JW 1919, S. 465, 467.

397 Haferkamp, Wege zur Rechtsgeschichte: Das BGB, 2. Aufl., Köln 2023, S. 188.

398 Vgl. Lambrecht, Die Lehre vom faktischen Vertragsverhältnis, Tübingen 1994, S. 19 ff.

a) Arbeitsverhältnis ohne Vertragsschluss

Potthoff konstruierte die Entstehung des Arbeitsverhältnisses ohne wirksamen Abschluss eines Arbeitsvertrages.[399] Sein Verständnis des Arbeitsverhältnisses knüpfte an die Bismarcksche Sozialgesetzgebung[400] an. Seitdem wurden sozial rechtliche Ansprüche an die Betriebszugehörigkeit geknüpft, nicht an den Arbeitsvertrag. Das tatsächliche Arbeitsverhältnis werde unabhängig von seiner vertraglichen Ausgestaltung von der Sozialordnung erfasst.[401] Hinzu kam, dass der Arbeitsvertrag faktisch an Bedeutung verlor, da das Arbeitsverhältnis immer stärker durch staatliche Gesetze oder kollektive Normen wie Tarifverträge und Betriebssatzungen begründet werde. Die Bedeutung des Arbeitsvertrages werde dementsprechend auch rechtlich zurückgedrängt.[402] Das staatliche Gesetz und die Gesamtvereinbarung könnten unabhängig davon geltend machen, dass die Parteien des Arbeitsverhältnisses miteinander einen Arbeitsvertrag geschlossen hätten. Man müsse sich daran gewöhnen, dass der Arbeitsvertrag entthront werde und sein Bestehen oder Nichtbestehen von untergeordneter Bedeutung sei; das neue Arbeitsrecht habe daher lediglich das tatsächliche Beschäftigungsverhältnis zwischen zwei Bürgern zu regeln.[403]

Der Vertragsschluss solle jedoch nach wie vor der primäre Begründungstatbestand für das Arbeitsverhältnis bleiben, d. h. es solle in der Regel durch Vertrag begründet werden, aber auch ohne Vertrag möglich sein.[404] Potthoff hielt am Vertragsschluss fest und betonte, dass mit der Entthronung der rechtlichen Bedeutung des Arbeitsvertrages die überwiegende Vorherrschaft des

---

399 Vgl. Potthoff, Beiträge zu Kritik und Reform, Arbeitsrecht 1922, Sp. 28 ff.

400 Das Kranken- und Unfallversicherungsgesetz knüpfte in § 1 S. 1 a. F. 1884 die Versicherungspflicht an die Bestätigung des Arbeitnehmers. Daran hielt die Reichsversicherungsordnung 1911 in § 165 a. F. fest. Nach dem Ersten Weltkrieg kam es auch in den arbeitsrechtlichen Gesetzen – z. B. § 11 des Betriebsrätegesetzes 1920 – zu einer Anknüpfung an die bloße Tatsache der Beschäftigung und zu einer zunehmenden Etablierung des tatsächlichen Beschäftigungsverhältnisses. Ausführlich dazu Lambrecht, Die Lehre vom faktischen Vertragsverhältnis, Tübingen 1994, S. 27 ff.

401 Potthoff, Arbeitsrecht – Das Ringen um werdendes Recht, Berlin 1928, S. 47.

402 Potthoff, Beiträge zu Kritik und Reform, Arbeitsrecht 1922, Sp. 28 f.; vgl. ders., Arbeitsrecht – Das Ringen um werdendes Recht, Berlin 1928, S. 47.

403 Potthoff, Beiträge zu Kritik und Reform, Arbeitsrecht 1922, Sp. 30.

404 Potthoff, Ist das Arbeitsverhältnis ein Schuldverhältnis?, Arbeitsrecht 1922, Sp. 267, 277 f.

Arbeitsvertrages in der Praxis nicht beseitigt, sondern verdrängt werde.[405] Das Arbeitsverhältnis gelte nach wie vor als individuelles Schuldverhältnis und werde durch den übereinstimmenden Willen der einzelnen Vertragsparteien geregelt. Die Willensübereinstimmung werde durch die vorausbestimmten Bedingungen des Arbeitsvertrages beschränkt. Der Einzelvertrag trete als Instrument der Regelung der Arbeitsbedingungen durch Sozialgesetz und Tarifvertrag völlig in den Hintergrund.[406]

Die teilweise Abkehr vom Arbeitsvertrag bewirkte, da Potthoff das Arbeitsverhältnis nicht mehr als Schuldverhältnis, sondern als sozialrechtliches Organisationsverhältnis mit personenrechtlichem Charakter verstand.[407] Man sprach von der „Eingliederungstheorie".[408] Sein Gedanke des Arbeitsverhältnisses ohne wirksamen Abschluss eines Arbeitsvertrages geht auf Otto von Gierke zurück,[409] der den germanischen Arbeitsvertrag nicht durch gegensätzliche Interessen von Arbeitnehmer und Arbeitgeber, sondern als eine Art Arbeitsgemeinschaft interpretiert hatte.[410] Gierke arbeitete den personenrechtlichen und den organisationsrechtlichen[411] Charakter des Arbeitsverhältnisses heraus. Der deutsche Dienstvertrag habe seine Wurzeln eher im Personenrecht.[412] Seine Vorstufe sei der Treudienstvertrag, der zwar ein gegenseitiger Vertrag, aber ein personenrechtlicher Vertrag, also „kein Schuldvertrag" sei.[413]

---

405 Potthoff, Die „Entthronung" des Arbeitsvertrages, Neue Zeitschrift für Arbeitsrecht 11 (1931), Sp. 283.

406 Potthoff, Die „Entthronung" des Arbeitsvertrages, Neue Zeitschrift für Arbeitsrecht 11 (1931), Sp. 283, 284 f.

407 Potthoff, Ist das Arbeitsverhältnis ein Schuldverhältnis?, Arbeitsrecht 1922, Sp. 267, 273 ff.

408 Haferkamp, Wege zur Rechtsgeschichte: Das BGB, 2. Aufl., Köln 2023, S. 188.

409 Vgl. Siebert, Faktische Vertragsverhältnisse, Karlsruhe 1958, S. 82 ff. (Fn. 252); Reincke, Das Arbeitsverhältnis und seine Begründung, Köln 1958, S. 42; Jobs, Otto von Gierke und das moderne Arbeitsrecht, Frankfurt a. M. 1968, S. 60 ff.

410 Haferkamp, Wege zur Rechtsgeschichte: Das BGB, 2. Aufl., Köln 2023, S. 188.

411 Vgl. Gierke, Deutsches Privatrecht, Bd. 3, 2. Aufl., Berlin 2010, S. 593 (Fn. 7): „[…] Wenn in Theorie und Praxis sich eine gewisse Neigung bemerklich macht, den Begriff des Dienstvertrages, weil er für den Arbeitenden günstiger ist, weiter erstrecken, so ist doch grundsätzlich daran festzuhalten, dass im Kern der Dienstvertrag […] ein organisatorischer Vertrag, der Werkvertrag ein Austauschgeschäft ist."

412 Gierke, Die Wurzeln des Dienstvertrages, in: Festschrift für Heinrich Brunner, München/Leipzig 1914, S. 37, 40 f.

413 Gierke, Die Wurzeln des Dienstvertrages, in: Festschrift für Heinrich Brunner, München/Leipzig 1914, S. 37, 40.

b) Eingliederungstheorie

Die Eingliederungstheorie Potthhoffs konnte sich in Weimar nicht durchsetzen. Der Dienstvertrag des BGB wurde als Ausgangspunkt des Individualarbeitsvertrages beibehalten, aber das Arbeitsrecht der Weimarer Zeit begann langsam das BGB zu verlassen und eigene Wege zwischen Vertrag und Delikt zu gehen.[414] Diese Überlegungen wurden dann im Nationalsozialismus wieder aufgenommen. Dies konnte, etwa bei Hans Carl Nipperdeys „Eingliederungstheorie"[415] politisch gemäßigt erfolgen. Es war Wolfgang Siebert der im Jahre 1935 die ideologische Stoßkraft offenlegte, als er das Arbeitsverhältnis als ein durch „Eingliederung" begründetes personenrechtliches Gemeinschaftsverhältnis bezeichnete.[416] Sieberts Eingliederungstheorie entwickelte sich in engem Zusammenhang mit der durch den nationalsozialistischen Sieg entstandenen arbeitsrechtlichen Situation, nämlich dem am 20.1.1934 erlassenen Gesetz zur Ordnung der nationalen Arbeit (AOG)[417].[418] Die Anerkennung der Vertragsfreiheit im Rahmen des Arbeitsverhältnisses sei geradezu persönlichkeitsfeindlich. Arbeit und Persönlichkeit seien untrennbar, und die Arbeit sei die deutlichste und wirksamste Form der Persönlichkeitsentfaltung; ein Vertrag über die Grundbedingungen der Arbeit für einen anderen sei aber ein Vertrag

414 Haferkamp, Wege zur Rechtsgeschichte: Das BGB, 2. Aufl., Köln 2023, S. 189.

415 Nipperdey, Arbeitsvertrag und Eingliederung in die Betriebsgemeinschaft, DArbR 1937, S. 142, 145; vgl. Nikisch, Arbeitsrecht, Bd. 1, 3. Aufl., Tübingen 1961, § 19 IV, S. 172 ff.

416 Siebert, Das Arbeitsverhältnis in der Ordnung der nationalen Arbeit, Hamburg 1935, S. 15 f., 53 ff.; ders., Das Arbeitsverhältnis als personenrechtliches (sozialrechtliches) Rechtsverhältnis, DArbR 1935, S. 95 ff.; Zur Entwicklung der Eingliederungstheorie siehe Metzmaier, Die Eingliederungstheorie und die Lehre vom Arbeitsverhältnis, Gießen 1968, S. 5 ff. 105 ff.; Zum Begriff „Gemeinschaft" und „Gesellschaft" vgl. Lepsius, Die gegensatzaufhebende Begriffsbildung, München 1993, S. 49–69.

417 Das AOG löste das Betriebsrätegesetz von 1920 ab und führte eine neue Betriebsverfassung ein, die den Betrieb in den Vordergrund stellte und das nationalsozialistische Führerprinzip sowie den Betriebsgemeinschaftsgedanken gesetzlich verankerte, nämlich §§ 1, 35 (Pflicht von Arbeitnehmern und Arbeitgeber „zur Förderung der Betriebszwecke und zum gemeinen Nutzen von Volk und Staat"), § 2 (Entscheidungsrecht des Arbeitgebers als „Führer" in allen betrieblichen Angelegenheiten) und § 26 (Recht des Betriebsführers, einseitig die Betriebsordnung zu erlassen). RGBl. I, 1934, S. 45 ff.; vgl. Metzmaier, Die Eingliederungstheorie und die Lehre vom Arbeitsverhältnis, Gießen 1968, S. 7 f.

418 Metzmaier, Die Eingliederungstheorie und die Lehre vom Arbeitsverhältnis, Gießen 1968, S. 7.

über die Verdinglichung der eigenen Person, und die Vertragsfreiheit führe, wenn man die sozialpolitische Entwicklung betrachte, immer zu ungünstigen Bedingungen für den Arbeitnehmer.[419] Der Eintritt in die Betriebsgemeinschaft dürfe nicht als rein faktischer Vorgang angesehen werden, vielmehr ergebe sich daraus, dass die Zugehörigkeit zu dieser Gemeinschaft nur durch eine wirkliche Eingliederung, d. h. durch die Übernahme und Ausübung gemeinschaftsbezogener Pflichten und Funktionen, erfolgen könne. Für eine solche Eingliederung bedürfe es auf Seiten des Eintretenden eines bewussten Hineinstellens in den Betrieb – die bloße tatsächliche Arbeitsleistung genüge nicht – und auf Seiten des Betriebsinhabers einer Aufnahme durch diesen. Der Betrieb wurde als Untereinheit der Volksgemeinschaft ein Gemeinschaftsverhältnis und das Arbeitsrecht wurde so von der Pflicht gegenüber der Gemeinschaft, nicht von Recht her gedacht. Siebert negierte nicht, dass das Arbeitsverhältnis unzweifelhaft auch vereinbart werde. Dies hatte aber keine direkten Rechtsfolgen mehr, die an Willenserklärungen ansetzten.[420] So trat an die Stelle der Geschäftsfähigkeit „ein Mindestmaß von Urteils- und Einsichtsfähigkeit" des Beschäftigten, so dass er in der Lage sei, vollwertiges Mitglied der betrieblichen Arbeitsgemeinschaft zu werden.[421]

Der Unterschied zwischen den Auffassungen von Potthoff und Siebert über das Arbeitsverhältnis liegt in dessen Entstehungsgrund. Potthoff ging von einer Zweigliedrigkeit der arbeitsrechtlichen Rechtsverhältnisse aus; der Arbeitnehmer solle in der Regel sowohl in einem Arbeitsverhältnis aus Arbeitsvertrag als auch in einem Arbeitsverhältnis aus tatsächlicher Arbeitsaufnahme stehen.[422] Demgegenüber sieht Siebert das Arbeitsverhältnis als ein durch Eingliederung begründetes personenrechtliches Gemeinschaftsverhältnis an und überwindet damit die bisherige Trennung zwischen dem Arbeitsvertrag des BGB und dem faktischen bzw. öffentlich-rechtlichen Beschäftigungsverhältnis.[423] Hier setzte die Lehre vom faktischen Vertrag wenig später an.

---

419 Siebert, Wandlung im bürgerlichen Recht seit 1933, DR 1944, S. 5, 9.

420 Siebert, Das Arbeitsverhältnis in der Ordnung der nationalen Arbeit, Hamburg 1935, S. 87.

421 Siebert, Das Arbeitsverhältnis in der Ordnung der nationalen Arbeit, Hamburg 1935, S. 90.

422 Potthoff, Ist das Arbeitsverhältnis ein Schuldverhältnis?, Arbeitsrecht 1922, Sp. 267, 277 f.; vgl. Lambrecht, Die Lehre vom faktischen Vertragsverhältnis, Tübingen 1994, S. 32 f.

423 Siebert, Das Arbeitsverhältnis in der Ordnung der nationalen Arbeit, Hamburg 1935, S. 117.

2. *Lehre vom faktischen Vertragsverhältnis bei Günter Haupt*

Günter Haupt entwickelte seine Lehre vom faktischen Vertragsverhältnis in Anlehnung an Sieberts Eingliederungstheorie, die die Figur des faktischen Arbeitsverhältnisses zum Gegenstand hatte.[424] In seiner Untersuchung „Über faktische Vertragsverhältnisse" befasste er sich mit der Entstehungsgrundlage von Vertragsverhältnissen und betonte, dass für die Begründung von Vertragsverhältnissen nicht nur der Abschluss eines rechtsgeschäftlichen Vertrages, sondern daneben auch die bloße Verwirklichung tatsächlicher Vorgänge maßgeblich sei.[425] Diese tatsächlichen Vorgänge sollten ein faktisches Vertragsverhältnis begründen. Er griff die Eingliederungstheorie auf und wandte sie auf die Entstehung des faktischen Vertragsverhältnisses an.[426]

a) Notwendigkeit der Begründung von faktischen Vertragsverhältnissen

Er stellte zunächst die Frage nach den Problemen der herkömmlichen Rechtsgeschäftslehre: Der Vertrag sei als ein typisches und wichtiges Gestaltungsmittel des Verkehrsrechts anzusehen; bei der Verkehrsgestaltung spiele die Vertragsfreiheit eine große Rolle, wonach den Beteiligten die Entschließung sowohl über die Begründung eines Vertragsverhältnisses als auch über die Auswahl des Partners sowie über die Bestimmung des Inhalts ihrer Rechtsbeziehung gewährleistet werden solle.[427] Die gesetzlichen Einzelregelungen, die sich auf die Vertragsfreiheit stützten, würden immer wieder mit neuen Tatbeständen konfrontiert, denen das bisherige Verständnis nicht gerecht werden könne; es sei immer schwieriger geworden, auf ein solches formelles Gebilde der Willenserklärung die ganz auf den Einzelfall zugeschnittenen Vorschriften des Zivilrechts anzuwenden.[428] Ganz anders als es nach den Regeln des Bürgerlichen Gesetzbuchs gedacht sei, zeige sich in der Praxis des Zustandekommens von

---

424 Haupt, Über faktische Vertragsverhältnisse, in: Festschrift für Heinrich Siber, Bd. 2, Leipzig 1943, S. 20.

425 Haupt, Über faktische Vertragsverhältnisse, in: Festschrift für Heinrich Siber, Bd. 2, Leipzig 1943, S. 36; vgl. HKK/Dorn, § 241 Rn. 78; Haferkamp, Fall. 16 Der Kölner Telegrafenfall, in: Falk/Luminati/Schmoeckel (Hrsg.), Fälle aus der Rechtsgeschichte, München 2008, S. 254, 262.

426 Haupt, Über faktische Vertragsverhältnisse, in: Festschrift für Heinrich Siber, Bd. 2, Leipzig 1943, S. 19 f.

427 Haupt, Über faktische Vertragsverhältnisse, in: Festschrift für Heinrich Siber, Bd. 2, Leipzig 1943, S. 5.

428 Haupt, Über faktische Vertragsverhältnisse, in: Festschrift für Heinrich Siber, Bd. 2, Leipzig 1943, S. 5.

Vertragsverhältnissen, dass der Einzelne in stärkstem Maße darauf angewiesen sei, Leistungen zu erbringen oder zu empfangen, ohne sich seinen Vertragspartner aussuchen oder mit ihm den Vertragsinhalt individuell bestimmen zu können.[429] Er wies auch darauf hin, dass sich zunehmend die Auffassung durchsetze, dass es häufig nicht auf die Unterstellung oder Auslegung eines „garnicht vorhandenen Parteiwillens“ ankommen könne, sondern die Entscheidung unmittelbar aus der Typik des Sachverhalts herzuleiten sei.[430] Er hielt es aber für plausibel, dass die Gerichte bewusst durch eine fingierte Willenseinigung einen Vertrag begründet[431] und damit Vertragsrecht angewendet hätten. Sie hätten daher im Ergebnis richtig entschieden.[432]

Über die Fälle des durch fingierte Willenserklärungen konstruierten Vertragsverhältnisses hinaus wendet Haupt seine Lehre vom faktischen Vertrag auch auf Sachverhalte an, wobei selbst stillschweigende Willenserklärungen nicht unterstellt werden könnten und sogar regelmäßig eine Willensübereinstimmung vorliege, diese aber für das Zustandekommen und den Inhalt des Vertragsverhältnisses nicht von entscheidender Bedeutung sei.[433] Alle diese Fälle bezeichnet er als „faktische Vertragsverhältnisse“, wobei die terminologische Verwirrung infolge der Verwendung des Begriffs „Fingierung“ des Vertragsschlusses vermieden werden könne. Die Terminologie „faktische Vertragsverhältnisse“ zeige, dass deren Begründungstatbestand nicht im Vertragsschluss, sondern in tatsächlichen Vorgängen liege und dass zwischen ihnen und zivilrechtlichen Verträgen kein großer Unterschied bestehe, da beide in ihrer Existenz gleich seien. Auf faktische Vertragsverhältnisse seien daher die vertraglichen Vorschriften unmittelbar anzuwenden.[434]

---

429 Haupt, Über faktische Vertragsverhältnisse, in: Festschrift für Heinrich Siber, Bd. 2, Leipzig 1943, S. 6.

430 Haupt, Über faktische Vertragsverhältnisse, in: Festschrift für Heinrich Siber, Bd. 2, Leipzig 1943, S. 6 f.

431 Im Anschluss an den Linoleumrollen-Fall handelt es sich um einen „Vorvertrag“. Vgl. RGZ 78, 239 ff. = JW 1912, 191 (Nr. 8).

432 Haupt, Über faktische Vertragsverhältnisse, in: Festschrift für Heinrich Siber, Bd. 2, Leipzig 1943, S. 8.

433 Haupt, Über faktische Vertragsverhältnisse, in: Festschrift für Heinrich Siber, Bd. 2, Leipzig 1943, S. 8.

434 Haupt, Über faktische Vertragsverhältnisse, in: Festschrift für Heinrich Siber, Bd. 2, Leipzig 1943, S. 8 f.

b) *Typisierung der Fallgruppen zur Begründung faktischer Vertragsverhältnisse*

aa) *Faktische Vertragsverhältnisse kraft sozialen Kontakts*

Die erste Fallgruppe betrifft faktische, durch soziale Kontakte begründete Vertragsverhältnisse und knüpft an die Haftung aus culpa in contrahendo an, deren Begründung bekanntlich besondere Schwierigkeiten bereitet.[435] Um diese Schwierigkeiten zu überwinden, wurde in den bisher dargestellten Lösungen auf die Fiktion des Vertragsverhältnisses zurückgegriffen worden. Hier setzt die Kritik Haupts an. Sibers Ansatz zur Begründung der vorvertraglichen Erhaltungspflichten, wonach der jeweilige Inhaber eines Warenhauses, einer Gastwirtschaft usw. mit der Eröffnung der Räumlichkeiten den Abschluss eines gegenseitigen Erhaltungsvertrages antrage und jeder Eintretende diesen mit dem Betreten der Räumlichkeiten stillschweigend annehme,[436] sei reine Fiktion; wer ein Warenhaus oder eine Gastwirtschaft betrete, wisse nicht, dass er damit einen Vertrag abschließe. Schließlich würden auch die Parteien einen Richter nicht verstehen, der ihren Rechtsstreit auf der Grundlage der Fingierung eines durch ihre Willensübereinstimmung angeblich zustande gekommenen Erhaltungsvertrages entscheide.[437]

Bisher werde die oben geschilderte Schutzlücke durch die Anerkennung von quasi-vertraglichen und quasi-deliktischen Ansprüchen geschlossen und dies geschehe „im richtigen Gefühl".[438] Entsprechend den zahlreichen Lösungsversuchen in Rechtsprechung und Literatur, die Fälle der Haftung aus culpa in contrahendo nach Vertragsrecht zu beurteilen, müsse man die Dinge so sehen, wie sie sind, nämlich in der Anerkennung von Vertragsverhältnissen ohne

---

435 Vgl. Leonhard, Verschulden beim Vertragsschlusse, Berlin 1910; Siber, in: Planck's Kommentar zum Bürgerlichen Gesetzbuch, Recht der Schuldverhältnisse (Allgemeiner Teil), Bd. 2/1, 4. Aufl., Berlin 1914, Vorb. zu §§ 275–292, S. 190 ff.; Stoll, Haftung für das Verhalten während der Vertragsverhandlungen, LZ 1923, Sp. 532 ff.; RGZ 78, 239 ff. = JW 1912, 191 (Nr. 8).

436 Vgl. Siber, in: Planck's Kommentar zum Bürgerlichen Gesetzbuch, Recht der Schuldverhältnisse (Allgemeiner Teil), Bd. 2/1, 4. Aufl., Berlin 1914, Vorb. zu §§ 275–292, S. 193 f.; ders., Die schuldrechtliche Vertragsfreiheit, JhJb 70 (1921), S. 223, 258 f.

437 Haupt, Über faktische Vertragsverhältnisse, in: Festschrift für Heinrich Siber, Bd. 2, Leipzig 1943, S. 10 f.

438 Haupt, Über faktische Vertragsverhältnisse, in: Festschrift für Heinrich Siber, Bd. 2, Leipzig 1943, S. 11 (Fn. 19).

Vertragsschluss. Aus dem neutralen Nebeneinander bloßer „Dritter" erhebe sich die besondere soziale Beziehung, die typischerweise zwischen den Beteiligten entstehe, und schaffe zwischen ihnen das Zueinander von „Partnern", nämlich ein Verhältnis, dem allerdings für den Ausgleich eines Schadens, aber auch für sonstige Pflichten die Regeln des Vertrages besser gerecht würden als die der unerlaubten Handlung. Dass dieses Verhältnis als vertraglich anzusehen sei, betreffe gerade nicht eine rechtsgeschäftliche Vereinbarung, sondern „die objektiv verwirklichte Tatsache des besonderen sozialen Kontaktes".[439] Das faktische Vertragsverhältnis während der Vertragsverhandlungen verbinde sich mit dem später rechtsgeschäftlich zustande gekommenen Hauptvertrag zu einer organischen Einheit.[440]

Darüber hinaus sei das Tatbestandsmerkmal des faktischen Vertragsverhältnisses bereits im Mietvertrag geregelt, § 568 BGB a. F., wonach das Mietverhältnis als auf unbestimmte Zeit verlängert gelte, wenn der Mieter den Gebrauch der Mietsache nach dem Ablauf der Mietzeit fortsetze. Diese Vorschrift versteht Haupt jedoch nicht im Sinne einer gesetzlichen Fiktion fehlender Willenserklärungen, die sich aus der das BGB beherrschenden Systematik ergäbe,[441] sondern im Sinne eines faktischen Verhaltens der bisherigen Parteien in Wirklichkeit. Außerdem seien mangelhafte Dauerschuldverhältnisse trotz des Scheiterns ihrer rechtsgeschäftlichen Begründung als faktische Vertragsverhältnisse zu beurteilen. Diese Rechtsverhältnisse, in denen sich der soziale Kontakt zur Begründung eines Gemeinschaftsverhältnisses verdichte, nähmen insoweit eine Sonderstellung ein.[442]

---

439 Haupt, Über faktische Vertragsverhältnisse, in: Festschrift für Heinrich Siber, Bd. 2, Leipzig 1943, S. 11.

440 Haupt, Über faktische Vertragsverhältnisse, in: Festschrift für Heinrich Siber, Bd. 2, Leipzig 1943, S. 12; im Ergebnis ähnlich, aber mit anderer Begründung. Dazu Stoll, Haftung für das Verhalten während der Vertragsverhandlungen, LZ 1923, Sp. 532 ff.

441 Vgl. Esser, Wert und Bedeutung der Rechtsfiktionen: Kritisches zur Technik der Gesetzgebung und zur bisherigen Dogmatik des Privatrechts, Frankfurt a. M. 1940, S. 52 f.

442 Haupt, Über faktische Vertragsverhältnisse, in: Festschrift für Heinrich Siber, Bd. 2, Leipzig 1943, S. 15.

bb) Faktische Vertragsverhältnisse kraft Einordnung in ein Gemeinschaftsverhältnis bzw. kraft sozialer Leistungsverpflichtung

Haupt leitete die faktischen Vertragsverhältnisse aus bereits weitgehend anerkannten Rechtsgrundsätzen heraus, nämlich der faktischen Gesellschaft und dem Arbeitsverhältnis.[443] Diese ordnete er als zweite Fallgruppe den „faktischen Vertragsverhältnissen kraft Einordnung in ein Gemeinschaftsverhältnis" zu. Die faktische Gesellschaft betreffe die Rechtsverhältnisse zwischen Gesellschaftern, bei denen sich nachträglich herausstelle, dass der Gesellschaftsvertrag von Anfang an nichtig gewesen sei; die Vorschriften des BGB über die ungerechtfertigte Bereicherung und über die Gemeinschaft der §§ 741 ff. seien für die Auflösung der gesellschaftlichen Rechtsbeziehung nicht ausreichend, weil die an der Gesellschaft Beteiligten durch ihr Zusammenwirken zu einer wirtschaftlichen Einheit ihrer Leistungen, die sie an Dritte erbracht oder von Dritten empfangen hätten, dauernd verflochten seien. Daher sei in der Regel eine Abwicklung der komplizierten Vermögensbeziehungen nach gesellschaftsrechtlichen Grundsätzen erforderlich; insbesondere bei den Handelsgesellschaften werde das Unternehmen trotz der Fehlerhaftigkeit des organisierenden Vertrages durch das Zusammenwirken der Teilhaber errichtet und betrieben.[444] Die Gesellschaft sei faktisch existent, d. h. rechtlich nicht zu übersehen;[445] die tatsächliche Verwirklichung der gesellschaftsrechtlichen

443 Haupt, Über faktische Vertragsverhältnisse, in: Festschrift für Heinrich Siber, Bd. 2, Leipzig 1943, S. 16 ff.; dazu siehe Gierke, Die Wurzeln des Dienstvertrages, in: Festschrift für Heinrich Brunner, München/Leipzig 1914, S. 37 ff.; Potthoff, Beiträge zu Kritik und Reform, Arbeitsrecht 1922, Sp. 28 ff.; ders., Arbeitsrecht – Das Ringen um werdendes Recht, Berlin 1928; ders., Ist das Arbeitsverhältnis ein Schuldverhältnis?, Arbeitsrecht 1922, Sp. 267 ff.; ders., Die „Entthronung" des Arbeitsvertrages, Neue Zeitschrift für Arbeitsrecht 11 (1931), Sp. 283 ff.; Siebert, Das Arbeitsverhältnis in der Ordnung der nationalen Arbeit, Hamburg 1935; ders., Die „faktische" Gesellschaft, in: Freisler u. a. (Hrsg.), Festschrift für Justus Wilhelm Hedemann, Jena 1938, S. 266 ff.; ders., Das Arbeitsverhältnis als personenrechtliches (sozialrechtliches) Rechtsverhältnis, DArbR 1935, S. 95 ff.; ders., Die Entwicklung der Lehre vom Arbeitsverhältnis im Jahre 1936, DArbR 1937, S. 14 ff. und zum Schluss, S. 44 ff.; Haupt, Gesellschaftsrecht, 2. Aufl., Tübingen 1942; zur Eingliederungstheorie vgl. Nipperdey, Arbeitsvertrag und Eingliederung in die Betriebsgemeinschaft, DArbR 1937, S. 142 ff.

444 Haupt, Über faktische Vertragsverhältnisse, in: Festschrift für Heinrich Siber, Bd. 2, Leipzig 1943, S. 17 f.

445 Vgl. Siebert, Die „faktische" Gesellschaft, in: Freisler u. a. (Hrsg.), Festschrift für Justus Wilhelm Hedemann, Jena 1938, S. 266 ff.; vgl. Haupt, Gesellschaftsrecht, 2. Aufl., Tübingen 1942, S. 24 ff.

Zweckgemeinschaft erweise sich bis zur Aufdeckung des Mangels als hinreichend stark, um die Vereinigung zunächst zu tragen und die Anwendung der gesellschaftsrechtlichen Regeln sowohl im Innen- als auch im Außenverhältnis zu rechtfertigen.[446]

Zudem sei das Arbeitsverhältnis durch die faktische Eingliederung in eine Gemeinschaft begründet und als ein faktisches Vertragsverhältnis angesehen worden. Im Falle der Nichtigkeit des Arbeitsvertrages habe sich die öffentlichrechtliche Betrachtung hier freilich längst über die zivilrechtliche Konstruktion hinweggesetzt und das faktische Beschäftigungsverhältnis als den maßgeblichen Anknüpfungspunkt für das Sozialversicherungsrecht angesehen.[447] Als Beispiel für ein faktisches Vertragsverhältnis sieht Haupt die Eingliederungstheorie von Siebert, wonach der Arbeitnehmer in eine Gemeinschaft eingegliedert wird und dadurch ein Arbeitsverhältnis ohne Vertragsschluss entsteht.[448]

Haupt konstruiert schließlich eine dritte Fallgruppe, die die faktischen Vertragsverhältnisse kraft sozialer Leistungsverpflichtung bilde. Ausgangspunkt ist der Begriff des Kontrahierungszwangs.[449] Der Kontrahierungszwang bestehe in dem zwangsweisen Angebot an das Rechtssubjekt, zu dessen Gunsten es verpflichtet sei, einen Vertrag mit einem bestimmten Inhalt abzuschließen.[450] Dabei spiele das Einigungsprinzip des BGB eine Rolle, wenngleich die Vertragsfreiheit zurückgedrängt werde.[451] Das faktische Vertragsverhältnis versteht den Kontrahierungszwang demgegenüber als soziale Leistungsverpflichtung, die dem Berechtigten nicht nur den Anspruch auf Vertragsschluss,

---

446 Haupt, Über faktische Vertragsverhältnisse, in: Festschrift für Heinrich Siber, Bd. 2, Leipzig 1943, S. 18.

447 Potthoff, Beiträge zu Kritik und Reform, Arbeitsrecht 1922, Sp. 28 ff.; vgl. ders., Arbeitsrecht – Das Ringen um werdendes Recht, Berlin 1928, S. 47 ff.; Siebert, Das Arbeitsverhältnis in der Ordnung der nationalen Arbeit, Hamburg 1935, S. 32 f.

448 Haupt, Über faktische Vertragsverhältnisse, in: Festschrift für Heinrich Siber, Bd. 2, Leipzig 1943, S. 19 f.

449 Haupt, Über faktische Vertragsverhältnisse, in: Festschrift für Heinrich Siber, Bd. 2, Leipzig 1943, S. 21.

450 Nipperdey definierte den Kontrahierungszwang in seiner Habilitationsschrift „Kontrahierungszwang und diktierter Vertrag", Jena 1920, S. 7: „Kontrahierungszwang ist die auf Grund einer Norm der Rechtsordnung einem Rechtssubjekt ohne seine Willensbindung im Interesse eines Begünstigten auferlegte Verpflichtung, mit diesem einen Vertrag bestimmten oder von unparteiischer Seite zu bestimmenden Inhalts abzuschließen".

451 Haupt, Über faktische Vertragsverhältnisse, in: Festschrift für Heinrich Siber, Bd. 2, Leipzig 1943, S. 22.

sondern auch das Recht auf die vertragliche Leistung gewähre. Es handele sich um ein soziales Bedürfnis des modernen Menschen, d. h. der Verwaltung werde die Aufgabe der Daseinsvorsorge[452] auferlegt, die mit der Versorgung mit Wasser, Gas und Elektrizität, mit Verkehrsmitteln aller Art usw. verbunden sei.[453]

c) Zusammenfassung

Die drei von Haupt vorgestellten Fallgruppen zeigen, dass zahlreiche faktische Vertragsverhältnisse entstehen, ohne dass es zu einem Vertragsschluss im Sinne gegenseitiger Willenserklärungen kommt.[454] Offenbar ist die Vorstellung des BGB, dass das Zustandekommen eines Vertragsverhältnisses stets eine rechtsgeschäftliche Einigung voraussetzt, zu eng geworden; Haupt plädiert dafür, auf die Wege der fingierten Willenserklärungen, der bewusstseinsfernen Auslegung und der immer verzweifelter werdenden Bemühungen der rechtswissenschaftlichen Theorie zu verzichten und neben dem rechtsgeschäftlichen Vertragsschluss den Vorgang des faktischen Zustandekommens von Vertragsverhältnissen als selbständigen Tatbestand anzuerkennen.[455]

Im Anschluss an die Begründung der Haftung aus culpa in contrahendo ist die erste Fallgruppe zu nennen, die faktische Vertragsverhältnisse kraft sozialen Kontakts betrifft und der Schließung der Schutzlücke dient; über die Problematik der bloßen Fiktion des Vorvertrages hinausgehend, sucht er die Begründung des Vorvertrages zwar durch tatsächliche Vorgänge, d. h. durch sozialen Kontakt während der Vertragsverhandlungen, nicht aber durch stillschweigende Willensübereinstimmung. Er betont, dass faktische Vertragsverhältnisse als Entstehungsgrund der quasi-vertraglichen Haftung heranzuziehen sind und ihre Anwendung in den Fällen der Haftung aus culpa in contrahendo dem richtigen Gefühl entspricht. Damit wird die Schutzlücke zwischen Vertrag und Delikt geschlossen.

---

452 Forsthoff, Die Verwaltung als Leistungsträger, Königsberger rechtswissenschaftliche Forschungen, Bd. 2, Stuttgart/Berlin 1938, S. 4 ff., insbesondere. 7 ff.; ausführlich dazu Haupt, Über faktische Vertragsverhältnisse, in: Festschrift für Heinrich Siber, Bd. 2, Leipzig 1943, S. 22 ff.

453 Haupt, Über faktische Vertragsverhältnisse, in: Festschrift für Heinrich Siber, Bd. 2, Leipzig 1943, S. 22.

454 Haupt, Über faktische Vertragsverhältnisse, in: Festschrift für Heinrich Siber, Bd. 2, Leipzig 1943, S. 27.

455 Haupt, Über faktische Vertragsverhältnisse, in: Festschrift für Heinrich Siber, Bd. 2, Leipzig 1943, S. 28 f.

Neben der ersten Fallgruppe werden die beiden anderen Fallgruppen von Haupt, die sich auf den Entstehungsgrund des faktischen Vertragsverhältnisses beziehen, nämlich die Einordnung in ein Gemeinschaftsverhältnis und die soziale Leistungsverpflichtung, hier nicht näher behandelt.

3. *Lehre von den außergesetzlichen Schuldpflichten aus sozialem Kontakt von Hans Dölle*

Hans Dölles Lehre lehnte sich, wie er in seinem Aufsatz[456] darlegte, sowohl an die Lehre der „faktischen Vertragsverhältnisse" von Günter Haupt als auch an die Eingliederungstheorie von Wolfgang Siebert[457] an. Siebert nahm in Anlehnung an Heinz Potthoffs „Arbeitsverhältnis ohne Vertragsschluss"[458] an, dass das Arbeitsverhältnis durch „Eingliederung in die Betriebsgemeinschaft" ohne Rücksicht auf den Willen der Beteiligten begründet werden könne.[459]

In Anlehnung an Günter Haupts Lehre von den „faktischen Vertragsverhältnissen" versuchte er 1943 in seinem Aufsatz „Außergesetzliche Schuldpflichten" herauszuarbeiten, aus welchen Rechtsgrundlagen bzw. unter welchen Voraussetzungen sich „konkrete Schuldpflichten"[460] im Gegensatz zu „allgemeinen Pflichten", deren Verletzung nur eine deliktische Haftung auslöst, ergeben können; er ordnete die Schuldpflichten zur Erhaltung oder zur Fürsorge für fremde Güter oder zum Schutz der persönlichen Sicherheit fremder Personen ohne Rücksicht auf den Willen der Beteiligten dem Gesetz zu.[461]

---

456 Dölle, Aussergesetzliche Schuldpflichten, ZgesStaatsW 103 (1943), S. 67, 90.

457 Vgl. Siebert, Das Arbeitsverhältnis als personenrechtliches (sozialrechtliches) Rechtsverhältnis, DArbR 1935, S. 95–100; ders., Das Arbeitsverhältnis in der Ordnung der nationalen Arbeit, Hamburg 1935.

458 Potthoff, Beiträge zu Kritik und Reform, Arbeitsrecht 1922; ders., Arbeitsrecht – Das Ringen um werdendes Recht, Berlin 1928, S. 24 f., 47–50; ausführlich dazu Lambrecht, Die Lehre vom faktischen Vertragsverhältnis, Tübingen 1994, S. 27 f.

459 Siebert, Das Arbeitsverhältnis in der Ordnung der nationalen Arbeit, Hamburg 1935, S. 53 ff., 85 ff.

460 Dölle, Aussergesetzliche Schuldpflichten, ZgesStaatsW 103 (1943), S. 67; seine Terminologie „Schuldpflichten" unterscheidet sich inhaltlich nicht wesentlich von dem Ausdruck „Schutzpflichten" von Heinrich Stoll, Abschied von der Lehre von der positiven Vertragsverletzung, AcP 136 (1932), S. 257, 288 f.; ders., Die Lehre von den Leistungsstörungen, Tübingen 1936, S. 26 f. Dazu siehe HKK/Dorn, § 241 Rn. 103; Haferkamp, Wege zur Rechtsgeschichte: Das BGB, 2. Aufl., Köln 2023, S. 222.

461 Dölle, Aussergesetzliche Schuldpflichten, ZgesStaatsW 103 (1943), S. 67 (Fn. 4).

Dölle lehnte den Ansatz Heinrich Stolls zur Begründung der vorvertraglichen Haftung ab, wonach ein Rechtsverhältnis durch ein einseitiges Rechtsgeschäft – entweder das Vertragsangebot oder die Aufforderung zum Eintritt in die Vertragsverhandlungen – begründet werde.[462] Sein Pflichtenkonzept löse den Vertrag nicht vollständig von der Willenseinigung.[463] Das Schuldverhältnis begründe ein Vertrauensverhältnis,[464] d. h. das Vertrauensverhältnis zur Begründung von Schutzpflichten werde erst dann angenommen, wenn die Parteien erkennbar vertragliche Beziehungen anbahnen.[465] Es handelt sich um eine Fiktion des Vertragsverhältnisses. Die Lehre Stolls entspreche nicht der Wirklichkeit, „insofern sie dem Erklärenden einen Willen unterstellt, den er nicht hat".[466] Er übernahm den von Haupt entwickelten Gedanken der „faktischen Vertragsverhältnisse kraft sozialen Kontakts", um die außerdeliktischen Schutzpflichten zu begründen.[467]

Im Gegensatz zu Stoll betrachtete er das Vertrauensverhältnis nicht als Folge des Schuldverhältnisses, sondern als dessen Grund an. Ein „sozialer Kontakt" ermögliche es einer Person, zur Erreichung eines bestimmten Zwecks ihre Lebensgüter dem Einfluss und damit der Obhut und Sorgfalt einer anderen Person anzuvertrauen.[468] Er fand also den Grund für die Haftung aus Verschulden bei Vertragsschluss in einer weiteren Besonderheit des „sozialen Kontakts", die sich am besten dadurch ermitteln lasse, „daß man induktiv eine Reihe typischer Sachverhalte daraufhin prüft, ob unser Rechtgefühl bei ihnen einer konkrete Erhaltungspflicht fordert oder nicht".[469] Der Grund für dieses Rechtsgefühl liegt darin:

> „deswegen, weil insoweit die Beteiligten einander oder wenigstens der eine Beteiligte dem anderen ein besonderes Vertrauen entgegengebracht haben, indem sie die eigenen Rechtsgüter bewußt – zur Erreichung des mit dem sozialen Kontakt verfolgten Zwecks – dem Einfluß und damit der Obhut und Sorgfalt des andern anvertrauten und in diesem

---

462 Stoll, Haftung für das Verhalten während der Vertragsverhandlungen, LZ 1923, Sp. 532, 544; ders., Vertrag und Unrecht, Halbbd. 2, Tübingen 1943, § 41 IV, S. 165.

463 Haferkamp, Wege zur Rechtsgeschichte: Das BGB, 2. Aufl., Köln 2023, S. 222.

464 Stoll, Vertrag und Unrecht, Halbbd. 2, Tübingen 1943, § 6 I 4, S. 17.

465 Stoll, Die Lehre von den Leistungsstörungen, Tübingen 1936, S. 28.

466 Dölle, Aussergesetzliche Schuldpflichten, ZgesStaatsW 103 (1943), S. 67, 71.

467 Dölle, Aussergesetzliche Schuldpflichten, ZgesStaatsW 103 (1943), S. 67, 72.

468 Dölle, Aussergesetzliche Schuldpflichten, ZgesStaatsW 103 (1943), S. 67, 74.

469 Dölle, Aussergesetzliche Schuldpflichten, ZgesStaatsW 103 (1943), S. 67, 73.

> Vertrauen (gerade im Hinblick auf den Zweck der Berührung ihrer Rechtssphären) nicht enttäuscht werden dürfen."[470]

Er hält es für unzutreffend, in den genannten Entscheidungen[471] die Haftung aus culpa in contrahendo nur entweder aus Vertrag oder aus unerlaubter Handlung herzuleiten. Vielmehr ergebe sich diese Haftung „auch ohne Vertrag unmittelbar aus einem objektiven sozialen Kontakt", nämlich „aus der Verantwortlichkeit für die eigene Rechtssphäre, oder wegen des entgegengebrachten Vertrauens".[472]

4. *Lehre vom gesetzlichen Schuldverhältnis aus geschäftlichem Kontakt von Karl Larenz*

Karl Larenz erhob teilweise Einwände gegen Dölles Lehre vom sozialen Kontakt. Er wies darauf hin, dass bei einem Freundschaftsbesuch keine Haftung aus sozialem Kontakt bestehe, obwohl auch hier das Moment gegeben sei, dass sich der Eintretende seiner Obhut und Sorgfalt anvertraue. Dieser Kontakt mit dem Eintretenden sei rein gesellschaftlicher Natur.[473] Er hielt dieses Anvertrauen für unzureichend, um eine Haftung aus culpa in contrahendo zu begründen, und betonte, dass beim Eintritt von Kunden oder potentiellen Kunden[474] das geschäftliche Interesse dem Inhaber zuzurechnen sei und es rechtfertigen müsse, ihm eine über die allgemeine deliktische Verantwortlichkeit hinausgehende Haftung für deren Sicherheit in seinen Räumen aufzuerlegen:

---

470 Dölle, Aussergesetzliche Schuldpflichten, ZgesStaatsW 103 (1943), S. 67, 74.

471 RGZ 74, 125; RG JW 1911, 360 (Nr. 6) usw.

472 Dölle, Aussergesetzliche Schuldpflichten, ZgesStaatsW 103 (1943), S. 67, 75; Ähnlich siehe Blomeyer, Allgemeines Schuldrecht, 4. Aufl., Berlin/Frankfurt a. M. 1969, § 17 III 1 b, S. 72: Er sah für die Begründung von Schutzpflichten den Rechtsgüterkontakt als erforderlich an, d. h. die gesetzliche Obhutspflicht gegenüber dem anderen entstehe mit dem Kontakt, wenn die Herbeiführung des Rechtsgüterkontakts sozial adäquaten Zwecken wie der Geschäftsführung, dem Vertragsschluss diene.

473 Larenz, Culpa in contrahendo, Verkehrssicherungspflichten und sozialer Kontakt, MDR 1954, S. 515, 517; vgl. Frotz, Verkehrsschutz im Vertretungsrecht, Frankfurt a. M. 1972, S. 63 (Fn. 147).

474 Larenz wies darauf hin, dass ein möglicher Kunde ein Kaufhaus oder ein Geschäft zwar noch ohne konkrete Kaufabsicht betrete, sein Verhalten aber erfahrungsgemäß und typischerweise geeignet sei, zu einem Kaufabschluss zu führen. Daher erstrecke sich die Haftung des Inhabers auch auf den möglichen Kunden aus. Ders., Culpa in contrahendo, Verkehrssicherungspflichten und sozialer Kontakt, MDR 1954, S. 515, 518.

> „Dieses geschäftliche Interesse des Inhabers ist es m.E., das es rechtfertigt, ihm den möglichen Kunden – und nur diesen! – gegenüber eine Verantwortlichkeit für deren Sicherheit innerhalb seiner Räume aufzuerlegen, die über die allgemeine deliktische Verantwortlichkeit (auf Grund der „*Verkehrssicherungspflicht*") hinausgeht."[475]

Nach Larenz genügte für die Anwendung des § 278 BGB beim Freundschaftsbesuch nicht der einfache soziale Kontakt Dölles, der damit verbunden sei, dass jemand seine Rechtsgüter dem Einfluss und damit der Sorgfalt eines anderen anvertraue.[476] Vielmehr müsse es sich für die Anwendung des § 278 BGB um einen „Kontakt auf der Ebene des Geschäftsverkehrs" handeln, „der mindestens die Möglichkeit in sich schließt, zu einem Geschäftsabschluß zu führen."[477] Dabei unterschied er zwischen dem Kontakt „auf der Ebene des Geschäftsverkehrs" und dem Kontakt „auf der Ebene des privaten und geselligen Verkehrs", also dem Freundschaftsbesuch, auch der Mitnahme aus Gefälligkeit.[478] Larenz wandelte die von Dölle dargestellte Verantwortlichkeit für die eigene Rechtssphäre in eine Verantwortlichkeit für die Sicherheit der (möglichen) Kunden um, wobei er die Haftung aus culpa in contrahendo bereits „mit der Anbahnung des geschäftlichen Kontakts durch das Betreten der Räume" beginnen sah.[479]

Zusammenfassend bejaht er ein Vertragsverhältnis aus geschäftlichem Kontakt, das auf der Ebene des Geschäftsverkehrs erforderlich ist; daraus ergeben sich Schutzpflichten zwischen den Beteiligten. Der geschäftliche Kontakt unterscheidet sich vom rein gesellschaftlichen Kontakt, bei dem es sich um Freundschaftsbesuche oder Gefälligkeitshandlungen handelt. Statt des einfachen sozialen Kontakts ist der geschäftliche Kontakt erforderlich, um die Haftung aus culpa in contrahendo zu begründen, und diese Haftung beginnt mit der Anbahnung des Kontakts durch das Betreten der Geschäftsräume; der einfache soziale Kontakt wird also auf den geschäftlichen Kontakt beschränkt.

---

475 Larenz, Culpa in contrahendo, Verkehrssicherungspflichten und sozialer Kontakt, MDR 1954, S. 515, 518.

476 Dölle, Aussergesetzliche Schuldpflichten, ZgesStaatsW 103 (1943), S. 67, 74.

477 Larenz, Culpa in contrahendo, Verkehrssicherungspflichten und sozialer Kontakt, MDR 1954, S. 515, 518.

478 Larenz, Culpa in contrahendo, Verkehrssicherungspflichten und sozialer Kontakt, MDR 1954, S. 515, 518.

479 Larenz, Culpa in contrahendo, Verkehrssicherungspflichten und sozialer Kontakt, MDR 1954, S. 515, 518; vgl. Canaris, Haftung Dritter aus positiver Forderungsverletzung, VersR 1965, S. 114, 116.

5. Lehre von der Finalität sozialer Kontakte

Eine weitere Einschränkung des einfachen sozialen Kontakts ist die Finalität des Rechtsgüterkontakts. Damit ist eine gemeinsame Zweckverfolgung des potentiellen Anspruchstellers und Anspruchsgegners mit dem Kontakt gemeint.[480] Der Kontakt muss final sein, rein zufällige und unfreiwillige Kontakte sind vom Anwendungsbereich des Vertragsverhältnisses ausgenommen.[481] Die Finalität des sozialen Kontakts begründet die schuldrechtliche Sonderverbindung, so dass offensichtlich keine Akzessorietät zwischen dem Schutzpflichtverhältnis[482] und dem Leistungsverhältnis besteht.[483]

Zwischen Schädiger und Geschädigtem bestehe vor Vertragsschluss keine vertragliche Beziehung, jedoch von Anfang an eine von beiden trotz späterer Vertragslosigkeit bewusste und gewollte individuelle Verbindung; diese Verbindung wird von Picker als faktische Leistungsbeziehung definiert, die durch persönliche Bezogenheit und sachliche Finalität des Kontakts zwischen den Beteiligten begründet werde.[484] Die faktische Leistungsbeziehung begründe eine konkrete und individuelle „Sonderverbindung"[485] und sei nicht als rechtsgeschäftlicher Vertrag zu qualifizieren, da die Beteiligten hinsichtlich des primären Leistungsgegenstandes keine einklagbare Leistungsverpflichtung und damit keinen Erfüllungszwang begründen wollten und angesichts der besonderen Situation zur Erreichung ihrer Ziele auch nicht müssten.[486] Die Sonderverbindung diene der haftungsrechtlich unentbehrlichen Vorabfixierung der potentiellen Parteien.[487] Die an der Sonderverbindung Beteiligten würden

480 Vgl. Dölle, Aussergesetzliche Schuldpflichten, ZgesStaatsW 103 (1943), S. 67, 83 f.; Schmidt, Nachwort, in: ders. (Hrsg.), Rudolf von Jhering, Culpa in contrahendo und Hermann Staub, Die positiven Vertragsverletzungen, Bad Homburg v. d. H. u. a. 1969, S. 131, 147; Blomeyer, Allgemeines Schuldrecht, 4. Aufl., Berlin/Frankfurt a. M. 1969, § 17 III 1 b), S. 72 f.; Picker, Vertragliche und deliktische Schadenshaftung, JZ 1987, S. 1041, 1058.

481 Krebs, Sonderverbindung und außerdeliktische Schutzpflichten, München 2000, S. 178.

482 Vgl. Canaris, Ansprüche wegen „positiver Vertragsverletzung" und „Schutzwirkung für Dritte" bei nichtigen Verträgen, JZ 1965, S. 475, 478 ff.

483 Schmidt, Nachwort, in: ders. (Hrsg.), Rudolf von Jhering, Culpa in contrahendo und Hermann Staub, Die positiven Vertragsverletzungen, Bad Homburg v. d. H. u. a. 1969, S. 131, 148.

484 Picker, Vertragliche und deliktische Schadenshaftung, JZ 1987, S. 1041, 1057 f.

485 Picker, Vertragliche und deliktische Schadenshaftung, JZ 1987, S. 1041, 1058.

486 Picker, Vertragliche und deliktische Schadenshaftung, JZ 1987, S. 1041, 1058.

487 Picker, Vertragliche und deliktische Schadenshaftung, JZ 1987, S. 1041, 1044.

sich bewusst und gewollt in eine komplexere Leistungsbeziehung als „gemeinsamer Erfolg“ einbringen, dessen Erreichung das einheitliche Endziel des Kontakts sei.[488]

6. *Einwände gegen die Lehre von faktischen Vertragsverhältnissen*

Gegen die Lehre vom faktischen Vertragsverhältnis wird eingewandt, dass die Zurechnung der Schuldverhältnisse aus sozialem Kontakt den Vertragsverhältnissen und mit ihnen den anderen Fallgruppen der faktischen Vertragsverhältnisse gleichgestellt werde;[489] die Schutz- und Erhaltungspflichten aus sozialem Kontakt seien ihrer Natur nach keine primären Leistungspflichten, sondern bei ihrer Verletzung werde Schadensersatz nach den Grundsätzen der Vertragshaftung, §§ 276, 278 BGB, geltend gemacht.[490] Sie könnten lediglich aus einem vertragsähnlichen Haftungsgrund hergeleitet werden.[491] Larenz wandte in diesem Zusammenhang ein, dass der Oberbegriff „faktische Vertragsverhältnisse“, der drei verschiedene Konstellationen umfasse, wenig „glücklich“ sei, da er zu Missverhältnissen führen könne.[492] Auch fehle es an einer rechtlichen Grundlage für die Anerkennung solcher Schuldverhältnisse, d. h. der hinreichende Grund für ein Abweichen von der gesetzlichen Wertung sei weder in der Rechtsentwicklung praeter legem noch in der Veränderung der sozialen

---

488 Picker, Vertragliche und deliktische Schadenshaftung, JZ 1987, S. 1041, 1058.

489 Vgl. Enneccerus/Nipperdey, Allgemeiner Teil des Bürgerlichen Rechts, Halbbd. 2, Tübingen 1960, § 163 VII, S. 1013.

490 Larenz, Die Begründung von Schuldverhältnissen durch sozialtypisches Verhalten, NJW 1956, S. 1897, 1898.

491 Lehmann, Faktische Vertragsverhältnisse, NJW 1958, S. 1, 2; Enneccerus/Lehmann, Recht der Schuldverhältnisse, Bd. 2, 15. Bearb., Tübingen 1958, § 26 IV, S. 116 f.; Esser, Gedanken zur Dogmatik der „faktischen Schuldverhältnisse“, AcP 159 (1958/1959), S. 86, 89. Esser wies darauf hin, dass die Schutz- und Sorgfaltspflichten im Rahmenverhältnis begründet würden, so dass etwa im Recht der Geschäftsführung ohne Auftrag oder im Recht der öffentlichen Verwahrung mehr erreicht werden könne als durch das faktische Moment des Kontakts; vgl. Betti, Über sogenannte faktische Vertragsverhältnisse, in: Nipperdey (Hrsg.), Das deutsche Privatrecht in der Mitte des 20. Jahrhunderts: Festschrift für Heinrich Lehmann zum 80. Geburtstag, Bd. 1 Berlin 1956, S. 253, 257 f.

492 Larenz, Die Begründung von Schuldverhältnissen durch sozialtypisches Verhalten, NJW 1956, S. 1897, 1898. Er bejahte aber die Notwendigkeit, im Massenverkehr Schuldverhältnisse durch „sozialtypisches Verhalten“ zu begründen; z. B. im Hamburger Parkplatz-Fall, BGHZ 21, 319 ff. = NJW 1956, S. 1475 ff.; vgl. dazu ders., aaO., S. 1897.

und wirtschaftlichen Verhältnisse zu finden.[493] Die von Dölle dargestellte Problematik der „außergesetzlichen Schutzpflichten aus sozialem Kontakt" ist ein eigenständiges Problem, das sich aus der Erweiterung der Haftung aus culpa in contrahendo ergibt und weder terminologisch noch inhaltlich als Teil der Gesamtproblematik der faktischen Vertragsverhältnisse behandelt werden sollte.[494] Auch die Auffassung, dass ein Gesellschafts- oder Arbeitsverhältnis nicht nur durch Vertrag, sondern auch durch Eingliederung in die Gesellschafter- oder Betriebsgemeinschaft wirksam begründet werden könne,[495] wird zurückgewiesen, da weder ein echtes Gesellschaftsverhältnis noch ein Arbeitsverhältnis ohne Vertrag entstehen könne.[496]

III. Zusammenfassung

Im Gegensatz zu Jherings Konstellationen, in denen die Haftung aus culpa in contrahendo beim Nichtzustandekommen des Vertrages oder beim nichtig gewordenen Vertrag geltend gemacht werden kann, stellt Leonhard die Haftung aus Verschulden bei Vertragsschluss dar, die beim Zustandekommen des Vertrages geltend gemacht werden kann; Jhering stützt den vertraglichen Schadensersatzanspruch auf culpa, Leonhard dagegen auf den wirksam zustande gekommenen Vertrag. Der Wendepunkt für die Begründung der Haftung aus culpa in contrahendo ist der Linoleumrollen-Fall, in dem das Reichsgericht sie auf ein den Kauf vorbereitendes Rechtsverhältnis stützt.

Das vertragsähnliche Rechtsverhältnis wird durch die Fiktion der Willenserklärung begründet, d. h. dem Erklärenden wird ein Wille unterstellt, den er nicht hat. In der Literatur wird die Rechtsfiktion kritisiert und in der Weimarer Zeit wird zur Schließung der Schutzlücke auf tatsächliche Vorgänge abgestellt. Haupt entwickelt seine Lehre vom faktischen Vertragsverhältnis unter Rückgriff auf die Lehren von Potthoff „Arbeitsverhältnis ohne Vertragsschluss" und Siebert „Eingliederungstheorie". Er findet die Begründung

493 Enneccerus/Nipperdey, Allgemeiner Teil des Bürgerlichen Rechts, Halbbd. 2, Tübingen 1960, § 163 VII, S. 1013 f.

494 Siebert, Faktische Vertragsverhältnisse, Karlsruhe 1958, S. 10 f.

495 Dazu Potthoff, Beiträge zu Kritik und Reform, Arbeitsrecht 1922, Sp. 28 ff.; vgl. Enneccerus/Nipperdey, Allgemeiner Teil des Bürgerlichen Rechts, Halbbd. 2, Tübingen 1960, § 163 VII, S. 1014.

496 Nipperdey, Arbeitsvertrag und Eingliederung in die Betriebsgemeinschaft, DArbR 1937, S. 142 ff.; Heuck/Nipperdey, Arbeitsrecht, Bd. 1, 7. Aufl., Berlin/Frankfurt a. M. 1963, § 21 IV und § 32 I; Nipperdey, Faktische Vertragsverhältnisse?, MDR 1957, S. 129 f.

der vorvertraglichen Haftung im sozialen Kontakt, durch den das faktische Vertragsverhältnis entstanden ist. Mit der Ablehnung von Haupts faktischem Vertrag (außerhalb der Sonderfälle des unwirksamen Arbeits- oder Gesellschaftsvertrages) in den 1950er Jahren, endeten die Versuche, die Schwächen des Deliktsrechts dadurch auszugleichen, dass man Verträge ohne Willenserklärungen annahm. Nun begann der Aufstieg der Vertrauenshaftung als „dritter Spur" des Haftungsrechts.

3. Teil. Die Legitimation der außerdeliktischen Schutzpflichten durch Vertrauen

A. Genese und politischer Kontext der Vertrauenshaftung

Im Jahre 1928 sprach das Reichsgericht erstmals von der Vertrauenshaftung.[497] Dieses Urteil markierte einen Wendepunkt in der Begründung der Haftung bei Vertragsverhandlungen, indem ein vertragsähnliches Rechtsverhältnis als Grundlage durch ein vertragsähnliches „Vertrauensverhältnis“ ersetzt wurde: „Es ist, obwohl im Bürgerlichen Gesetzbuch eine ausdrückliche allgemeine Bestimmung hierüber fehlt, in der Rechtsprechung, insbesondere auch der des Reichsgerichts, anerkannt, daß schon bloße Vertragsverhandlungen selbst dann, wenn sie nicht zum Vertragsschluß führen, ein vertragsähnliches Vertrauensverhältnis unter den Beteiligten erzeugen.“[498] Dieses Vertrauensverhältnis verpflichte sie zu der im Verkehr erforderlichen Sorgfalt. Ausgangspunkt war Heinrich Stoll.

Stoll begründete in seinem dargestellten Aufsatz von 1923[499] die vorvertragliche Haftung für die Verletzung der Integrität des anderen Teils[500] mit seiner Eintrittstheorie und verlagerte im Jahre 1932 bzw. 1936[501] seinen Blickwinkel von den pVV Staubs auf die pFV, d. h. er stellte unter Aufgabe der pVV die Verletzung einzelner Pflichten in den Vordergrund. Er rekonstruierte das Pflichtensystem des Zivilrechts durch eine strikte Abgrenzung der Schutzpflichten von den Leistungspflichten, indem er die Interessenlage der Beteiligten analysierte.[502] Daher mussten die Schutzpflichten durch irgendein Rechtsverhältnis,

---

497 RGZ 120, 249 ff.

498 RGZ 120, 249, 251; vgl. Giaro, Culpa in contrahendo: eine Geschichte der Wiederentdeckungen, in: Falk/Mohnhaupt (Hrsg.), Das Bürgerliche Gesetzbuch und seine Richter, Frankfurt a. M. 2000, S. 113, 142.

499 Stoll, Haftung für das Verhalten während der Vertragsverhandlungen, LZ 1923, Sp. 532 ff.

500 Vgl. RGZ 78, 239 ff. = JW 1912, 191 (Nr. 8).

501 Stoll, Abschied von der Lehre von der positiven Vertragsverletzung, AcP 136 (1932), S. 257 ff.; ders., Die Lehre von den Leistungsstörungen, Tübingen 1936.

502 Zur Interessenjurisprudenz vgl. Heck, Gesetzesauslegung und Interessenjurisprudenz, AcP 112 (1914), S. 1 ff.; ders., Interessenjurisprudenz, Tübingen 1933; ders., Rechtserneuerung und juristische Methodenlehre, Tübingen 1936; Stoll, in: Festgabe für Philipp Heck, AcP 133 (1931), S. 60 ff.; Rüthers, Die unbegrenzte Auslegung, 8. Aufl., Tübingen 2017, S. 139 ff.

nicht aber durch ein Vertragsverhältnis begründet sein, und es musste sich um eine Sonderbeziehung handeln, die auf dem Vertrauensgedanken beruhte, nämlich das Vertrauensverhältnis, das sich aus den Einwirkungsmöglichkeiten auf die Rechtsgüter des anderen Teils ergab. Das Vertrauensverhältnis dürfe, so Stoll, „erst in dem Zeitpunkt angenommen werden, in dem die Parteien erkennbar vertragliche Beziehungen anbahnen".[503] Der Beginn des Vertrauensverhältnisses bleibt auf den Vertrag gerichtet, der dann auf dem explizierten Willen der Parteien beruht.[504] Stolls Vertrauensverhältnis für die Begründung von Schutzpflichten beruht also durchaus noch auf einer Willensfiktion.

Der Vertrauensgedanke von Heinrich Stoll war geprägt durch Entwicklungen im frühen 20. Jahrhundert, als das Privatrecht mit den veränderten wirtschaftlichen Umständen nach dem Ersten Weltkrieg Schritt halten musste und der Gemeinschaftsgedanke im Vertragsrecht in den Vordergrund trat.

I. Sozialisierung des Privatrechts

Im 19. Jahrhundert setzte in Deutschland die Industrialisierung ein. Der Aufwärtstrend in der Entwicklung der industriellen Wirtschaft blieb stabil.[505] Die Industrialisierung wirkte sich massiv auf das Leben der Zeitgenossen aus: Eine neue Arbeitswelt, neue Verkehrswege, der langsame Niedergang des Adels, der Aufstieg des Bürgertums usw. waren die Folgen. In dieser Zeit wurde der Liberalismus zum Erfolgsmodell.[506] Der wirtschaftliche Liberalismus bildete die Grundlage für die Gewerbeordnung des Norddeutschen Bundes[507] von 1869, mit der die Gewerbefreiheit eingeführt wurde. Dies beförderte im juristischen Bereich der Grundsatz der allgemeinen Vertragsfreiheit.[508]

Der Grundsatz der Vertragsfreiheit im Liberalismus warf im Privatrecht allerdings die Frage nach der fehlenden Sozialisierung des Privatrechts auf. Schon vor Inkrafttreten des BGB im Jahre 1900 war der Ruf von Gierke nach

---

503 Stoll, Die Lehre von den Leistungsstörungen, Tübingen 1936, S. 28.
504 Haferkamp, Wege zur Rechtsgeschichte: Das BGB, 2. Aufl., Köln 2023, S. 222.
505 Zur ausführlichen Entwicklungsphase der deutschen Industriewirtschaft seit den 1840er Jahren vgl. Wehler, Deutsche Gesellschaftsgeschichte, Bd. 3, München 1995, S. 66 ff., 81 ff., 613 ff.
506 Haferkamp, Wege zur Rechtsgeschichte: Das BGB, 2. Aufl., Köln 2023, S. 105.
507 Vor der preußischen Gewerbeordnung wurde die Gewerbefreiheit in Sachsen erst 1861, in Baden 1862, in Württemberg 1862 und in Bayern 1868 eingeführt. Henning, Handbuch der Wirtschafts- und Sozialgeschichte Deutschlands, Bd. 2, Paderborn/München/Wien/Zürich 1996, S. 137.
508 Hedemann, Das bürgerliche Recht und die neue Zeit, Jena 1919, S. 5.

einem „Tropfen sozialistischen Oeles",[509] der das Privatrecht durchsickern müsse, oft zu hören. Gierke hat die Ansicht überall verbreitet, dass dem Entwurf des BGB die soziale Rücksicht fehle.[510] Die soziale Aufgabe bestand ihm zufolge darin, den Schwächeren zu schützen, sofern die gleiche rechtliche Freiheit des Starken und des Schwachen grundsätzlich unangetastet bleibe.[511]

II. Gemeinschaftsgedanke im Vertragsrecht: Zurückdrängung der Vertragsfreiheit und Privatautonomie aufgrund veränderter wirtschaftlicher Rahmenbedingungen

Vertragsfreiheit und Privatautonomie waren verloren seit dem Ersten Weltkrieg an Bedeutung. Das Vertragsrecht trug eigentlich dazu bei, dass die Güterverteilung nach den Gesetzen des Marktes und im Rahmen einer weitgehend unkontrollierten Privatautonomie erfolgte. Mit dem Ausbruch des Ersten Weltkrieges kam jedoch der Außenhandel zum Erliegen, was zu einer Verknappung der Rohstoffressourcen führte.[512] Die Güterverteilung auf Vertragsbasis konnte daher nicht gerecht erfolgen, und die Ungerechtigkeit konnte nur planwirtschaftlich bewältigt werden.[513] Durch die Festsetzung von Höchstpreisen griff der Staat direkt in den Markt ein, um die knappen Güter gerecht zu verteilen, was aber wiederum zur Entwicklung des Schwarzmarktes führte, auf dem man minderwertige Ware zum Höchstpreis verkaufte und gute Ware zurückhielt, um sie teurer zu verkaufen.[514]

Nach dem Ende des Ersten Weltkrieges blieben viele dieser Überlegungen präsent. Hedemann sah 1919 überall eine Sozialisierung des Privatrechts, die er als Verteilung, Vergemeinschaftung und Organisation verstand. Im Vertragsrecht vollzog sich die Sozialisierung durch die Einengung der Vertragsfreiheit, etwa durch die höchst seltsame Figur des diktierten Vertragsschlusses[515].[516] Auch die allgemeinen Vorschriften des BGB über den Verstoß gegen die guten Sitten, §§ 138, 242, 826, sollten in das Schuldrecht eingreifen, um den

509 Gierke, Die soziale Aufgabe des Privatrechts, Berlin 1889, S. 13.
510 Gierke, Die soziale Aufgabe des Privatrechts, Berlin 1889, S. 13.
511 Thiessen, Sozialistisches Öl und nationalistisches Feuer – Zum 100. Todestag von Otto von Gierke, JZ 2021, S. 1167.
512 Vgl. Haferkamp, Wege zur Rechtsgeschichte: Das BGB, 2. Aufl., Köln 2023, S. 161.
513 Dörner, Erster Weltkrieg und Privatrecht, Rechtstheorie 17 (1986), S. 385, 397.
514 Haferkamp, Wege zur Rechtsgeschichte: Das BGB, 2. Aufl., Köln 2023, S. 163.
515 Vgl. Nipperdey, Kontrahierungszwang und diktierter Vertrag, Jena 1920.
516 Hedemann, Das bürgerliche Recht und die neue Zeit, Jena 1919, S. 15 ff.

Grundsatz der Vertragsfreiheit einzuschränken und „ein Mindestmaß sozialer Rücksichtnahme“ zu erzwingen.[517] Schrittmacher waren das Sozialisierungsgesetz und die Weimarer Reichsverfassung.[518] Das Sozialisierungsgesetz wurde am 23. März 1919 erlassen. Artikel 1 des Sozialisierungsgesetzes lautete:

> „Jeder Deutsche hat unbeschadet seiner persönlichen Freiheit die sittliche Pflicht, seine geistigen und körperlichen Kräfte so zu betätigen, wie es das Wohl der Gesamtheit erfordert.“[519]

Der Begriff „Gemeinwirtschaft“[520] wurde am 11. August 1919 in die Verfassung des Deutschen Reiches[521] aufgenommen. Er fand seinen Niederschlag in der Sozialisierungsermächtigung des Art. 156:

> „Das Reich kann durch Gesetz, unbeschadet der Entschädigung, in sinngemäßer Anwendung der für Enteignung geltenden Bestimmungen, für die Vergesellschaftung geeignete private wirtschaftliche Unternehmungen in Gemeineigentum überführen. Es kann sich selbst, die Länder oder die Gemeinden an der Verwaltung wirtschaftlicher Unternehmungen und Verbände beteiligen oder sich daran in anderer Weise einen bestimmenden Einfluß sichern.
>
> Das Reich kann ferner im Falle dringenden Bedürfnisses zum Zwecke der Gemeinwirtschaft durch Gesetz wirtschaftliche Unternehmungen und Verbände auf der Grundlage der Selbstverwaltung zusammenschließen mit dem Ziele, die Mitwirkung aller schaffenden Volksteile zu sichern, Arbeitgeber und Arbeitnehmer an der Verwaltung zu beteiligen und Erzeugung, Herstellung, Verteilung, Verwendung, Preisgestaltung sowie Ein- und Ausfuhr der Wirtschaftsgüter nach gemeinwirtschaftlichen Grundsätzen zu regeln.
>
> Die Erwerbs- und Wirtschaftsgenossenschaften und deren Vereinigungen sind auf ihr Verlangen unter Berücksichtigung ihrer Verfassung und Eigenart in die Gemeinwirtschaft einzugliedern.“[522]

---

517 Hedemann, Schuldrecht des Bürgerlichen Gesetzbuches, 2. Aufl., Berlin/Leipzig 1931, S. 12 f.

518 Die Weimarer Reichsverfassung wirkte jedoch nicht unmittelbar auf das Weimarer Schuldrecht ein. Die schuldrechtlichen Normen blieben im Kern unverändert. Preisner, Weimarer Schuldrechtswissenschaft: Der Begriff des Schuldverhältnisses, in: Löhnig/Preisner (Hrsg.), Weimarer Zivilrechtswissenschaft, Tübingen 2014, S. 1.

519 RGBl. 1919, Nr. 68, S. 341.

520 Das Konzept „Gemeinwirtschaft“ wurde im Ersten Weltkrieg von Walter Rathenau und Wichard von Möllendorff entwickelt. Dazu siehe Knortz, Deutsche Wirtschaftsgeschichte der Weimarer Zeit, Göttingen 2021, S. 89.

521 RGBl. 1919, Nr. 152, S. 1383 ff.

522 RGBl. 1919, Nr. 152, S. 1383, 1413.

Ziel der Gemeinwirtschaft war es, die Wirtschaft in einem Mischsystem aus öffentlichem und privatem Recht in den Dienst der Kriegsführung zu stellen.[523] Die Einführung des Mischsystems bedeutete also, dass die Privatwirtschaft zwar grundsätzlich erhalten bleiben sollte, die Vertragsparteien sich aber anstelle des individuellen Gewinnstrebens am Gemeinwohl orientieren sollten.[524] Der Staat sollte durch Preisfestsetzungen[525] in die Vertragsfreiheit eingreifen und konnte auch das Eigentum enteignen und verstaatlichen, wenn die Privatwirtschaft nicht dem Gemeinwohl diente.[526]

Bereits in der Weimarer Republik wurde damit deutlich, dass hinter den Tendenzen, die vertragliche Haftung von Willensfiktionen zu befreien und die Schutzlücke zwischen Vertrag und Delikt ohne Rückgriff auf Willenserklärungen zu schließen, antiliberale Positionen standen, die Haftungszuweisungen nicht dem Markt überlassen wollten und Öffentliches Recht und Privatrecht verschmelzen wollten.[527]

III. Der Vertrag als weiterhin wesentliches Mittel der Güterverteilung in der NS-Zeit

Durch die Schuldrechtsreform im Jahre 2002 ist die Pflicht und ihre Verletzung in den Mittelpunkt des Leistungsstörungsrechts gerückt, § 280 Abs. 1 BGB n. F. Daneben ist die Pflicht „als gesetzlich nicht genauer gefasste Pflicht“[528] nach § 241 Abs. 2 BGB n. F. zur „Rücksicht auf die Rechte, Rechtsgüter und Interessen des anderen Teils“ getreten. Die Einbeziehung der Schutzpflichten in das Schuldverhältnis war, wie oben gezeigt, bei Kreß und Stoll bereits in Weimar diskutiert worden. Der Nationalsozialismus erwies sich dann als „wichtiger

523 Haferkamp, Private Law, Judge-Made and Heimatfront, Comparative Legal History 2 (2014), S. 264, 267.

524 Haferkamp, Wege zur Rechtsgeschichte: Das BGB, 2. Aufl., Köln 2023, S. 161.

525 Zur Preispolitik im Ersten Weltkrieg vgl. Hardach, Der Erste Weltkrieg: 1914–1918, in: Fischer (Hrsg.), Geschichte der Weltwirtschaft im 20. Jahrhundert, Bd. 2, München 1973, S. 126 f.

526 Haferkamp, Wege zur Rechtsgeschichte: Das BGB, 2. Aufl., Köln 2023, S. 161 f.; siehe auch Dörner, Erster Weltkrieg und Privatrecht, Rechtstheorie 17 (1986), S. 385, 397.

527 Haferkamp, Wege zur Rechtsgeschichte: Das BGB, 2. Aufl., Köln 2023, S. 217; siehe oben 2. Teil C II 1.

528 Haferkamp, Wege zur Rechtsgeschichte: Das BGB, 2. Aufl., Köln 2023, S. 221.

Katalysator“[529] für die Verschiebung der zentralen Begriffe des Leistungsstörungsrechts von den Rechten zu den Pflichten.[530]

1. *Die nationalsozialistische Rechtsidee und ihre Auswirkungen auf das Privatrecht*

Die nationalsozialistische Rechtsidee wurde in den Grundsätzen des Parteiprogramms der NSDAP vom 24. Februar 1920 deutlich: Der erste Grundsatz lautete „Gemeinnutz geht vor Eigennutz“, der zweite „Alles Recht hat der Erhaltung völkischer Art und Rasse zu dienen“. Ziel sei, so meinte 1933 Stoll, „die grundsätzliche Abkehr von der materialistisch-individualistischen Gesinnung und dem naturwidrigen Gleichheitsgedanken des 19. Jahrhunderts“.[531] Der Nationalsozialismus betrachtete das Leben aus der Perspektive der Gemeinschaft. Der Gemeinschaftsvorrang ließ Rechte des Einzelnen gegen die Interessen der Volksgemeinschaft nicht zu, nicht die Rechte, sondern die Pflichten traten in den Vordergrund.[532]

2. *Das vertragliche Schuldverhältnis im nationalsozialistischen Kontext: Gemeinschaftszweck und Güterverteilung*

Im Schuldverhältnis steht der Gläubiger dem Schuldner gegenüber, wenn die Parteien einen Vertrag schließen. Der Gläubiger befriedigt seine Interessen durch die Leistung des Schuldners. Dieser hat ihm durch seine Zustimmung eine Herrschaft über den Vertragsgegenstand eingeräumt, die er seinen Interessen gemäß ausüben kann. Diese liberale Sicht auf den Vertrag wurde nach 1933 dem Gemeinschaftsvorrang unterworfen.[533] Der Gemeinschaftszweck

529 Haferkamp, Wege zur Rechtsgeschichte: Das BGB, 2. Aufl., Köln 2023, S. 221.

530 Vgl. Rückert, Zehn Jahre neues Schuldrecht – Generalbericht und Würdigung, in: Thomas Duve/Stefan Ruppert (Hrsg.), Rechtswissenschaft in der Berliner Republik, Frankfurt a. M. 2018, S. 506, 527 f.: „Die immer noch objektiv ansetzende Spät-Weimarer-Sicht als ‚Leistungsstörung‘ öffnete freilich schon den Weg dazu, nicht die Ansprüche, sondern die Pflichten zu betonen [...]. Dies betraf das ganze Schuldrecht [...]. Als erstaunlich folgenlos hat sich dabei das verheerende Menetekel der voll heteronomen NS-Pflichtdogmatik erwiesen. Es gibt offenbar genug Pflichtenliebe auch aus anderen Werthaltungen heraus. So, wie die explizite Wertungsjurisprudenz der NS-Zeit problemlos fortgeführt werden konnte, geschah es auch mit der Leistungsstörungspflichtdogmatik.“

531 Stoll, Die nationale Revolution und das bürgerliche Recht, DJZ 1933, Sp. 1229, 1231 f.

532 Lange, Vom alten zum neuen Schuldrecht, Hamburg 1934, S. 34.

533 Stoll, Die Lehre von den Leistungsstörungen, Tübingen 1936, S. 8.

bestimme die Grenzen des Schuldverhältnisses, d. h. „ein Interesse des Gläubigers kann nur dann rechtlich anerkannt werden, wenn es unter dem Gesichtspunkt des Gemeinschaftszwecks als schutzwürdig erscheint; das ist selbstverständlich niemals der Fall, wenn der schuldrechtliche Vertrag gegen das Gesetz oder die guten Sitten verstößt. Sodann kann eine Verwirklichung des Gläubigerinteresses auf Kosten des Schuldners nur dann anerkannt werden, wenn dadurch der Güteraustausch in sinnvoller und gerechter Weise gefördert wird. [...] Niemand darf Verträge zu rücksichtloser Verfolgung eigener Interessen mißbrauchen. Wo das Schuldverhältnis seinem obersten Ziel nicht mehr dient oder gar zur Gefahr für das Gemeinwohl wird, muß ihm die Rechtswirkung versagt werden“.[534]

Heinrich Stoll legte eine makroökonomische Perspektive auf den Vertrag offen: Der Vertrag sei ein wesentliches Mittel der gesamtvölkischen Wirtschaft zur Herbeiführung eines sinnvollen Güterumlaufs[535] und diene daher höheren Gemeinschaftszwecken, nicht aber der Befriedigung entgegenstehender Vertragsinteressen.[536] Stoll betonte, dass das vertragliche Schuldverhältnis die Rechtsform der Güterbereitstellung und Güterverteilung sei, die unentbehrlich ist, „um das Leben der Gemeinschaft zu ermöglichen und um Höchstleistungen zu erzielen“; dabei seien menschliche Eigenschaften wie natürliche Veranlagung, Ehrgeiz und Gewinnstreben kein Nachteil, sondern im Rahmen der Gemeinschaft „Mittel zu sinnvoller Güterverteilung und zur Erreichung immer höherer Leistungen“.[537] Aus Vertragsgegnern wurden „Vertragsgenossen“, „die das gemeinsam gesetzte Ziel im gemeinsamen Zusammenwirken verfolgen“; das Verhältnis der Vertragsgenossen bilde eine Einheit, die für jeden Teil Rechte und Pflichten begründe: „Jeder Teil hat die Pflicht, auf den anderen billige Rücksicht zu nehmen“.[538] Aus einem Interessengegensatz wurde vertrauensvolle Zusammenarbeit.

---

534 Stoll, Die Lehre von den Leistungsstörungen, Tübingen 1936, S. 8.

535 Wieacker, Der Stand der Rechtserneuerung, in: Wollschläger (Hrsg.), Franz Wieacker, Zivilistische Schriften (1934–1942), Frankfurt a. M. 2000, S. 215, 237; Der Grundsatz der Vertragsfreiheit sei, so Stoll, ein geeigneter Grundsatz des Privatrechts. Ders., Das Bürgerliche Recht in der Zeiten Wende, in: Deutschland in der Wende der Zeiten, Stuttgart/Berlin 1934, S. 165, 195; ders., Die nationale Revolution und das bürgerliche Recht, DJZ 1933, Sp. 1229, 1234.

536 Wieacker, Der Stand der Rechtserneuerung, in: Wollschläger (Hrsg.), Franz Wieacker, Zivilistische Schriften (1934–1942), Frankfurt a. M. 2000, S. 215, 237 und 240.

537 Stoll, Die Lehre von den Leistungsstörungen, Tübingen 1936, S. 7.

538 Lange, Liberalismus, Nationalsozialismus und Bürgerliches Recht, Tübingen 1933, S. 16.

IV. Begründung von Schutzpflichten aus dem Vertrauensverhältnis von Heinrich Stoll

Heinrich Stoll erfasst mit dem Treuegedanken die Gemeinschaft, die der Gläubiger und Schuldner eines Vertrages miteinander bildet. Infolge des Gemeinschaftsgedankens stehen die Parteien im Schuldverhältnis nicht gegeneinander, sondern neben- und miteinander und begründen dadurch „ein Vertrauensverhältnis, das sie zu gebührender Rücksichtnahme verpflichtet“; daraus ergibt sich die „Treuepflicht“,[539] nach der die Parteien zur Erreichung des von ihnen im Vertrag gemeinsam gesetzten Zwecks vertrauensvoll zusammenzuwirken haben.[540] Die Treuepflicht führte zu einer engen Rechts-[541] bzw. Zweckgemeinschaft[542] der Vertragspartner.[543]

Die Pflicht zur Rücksichtnahme bestehe sowohl bei Vertragsschluss als auch bei Vertragserfüllung und richte sich nach dem Grundsatz von Treu und Glauben; Pflichtbewusstsein im Schuldrecht sei das Verantwortungsgefühl, wobei die Befugnis zu selbstbestimmtem Handeln (Vertragsfreiheit) auch als Aufgabe zu verstehen sei, das rechtsgeschäftliche Handeln in den Dienst der Gemeinschaft zu stellen. Vertragsfreiheit diene nicht der Willkür, sondern der Gerechtigkeit.[544]

1. Das „Schuldverhältnis als Rahmenbeziehung“ von Felix Herholz

In diesem Kontext trat den Versuchen Haupts, das Vertragsrecht von Willenserklärungen zu lösen, zunehmend eine andere Lösung des Problems an die Seite: An die Stelle eines (faktischen) Vertrags traten „Sonderbeziehungen“, die das BGB nicht kannte. Statt der Umgehung der deliktischen Schutzlücke durch Vertragskonstruktionen, d. h. fingierte Vorverträge, suchte man nun für die Haftung aus culpa in contrahendo das neue, vom Vertrag losgelöste Institut

539 Vgl. Wieacker, Das Sozialmodell der klassischen Privatrechtsgesetzbücher und die Entwicklung der modernen Gesellschaft, Karlsruhe 1952, S. 18 f.; auch vgl. Hippel, Zum Aufbau und Sinnwandel unseres Privatrechts, Tübingen 1957.

540 Stoll, Die Lehre von den Leistungsstörungen, Tübingen 1936, S. 10, 58; dazu siehe ders., Gemeinschaftsgedanke und Schuldvertrag, DJZ 1936, Sp. 414, 417 f.

541 Stoll, Die Lehre von den Leistungsstörungen, Tübingen 1936, S. 26.

542 Wieacker, Der Stand der Rechtserneuerung, in: Wollschläger (Hrsg.), Franz Wieacker, Zivilistische Schriften (1934–1942), Frankfurt a. M. 2000, S. 215, 237 und 238.

543 Vgl. Haferkamp, Wege zur Rechtsgeschichte: Das BGB, 2. Aufl., Köln 2023, S. 219.

544 Stoll, Gemeinschaftsgedanke und Schuldvertrag, DJZ 1936, Sp. 414, 417.

eines „Rahmenverhältnisses“, eines „Schuldverhältnisses im weiteren Sinne“[545] oder eines „Rechtsverhältnisses der Vertragsverhandlung“[546] zu begründen und fand in den 1920er Jahren seine Rechtfertigung im Grundsatz von Treu und Glauben, § 242 BGB;[547] neben den Vertrag trat damit ein vertragsähnliches Rechtsverhältnis.[548]

Die „Sonderbeziehung“ von Heinrich Stoll zur Begründung von Schutzpflichten geht darauf zurück,[549] dass Felix Herholz bereits 1929 das Schuldverhältnis als eine dem Vertragsverhältnis, d. h. der Inhalts- und Leistungsbeziehung, gegenüberstehende ständige Rahmenbeziehung angesehen hatte. Die Rahmenbeziehung war notwendig, weil die bloße Berufung auf Treu und Glauben zur Begründung der Haftung aus culpa in contrahendo keinesfalls ausreichen konnte.[550] Seine Lehre vom „Schuldverhältnis als Rahmenbeziehung“ ging von der tatsächlichen Beziehung aus, die sich aus dem Grundsatz des gegenseitigen Vertrauensschutzes ergibt.

Herholz ging auf die Problematik im Linoleumrollen-Fall[551] ein, wonach grundsätzlich das Deliktsrecht eingreift, wenn die Kundin bei der Präsentation des Linoleums einen Schockschaden dadurch erleidet, dass ihr Kind fast verletzt wird. Aufgrund der Exkulpationsmöglichkeit des § 831 Abs. 1 S. 2 BGB würde sie den Schaden selbst tragen. Hier ging Herholz davon aus, dass ihr die vertraglichen Ansprüche aus §§ 276, 278 BGB helfen könnten.[552] Dies war das gleiche Ergebnis wie in der Entscheidung des RG „Linoleumrollen-Fall“. Ihm stellte sich aber die Frage, ob die Begründung von Schutzpflichten allein durch ein „vorbereitendes vertragsähnliches Rechtsverhältnis“ ausreicht.[553] Er

---

545 Zur Terminologie „Rahmenbeziehung“ und „Schuldverhältnis im weiteren Sinne“ siehe Herholz, Das Schuldverhältnis als konstante Rahmenbeziehung, AcP 130 (1929), S. 257, 260 f., 276 ff.

546 Stoll, Haftung für das Verhalten während der Vertragsverhandlungen, LZ 1923, Sp. 532, 543 f.

547 RGZ 107, 78, 87 f.

548 Haferkamp, Wege zur Rechtsgeschichte: Das BGB, 2. Aufl., Köln 2023, S. 187.

549 Vgl. Stoll, Abschied von der Lehre von der positiven Vertragsverletzung, AcP 136 (1932), S. 257, 289 (Fn. 66).

550 Herholz, Das Schuldverhältnis als konstante Rahmenbeziehung, AcP 130 (1929), S. 257, 287 ff.; vgl. RGZ 107, 78, 87 f.

551 RGZ 78, 239 ff. = JW 1912, 191 (Nr. 8).

552 Herholz, Das Schuldverhältnis als konstante Rahmenbeziehung, AcP 130 (1929), S. 257, 259.

553 Herholz, Das Schuldverhältnis als konstante Rahmenbeziehung, AcP 130 (1929), S. 257, 278.

wies darauf hin, dass vertragliche Schadensersatzansprüche aus der positiven Vertragsverletzung oder aus der Verletzung von Anzeigepflichten nur bei bestehendem Vertrag zulässt seien, was dann zu unzutreffenden Ergebnissen führe, wenn die Haftung aus culpa in contrahendo durch den Vertrag begründet werden solle.[554] Dem Vertragsverhältnis, also der Inhalts- und Leistungsbeziehung, stehe die Rahmenbeziehung gegenüber,[555] die sich aus dem „sonst nur für schuldrechtliche Rechtsgeschäfte geltenden Grundsatz des gegenseitigen Vertrauensschutzes" ergebe; dieser Grundsatz gelte im „Stadium der Vorverhandlungen" und begründe Pflichten aus einem vom Vertrag unabhängigen Schuldverhältnis.[556] Er betonte daher, dass sich das Schuldverhältnis zwischen den Parteien aus der Vertrags- und der Rahmenbeziehung ergebe.[557] Das Schuldverhältnis als Rahmenbeziehung gelte auch für die Zeit nach Vertragsschluss; es stehe fest, dass sich die Pflicht aus der die Leistungsbeziehung umfassenden losen Rahmenbeziehung heraus entwickelt habe. Das Schuldverhältnis als Rahmenbeziehung sei daher als „konstant" anzusehen.[558]

Sein Vorschlag wies allerdings Schwächen auf, die vor allem Heinrich Stoll aufzeigte, der auch für die systematische Durchdringung des Gesamtrechtsverhältnisses verantwortlich zeichnete und hierzu auch konkrete Vorschläge de lege ferenda unterbreitete.[559]

2. *Stolls Abgrenzung von Schutz- und Leistungspflichten durch systematische Rekonstruktion mittels einer Interessenanalyse*

In Abkehr von der pVV Staubs ersetzte Heinrich Stoll den zentralen Begriff des Leistungsstörungsrechts durch den der „positiven Forderungsverletzung" und erweiterte damit den Anwendungsbereich des Vertragsrechts auf das

554 Herholz, Das Schuldverhältnis als konstante Rahmenbeziehung, AcP 130 (1929), S. 257, 259 f.

555 Herholz, Das Schuldverhältnis als konstante Rahmenbeziehung, AcP 130 (1929), S. 257, 260.

556 Herholz, Das Schuldverhältnis als konstante Rahmenbeziehung, AcP 130 (1929), S. 257, 295.

557 Herholz, Das Schuldverhältnis als konstante Rahmenbeziehung, AcP 130 (1929), S. 257, 276.

558 Herholz, Das Schuldverhältnis als konstante Rahmenbeziehung, AcP 130 (1929), S. 257, 285, 300 und 315 f.

559 Preisner, Das Zivilrecht der ersten deutschen Demokratie, in: Löhnig/Wagner (Hrsg.), „Nichtgeborene Kinder des Liberalismus"?, Tübingen 2018, S. 5, 17.

Rechtsverhältnis der Vertragsverhandlungen,[560] indem er das Pflichtensystem des Zivilrechts neu konstruierte. Insbesondere grenzte er die Schutzpflichten strikt von den Leistungspflichten ab; ihre Rechtsgrundlage fand er in der Sonderbeziehung der Vertragsgenossen, d. h. im Vertrauensverhältnis, das dem Leistungsverhältnis gegenübersteht.

Er wies darauf hin, dass die Lehre von der culpa in contrahendo den Schutzinteressen bei den Vertragsverhandlungen diene, während die Lehre von der pVV die Fälle betreffe, in denen die Schutzinteressen nach Vertragsschluss berührt würden.[561] Er vertrat die Auffassung, dass der Begriff der pVV verschiedene Tatbestände zusammenfasse, die auch rechtlich nicht gleich zu behandeln seien. So systematisierte er die positive Forderungsverletzung, bei der es um die Verletzung von Pflichten aus einem Schuldverhältnis geht, mit Hilfe der Interessenlageanalyse, d. h. indem er auf die zu schützenden Interessen und die Art ihrer Verletzung abstellte.[562]

Nach Stoll besteht eine Schutzpflicht dort, „wo ein besonderes Schutzinteresse gegeben ist".[563] Dieses Schutzinteresse[564] entsteht erst durch die Begründung von Vertrauensverhältnissen, welche die „Einwirkungsmöglichkeit auf den fremden Rechtskreis"[565] eröffnen. Hier sucht er den Wendepunkt, an dem allgemeine Rechtspflichten zu besonderen vertraglichen Schutzpflichten werden.[566] Mit der Anerkennung besonderer vertraglicher Schutzpflichten neben den allgemeinen Rechtspflichten wollte er die Lücke zwischen der Haftung aus Vertragsverletzung und der Haftung aus unerlaubter Handlung schließen. Dazu führt er aus:

560 Stoll, Abschied von der Lehre von der positiven Vertragsverletzung, AcP 136 (1932), S. 257 ff.; ders., Die Lehre von den Leistungsstörungen, Tübingen 1936.

561 Stoll, Abschied von der Lehre von der positiven Vertragsverletzung, AcP 136 (1932), S. 257, 285 (Fn. 58); vgl. Herholz, Das Schuldverhältnis als konstante Rahmenbeziehung, AcP 130 (1929), S. 257, 285 und 300.

562 Stoll, Abschied von der Lehre von der positiven Vertragsverletzung, AcP 136 (1932), S. 257, 286 f.

563 Stoll, Die Lehre von den Leistungsstörungen, Tübingen 1936, S. 28.

564 Zum Begriff und zur Konstruktion der Interessenjurisprudenz siehe Stoll, in: Festgabe für Philipp Heck, AcP 133 (1931), S. 60 ff.; ders., Abschied von der Lehre von der positiven Vertragsverletzung, AcP 136 (1932), S. 257, 288 f.

565 Stoll, Abschied von der Lehre von der positiven Vertragsverletzung, AcP 136 (1932), S. 257, 298.

566 Stoll, Die Lehre von den Leistungsstörungen, Tübingen 1936, S. 27 f.

> „Die Anerkennung dieser vertraglichen Schutzpflichten neben den allgemeinen Rechtspflichten, deren Verletzung einen Ersatzanspruch aus unerlaubter Handlung begründen kann, ist solange von erheblicher praktischer Bedeutung, als die Verantwortung für Vertragsverletzung anders bemessen wird als für unerlaubte Handlungen, wie insbesondere bei der Haftung für den Gehilfen, und als das geltende Recht nur einzelne bestimmte Tatbestände der unerlaubten Handlungen kennt."[567]

Durch eine angemessene zeitliche Begrenzung der Schutzpflichten soll eine übermäßige Ausdehnung der Haftung vermieden werden:

> „Daher darf die Begründung eines Vertrauensverhältnisses erst in dem Zeitpunkt angenommen werden, in dem die Parteien erkennbar vertragliche Beziehung anbahnen."[568]

Der oben zitierte Satz zeigt, dass sein Ansatz zur Begründung vorvertraglicher Schutzpflichten im auf den Willen der Vertragsparteien bezogenen Vertrag verblieb,[569] Stoll fand sie also, wie oben bereits gezeigt, nicht in den faktischen Vertragsverhältnissen, sondern in der Rechtsfiktion.

Stolls Lehre von den Schutzpflichten wurde nach ihrer Entdeckung 1932 in der NS-Zeit fortgeführt, wobei nun der Treue- und Gemeinschaftsgedanke im Vordergrund stand. Beide Parteien hatten sich so zu verhalten, dass sie bei den Vertragsverhandlungen oder bei der Vertragsabwicklung zur Verwirklichung des Vertragszwecks vertrauensvoll zusammenwirken. Aus diesem Treuegedanken leitete sich beiderseitige Schutzpflicht der Parteien ab.[570]

Er begründete die Schutzpflichten aus dem Vertrauensverhältnis und trennte sie von den Leistungspflichten nach Zweck und Interesse:

> „Die Schutzpflichten sind nicht dazu bestimmt, den Leistungserfolg herbeizuführen, sie bestehen unabhängig von ihm und dienen nur der Abwehr von Schädigungen, die sich aus Anlass der Vertragsvorbereitung und Durchführung ergeben können. Sie treffen gleicherweise den Schuldner wie den Gläubiger. [...] Ihre Verletzung

567 Stoll, Die Lehre von den Leistungsstörungen, Tübingen 1936, S. 28.
568 Stoll, Die Lehre von den Leistungsstörungen, Tübingen 1936, S. 28.
569 Vgl. Haferkamp, Wege zur Rechtsgeschichte: Das BGB, 2. Aufl., Köln 2023, S. 223.
570 Vgl. Stoll, Die Lehre von den Leistungsstörungen, Tübingen 1936, S. 10; Er erfasste den Treuegedanken und verwirklichte ihn in den Vorschlägen des Volksgesetzbuches. Dazu ders., Die Lehre von den Leistungsstörungen, Tübingen 1936, S. 61, 129; Schubert (Hrsg.), Akademie für Deutsches Recht 1933–1945, Protokolle der Ausschüsse, Bd. 3/3, Ausschuss für Personen-, Vereins- und Schuldrecht, Berlin 1990, S. 160, 207 und 297; ähnlich auch in der Lehmanns Formulierung. Schubert (Hrsg.), Akademie für Deutsches Recht 1933–1945, Protokolle der Ausschüsse, Bd. 3/3, Ausschuss für Personen-, Vereins- und Schuldrecht, Berlin 1990, S. 160.

> beeinträchtigt nicht den Leistungserfolg, sondern schädigt nur den Gegner in seinen sonstigen Interessen. Schutzinteressen können daher niemals vereitelt, sondern nur beeinträchtigt und gefährdet werden. Die Verletzung der Schutzpflicht kann das positive Ziel des schuldrechtlichen Vertrages, die Erfüllung, nur mittelbar dadurch beeinflussen, daß sie als Verletzung der Treupflicht zugleich eine so starke Erschütterung des gegenseitigen Vertrauens herbeiführt, daß dem Gegner die Durchführung des Vertrages nicht mehr zugemutet werden kann.“[571]

Er begann seinen Gesetzentwurf in § 1 mit „Schuldverhältnis und Leistungspflicht“. Dabei wurde betont, dass nach Abs. 3 S. 1 das „Gemeinwohl“ sowohl beim Vertragsschluss als auch bei der Vertragsabwicklung von beiden Parteien, also Schuldner und Gläubiger, zu berücksichtigen sei, d. h. die Vertragsfreiheit sei nur dann berechtigt, wenn sie dem Rechtsverkehr im Interesse der Gemeinschaft diene.[572] Demgegenüber stellte er in § 2 „Vertrauensverhältnis und Schutzpflicht“ dar. Aus dem in § 2 Abs. 1 anerkannten gegenseitigen Vertrauensverhältnis (Treuepflicht) ergebe sich wechselseitige Rücksichtnahme der Parteien, die vom Beginn der Vertragsverhandlungen bis zur Beendigung des Schuldverhältnisses gelte; die Parteien verpflichteten sich, so zusammenzuwirken, wie Treu und Glauben mit Rücksicht auf die Verkehrssitte es erfordern, um den Leistungserfolg herbeizuführen (§ 2 Abs. 2), und dafür zu sorgen, dass keiner den anderen durch sein Verhalten schädigt (§ 2 Abs. 3).[573] In § 2 Abs. 2 und 3 unterschied er die Schutzpflicht von der Leistungspflicht und schuf darüber hinaus Rechtsgrundlagen für die Haftung der Parteien sowohl für das Verhalten bei Vertragsverhandlungen als auch in den Fällen der sog. pVV.[574]

Die von Stoll als Treuepflicht begründeten Schutzpflichten führten in der Folgezeit zu einem nachhaltigen Wandel der Vertragsdogmatik, der darauf abzielte, die Schwächen des Deliktsrechts auszugleichen und die Integritätsinteressen des Gläubigers zu schützen, indem die vertragliche Vereinbarung in den Hintergrund trat; diese Entwicklung setzte sich nach 1945, zwar von nationalsozialistischer Terminologie befreit, aber weiterhin makroökonomisch begründet, fort.[575]

---

571 Stoll, Die Lehre von den Leistungsstörungen, Tübingen 1936, S. 27.
572 Stoll, Die Lehre von den Leistungsstörungen, Tübingen 1936, S. 60.
573 Stoll, Die Lehre von den Leistungsstörungen, Tübingen 1936, S. 61.
574 Stoll, Die Lehre von den Leistungsstörungen, Tübingen 1936, S. 62.
575 Haferkamp, Wege zur Rechtsgeschichte: Das BGB, 2. Aufl., Köln 2023, S. 220.

V. Zusammenfassung

Der Vertrag wurde im nationalsozialistischen Kontext als ein wesentliches Mittel der gesamtvölkischen Wirtschaft zur Herbeiführung eines sinnvollen Güterumlaufs und höherer Gemeinschaftszwecke verstanden; der Zweck des Schuldverhältnisses war zwar die Befriedigung des Gläubigers durch die Leistung des Schuldners, aber dem Gemeinschaftszweck untergeordnet. Die nationalsozialistische Weltanschauung betrachtet das individuelle Verhältnis als Vertragsgenossen; ihr Verhältnis ist dasjenige, das für jeden Teil Rechte und Pflichten begründet, d. h. jeder Teil hat die Pflicht, auf den anderen billige Rücksicht zu nehmen. Der Nationalsozialismus erlegte die Rücksichtnahmepflicht jedem Teil als Vertragsgenossen auf.

Heinrich Stoll rekonstruiert die verschiedenen Pflichten in Abkehr von der damals herrschenden Lehre zur pVV unter Rückgriff auf die von Herholz konzipierte Lehre von der Rahmenbeziehung. Statt der herrschenden Lehre stellt er die pFV in den Vordergrund und unterscheidet durch die Interessenanalyse die Schutzpflicht von der Leistungspflicht. Die Schutzpflicht ergibt sich aus dem auf dem Gemeinschaftsgedanken beruhenden Vertrauensverhältnis. Sein Ansatz zur Begründung der Schutzpflicht verbleibt jedoch in der Rechtsfiktion, indem er die Begründung des Vertrauensverhältnisses in der erkennbaren Anbahnung vertraglicher Beziehungen zwischen den Parteien findet. Hans Dölle begründet die Schutzpflicht durch tatsächliche Vorgänge, also durch soziale Kontakte. Dölles Begründungsansatz für die Schutzpflicht bedarf jedoch der Einschränkung; Larenz grenzt den einfachen sozialen Kontakt vom geschäftlichen Kontakt ab und bejaht ein Vertragsverhältnis aus dem geschäftlichen Kontakt; eine weitere Einschränkung nimmt Picker vor, indem er auf die Finalität des sozialen Kontakts abstellt.

Für die Begründung außerdeliktischer Schutzpflichten tritt nun das Vertrauen als innerer subjektiver Begriff in den Vordergrund. Mit der Gewährung in Anspruch genommenen Vertrauens,[576] die sich in einer Erklärung und einem sonstigen Verhalten manifestiert, begründet Kurt Ballerstedt die Haftung aus culpa in contrahendo. Unter Rückgriff auf diesen Gedanken entwickelt Claus-Wilhelm Canaris seine Lehre vom einheitlichen Schutzpflichtverhältnis.[577]

---

576 Vgl. Ballerstedt, Zur Haftung für culpa in contrahendo bei Geschäftsabschluß durch Stellvertreter, AcP 151 (1950/1951), S. 501, 506.

577 Vgl. ders., Ansprüche wegen „positiver Vertragsverletzung“ und „Schutzwirkung für Dritte“ bei nichtigen Verträgen, JZ 1965, S. 475 ff.

B. Dogmatik der Vertrauenshaftung

Heinrich Stoll selbst stellte in seiner „Lehre von den Leistungsstörungen" als Rechtsgrund der Schutzpflichten den Vertrauensgedanken dem Leistungserfolg dienenden „Austauschgedanken" gegenüber.[578] Auf den ersten Blick erscheint es richtig, dass ihm das Verdienst zustehe, die Ersatzpflicht für culpa in contrahendo erstmals aus dem Vertrauensgedanken erklärt zu haben.[579] Im Wesentlichen erkannte er aber das Vertrauensverhältnis erst in dem Zeitpunkt an, „in dem die Parteien erkennbar vertragliche Beziehungen anbahnen".[580] Sein Pflichtverständnis knüpfe weiterhin an den willensbasierten Vertrag an.[581] Zwischen Schuldner und Gläubiger entstehe ein umfassendes, nicht auf die Erfüllung der Schuldverpflichtung gerichtetes Rechts- und Pflichtenverhältnis; das Schuldverhältnis verbinde die Parteien zu einer engen Rechtsgemeinschaft und stelle sie auf den Boden eines vom Leistungsverhältnis unabhängigen Vertrauensverhältnisses.[582] Ihm kommt daher nicht das Verdienst zu, außerdeliktische Schutzpflichten allein durch Vertrauen zu legitimieren.

Stolls Lehre von den Schutzpflichten wurde in Anlehnung an Ballerstedts Gedanken[583] von Claus-Wilhelm Canaris weiterentwickelt.[584] Er konstruierte die dogmatische Grundlage der Haftung für Schutzpflichtverletzungen anders als die von Dölle dargestellte Schutzpflicht aus sozialem Kontakt[585] und bezeichnete sie als einheitliches Schutzpflichtverhältnis, das nicht auf dem Parteiwillen, sondern auf objektivem Recht beruhe, also gesetzlicher Natur sei.[586]

---

578 Vgl. Stoll, Die Lehre von den Leistungsstörungen, Tübingen 1936, S. 25 ff.

579 Nirk, Culpa in contrahendo, in: Hefermehl/Nipperdey (Hrsg.), Festschrift für Philipp Möhring, München/Berlin 1965, S. 385, 392 (Fn. 29).

580 Stoll, Die Lehre von den Leistungsstörungen, Tübingen 1936, S. 28.

581 Vgl. Haferkamp, Wege zur Rechtsgeschichte: Das BGB, 2. Aufl., Köln 2023, S. 223.

582 Stoll, Die Lehre von den Leistungsstörungen, Tübingen 1936, S. 25 ff.; vgl. Frotz, Die rechtsdogmatische Einordnung der Haftung für culpa in contrahendo, in: Faistenberger/Mayrhofer (Hrsg.), Gedenkschrift Franz Gschnitzer, Aalen 1969, S. 163, 171; ders., Verkehrsschutz im Vertretungsrecht, Frankfurt a. M. 1972, S. 65.

583 Ballerstedt, Zur Haftung für culpa in contrahendo bei Geschäftsabschluß durch Stellvertreter, AcP 151 (1950/1951), S. 505 ff.

584 HKK/Dorn, § 241 Rn. 104.

585 Vgl. Dölle, Aussergesetzliche Schuldpflichten, ZgesStaatsW 103 (1943), S. 67 ff.

586 Canaris, Ansprüche wegen „positiver Vertragsverletzung" und „Schutzwirkung für Dritte" bei nichtigen Verträgen, JZ 1965, S. 475 ff.; ders., Theorienrezeption und Theorienstruktur, in: Festschrift für Zentaro Kitagawa, Berlin 1992, S. 92. Dazu siehe Schmidt, Nachwort, in: ders. (Hrsg.), Rudolf von Jhering, Culpa in contrahendo und Hermann Staub, Die positiven Vertragsverletzungen, Bad Homburg

Die von ihm 1965 entwickelte Lehre vom einheitlichen Schutzpflichtverhältnis genügte ihm jedoch nicht für sein Habilitationsprojekt. Nochmals erweiterte er seinen Blick und habilitierte 1971 über die „Lehre von der Vertrauenshaftung".[587] Canaris sprach im Zusammenhang mit den Schutzpflichten von der Vertrauenshaftung als „Anvertrauenshaftung", weil sie ihre Rechtfertigung darin finde, dass der Verletzte im rechtsgeschäftlichen Verkehr seine Rechtsgüter der Einwirkungsmöglichkeit des anderen ausgesetzt und sie ihm in diesem Sinne anvertraut habe.[588] Ein Schadensersatzanspruch besteht, wenn die Schutzpflichten, die sich aus dem in Anspruch genommenen besonderen Vertrauen ergeben,[589] schuldhaft verletzt werden. Das von der Lehre von der culpa in contrahendo stets vorausgesetzte Verschulden[590] war bei der Vertrauenshaftung aus gesetzlichem Rechtsverhältnis entbehrlich.[591]

Larenz trennte dagegen nicht so scharf. Er bezeichnete in seinem Vortrag in Karlsruhe die culpa in contrahendo als „geglückte richterliche Rechtsfortbildung".[592] Die Lehre von der culpa in contrahendo passe sich durch die auch hier vorliegende „Gewährung in Anspruch genommenen Vertrauens"[593] in

v. d. H. u. a. 1969, S. 131, 148 ff.; Bohrer, Die Haftung des Dispositionsgaranten, München 1980, S. 149, 222; Giaro, Culpa in contrahendo: eine Geschichte der Wiederentdeckungen, in: Falk/Mohnhaupt (Hrsg.), Das Bürgerliche Gesetzbuch und seine Richter, Frankfurt a. M. 2000, S. 113, 150.

587 Vgl. Florian, Claus-Wilhelm Canaris – Die Vertrauenshaftung im deutschen Privatrecht, in: Hoeren (Hrsg.), Zivilrechtliche Entdecker, München 2001, S. 377 ff.

588 Canaris, Die Vertrauenshaftung im deutschen Privatrecht, München 1971, S. 539 ff.

589 Vgl. Ballerstedt, Zur Haftung für culpa in contrahendo bei Geschäftsabschluß durch Stellvertreter, AcP 151 (1950/1951), S. 501 ff.

590 Vgl. Nirk, Culpa in contrahendo, in: Hefermehl/Nipperdey (Hrsg.), Festschrift für Philipp Möhring, München/Berlin 1965, S. 385, 393 f.

591 Canaris, Ansprüche wegen „positiver Vertragsverletzung" und „Schutzwirkung für Dritte" bei nichtigen Verträgen, JZ 1965, S. 475 ff.; ders., Theorierezeption und Theoriestruktur, in: Festschrift für Zentaro Kitagawa, Berlin 1992, S. 92.

592 Z. B. Haupt, Über faktische Vertragsverhältnisse, in: Festschrift für Heinrich Siber, Bd. 2, Leipzig 1943, S. 10 ff.; Dölle, Aussergesetzliche Schuldpflichten, ZgesStaatsW 103 (1943), S. 67 ff.; Larenz, Culpa in contrahendo, Verkehrssicherungspflichten und sozialer Kontakt, MDR 1954, S. 515 ff.; Ballerstedt, Zur Haftung für culpa in contrahendo bei Geschäftsabschluß durch Stellvertreter, AcP 151 (1950/1951), S. 501 ff.

593 Ballerstedt, Zur Haftung für culpa in contrahendo bei Geschäftsabschluß durch Stellvertreter, AcP 151 (1950/1951), S. 501, 507.

die Regelung des Vertragsrechts ein.[594] Der gemeinsame Rechtsgrund für die Schutzpflichten liege bei der Vertragshaftung gleichermaßen wie bei der culpa in contrahendo im Vertrauen.[595]

Entscheidend bei der Basierung der Haftung für Schutzpflichtverletzung auf Vertrauen ist, dass es keiner besonderen Vereinbarung bedarf.[596] Die Schutzpflichten entstehen kraft Gesetzes.[597] Es handelt sich dabei nicht um allgemeine Verkehrssicherungspflichten, die gegenüber jedermann gelten, sondern um besondere Pflichten gegenüber dem Geschädigten, die sich nur aus der Sonderverbindung zum Geschädigten ergeben.[598] Das Vertrauensverhältnis wird nicht durch einen Rechtsgeschäft begründet, sondern durch einen „(ungeschriebenen) Satz des objektiven Rechts".[599] Der BGH hat bestätigt, dass das

---

594 Larenz, Kennzeichen geglückter richterlicher Rechtsfortbildungen, Karlsruhe 1964, S. 13 f.; vgl. Nirk, Culpa in contrahendo, in: Hefermehl/Nipperdey (Hrsg.), Festschrift für Philipp Möhring, München/Berlin 1965, S. 385, 386 und ders., Culpa in contrahendo, in: Hefermehl (Hrsg.), Festschrift für Philipp Möhring, München 1975, S. 71.

595 Larenz, Kennzeichen geglückter richterlicher Rechtsfortbildungen, Karlsruhe 1964, S. 13.

596 In der Entwicklung der Schutzpflichten haben wir bereits verschiedene Ansätze zu ihrer Begründung kennengelernt. Hierbei handelt es sich unter anderem um die Fiktion des Vorvertrages, das faktische Vertragsverhältnis und den sozialen Kontakt. Siehe oben 2. Teil C.

597 Vgl. Stoll, Abschied von der Lehre von der positiven Vertragsverletzung, AcP 136 (1932), S. 257, 288: „[...] ist unter den Parteien eine Sonderbeziehung geschaffen worden, die von unserm Recht als gegenseitiges Vertrauensverhältnis angesehen wird. Die Sonderbeziehung eröffnet für beide Parteien die Möglichkeit der Einwirkung auf Personen und Sachen der andern Partei."; ders., Die Lehre von den Leistungsstörungen, Tübingen 1936, S. 25 ff.; ders., Vertrag und Unrecht, Halbbd. 2, Tübingen 1943, § 6 I 4, S. 17; ähnlich aber Dölle, Aussergesetzliche Schuldpflichten, ZgesStaatsW 103 (1943), S. 67, 74: „Hier wird also ein ‚Vertrauensverhältnis' nicht, [...], als Folge des Schuldverhältnisses, sondern als sein Grund angenommen."; Ballerstedt, Zur Haftung für culpa in contrahendo bei Geschäftsabschluß durch Stellvertreter, AcP 151 (1950/1951), S. 501 ff.; Canaris, Ansprüche wegen „positiver Vertragsverletzung" und „Schutzwirkung für Dritte" bei nichtigen Verträgen, JZ 1965, S. 475 ff.; Thiele, Leistungsstörung und Schutzpflichtverletzung, JZ 1967, S. 649 ff.; Gerhardt, Der Haftungsmaßstab im gesetzlichen Schutzverhältnis (Positive Vertragsverletzung, culpa in contrahendo), JuS 1970, S. 597 ff.

598 Frotz, Die rechtsdogmatische Einordnung der Haftung für culpa in contrahendo, in: Faistenberger/Mayrhofer (Hrsg.), Privatrechtliche Beiträge – Gedenkschrift Franz Gschnitzer, Aalen 1969, S. 163, 164 f.

599 Thiele, Leistungsstörung und Schutzpflichtverletzung, JZ 1967, S. 649, 650.

Vertrauensverhältnis als ein „in Ergänzung des geschriebenen Rechts geschaffenes gesetzliches Schuldverhältnis"[600] bezeichnet wird.

C. Rechtsgrundlagen für Schutzpflichten aus objektiv erkennbarem Vertrauen

In den genannten Vorstellungen vom Vertrauensverhältnis, vom Vertrauensgedanken und von der Vertrauenshaftung findet sich der gemeinsame Begriff des Vertrauens. Im Rahmen der Begründung der außerdeliktischen Schutzpflichten spielt das „Vertrauen" eine große Rolle. Es stellt sich nun die Frage, was Vertrauen in rechtlichem Sinne ist und welches Vertrauen objektiv schutzwürdig ist.

I. Subjektiver und objektiver Vertrauensbegriff

1. Vertrauensbegriff im rechtlichen Sinne

Wenn man von Vertrauen spricht, hat dies zwei Bedeutungen: eine subjektiv-psychologische und eine objektiv-rechtliche. Zunächst ist auf die subjektive Bedeutung des Vertrauens einzugehen: Als „natürlich-sittliche" Vertrauen bezeichnete Hermann Eichler im Jahre 1950 einen höheren Grad der Erwartung als die Hoffnung, aber einen geringeren als die Zuversicht.[601] Das natürlich-sittliche Vertrauen wurzelt demnach in den natürlich gegebenen Beziehungen von Mensch zu Mensch.[602] Die Gefühlslage desjenigen, der in seinem Vertrauen enttäuscht wird, ist entscheidend, um das Vorhandensein eines solchen Vertrauens beurteilen zu können.[603] Damit Vertrauen entstehen könne, bedürfe es vieler innerer und äußerer Vertrauensmomente,[604] die auf die Motivierung der Vertrauensbekundung einwirkten; der Vorgang der Vertrauensbildung gehöre ganz dem Empfindungs- und Vorstellungsleben an.[605] Vertrauen ist ein

---

600 BGHZ 6, 330, 333.

601 Grimm, Deutsches Wörterbuch, Bd. 12, Leipzig 1956, Sp. 1946, 1955. Dazu siehe Eichler, Die Rechtslehre vom Vertrauen, Tübingen 1950, S. 3.

602 Eichler, Die Rechtslehre vom Vertrauen, Tübingen 1950, S. 7.

603 Craushaar, Der Einfluss des Vertrauens auf die Privatrechtsbildung, München 1969, S. 13.

604 Eichler, Die Rechtslehre vom Vertrauen, Tübingen 1950, S. 2 ff.; vgl. Craushaar, Der Einfluss des Vertrauens auf die Privatrechtsbildung, München 1969, S. 11; Stöcker, Die Rechtsgrundlage der culpa in contrahendo, Köln 1961, S. 65, 84; Sticht, Zur Haftung des Vertretenen und Vertreters aus Verschulden bei Vertragsschluss sowie des Erfüllungsgehilfen aus positiver Vertragsverletzung, München 1966, S. 41 ff.

605 Eichler, Die Rechtslehre vom Vertrauen, Tübingen 1950, S. 2.

psychologischer Tatbestand. Vertrauen ist immer auf „einen Zustand oder ein zukünftiges Geschehen“ gerichtet; daraus ergibt sich sein Inhalt.[606] Das Vertrauen des Einzelnen sei deshalb notwendig subjektiv, weil es auf seinen persönlichen Erwartungen und Erklärungsvorstellungen beruhe, also auf inneren Vorgängen, die dem Einblick des Außenstehenden unzugänglich seien.[607] Ein neutraler Beobachter kann weder nachvollziehen noch durch Tatsachen belegen, warum die Beteiligten aus dem Verhalten des anderen eine besondere, Vertrauen erweckende Redlichkeit ableiten und warum die Erwiderung des entgegengebrachten Vertrauens erwartet wird.[608]

Die rechtliche Bedeutung von Vertrauen liegt in dem über das natürlich-sittliche Vertrauen hinausgehenden Bedürfnis, Vertrauenstatbestände zu schematisieren und von individuellen Besonderheiten zu lösen. In diesem Sinne wird den Vertrauensmomenten dadurch Rechnung getragen, dass auf die Schutzwürdigkeit des Vertrauens abgestellt wird, die sich nach den durchschnittlichen Anforderungen des Verkehrslebens ergibt.[609] Ob das Vertrauen schutzwürdig ist oder nicht, bestimmt sich nach dem Inhalt des Vertrauens. So vertraue der Teilnehmer einer Gefälligkeitsfahrt darauf, dass alles gut gehen werde, obwohl ihm ein Mangel des Fahrzeugs bekannt sei; sein Vertrauen auf eine unfallfreie Fahrt werde hier wegen des ihm bekannten Mangels aber nicht als schutzwürdig angesehen.[610]

2. Subjektive Betrachtungsweise des Vertrauens

Schon Dölle vertrat die Auffassung, dass Schutzpflichten nur dort anzunehmen seien, wo ein sozialer Kontakt bestehe[611] und der Rechtsgrund darin liege, dass

606 Craushaar, Der Einfluss des Vertrauens auf die Privatrechtsbildung, München 1969, S. 13.

607 Eichler, Die Rechtslehre vom Vertrauen, Tübingen 1950, S. 18; zur Kurzfassung des natürlich-sittlichen Vertrauens vgl. Frost, Vorvertragliche und vertragliche Schutzpflichten, Berlin 1981, S. 96.

608 Frost, Vorvertragliche und vertragliche Schutzpflichten, Berlin 1981, S. 95; vgl. Eichler, Die Rechtslehre vom Vertrauen, Tübingen 1950, S. 2 f.; Stöcker, Die Rechtsgrundlage der culpa in contrahendo, Köln 1961, S. 84; Sticht, Zur Haftung des Vertretenen und Vertreters aus Verschulden bei Vertragsschluss sowie des Erfüllungsgehilfen aus positiver Vertragsverletzung, München 1966, S. 42.

609 Eichler, Die Rechtslehre vom Vertrauen, Tübingen 1950, S. 5.

610 Craushaar, Der Einfluss des Vertrauens auf die Privatrechtsbildung, München 1969, S. 14.

611 Vgl. Larenz, Lehrbuch des Schuldrechts Allgemeiner Teil, Bd. 1, 8. Aufl., München/Berlin 1967, § 4 V 1, S. 41 (Fn. 3).

die Beteiligten einander oder zumindest der eine dem anderen „besonderes Vertrauen“[612] entgegenbringe. Dieses Vertrauen entstehe dadurch, dass „sie die eigenen Rechtsgüter bewußt – zur Erreichung des mit dem sozialen Kontakt verfolgten Zwecks – dem Einfluß und damit der Obhut und Sorgfalt des andern anvertrauten und in diesem Vertrauen (gerade im Hinblick auf den Zweck der Berührung ihrer Rechtssphären) nicht enttäuscht werden dürfen“.[613] Er wusste bereits um die Schwierigkeit, die Vertrauensmomente zu erfassen; selbstverständlich sei nicht jedes beliebige Hineingelangen in eine fremde Rechtssphäre geeignet, um Schutzpflichten zu begründen, sondern Voraussetzung sei, dass der Eintritt in die Rechtssphäre eines anderen mit dessen Willen oder zwar ohne oder gegen dessen Willen, aber unter Billigung der Rechtsordnung erfolgt sei; unter Rechtssphäre könne der einem Rechtssubjekt zugeordnete Lebenskreis verstanden werden.[614] Zur Begründung von Schutzpflichten ist es erforderlich, dass das Vertrauen des anderen mit der Einbringung von Rechtsgütern in die Rechtssphäre des Handelnden verbunden ist, d. h. es ist zu prüfen, ob das Vertrauen tatsächlich erweckt wurde.[615]

Ob Schutzansprüche, die sich aus dem tatsächlichen Vertrauen ergeben, schutzwürdig seien, hänge bei einer subjektiven Betrachtungsweise nicht von der Vertrauenswerbung des anderen, sondern von dem Glauben des Anspruchstellers ab, dass sein Sicherungsbedürfnis befriedigt werde. Eine solche Betrachtungsweise führe dazu, dass dem misstrauischen Anspruchsteller keine rechtlichen Schutzansprüche gewährt würden; es stelle sich dann die Frage, ob das Recht „die fein nuancierte Vorstellung“ des Anspruchstellers wirklich so konkret erforsche.[616] Die innere, fein nuancierte Gefühlslage des Einzelnen sei jedoch schwer zu erfassen.[617]

---

612 Dölle, Aussergesetzliche Schuldpflichten, ZgesStaatsW 103 (1943), S. 67, 84.

613 Dölle, Aussergesetzliche Schuldpflichten, ZgesStaatsW 103 (1943), S. 67, 74. Dies beantwortet die Frage, warum in Fällen, in denen ein spezifischer Zusammenhang zwischen dem Zweck des sozialen Kontakts und dem verursachten Schaden besteht, eine strengere Haftung des Schädigers verlangt wird als sonst.

614 Dölle, Aussergesetzliche Schuldpflichten, ZgesStaatsW 103 (1943), S. 67, 74 ff. und 77.

615 Baumert, Tatbestand und Haftungsmaßstab der einzelnen Pflichten bei der culpa in contrahendo, Berlin 1955, S. 27 f.

616 Frost, Vorvertragliche und vertragliche Schutzpflichten, Berlin 1981, S. 93.

617 Vgl. Frost, Vorvertragliche und vertragliche Schutzpflichten, Berlin 1981, S. 96 ff.

3. *Objektive Beurteilung des schutzwürdigen Vertrauens*

Die ältere Grundlage der Lehre von der culpa in contrahendo geltende Auffassung, derzufolge der Eintritt in Vertragsverhandlungen eine vertragsähnliche Sonderverbindung zwischen den Verhandlungspartnern begründe,[618] hielt Medicus nicht für richtig. Aus dieser Sonderverbindung sei nicht automatisch abzuleiten, dass die in den Verhandlungen gemachten Zusicherungen in den Kaufvertrag eingeflossen seien und eine Haftung neben dem Kaufvertrag begründen könnten.[619] Das wirklich entgegengebrachte Vertrauen sei nicht alles, entscheidend sei vielmehr, ob das besondere Vertrauen objektiv schutzwürdig sei.[620] Dies sei nach den Umständen zu beurteilen, so dass es nur in Betracht kommt, wenn „jenes Entgegenbringen von Vertrauen durch die Verkehrsauffassung gedeckt ist".[621] Was die Verkehrsauffassung ist, beschreibt Medicus so: „Wer etwa einen Ramschladen betritt, in dem die Waren erkennbar unordentlich aufgetürmt sind, muß selbst aufpassen".[622]

Das Verständnis des Vertrauensprinzips verlagerte sich in diesen Debatten vom psychologisch subjektiv individuellen zum objektiv typisierten Vertrauenstatbestand. In diesem Sinne sah Wolfgang Thiele wegen des subjektiv möglicherweise gar nicht vorliegenden Vertrauens das Vertrauensprinzip als problematisch an. Auch er betonte aber letztlich: „Nicht das, was der Partner wirklich erwartet, begründet die Verhaltenspflicht, sondern das, was er, was jeder Rechtsgenosse in dieser ‚Partnerrolle' und unter diesen Umständen

618 Vgl. Hildebrandt, Die Erklärungshaftung, Berlin 1931, S. 124 ff.; Stoll, Abschied von der Lehre von der positiven Vertragsverletzung, AcP 136 (1932), S. 257, 287 ff., 298 ff.; ders., Die Lehre von den Leistungsstörungen, Tübingen 1936, S. 26 ff.; Canaris, Ansprüche wegen „positiver Vertragsverletzung" und „Schutzwirkung für Dritte" bei nichtigen Verträgen, JZ 1965, S. 475, 476 f.; Thiele, Leistungsstörung und Schutzpflichtverletzung, JZ 1965, S. 649, 651 ff., 657; Gerhardt, Der Haftungsmaßstab im gesetzlichen Schutzverhältnis (Positive Vertragsverletzung, culpa in contrahendo), JuS 1970, S. 597, 599.

619 Medicus, Grenzen der Haftung für culpa in contrahendo, JuS 1965, S. 209, 210.

620 Medicus, Grenzen der Haftung für culpa in contrahendo, JuS 1965, S. 209, 214.

621 Medicus, Grenzen der Haftung für culpa in contrahendo, JuS 1965, S. 209, 213.

622 Medicus, Grenzen der Haftung für culpa in contrahendo, JuS 1965, S. 209, 213. Zur Verkehrsauffassung führte Ballerstedt bereits in AcP 151 (1950/1951), S. 501, 503 aus, dass der Austausch von Erklärungen bei Vertragsverhandlungen taktisch gemeint sein könne, d. h. darauf berechnet sei, je nach der Position des Gegners die Dringlichkeit eines Interesses auszuloten, die Schwäche der eigenen Position zu verschleiern und die Bereitschaft des Gegners zu Zugeständnissen zu beleben.

erwarten darf".[623] Die Partner einer Sonderverbindung hätten sich daher als redliche Rechtsgenossen zu begegnen und aufeinander besondere Rücksicht zu nehmen; die Grundlage ihrer Verhaltenspflichten fand er in den „praktisch unbestrittenen Elementarsätze des gerechten Handelns" oder in der über den Grundsatz von Treu und Glauben hinausgehenden rechtsethischen „Verkehrsmoral".[624] Um aber den Irrtum zu vermeiden, der in der Unterscheidung zwischen subjektiver und objektiver Betrachtungsweise liege, sprach Lackum von einem „faktisch normativen Vertrauenstatbestand". Vertrauen müsse durch die objektive Vertrauenslage konkret erweckt worden sein; entscheidend sei, dass es nicht auf einen subjektiv zweiseitigen Vertrauenstatbestand, sondern auf die zu beurteilende faktische Rechtslage ankomme.[625]

Der objektiv typisierte Vertrauenstatbestand werde hinreichend durch das Vorliegen eines Vertrauensbeweises bejaht, der in der Einbringung eigener Rechtsgüter zu sehen sei; ein subjektiv gewachsenes Vertrauen sei daneben nicht erforderlich. Das Recht könne nicht auf die jeweilige Gefühlslage des Anspruchstellers abstellen, sondern nur auf die Anknüpfung bestimmter Rechtsfolgen an das Verhalten der Beteiligten.[626]

---

623 Thiele, Leistungsstörung und Schutzpflichtverletzung, JZ 1965, S. 649, 651 f.; dazu siehe Medicus, Vertragliche und deliktische Ersatzansprüche für Schäden aus Sachmängeln, in: Tübinger Festschrift für Eduard Kern, Tübingen 1968, S. 313, 324 (Fn. 42).

624 Thiele, Leistungsstörung und Schutzpflichtverletzung, JZ 1965, S. 649, 652; vgl. Esser, Schuldrecht Allgemeiner Teil, Bd. 1, 4. Aufl., Karlsruhe 1970, § 5 II, S. 24: „Das Vertrauen, das die Partner des Schuldverhältnisses einander entgegenbringen, […] schließt auch die Erwartung ein, daß für die Beteiligten aus dieser Sonderbeziehung, durch die damit ermöglichten Einwirkungen, keine Verletzungsakte oder vermeidbare Schäden entstehen".

625 Lackum, Verschmelzung und Neuordnung von „Culpa in contrahendo" und „positiver Vertragsverletzung", Bonn 1970, S. 102: Seine These ging von der Feststellung Flumes aus, dass die Haftung aus culpa in contrahendo nach Ballerstedt teilweise als Vertrauenshaftung angesehen werde; sie trete nicht einmal eine gesetzliche Rechtsfolge in der Ergänzung rechtsgeschäftlicher Gestaltung ein, sondern eine Rechtsfolge kraft „rechtlicher Wertung eines Verhaltens". Dazu siehe Flume, Das Rechtsgeschäft und das rechtlich relevante Verhalten, AcP 161 (1962), S. 52, 63; vgl. Ballerstedt, Zur Haftung für culpa in contrahendo bei Geschäftsabschluß durch Stellvertreter, AcP 151 (1950/1951), S. 501, 507 f.

626 Frost, Vorvertragliche und vertragliche Schutzpflichten, Berlin 1981, S. 99 f.; vgl. Ballerstedt, Zur Haftung für culpa in contrahendo bei Geschäftsabschluß durch Stellvertreter, AcP 151 (1950/1951), S. 501, 506 ff.; Canaris, Die Vertrauenshaftung im deutschen Privatrecht, München 1971, S. 528: „Weiß jemand, daß

II. Die „Gewährung in Anspruch genommenen Vertrauens" in der Lehre von Kurt Ballerstedt

Kurt Ballerstedt schloss sich der h. M. an, dass vorvertragliche Pflichten nicht auf einer stillschweigenden Willensübereinstimmung, sondern auf einem bestimmten Verhalten beruhen, nämlich auf Gesetz oder Gewohnheitsrecht.[627] Die Rechtfertigung der außerdeliktischen Schutzpflichten liegt nach Ballerstedt

---

er einen Rechtsschein setzt, so ist ihm dieser immer zuzurechnen; weiß jemand nicht, daß er einen Rechtsschein setzt, weiß er aber wenigstens, daß er eine Vertrauensgrundlage schafft, so ist ihm der Rechtsschein zuzurechnen, wenn er sich auf eine ‚drittgerichtete' Rechtstatsache bezieht." Und S. 540: „Der Vertrauensgedanke spielt nämlich auch hier insofern eine entscheidende Rolle, als die – im Vergleich zum Deliktsrecht wesentlich strengere – Haftung ihre innere Rechtfertigung darin findet, daß der Verletzte im Rahmen des rechtsgeschäftlichen Verkehrs seine Rechtsgüter der Einwirkungsmöglichkeit des anderen Teils ausgesetzt und sie ihm in diesem Sinne ‚anvertraut' hat."; auch vgl. Eichler, Die Rechtslehre vom Vertrauen, Tübingen 1950, S. 12 ff.; Frotz, Verkehrsschutz im Vertretungsrecht, Frankfurt a. M. 1972, S. 60 ff.; ders., Die rechtsdogmatische Einordnung der Haftung für culpa in contrahendo, in: Faistenberger/Mayrhofer (Hrsg.), Privatrechtliche Beiträge – Gedenkschrift Franz Gschnitzer, Aalen 1969, S. 163, 168 ff.; Craushaar, Der Einfluss des Vertrauens auf die Privatrechtsbildung, München 1969, S. 20 ff.; Daum, Der Bundesgerichtshof zum finanzierten Abzahlungskauf – zugleich ein Beitrag zur culpa in contrahendo, NJW 1968, S. 372, 375 f.; Medicus, Grenzen der Haftung für culpa in contrahendo, JuS 1965, S. 209, 213; Flume, Das Rechtsgeschäft und das rechtlich relevante Verhalten, AcP 161 (1962), S. 52, 63: „Man mag die Haftung für culpa in contrahendo [...] als Vertrauenshaftung bezeichnen. Sie tritt aber nicht kraft privatautonomer Gestaltung ein, weil die Parteien die Pflichten oder die Haftung vereinbarten, ja sie ist nicht einmal eine gesetzliche Rechtsfolge in der Ergänzung rechtsgeschäftlicher Gestaltung, sondern sie ist eine Rechtsfolge kraft rechtlicher Wertung eines Verhaltens, wie übrigens auch Ballerstedt nicht verkennt."; Erman, Beiträge zur Haftung für das Verhalten bei Vertragsverhandlungen, AcP 139 (1934), S. 273, 311 f.; Hübner, Zurechnung statt Fiktion einer Willenserklärung, in: Dietz/Hübner (Hrsg.), Festschrift für Hans Carl Nipperdey, Bd. 1, München/Berlin 1965, S. 373, 400.

627 Hildebrandt, Die Erklärungshaftung, Berlin 1931, S. 93; Enneccerus/Lehmann, Recht der Schuldverhältnisse, Bd. 2, 15. Bearb., Tübingen 1958, § 48 III, S. 191; Schmidt-Rimpler, in: Ehrenberg (Hrsg.), Handbuch des gesamten Handelsrechts, Bd. 5, I/1, Leipzig 1928, S. 731 (Fn. 4); vgl. Ballerstedt, Zur Haftung für culpa in contrahendo bei Geschäftsabschluß durch Stellvertreter, AcP 151 (1950/1951), S. 501, 505.

nicht in der einseitigen Erklärung[628] eines Partners, verhandeln zu wollen, sondern in der Konstruktion eines zweiseitigen Vertrauenstatbestandes,[629] nämlich in der wirksamen Inanspruchnahme des Vertrauens[630] des anderen Teils durch das Verhalten des Schuldners und der Gewährung des Vertrauens durch den anderen.[631] Davon zu unterscheiden ist der Begründungsansatz Dölles für die Schutzpflichten, wonach die Schutzpflichten aus dem sozialen Kontakt abgeleitet würden und ein spezifischer Zusammenhang zwischen dem Zweck des sozialen Kontakts und dem eingetretenen Schaden auf ein besonderes Vertrauen zurückzuführen sei, das einer Partei entgegengebracht werde, indem die Parteien ihre eigenen Rechtsgüter bewusst dem Einfluss und damit der Obhut und Sorgfalt des anderen anvertrauen und in diesem Vertrauen nicht enttäuscht werden dürfen.[632] Auf die bereits von Ehrlich gestellte Frage zur Natur der Vertrauenshaftung bei Vertragsverhandlungen[633] antwortete Ballerstedt: „Wir

628 Vgl. Stoll, Haftung für das Verhalten während der Vertragsverhandlungen, LZ 1923, Sp. 532, 544; Ballerstedt, Zur Haftung für culpa in contrahendo bei Geschäftsabschluß durch Stellvertreter, AcP 151 (1950/1951), S. 501, 505 f.: Er lehnte die Erklärung als rein positivistisch ab. „Sie gibt keine Auskunft darüber, was diese objektiv-rechtlich angeordnete Verpflichtung des Verhandlungspartners innerlich rechtfertigt." Auch gegen die Eintrittstheorie Stolls sei die einseitige Erklärung eines Partners nur ein Moment und nicht einmal das wesentliche.

629 Ballerstedt, Zur Haftung für culpa in contrahendo bei Geschäftsabschluß durch Stellvertreter, AcP 151 (1950/1951), S. 501, 507 (Fn. 17).

630 Das ist das Vertrauen des geschädigten Auskunftsempfängers. Dazu siehe Lorenz, Haftung für primäre Vermögensschäden bei unrichtiger Auskunft, in: Paulus/Diederichs/Canaris (Hrsg.), Festschrift für Karl Larenz, München 1973, S. 575, 618.

631 Ballerstedt, Zur Haftung für culpa in contrahendo bei Geschäftsabschluß durch Stellvertreter, AcP 151 (1950/1951), S. 501, 506 und 507; vgl. Frotz, Die rechtsdogmatische Einordnung der Haftung für culpa in contrahendo, in: Faistenberger/Mayrhofer (Hrsg.), Privatrechtliche Beiträge – Gedenkschrift Franz Gschnitzer, Aalen 1969, S. 163, 165 (Fn. 22): Alle rechtsgeschäftlichen Kontaktaufnahmen seien, so Ballerstedt, auf die Fälle beschränkt, in denen die Gewährung von Vertrauen in Anspruch genommen werde.

632 Dölle, Aussergesetzliche Schuldpflichten, ZgesStaatsW 103 (1943), S. 67, 73 ff.

633 Vgl. Ehrlich, Die Entwicklung der Lehre von der Haftung für Verschulden beim Vertragsschluß im spätgemeinen und im bürgerlichen Recht, Berlin-Neukölln 1933, S. 37: Die Frage, „ob es sich um eine deliktische oder kontraktliche Haftung wegen Verschuldens beim Vertragsschluß handelt, wird heute allgemein dahin beantwortet, daß der Anspruch ‚vertraglicher' Natur sei". Dazu siehe Oertmann, Kommentar zum BGB, Das Recht der Schuldverhältnisse, 2. Aufl., Berlin 1906, § 307, S. 132; Tuhr, Der Allgemeine Teil des Deutschen Bürgerlichen Rechts, Bd. 2/1, München/Leipzig 1914, S. 490; Titze, Verschulden beim Vertragsschluß,

haben hier ein schuldrechtliches Rechtsgeschäft vor uns, das nicht auf der Verpflichtung durch bindende Willenserklärung beruht".[634] Bei Vorliegen einer Vertrauensbeziehung begründet die Begriffserweiterung des Rechtsgeschäfts um die „Verpflichtung durch Gewährung in Anspruch genommenen Vertrauens" die vertragliche Haftung aus culpa in contrahendo.[635]

Ballerstedts Lehre von der „Gewährung in Anspruch genommenen Vertrauens" wurde in der Literatur und in der Praxis zur h. M.: Larenz führte aus, dass der Rechtsgrund der Haftung für culpa in contrahendo in dem besonderen Vertrauen liege, das derjenige, der sich zur Aufnahme von Vertragsverhandlungen in den Einflussbereich eines anderen begebe oder im Hinblick auf schwebende Verhandlungen geschäftliche Dispositionen treffe, dem anderen regelmäßig entgegenbringe; für dieses Vertrauen, soweit es nach den Umständen als gerechtfertigt erscheine, einzustehen, sei ein Gebot von Treu und Glauben.[636] Medicus formulierte, dass die Haftung aus culpa in contrahendo das Korrelat des vom Partner gewährten Vertrauens sei.[637] Die Ableitung der

---

in: Stier-Somlo u. a. (Hrsg.), Handwörterbuch der Rechtswissenschaft, Bd. 6, Berlin/Leipzig 1929, S. 516, 520; Heck, Grundriß des Schuldrechts, Tübingen 1929, § 41, S. 4.

634 Ballerstedt, Zur Haftung für culpa in contrahendo bei Geschäftsabschluß durch Stellvertreter, AcP 151 (1950/1951), S. 501, 507; vgl. Benedict, Culpa in contrahendo, Tübingen 2007, S. 381.

635 Ballerstedt, Zur Haftung für culpa in contrahendo bei Geschäftsabschluß durch Stellvertreter, AcP 151 (1950/1951), S. 501, 507; vgl. Lackum, Verschmelzung und Neuordnung von „Culpa in contrahendo" und „positiver Vertragsverletzung", Bonn 1970, S. 98.

636 Larenz, Lehrbuch des Schuldrechts, Bd. 1, 8. Aufl., München/Berlin 1967, § 4 V, S. 39; vgl. Eichler, Die Rechtslehre vom Vertrauen, Tübingen 1950, S. 13: Er fand den Rechtsgrundgedanken der Lehre von der culpa in contrahendo darin, „daß derjenige, der eine rechtlich bedeutsame Handlung vornimmt, wozu auch die Eröffnung einer Vertragsverhandlung gehört, sich so zu verhalten hat, daß die auf diesen Akt Vertrauenden nicht getäuscht oder geschädigt werden. [...] die gemeinsame Stützte dieses Rechtsgrundgedankens und der vielfachen Vorstellung eines Vertrauensverhältnisses bilden letztlich Treu und Glauben, [...]"; vgl. Canaris, Geschäfts- und Verschuldensfähigkeit bei Haftung aus „culpa in contrahendo", Gefährdung und Aufopferung, NJW 1964, S. 1987: Die Haftung aus culpa in contrahendo finde ihren Grund in einem besonderen Schuldverhältnis der Vertragsverhandlung. Dieses Schuldverhältnis habe seine innere Rechtfertigung in der Inanspruchnahme und Gewährung von Vertrauen und entstehe unabhängig vom Willen der Parteien unmittelbar kraft (ungeschriebener) Rechtsnorm.

637 Medicus, Grenzen der Haftung für culpa in contrahendo, JuS 1965, S. 209, 213.

Schutzpflichten aus dem Vertrauensgedanken erfolgte auch in der Rechtsprechung mit ähnlichen Formulierungen.[638] Bei schuldhafter Vertrauensverletzung entsteht ein Schadensersatzanspruch.[639]

III. Schutzpflichten aus einheitlichen Schutzpflichtverhältnissen vor und nach Vertragsschluss

1. Ausgangspunkt der einheitlichen Lehre: Dilemma der pFV und der Schutzwirkung zugunsten Dritter bei nichtigen Verträgen

In seiner Studienzeit wurde Canaris mit der Problematik der Schutzwirkung zugunsten Dritter bei nichtigen Verträgen und der pFV konfrontiert. Konkret ging es um den Fall, dass ein Käufer einer mangelhaften Sache sowohl die ex tunc wirkende Wandelung als auch einen Anspruch aus pFV wegen eines Begleitschadens geltend machte; die ex tunc wirkende Wandelung war auf die Rückabwicklung des Vertrages gerichtet, so dass der Käufer nur entweder die ex tunc wirkende Wandelung oder den Anspruch aus pFV geltend machen konnte, da dieser Anspruch das Bestehen eines Schuldverhältnisses voraussetzte. Das sich daraus ergebende Dilemma überwand Canaris mit der damals neuen Ansicht, dass die Wandelung nur ex nunc wirke und insofern kein Dilemma mehr bestehe, da beides nebeneinander geltend gemacht werden könne; diese Lösung empfand er aber als unbefriedigend, da sie mit der Unterscheidung zwischen ex nunc und ex tunc rein begrifflicher Natur war.[640]

---

638 BGH Urt. v. 10.6.1964 (VIII ZR 294/62) = JZ 1964, S. 654, 655 = NJW 1964, S. 2009; BAG Urt. v. 27.6.1957 (2 AZR 58/55) = NJW 1957, S. 1332. Zur unveröffentlichten Entscheidung des BGH v. 6.5.1963 (VII ZR 76/62) siehe Nirk, Culpa in contrahendo, in: Hefermehl/Nipperdey (Hrsg.), Festschrift für Philipp Möhring, München/Berlin 1965, S. 385, 392 (Fn. 29): „Der Anspruch aus c.i.c. beruht auf dem Erfordernis des Vertrauensschutzes; STOLL, Die Lehre von den Leistungsstörungen, 1936, S. 25 ff. gebührt das Verdienst, die Ersatzpflicht für c.i.c. erstmals aus dem Vertrauensgedanken heraus erklärt zu haben.“; vgl. Bohrer, Die Haftung des Dispositionsgaranten, München 1980, S. 151 ff.

639 Nirk, Culpa in contrahendo, in: Hefermehl/Nipperdey (Hrsg.), Festschrift für Philipp Möhring, München/Berlin 1965, S. 385, 393.

640 Florian, Claus-Wilhelm Canaris – Die Vertrauenshaftung im deutschen Privatrecht, in: Hoeren (Hrsg.), Zivilrechtliche Entdecker, München 2001, S. 377, 379 f.; zur Problematik siehe Canaris, Ansprüche wegen „positiver Vertragsverletzung“ und „Schutzwirkung für Dritte“ bei nichtigen Verträgen, JZ 1965, S. 475.

2. *Das einheitliche Schutzpflichtverhältnis als gesetzliches Schuldverhältnis*

Im Anschluss an Ballerstedt[641] entwickelte Canaris die Lehre von den Schutzpflichten[642] fort. Schutzpflichten entstünden nicht durch den künftigen Vertragsschluss, sondern durch das von den Parteien unabhängig von ihrem Willen begründete besondere Rechtsverhältnis der Vertragsverhandlung. Dieses sei gesetzlicher Natur.[643] Es erschien ihm offensichtlich, dass nach Vertragsschluss das Gleiche gelten müsse wie bei Schutzpflichtverletzungen vor Vertragsschluss.[644] Denn wenn bereits vor Vertragsschluss eine auf Vertrauen basierende Sonderverbindung[645] anzunehmen sei, müsse dies erst recht nach Vertragsschluss der Fall sein, wenn die Einwirkungsmöglichkeiten und damit die Vertrauensbeziehung noch verstärkt seien.[646]

Er fasste drei Elemente von Schutzpflichten zusammen: Sie können unabhängig vom Bestehen von Leistungspflichten bestehen; sie werden im vorvertraglichen Stadium durch den Vertrauensgedanken gerechtfertigt und finden ihre positiv-rechtliche Grundlage in § 242 BGB; sie bestehen unabhängig vom Zustandekommen des Vertrages und bleiben daher von dessen Nichtigkeit und ex tunc-Vernichtung grundsätzlich unberührt.[647] Die vorvertraglichen Schutzpflichten bestehen also auch dann fort, wenn der Vertrag nichtig wäre oder wirksam angefochten würde. Dies ergebe sich aus ihrer Rechtfertigung durch

---

641 Zur Haftung für culpa in contrahendo bei Geschäftsabschluß durch Stellvertreter, AcP 151 (1950/1951), S. 501 ff.; vgl. Dölle, Aussergesetzliche Schuldpflichten, ZgesStaatsW 103 (1943), S. 67 ff.

642 Stoll, Abschied von der Lehre von der positiven Vertragsverletzung, AcP 136 (1932), S. 257 ff.; ders., Die Lehre von den Leistungsstörungen, Tübingen 1936.

643 Canaris, Ansprüche wegen „positiver Vertragsverletzung" und „Schutzwirkung für Dritte" bei nichtigen Verträgen, JZ 1965, S. 475, 476.

644 HKK/Dorn, § 241 Rn. 104.

645 Vgl. Stoll, Abschied von der Lehre von der positiven Vertragsverletzung, AcP 136 (1932), S. 257, 289 und die Lehre von den Leistungsstörungen, Tübingen 1936, S. 26 ff.; Canaris, Ansprüche wegen „positiver Vertragsverletzung" und „Schutzwirkung für Dritte" bei nichtigen Verträgen, JZ 1965, S. 475, 479 und 482; Krebs, Sonderverbindung und außerdeliktische Schutzpflichten, München 2000, S. 6 ff., 65 ff.

646 Canaris, Ansprüche wegen „positiver Vertragsverletzung" und „Schutzwirkung für Dritte" bei nichtigen Verträgen, JZ 1965, S. 475, 476 f.; hierzu siehe MüKo/Kramer (2007), Einl. §§ 241–432, Rn. 82.

647 Canaris, Ansprüche wegen „positiver Vertragsverletzung" und „Schutzwirkung für Dritte" bei nichtigen Verträgen, JZ 1965, S. 475, 476.

den Vertrauensgedanken. Ein besonderes Vertrauensverhältnis als Sonderverbindung bestehe sowohl vor Vertragsschluss als auch nach Vertragsschluss. Die Schutzpflichten bestünden auch unter dem Begriff „Vertrag mit Schutzwirkung für Dritte" und es gehe um deren Erstreckung auf Dritte.[648] Wenn die Haftung sich rechtlich aus der Inanspruchnahme von Vertrauen ergibt, welches ein nicht rechtsgeschäftlicher Moment ist, so besagt die Überzeugung von Canaris, dass die Verletzung von Schutzpflichten vor und nach Vertragsschluss zu einem einheitlichen Tatbestand zusammenzufassen sei.[649]

Über Stolls Gedanken zum Verhältnis von Schutzpflichten und deliktischen Rechtspflichten hinausgehend,[650] fand Canaris also den Rechtsgrund aller im geschäftlichen Kontakt bestehenden Schutzpflichten in einem einheitlichen Schuldverhältnis, das mit der Anbahnung des geschäftlichen Kontakts beginne und sich über mehrere Stufen – Aufnahme von Vertragsverhandlungen, Vertragsschluss und Eintritt in das Erfüllungsstadium – verdichte.[651] In diesem einheitlichen Schuldverhältnis bilden die Schutzpflichten und die Leistungspflichten jeweils eigenständige Pflichtenkomplexe.[652] Schutzpflichten sollten in einem einheitlichen „Schutzverhältnis" zusammengeführt und klar von den Leistungspflichten im Rahmen des Leistungsverhältnisses abgegrenzt werden, indem sie unabhängig von Parteiwillen und Vertragszweck allein durch die tatsächlichen Beziehungen zwischen den Parteien begründet werden.[653]

---

648 Canaris, Ansprüche wegen „positiver Vertragsverletzung" und „Schutzwirkung für Dritte" bei nichtigen Verträgen, JZ 1965, S. 475, 476 ff.

649 Canaris, Ansprüche wegen „positiver Vertragsverletzung" und „Schutzwirkung für Dritte" bei nichtigen Verträgen, JZ 1965, S. 475, 476 und 479.

650 Stoll, Die Lehre von den Leistungsstörungen, Tübingen 1936, S. 28.

651 Canaris, Ansprüche wegen „positiver Vertragsverletzung" und „Schutzwirkung für Dritte" bei nichtigen Verträgen, JZ 1965, S. 475, 479 und 482; vgl. HKK/Dorn, § 241 Rn. 104.

652 Canaris, Ansprüche wegen „positiver Vertragsverletzung" und „Schutzwirkung für Dritte" bei nichtigen Verträgen, JZ 1965, S. 475, 478 insbesondere mit Fn. 33; dazu siehe Frost, Vorvertragliche und vertragliche Schutzpflichten, Berlin 1981, S. 211. Larenz, Lehrbuch des Schuldrechts Allgemeiner Teil, Bd. 1, 14. Aufl., München 1987, § 2, S. 10 ff. und § 9, S. 104 ff.: Er unterschied zwischen (weiteren) Verhaltenspflichten und Leistungspflichten, jedoch nicht zwischen Schutz- und Leistungspflichten.; hingegen siehe Wolf, Rücktritt, Vertretenmüssen und Verschulden, AcP 153 (1954), S. 97, 113: „Die grundlegende Unterscheidung von ‚Leistungspflichten' und ‚Verhaltenspflichten', […], ist unrichtig. Jede Leistungspflicht ist eine Verhaltens-, jede Verhaltens- eine Leistungspflicht".

653 Vgl. Canaris, Ansprüche wegen „positiver Vertragsverletzung" und „Schutzwirkung für Dritte" bei nichtigen Verträgen, JZ 1965, S. 475, 478 f. (Fn. 34).

Ferner stellte er die Schutzpflichten den Nebenleistungspflichten gegenüber: Die Nebenleistungspflichten dienen unmittelbar oder mittelbar dem Vertragszweck sowie der Erhaltung der Hauptleistung, während die Schutzpflichten die Parteien vor der Verletzung anderer Rechtsgüter bewahren sollen.[654]

a) Kontroverse über die Einheitlichkeit des Schutzverhältnisses

Der Vorschlag von Canaris, ein einheitliches gesetzliches Schutzpflichtverhältnis von der culpa in contrahendo über den Vertrag bis zur culpa post contractum finitum zugrunde zu legen, wurde intensiv und kontrovers diskutiert. Karl Larenz hatte Bedenken gegen ein einheitliches Schutzverhältnis und hielt es für unglücklich, da die Parteien durchaus auch über Schutz- und Erhaltungspflichten Vereinbarungen treffen und das Leistungsverhältnis auch hinsichtlich der Modalitäten der Leistung, der Rechtsfolgen von Leistungsstörungen und der Begründung einzelner Nebenleistungspflichten weitgehend durch das meist dispositive Gesetzesrecht mitbestimmt wird.[655] Marina Frost hielt zudem die strikte Zweiteilung der Pflichtenkomplexe von Canaris in Leistungs- und Schutzverhältnis weder für praktisch noch für wirklichkeitsnah; diese Zweiteilung führe zur Schwierigkeiten bei der Einordnung des Schutzverhältnisses in das herkömmliche Schuldverhältnissystem.[656] Es handelt sich um die Aufweichung klarer „Linien": Bei den Schutzpflichten werde die Trennlinie zur Leistungsbeziehung durch die Wechselwirkung mit dem Vertrag flüssig; einerseits seien sie vom Leistungsprogramm teilweise völlig losgelöst, da die Parteien häufiger zusammentreffen könnten, als es die eigentliche Leistung erfordere. Andererseits seien sie vom Leistungsprogramm mittelbar beeinflusst, da die Leistungserbringung notwendigerweise einen Rechtsgüterkontakt voraussetze.[657] Horst Heinrich Jakobs kritisierte, dass der Vertrag nicht als verletzt angesehen werden könne, wenn er zwar ordnungsgemäß erfüllt werde, dabei aber infolge eines sorgfaltswidrigen Verhaltens des Schuldners Sachen des Gläubigers beschädigt würden; es handele sich um die Pflicht, für die Erhaltung dieser Sachen Sorge zu tragen. Diese Pflicht sei aber keine vertragliche Pflicht, die sich aus dem Abschluss oder der Wirksamkeit eines Vertrages ergebe.[658]

654 Canaris, Ansprüche wegen „positiver Vertragsverletzung" und „Schutzwirkung für Dritte" bei nichtigen Verträgen, JZ 1965, S. 475, 477.

655 Larenz, Lehrbuch des Schuldrechts Allgemeiner Teil, Bd. 1, 14. Aufl., München 1987, § 9 I, S. 120.

656 Frost, Vorvertragliche und vertragliche Schutzpflichten, Berlin 1981, S. 218.

657 Frost, Vorvertragliche und vertragliche Schutzpflichten, Berlin 1981, S. 218.

658 Jakobs, Unmöglichkeit und Nichterfüllung, Bonn 1969, S. 60.

Die Annahme eines besonderen Schutzpflichtverhältnisses sei aber entbehrlich, weil die Schutzpflichten als unerlaubte Handlung einzustufen seien.[659]

Wolfgang Thiele vertrat die Auffassung, dass sich die Schutzpflichten nicht aus einem einheitlichen Schuldverhältnis als „Organismus"[660] oder „Gefüge",[661] sondern aus einer gegenüber dem vertraglichen Schuldverhältnis selbständigen rechtlichen Sonderverbindung als Schutzpflichtverhältnis ergeben[662].[663] Zur Rechtsnatur der Schutzpflichten führte er aus, dass bestimmte tatsächliche Vorgänge von Rechts wegen Rechtspflichten begründen,[664] deren Besonderheit nicht in einer vertraglichen Vereinbarung zwischen den Parteien, sondern in der nach objektiven Maßstäben wertenden Feststellung ihres Vorhandenseins

---

659 Jakobs, Unmöglichkeit und Nichterfüllung, Bonn 1969, S. 40 (Fn. 6).

660 Vgl. Siber, in: Planck's Kommentar zum Bürgerlichen Gesetzbuch, Recht der Schuldverhältnisse (Allgemeiner Teil), Bd. 2/1, 4. Aufl., Berlin 1914, Vorb., S. 3 f.; Oertmann, Kommentar zum BGB, Das Recht der Schuldverhältnisse, 5. Aufl., Berlin 1928, Vorb., S. 2; Enneccerus/Lehmann, Recht der Schuldverhältnisse, Bd. 2, 15. Bearb., Tübingen 1958, § 1 III, S. 5.

661 Vgl. Larenz, Entwicklungstendenzen der heutigen Zivilrechtsdogmatik, JZ 1962, S. 105, 108; ders., Lehrbuch des Schuldrechts Allgemeiner Teil, Bd. 1, 14. Aufl., München 1987, § 2 V, S. 26 ff. (zu dem Begriff des Schuldverhältnisses als „Gefüge" ausführlich Fn. 39). Dazu siehe Gernhuber, Das Schuldverhältnis, Tübingen 1989, § 2 I 3, S. 9 f.: „Zu erfassen ist das Phänomen rein deskriptiv. Nicht fügt das Schuldverhältnis hinzu, was nicht schon in seinen einzelnen Elementen erhalten wäre."; HKK/Dorn, § 241 Rn. 72: Rechte, Pflichten und Verhaltensregeln ergeben sich aus den jeweiligen Rechtssätzen, die das konkrete Schuldverhältnis regeln und gegebenenfalls durch Gesetzes- oder Vertragsauslegung zu ermitteln seien. Sie sollten aber nicht durch Inversionsschlüsse aus abstrakten Rechtsbegriffen abgeleitet werden.

662 Vgl. Canaris, Ansprüche wegen „positiver Vertragsverletzung" und „Schutzwirkung für Dritte" bei nichtigen Verträgen, JZ 1965, S. 475, 478 f. (Fn. 34): „[…], während die Schutzpflichten davon völlig unabhängig sind und inhaltlich nur durch die tatsächlichen Beziehungen der Parteien zueinander bestimmt sind: sie richten sich im vorvertraglichen, vertraglichen und nachvertraglichen Stadium gleichermaßen nur danach, welche tatsächlichen gegenseitigen Einwirkungsmöglichkeiten zwischen den Parteien gegeben sind."

663 Thiele, Leistungsstörung und Schutzpflichtverletzung, JZ 1967, S. 649, 654: Die Schutzpflichten seien nicht aus dem Schuldverhältnis als Organismus ableitbar und hätten also ihren Ursprung nicht in diesem Schuldverhältnis und seien auch nur ein Teil dieses Schuldverhältnisses.

664 Thiele, Leistungsstörung und Schutzpflichtverletzung, JZ 1967, S. 649, 651.

liege.[665] Er wies auch darauf hin, dass die Gegenpole nicht die deliktische und die rechtsgeschäftliche Haftung seien, sondern die unerlaubte Handlung und die Verletzung einer konkreten Verpflichtung gegenüber einem bestimmten anderen.[666] Weitergehend als Thiele fasste Frost vertragliche und außervertragliche Pflichten zu einem einheitlichen Schuldverhältnis zusammen und begründete dies damit, dass beide Arten von Pflichten die Rechtsbeziehungen zwischen den Parteien regelten und beide diesen einheitlichen Lebensvorgang betrafen, so dass der verwirrende und mit dem Vorliegen eines einheitlichen Schuldverhältnisses unvereinbare Begriff des „gesetzlichen Schuldverhältnisses der Vorverhandlungen“ aufgegeben werden sollte.[667] Die Konstruktionen des „Schutzpflichtverhältnisses“ von Canaris und des den Schutzpflichten vorbehaltenen „besonderen Rechtsverhältnisses“ von Thiele tragen nach Frost nicht hinreichend dem Umstand Rechnung, dass die Schutzpflicht durch die Leistungsbeziehung eine gewisse Farbe erhalte, die durch den Leistungskontakt bedingt sei.[668] Das Schuldverhältnis umfasst nach Frost alle Rechtsbeziehungen zwischen den Beteiligten; die Schutzpflicht sei in dieses Schuldverhältnis eingebettet und daher als eine in diesem Schuldverhältnis wirkende Pflicht zu qualifizieren. Der Begriff des „Einbettens“ bezeichne auch das harmonische Zusammenwirken der Schutzpflicht mit den anderen in dem Schuldverhältnis vereinten Pflichten.[669]

b) Umschlags- und Einheitstheorie

Der BGH distanzierte sich 1964 von einer zu weit umfassenden Vertrauenshaftung: „Die Haftung wegen positiver Vertragsverletzung beruht nicht auf der Inanspruchnahme von Vertrauen, sondern auf der Verletzung von vertraglichen Pflichten.“[670] Damit blieb das Verhältnis zur culpa in contrahendo zu

---

665 Frost, Vorvertragliche und vertragliche Schutzpflichten, Berlin 1981, S. 214: Hinsichtlich der Rechtsnatur der Schutzpflichten hob sie hervor, dass es sich weder um deliktische noch um vertragliche Pflichten handele, sondern um besondere Pflichten, die im Rahmen einer Sonderverbindung entstünden.

666 Thiele, Leistungsstörung und Schutzpflichtverletzung, JZ 1967, S. 649, 652.

667 Frost, Vorvertragliche und vertragliche Schutzpflichten, Berlin 1981, S. 215.

668 Frost, Vorvertragliche und vertragliche Schutzpflichten, Berlin 1981, S. 216 f.

669 Frost, Vorvertragliche und vertragliche Schutzpflichten, Berlin 1981, S. 219.

670 BGH JZ 1964, 654 = VersR 1964, 977, 979; auch siehe BGH NJW 1964, 2009; vgl. Blomeyer, Allgemeines Schuldrecht, 4. Aufl., Berlin/Frankfurt a. M. 1969, § 17 III 1 b), S. 72 f.; Ballerstedt, Zur Haftung für culpa in contrahendo bei Geschäftsabschluß durch Stellvertreter, AcP 151 (1950/1951), S. 501, 529.

klären. Das Rechtsverhältnis der Vertragsverhandlungen entstehe, so Larenz, bereits mit der Aufnahme der geschäftlichen Kontakte,[671] und zwar unabhängig davon, ob es überhaupt zu einem Vertragsschluss kommt. Es stellte sich damit die Frage, ob der Rechtfertigungsgrund für die Schutzpflichten einheitlich in allen Vertragsstadien, d. h. vor und nach Vertragsschluss, gilt oder ob er sich im Zeitpunkt des Vertragsschlusses qualitativ ändert.

Nach Larenz besteht das Bedürfnis, bereits im Verhandlungsverhältnis begründete Schutzpflichten je nach den Umständen über den Zeitpunkt des Abschlusses des ungültigen Vertrages hinaus fortbestehen zu lassen und darüber hinaus neue Schutzpflichten anzuerkennen, soweit bei der Ausführung des vermeintlich gültigen Vertrages der eine Teil seine Güter der Sorgfalt des anderen anvertraue.[672] Dies ist die „Umschlagstheorie",[673] welche einen qualitativen Umschwung in der Rechtsnatur und dem Geltungsgrund der Schutzpflichten im Moment des Vertragsschlusses annimmt.[674]

Allerdings betonte Canaris, dass das Schutzpflichtverhältnis kein vertragliches Schuldverhältnis mehr sei, sondern ein gesetzliches Schuldverhältnis darstelle. In diesem Sinne würden die Schutzpflichten auch nach einem wirksamen Vertragsschluss ihren gesetzlichen Charakter behalten und sich daher nicht plötzlich in vertragliche Pflichten umwandeln.[675]

In Hinblick auf die Umschlagstheorie stellte Eike Schmidt die Frage, woher der Umschlag von vormals angeblich „gesetzlichen" zu „vertraglichen" Schutzpflichten kommen solle; er bejahte mit Zustimmung von Canaris und Thiele die Einheitstheorie, d. h. der rechtsgeschäftliche Konsens könne den Umschlag

---

671 Vgl. Larenz, Culpa in contrahendo, Verkehrssicherungspflicht und sozialer Kontakt, MDR 1954, S. 515, 518.

672 Larenz, Lehrbuch des Schuldrechts Allgemeiner Teil, Bd. 1, 14. Aufl., München 1987, § 9 I, S. 119.

673 Canaris bezeichnete die Umschlagstheorie terminologisch im Gegensatz zur Einheitstheorie. Vgl. ders., Ansprüche wegen „positiver Vertragsverletzung" und „Schutzwirkung für Dritte" bei nichtigen Verträgen, JZ 1965, S. 475, 479 (Fn. 35).

674 Vgl. Schmidt, Schuldrecht Allgemeiner Teil, Bd. 1/2, 7. Aufl., Heidelberg 1993, § 29 II, S. 134.

675 Canaris, Ansprüche wegen „positiver Vertragsverletzung" und „Schutzwirkung für Dritte" bei nichtigen Verträgen, JZ 1965, S. 475, 479 (Fn. 35); dazu siehe MüKo/Kramer (2007), Einl. §§ 241–432, Rn. 83; auch vgl. Gerhardt, Der Haftungsmaßstab im gesetzlichen Schutzverhältnis (Positive Vertragsverletzung, culpa in contrahendo), JuS 1970, S. 597, 599; Stürner, Der Anspruch auf Erfüllung von Treue- und Sorgfaltspflichten, JZ 1976, S. 384, 385; mit Einschränkungen auch Katzenstein, Jura 2004, S. 800, 805.

nicht bewirken, da das Erhaltungsinteresse bei Fortsetzung des sozialen Kontakts auch ohne ihn oder trotz seines Scheiterns geschützt bleibe.[676] Es sollte näher betrachtet werden, dass die Vertreter der Umschlagstheorie davon ausgehen, dass sowohl das Erhaltungsinteresse als auch das Leistungsinteresse der nahezu freien rechtsgeschäftlichen Disposition der Parteien unterliege; die gesetzlichen Pflichten seien der privaten Gestaltungs- und Verfügungsfreiheit weitergehend entzogen. Der Schutzpflichtige könne sich insbesondere nicht ohne weiteres durch einseitige Vorbehalte seiner Verantwortung entledigen, es sei denn, er verzichte gänzlich auf den sozialen Kontakt.[677]

3. Zusammenfassung

Mit dem Dilemma der Schutzwirkung zugunsten Dritter bei nichtigen Verträgen und der pFV konfrontiert, geht Canaris zu dem einheitlichen Gedanken über, dass sich Schutzpflichten aus dem Schutzverhältnis ergeben, das unabhängig vom Leistungsverhältnis besteht; die Schutzpflichten gelten auch nach Vertragsschluss wie vor Vertragsschluss. Dabei ist das Schutzverhältnis nicht rechtsgeschäftlicher, sondern gesetzlicher Natur. Seine Rechtfertigung findet es im Vertrauensgedanken und positiv-rechtlich im Grundsatz von Treu und Glauben, § 242 BGB. Seine Lehre vom einheitlichen Schutzverhältnis geht auf die Lehre von den Schutzpflichten von Heinrich Stoll zurück und schließt an die Lehre von Ballerstedt „Gewährung in Anspruch genommenen Vertrauens" an. Die außerdeliktischen Schutzpflichten werden durch eine auf Vertrauen beruhende Sonderverbindung begründet. Die Sonderverbindung wird auch nach Vertragsschluss durch Einwirkungsmöglichkeiten auf Rechtsgüter des anderen Teils Rechtskreis und damit durch die Vertrauensbeziehung verstärkt.

Die Schutzpflicht besteht in der Übergangsphase zum Vertragsschluss und wird durch das mit dem geschäftlichen Kontakt beginnende Vertrauensverhältnis zwischen den Parteien begründet. Insofern stößt die Lehre vom einheitlichen Schutzverhältnis auf Einwände. Die strikte Zweiteilung der

676 Schmidt, Nachwort, in: ders. (Hrsg.), Rudolf von Jhering, Culpa in contrahendo und Hermann Staub, Die positiven Vertragsverletzungen, Bad Homburg v. d. H. u. a. 1969, S. 131, 149; vgl. Canaris, Ansprüche wegen „positiver Vertragsverletzung" und „Schutzwirkung für Dritte" bei nichtigen Verträgen, JZ 1965, S. 475, 479; Thiele, Leistungsstörung und Schutzpflichtverletzung, JZ 1967, S. 649, 653 f.

677 Schmidt, Nachwort, in: ders. (Hrsg.), Rudolf von Jhering, Culpa in contrahendo und Hermann Staub, Die positiven Vertragsverletzungen, Bad Homburg v. d. H. u. a. 1969, S. 131, 150.

Pflichtenkomplexe in Leistungs- und Schutzverhältnis erschwert die Einordnung des Schutzpflichtverhältnisses in das System der Schuldverhältnisse. Es wird versucht, ein harmonisches Zusammenwirken der Schutzpflicht mit den anderen im Schuldverhältnis zusammengefassten Pflichten zu erreichen, indem die Schutzpflicht in das alle Rechtsbeziehungen zwischen den Parteien umfassende Schuldverhältnis eingebettet wird.

Die Frage nach der Qualität der Schutzpflichten vor und nach Vertragsschluss wird ebenfalls behandelt. Nach der Umschlagstheorie tritt ein qualitativer Umschwung in Rechtsnatur und Geltungsgrund der Schutzpflichten ein, wenn ein Vertrag wirksam zustande gekommen ist. Nach der Einheitstheorie hingegen ergibt sich die Schutzpflicht aus einem gesetzlichen Schuldverhältnis und behält ihre Rechtsnatur auch nach einem wirksamen Vertragsschluss. Sie wandelt sich also nicht unerwartet in eine vertragliche Pflicht um.

D. Systematisierung der „Vertrauenshaftung“ im deutschen Privatrecht

Den Vorschlag von Larenz, das Thema „einheitliches Schutzpflichtverhältnis“ zum Gegenstand seiner Habilitationsschrift zu machen, lehnte Canaris ab und befasste sich mit der Vertrauenshaftung als allgemeinem privatrechtlichem Haftungsgrund.[678] In seiner Habilitationsschrift vertrat er die Auffassung, den Aspekt des Vertrauensschutzes dogmatisch als haftungsbegründend zu verstehen, d. h. den Rechtsgrund der Schutzpflichten in der Inanspruchnahme und Gewährung von Vertrauen zu finden, während der Rechtsgrund des rechtsgeschäftlichen Kontakts als haftungsbegrenzend zu verstehen sei.[679] Vertrauen verstand er nicht als empirisches Phänomen, sondern als legitimen Begriff, mit dem eine eigenständige Haftung jenseits von Vertrag und Delikt dogmatisch konstruiert wurde.[680]

---

678 Florian, Claus-Wilhelm Canaris – Die Vertrauenshaftung im deutschen Privatrecht, in: Hoeren (Hrsg.), Zivilrechtliche Entdecker, München 2001, S. 377, 380 f.

679 Canaris, Die Vertrauenshaftung im deutschen Privatrecht, München 1971, S. 538; ders., Schutzgesetz – Verkehrspflichten – Schutzpflichten, in: Canaris/Diederichsen (Hrsg.), Festschrift für Karl Larenz zum 80. Geburtstag, München 1983, S. 27, 107.

680 Benedict, Culpa in contrahendo, Tübingen 2007, S. 523.

I. Grundlagen der Vertrauenshaftung

1. *Begriff der Vertrauenshaftung*

Canaris hielt es für sinnvoll, nur insoweit von Vertrauenshaftung zu sprechen, als das Vertrauen eine Rolle für den Eintritt der Rechtsfolge spielt.[681] Er grenzte die Begriffe der Vertrauenshaftung und des absoluten Verkehrsschutzes voneinander ab, indem er die Lehre vom Scheinkaufmann der Regelung des Kaufmanns kraft Eintragung gegenüberstellte. Auf diese Weise gelang ihm eine klare Abgrenzung seines Themas. Die Lehre vom Scheinkaufmann machte deutlich, dass die Vertrauenshaftung dem Vertrauenden Schutz gewährt, nicht aber z. B. dem bösgläubigen Dritten oder dem Scheinkaufmann. Die Regelung des Kaufmanns bietet kraft Eintragung einen absoluten Verkehrsschutz, so dass der bösgläubige Dritte und der Eingetragene sich auf die Eintragung hätten berufen können. Der Grund für die Absolutheit des Rechtsschutzes liege im Bestreben des Gesetzes, im Interesse unbedingter Verkehrssicherheit jeden Streit über die fragliche Rechtsfolge von vornherein auszuschließen.[682] Die Bedeutung der Haftung liege darin, dass die Rechtsfolge in der Begründung einer Pflicht bestehe. Er betonte den Unterscheidungswert des Kriteriums der Haftung, d. h. die Abgrenzung zu den Tatbeständen des Rechtsverlustes. In diesem Sinne schloss er beispielsweise den gutgläubigen Erwerb, den Schutz des Vertrauens in eine Empfangslegitimation sowie die Verwirkung und den Einwand des venire contra factum proprium vom Gegenstand der Vertrauenshaftung aus, obwohl sie sich aus dem Vertrauensgedanken ergäben, da die Rechtsfolge nicht in der Begründung, sondern im Verlust eines Rechts bestehe.[683]

Die Rechtsfolge sei auch danach zu unterscheiden, ob der Vertrauende so zu stellen sei, wie es der von ihm angenommenen Lage entspreche, oder so, als habe er die wahre Lage gekannt und deshalb nicht vertraut. Die Unterscheidung zwischen positivem und negativem Interesse ermögliche es, im ersten Fall von positivem Vertrauensschutz zu sprechen, d. h. von einem Anspruch des Vertrauenden auf Entsprechung des Vertrauens, im zweiten Fall von negativem Vertrauensschutz, d. h. von einem Anspruch des Vertrauenden auf Ersatz des Vertrauensschadens; aus diesem Merkmal leitete Canaris den Begriff der „Zweispurigkeit“ der Vertrauenshaftung ab, den er als schlechthin konstitutiv

681 Canaris, Die Vertrauenshaftung im deutschen Privatrecht, München 1971, S. 1.
682 Canaris, Die Vertrauenshaftung im deutschen Privatrecht, München 1971, S. 1 f.
683 Canaris, Die Vertrauenshaftung im deutschen Privatrecht, München 1971, S. 3.

für das System der Vertrauenshaftung ansah.[684] In diesem Zusammenhang führte er aus, dass der positive Vertrauensschutz nicht mit der Erfüllungshaftung identifiziert werden könne.[685]

2. Strukturelle Umkehrung in der Habilitationsschrift von Canaris

Die Habilitationsschrift von Canaris gliederte sich in zwei große Teile, den Besonderen Teil und den Allgemeinen Teil. Ersterer befasste sich mit den einzelnen Tatbeständen der Vertrauenshaftung, letzterer mit der Allgemeinheit der Vertrauenshaftung. Indem er den Besonderen Teil vor den Allgemeinen Teil stellte, wich Canaris bewusst von herkömmlichen Vorgehensweisen ab und kehrte Form und Methode seiner Arbeit strukturell um. Mit seiner starken Orientierung am praktischen Fall übernimmt er die induktive Methode als seine wissenschaftliche Arbeitsweise.[686] Trotz der Herausforderung, dass die einzelnen Tatbestände der Vertrauenshaftung über die verschiedensten Rechtsgebiete verstreut und fast ausnahmslos unabhängig voneinander entstanden seien, was weder mit den Grundsätzen wissenschaftlichen Arbeitens noch mit den fundamentalen Geboten der inneren Einheit und Folgerichtigkeit der Rechtsordnung vereinbar sei, betonte er die Notwendigkeit, Ordnung in die

---

684 Canaris, Die Vertrauenshaftung im deutschen Privatrecht, München 1971, S. 5.

685 Canaris, Die Vertrauenshaftung im deutschen Privatrecht, München 1971, S. 5 (Fn. 10).

686 Canaris, Die Vertrauenshaftung im deutschen Privatrecht, München 1971, S. 4 f.; vgl. Schumann, Eigenständigkeit und Vielfalt der juristischen Hermeneutik, in: Heldrich u. a. (Hrsg.), Festschrift für Claus-Wilhelm Canaris zum 70. Geburtstag, Bd. 2, München 2007, S. 1367, 1400; auch vgl. Singer, Claus-Wilhelm Canaris – der „Entdecker", in: Grundmann/Riesenhuber (Hrsg.), Deutschsprachige Zivilrechtslehrer des 20. Jahrhunderts in Berichten ihrer Schüler, Bd. 2, Berlin/New York 2010, S. 365, 373: „[…] ist ein Markenzeichen des Arbeitsstils von *Claus-Wilhelm Canaris* die strenge Orientierung am praktischen Fall. Es ist kein Zufall, dass die zentrale methodische Entdeckung seiner Dissertation […] nicht aus abstrakten Gedanken abgeleitet wird, sondern gleichsam als –verallgemeinerte – Erkenntnis aus der Lösung eines konkreten Falles […]. Diese Anordnung gehörte […] zu den wenigen Punkten, in denen zwischen ihm und seinem Lehrer Dissens bestanden hat. Wie wichtig *Canaris* der einzelne Fall ist, demonstriert nicht nur die ungeheure Vielzahl an Urteilen, die verarbeitet wurden. *Canaris* gab ihnen stets schlagkräftige Namen – z. B. *Absetzgleis-, Weinberg- oder Justizbediensteten-Fall* –, so dass diese Fälle wie Bilder vor dem Auge des Lesers erscheinen und hin und her bewegt werden können, bis sich schließlich das Puzzle zusammenfügt zu einem geschlossenen Ganzen: einer Theorie der Vertrauenshaftung".

Vielfalt zu bringen und deshalb die induktive Methode durch die systematische Methode zu ergänzen.[687]

II. Konstruktion der Vertrauenshaftung und ihre Rechtsfolgen im Privatrecht

Im Allgemeinen Teil befasste sich Canaris mit der Systematisierung der Vertrauenshaftung im geltenden Recht. Hierbei musste er zunächst die Rechtsgeschäftslehre und die Zurechnungslehre untersuchen und die Regelungen der Vertrauenshaftung im geltenden Privatrechtssystem rekonstruieren. Dabei analysierte er die allgemeinen Merkmale der Vertrauenshaftung wie beispielsweise den Vertrauenstatbestand, den guten Glauben und die Disposition, um das Zusammenspiel dieser Merkmale zu verstehen. Abschließend behandelte er die Schadensersatzhaftung als zweite Form der Vertrauenshaftung.

1. Komplementäre Vertrauenshaftung als Korrelat der privatautonomen Gestaltungsfreiheit

Die Vertrauenshaftung knüpfe an eine Erklärung oder ein konkludentes Verhalten an. Es sei unbestritten, dass der Vertrauensgedanke in der Rechtsgeschäftslehre eine wichtige Rolle spiele. Die rechtsgeschäftliche Bindung sei daher ein Unterfall der Vertrauenshaftung und müsse ihren Geltungsgrund im Grundsatz der Privatautonomie finden.[688] Dabei stellt sich die Frage, in welchem Verhältnis der Vertrauensgedanke zum Grundsatz der Privatautonomie steht. Canaris verstand dieses Verhältnis anders, d. h. die Privatautonomie habe anerkanntermaßen ihren Grund in der Respektierung der Selbstbestimmung der Person; diese habe mit dem Vertrauensgedanken nichts zu tun, sondern wurzele im Wert der Freiheit oder auch in dem der Menschenwürde.[689] Folglich betrachtete er die Vertrauenshaftung nicht als eine Haftung ex voluntate, sondern als eine Haftung ex lege, also als eine gesetzliche Haftung.[690]

Wer eine bedeutende Handlung für den Rechtverkehr durchführt, solle sich so verhalten, dass derjenige, der auf die Handlung vertraut, nicht getäuscht oder

---

687 Canaris, Die Vertrauenshaftung im deutschen Privatrecht, München 1971, S. 4 f.

688 Canaris, Die Vertrauenshaftung im deutschen Privatrecht, München 1971, S. 411 f.; vgl. ders., Bewegliches System und Vertrauensschutz im rechtsgeschäftlichen Verkehr, in: Bydlinski/Krejci/Schilcher/Steininger (Hrsg.), Das bewegliche System im geltenden und künftigen Recht, Wien/New York 1986, S. 103, 116.

689 Canaris, Die Vertrauenshaftung im deutschen Privatrecht, München 1971, S. 414.

690 Canaris, Die Vertrauenshaftung im deutschen Privatrecht, München 1971, S. 428 f.

geschädigt werde.[691] Dies sei der Fall, wenn die Beteiligten in einer Sonderverbindung zueinander stünden; die Vertrauenshaftung ergebe sich aus § 242 BGB, diese Vorschrift greife aber nur innerhalb bestehender Sonderverbindungen ein.[692] Im deliktischen Bereich gibt es kein Vertrauen, wie von Larenz dargelegt wurde,[693] d. h. keine Umstände, auf die vertraut werden könnte. Dass man sich vom deliktischen Bereich löst und eine Sonderverbindung miteinander eingeht, bedeutet, dass man als Beteiligter von der ihm eingeräumten privatautonomen Gestaltungsbefugnis Gebrauch gemacht habe und die Beteiligten nicht mehr Fremde, sondern Partner geworden seien. Diese selbstbestimmte Verbindung bringe eine erhöhte Selbstverantwortung mit sich.[694]

Canaris betrachtete die Vertrauenshaftung als ein Korrelat der privatautonomen Gestaltungsfreiheit. Privatautonomes Handeln sei auf die Regelung von Rechtsverhältnissen gerichtet, d. h. seiner Natur nach stets auf die Einwirkung auf einen fremden Rechtskreis; daraus ergebe sich eine besondere Einwirkungsmöglichkeit, die notwendig zu einer erhöhten Gefahrenlage für die Interessen des anderen Teils führe. Durch die Begründung besonderer Rechtspflichten müsse die Rechtsordnung für einen Ausgleich der mit der besonderen Einwirkungsmöglichkeit verbundenen Risiken sorgen. Der Vertrauensgedanke bildete dabei stets den Ausgangspunkt: Die spezifischen Gefahren rechtsgeschäftlichen Handelns würden in erster Linie dadurch hervorgerufen, dass sich die Beteiligten auf bestimmte Erklärungsakte verlassen oder ihre Rechtsgüter der Einwirkungsmöglichkeit des Partners aussetzen und ihm damit anvertrauen.[695] Er unterstrich in diesem Zusammenhang die Funktion der Vertrauenshaftung, die privatautonome Selbstbindung dort zu ergänzen, wo die Rechtsgeschäftslehre Schutzlücken offen lasse und das Prinzip der Selbstverantwortung korrelativ neben das Prinzip der Selbstbestimmung treten müsse.[696] Diese ergänzende Funktion gegenüber der Rechtsgeschäftslehre kennzeichne diejenigen Tatbestände der Vertrauenshaftung, die nur Schadensersatzansprüche, nicht aber Erfüllungsansprüche zur Folge hätten; dies sei bei der culpa

---

691 Eichler, Die Rechtslehre vom Vertrauen, Tübingen 1950, S. 18.

692 Frost, Vorvertragliche und vertragliche Schutzpflichten, Berlin 1981, S. 41 f.

693 Vgl. Larenz, Culpa in contrahendo, Verkehrssicherungspflicht und sozialer Kontakt, MDR 1954, S. 515, 517.

694 Canaris, Die Vertrauenshaftung im deutschen Privatrecht, München 1971, S. 433 ff.; vgl. Frost, Vorvertragliche und vertragliche Schutzpflichten, Berlin 1981, S. 42.

695 Canaris, Die Vertrauenshaftung im deutschen Privatrecht, München 1971, S. 440.

696 Canaris, Die Vertrauenshaftung im deutschen Privatrecht, München 1971, S. 440.

in contrahendo, also in Fällen der Verletzung von Schutzpflichten, der Fall.[697] Canaris sah über das Merkmal des „rechtsgeschäftlichen Kontakts“ von Larenz hinaus das Merkmal der „Teilnahme am rechtsgeschäftlichen Verkehr“ als entscheidend an, um die Anvertrauenshaftung in Abgrenzung zur Deliktshaftung zu begründen.[698]

2. Komplementarität der Zurechnungslehre zur Vertrauenshaftung

Canaris hält den Vertrauensgedanken für einen Haftungsgrund. Neben den im BGB vorgesehenen Fällen, wie der Nichterfüllung einer rechtsgeschäftlichen Zusage oder der rechtswidrigen Verletzung eines absoluten Rechts oder Schutzgesetzes, sei der Haftungsgrund auch dem Vertrauensgedanken zu entnehmen. Es geht um die Frage, warum der Vertrauende schutzwürdig erscheine und ihm gegebenenfalls ein Anspruch zuzubilligen sei, nicht aber darum, warum es gerecht sei, einen anderen für die Folgen dieses Vertrauens einstehen zu lassen und ihm eine entsprechende Pflicht aufzuerlegen.[699] Der Vertrauensgedanke allein sagt nichts über die Zurechnungsprobleme aus, ob die Vertrauenshaftung durch ein bestimmtes Zurechnungsprinzip zu ergänzen und wie dieses gegebenenfalls auszugestalten sei. Die Beantwortung dieser Frage sei nicht durch das Vertrauensprinzip selbst möglich.[700] Vielmehr trete ein Zurechnungsprinzip ergänzend und regulierend neben den Haftungsgrund. Der Haftungsgrund in §§ 122, 179, 307 BGB schaffe einen Vertrauenstatbestand; Zurechnungsprinzip in §§ 122, 179 sei der Gefährdungsgedanke und in § 307 BGB das Verschuldensprinzip. Demnach seien den einzelnen Haftungsgründen jeweils unterschiedliche Zurechnungsprinzipien[701] zuzuordnen.[702]

3. Versuch einer Systematisierung der Vertrauenshaftung durch allgemeine Tatbestände

Die außerdeliktischen Schutzpflichten wurden nach dem Aufsatz von Ballerstedt damit begründet, dass im Verhandlungsstadium besonderes Vertrauen

---

697 Canaris, Die Vertrauenshaftung im deutschen Privatrecht, München 1971, S. 442.

698 Vgl. Canaris, Die Vertrauenshaftung im deutschen Privatrecht, München 1971, S. 442 f., insbesondere 540 (Fn. 75).

699 Canaris, Die Vertrauenshaftung im deutschen Privatrecht, München 1971, S. 470.

700 Canaris, Die Vertrauenshaftung im deutschen Privatrecht, München 1971, S. 470 f.

701 Vgl. Canaris, Die Vertrauenshaftung im deutschen Privatrecht, München 1971, S. 473 ff.

702 Canaris, Die Vertrauenshaftung im deutschen Privatrecht, München 1971, S. 469 f.

in Anspruch genommen und gewährt worden sei.[703] Schließlich konstruierte Canaris das Vertrauen systematisch als Vertrauenshaftung[704] unter allgemeinen Vertrauenstatbeständen, die er in jedem Sachverhalt fand, der in besonderer Weise geeignet war, Vertrauen zu erwecken.[705] Für den Rechtsgrund der Schutzpflichten wollte er so von dem abstrakten Gedanken der Inanspruchnahme und der Gewährung von Vertrauen Abstand nehmen.[706] Er unterschied im Rahmen der Vertrauenshaftung die Tatbestände der Rechtsscheinhaftung, der Vertrauenshaftung kraft rechtsethischer Notwendigkeit, der Erklärungshaftung und der Anvertrauenshaftung.[707]

a) Rechtsschein- und Vertrauenshaftung kraft rechtsethischer Notwendigkeit

Die Rechtsscheinhaftung diene in erster Linie der Verwirklichung von Verkehrsschutzzwecken[708] und setze die allgemeinen Kriterien voraus, nämlich einen zurechenbaren, insbesondere veranlassten Rechtsschein, das Vertrauen (guter Glaube) der anderen Partei und eine Vertrauensdisposition dieser Partei aufgrund des schutzwürdigen Vertrauens,[709] womit das Vertrauensprinzip wesentlich präzisiert, aber noch keine konkreten Rechtsformen abgeleitet werden könne.[710] Die Rechtsscheinhaftung sei historisch und dogmatisch im Recht der Umlaufpapiere, im Handels- und Gesellschaftsrecht sowie im Recht der Vollmacht angesiedelt; als tragendes Element komme ein Scheintatbestand in Betracht, der für einen objektiven Beobachter den Anschein einer bestimmten

---

703 Ballerstedt, Zur Haftung für culpa in contrahendo bei Geschäftsabschluß durch Stellvertreter, AcP 151 (1950/1951), S. 501, 506; Larenz, Lehrbuch des Schuldrechts Allgemeiner Teil, Bd. 1, 14. Aufl., München 1987, § 9 I, S. 109; Schmidt, Nachwort, in: ders. (Hrsg.), Rudolf von Jhering, Culpa in contrahendo und Hermann Staub, Die positiven Vertragsverletzungen, Bad Homburg v. d. H. u. a. 1969, S. 131, 144; Canaris, Ansprüche wegen „positiver Vertragsverletzung“ und „Schutzwirkung für Dritte“ bei nichtigen Verträgen, JZ 1965, S. 475, 476 usw.

704 Zur Terminologie siehe Ballerstedt, Zur Haftung für culpa in contrahendo bei Geschäftsabschluß durch Stellvertreter, AcP 151 (1950/1951), S. 501, 508; Flume, Das Rechtsgeschäft und das rechtlich relevante Verhalten, AcP 161(1962), S. 52, 63.

705 Canaris, Die Vertrauenshaftung im deutschen Privatrecht, München 1971, S. 491 f.

706 Vgl. Krebs, Sonderverbindung und außerdeliktische Schutzpflichten, München 2000, S. 183.

707 Canaris, Die Vertrauenshaftung im deutschen Privatrecht, München 1971, S. 526 ff.

708 Canaris, Die Vertrauenshaftung im deutschen Privatrecht, München 1971, S. 526.

709 Canaris, Die Vertrauenshaftung im deutschen Privatrecht, München 1971, S. 491 ff.

710 Canaris, Die Vertrauenshaftung im deutschen Privatrecht, München 1971, S. 525.

gegenwärtigen Rechtslage erwecke.[711] Sei der Vertrauende gutgläubig, so müsse er in Kenntnis des Scheintatbestandes aufgrund seines guten Glaubens disponieren.[712]

Die Frage, inwieweit die Rechtsscheinhaftung das Bestehen einer Sonderverbindung begründen könne,[713] wurde jedoch nicht beantwortet. Wenn ein Rechtsschein der vertraglichen Übernahme von Schutzpflichten bestehe, könne die Rechtsscheinhaftung diese Pflichten trotz fehlender vertraglicher Verpflichtung begründen; dies weise darauf hin, dass sie nur konkrete Pflichten begründe, nicht aber unmittelbar eine Sonderverbindung legitimiere, aus der sich nach objektivem Recht zahlreiche Pflichten ergeben würden; theoretisch könne man sich den Rechtsschein einer Sonderverbindung selbst vorstellen, dies sei aber nur möglich, wenn man wisse, unter welchen Umständen das Bestehen einer Sonderverbindung überhaupt allgemein zu bejahen sei. Insofern könne die Rechtsscheinhaftung zur allgemeinen Legitimation und Konkretisierung der Sonderverbindung nichts beitragen.[714]

In der Vertrauenshaftung kraft rechtsethischer Notwendigkeit verwirkliche sich allerdings der Gedanke der bona fides, nicht aber die Verkehrsschutzzwecke. Ihr Tatbestand sei aus § 242 BGB entwickelt worden und orientiere sich an den traditionellen Ausprägungen der Gebote von Treu und Glauben; es sei daher grundsätzlich unmöglich, einen abschließenden Tatbestand zu bilden und ein festes System zu entwickeln.[715] Herauszuarbeiten seien bestimmte Kriterien, die in jedem Fall von Bedeutung seien und die gewissermaßen das Gerüst dieses Haftungstyps bilden würden; es sei aber weder möglich, deren Verhältnis zueinander ein für allemal abstrakt festzulegen, noch die sonstigen möglicherweise relevanten Umstände enumerativ anzugeben.[716]

---

711 Canaris, Die Vertrauenshaftung im deutschen Privatrecht, München 1971, S. 526.

712 Canaris, Die Vertrauenshaftung im deutschen Privatrecht, München 1971, S. 528.

713 Krebs, Sonderverbindung und außerdeliktische Schutzpflichten, München 2000, S. 183 f.

714 Krebs, Sonderverbindung und außerdeliktische Schutzpflichten, München 2000, S. 184; auch Nüßlein, Die Integration der culpa in contrahendo in das BGB nach der Schuldrechtsreform, Berlin 2018, S. 185.

715 Canaris, Die Vertrauenshaftung im deutschen Privatrecht, München 1971, S. 528 f.

716 Canaris, Die Vertrauenshaftung im deutschen Privatrecht, München 1971, S. 529: „Denn was mit den Geboten von Treu und Glauben vereinbar ist und was nicht, läßt sich nicht generell bestimmen, sondern bedarf einer immer erneuten, auf den jeweiligen Einzelfall bezogenen rechtsethischen Bewertung. Daher ist hier über die Bildung offener Tatbestände und eines ‚*beweglichen Systems*‘ nicht hinauszugehen.“ Zum beweglichen System siehe Walter Wilburg, Entwicklung eines

b) Erklärungs- und Anvertrauenshaftung

Für die Begründung vorvertraglicher Schutzpflichten sind die Erklärungs- und die Anvertrauenshaftung von Bedeutung. Canaris sah den Grund der Erklärungshaftung darin, „dass jemand für die Folgen einer von ihm abgegebenen fehlerhaften Erklärung aufzukommen hat".[717] Er grenzte sie aber von der Rechtsscheinhaftung ab, indem er deren Voraussetzungen und Rechtsfolgen betrachtete: Die Erklärungshaftung beruhe auf einer fehlerhaften Erklärung oder auf einem zurechenbaren Unterlassen einer Erklärung und führe zu einem Schadensersatzanspruch, während die Rechtsscheinhaftung auf das Vorliegen eines objektiven Scheintatbestandes abstelle und zu einer Gleichstellung von Schein und Wirklichkeit, also zu einem Anspruch auf Vertrauensentsprechung führe.[718] Als Erklärungshaftung betrachtete er z. B. die Vorschriften der §§ 122, 179 BGB und die Haftung für falsche Auskünfte.[719]

Wie schon Heinrich Hildebrandt gezeigt hatte, ließ sich die Lehre von der culpa in contrahendo nur teilweise in die Fälle der Erklärungshaftung

beweglichen Systems im bürgerlichen Recht, Graz 1950; Canaris, Systemdenken und Systembegriff in der Jurisprudenz, 2. Aufl., Berlin 1983, S. 3 ff.; Hücking, Der Systemversuch Wilburgs, Köln 1982; Paas, Das bewegliche System, Tübingen 2021.

717 Canaris, Die Vertrauenshaftung im deutschen Privatrecht, München 1971, S. 532.

718 Canaris, Die Vertrauenshaftung im deutschen Privatrecht, München 1971, S. 533 (Fn. 42).

719 Canaris, Die Vertrauenshaftung im deutschen Privatrecht, München 1971, S. 532; zu den bisherigen Überlegungen zur Begründung einer eigenständigen Erklärungshaftung siehe Motive I, S. 244 (= Mugdan I, S. 488): Ein „stillschweigendes Garantieversprechen"; vgl. Hildebrandt, Die Erklärungshaftung, Berlin 1931, S. 131 ff.; Stoll, Vertrauensschutz bei einseitigen Leistungsversprechen, in: Jakobs/Knobbe-Keuk/Picker/Wilhelm (Hrsg.), Festschrift für Werner Flume zum 70. Geburtstag, Bd. 1, Köln 1978, S. 741, 764 ff.; Bohrer, Die Haftung des Dispositionsgaranten, München 1980, S. 267 ff.; Lehmann, Vertragsanbahnung durch Werbung, München 1981, S. 295 ff., 396; Choe, Culpa in contrahendo bei Rudolph von Jhering, Göttingen 1988, S. 183 ff.; Krebs, Sonderverbindung und außerdeliktische Schutzpflichten, München 2000, S. 185: „Es verbleibt allerdings eine Restunsicherheit, ob die Erklärungshaftung nicht auch Instrument der Legitimation der Sonderverbindung selbst sein könnte. Da die Befürworter der Erklärungshaftung die Existenz der Sonderverbindung hierauf nicht stützen und die Erklärungshaftung ohnehin nur einen sehr engen Teilbereich der diskutierten Sonderverbindungen umfaßt, erscheint es trotz dieser Restunsicherheit vertretbar, die Erklärungshaftung nicht weiter auf mögliche verdeckte Legitimationsgedanken für eine Sonderverbindung aufgrund Erklärung zu untersuchen."

einordnen.[720] Auch Canaris sah die Haftung in contrahendo bei der Verletzung von Schutzpflichten nicht als Erklärungshaftung. Diese Haftung ordnete er der Problematik der Anvertrauenshaftung zu, die dogmatisch von der Erklärungshaftung abzugrenzen sei.[721] Die Abgrenzung der Anvertrauenshaftung von der Erklärungshaftung verdeutlichte er anhand des Bananenschalen-Falls,[722] bei dem jemand beim Betreten eines Kaufhauses auf eine Bananenschale tritt und sich beim Sturz verletzt. In diesem Fall betonte er, dass es sich bei der Annahme des Vertrauens durch eine konkludente Erklärung des Inhabers um „eine reine Fiktion“[723] handele und dass auch hier „ein äußerer Tatbestand“, auf den das Vertrauen gestützt werden könnte, nicht erkennbar sei; es fehle an einer Disposition in dem Sinne, dass der Vertrauende bestimmte Maßnahmen getroffen oder unterlassen habe.[724] Demgegenüber fand er den Rechtfertigungsgrund für die Anvertrauenshaftung darin, dass der Verletzte seine Rechtsgüter im Rahmen des rechtsgeschäftlichen Verkehrs der Einwirkungsmöglichkeit des anderen Teils ausgesetzt und ihm in diesem Sinne „anvertraut“ habe.[725]

Sein Rückgriff auf die besondere Einwirkungsmöglichkeit ging auf den Rechtfertigungsgrund der Schutzpflichten von Heinrich Stoll zurück.[726] Statt des Merkmals des „rechtsgeschäftlichen Kontakts“[727] hielt er die „Teilnahme am rechtsgeschäftlichen Verkehr“[728] für sinnvoll, da z. B. bei der Duldungs- und

720 Hildebrandt, Die Erklärungshaftung, Berlin 1931, S. 132.

721 Canaris, Die Vertrauenshaftung im deutschen Privatrecht, München 1971, S. 533 (Fn. 40), 539 f.

722 BGH NJW 1962, 31 f.

723 Canaris, Die Vertrauenshaftung im deutschen Privatrecht, München 1971, S. 540 (Fn. 78); ähnlich „blutleere Fiktionen“ bei Lorenz, Haftung für primäre Vermögensschäden bei unrichtiger Auskunft, in: Paulus/Diederichs/Canaris (Hrsg.), Festschrift für Karl Larenz, München 1973, S. 575, 618.

724 Canaris, Die Vertrauenshaftung im deutschen Privatrecht, München 1971, S. 540.

725 Canaris, Die Vertrauenshaftung im deutschen Privatrecht, München 1971, S. 540.

726 Ders., Die Lehre von den Leistungsstörungen, Tübingen 1936, S. 26 ff.; ders., Abschied von der Lehre von der positiven Vertragsverletzung, AcP 136 (1932), S. 257, 287 ff., 298 ff. Dazu siehe Canaris, Die Vertrauenshaftung im deutschen Privatrecht, München 1971, S. 540 (Fn. 80).

727 Larenz, Culpa in contrahendo, Verkehrssicherungspflicht und sozialer Kontakt, MDR 1954, S. 515, 518.

728 Canaris, Die Vertrauenshaftung im deutschen Privatrecht, München 1971, S. 442 ff. und 452; vgl. Huber, Verkehrspflichten zum Schutz fremden Vermögens, in: Ficker/König/Kreuzer u. a. (Hrsg.), Festschrift für Ernst von Caemmerer, Tübingen 1978, S. 359, 376 (Fn. 85).

Anscheinsvollmacht niemand danach frage, ob zwischen dem Geschäftsherrn und dem Dritten ein rechtsgeschäftlicher Kontakt bestanden habe.[729] Damit wollte er den Anwendungsbereich auf Fälle beschränken, in denen das Rechtsverhältnis freiwillig begründet wurde und der positive Zweck im rechtsgeschäftlichen Austausch von Gütern oder in der einseitigen Erbringung von Leistungen bestand; entscheidende Merkmale für die Begründung der Anvertrauenshaftung waren nach Canaris die Einwirkungsmöglichkeit und die daraus resultierende Schutzwürdigkeit.[730] Unter Anvertrauenshaftung verstand er die Haftung wegen Verletzung von Schutzpflichten und grenzte sie von der Kategorie der Erklärungshaftung ab. Im Gegensatz zur Rechtsschein- und Erklärungshaftung, bei denen es um die Wahrung des Dispositionsschutzes geht, indem der Vertrauensschutz an bestimmte Dispositionen des Vertrauenden anknüpft, geht es bei der Anvertrauenshaftung um die dem Geschädigten von der anderen Partei verursachten Verletzungen;[731] ihre Rechtsfolgen sind auf den negativen Vertrauensschutz[732] gerichtet.

III. Zusammenfassung

Canaris rekonstruiert die Vertrauenshaftung als allgemeinen Haftungsgrund im Privatrecht. Seine Habilitationsschrift gliedert sich in zwei große Teile, den Besonderen und den Allgemeinen Teil. Bewusst stellt er den Besonderen Teil dem Allgemeinen Teil voran. Damit orientiert er sich stark am praktischen Fall und geht induktiv an seine Habilitationsschrift heran.

Um von Vertrauenshaftung sprechen zu können, muss das Vertrauen für den Eintritt der Rechtsfolge eine Rolle spielen. Er versteht die Vertrauenshaftung als gesetzliche Haftung auf einem Korrelat privatautonomer Gestaltungsfreiheit. Die Regelung von Rechtsverhältnissen erfolgt durch privatautonomes Handeln und ist auf Einwirkung auf einen fremden Rechtskreis gerichtet. Besondere Einwirkungsmöglichkeit führt zu einer erhöhten Gefahrenlage für die Interessen des anderen Teils. Diese Gefahrenlage ergibt sich daraus, dass die Beteiligten auf bestimmte Erklärungsakte vertrauen oder ihre Rechtsgüter der

729 Canaris, Die Vertrauenshaftung im deutschen Privatrecht, München 1971, S. 539 (Fn. 72) und 540 (Fn. 75).

730 Vgl. Krebs, Sonderverbindung und außerdeliktische Schutzpflichten, München 2000, S. 185 f.; ähnlich Nüßlein, Die Integration der culpa in contrahendo in das BGB nach der Schuldrechtsreform, Berlin 2018, S. 186.

731 Canaris, Die Vertrauenshaftung im deutschen Privatrecht, München 1971, S. 540.

732 Vgl. Canaris, Die Vertrauenshaftung im deutschen Privatrecht, München 1971, S. 5.

Einwirkungsmöglichkeit des Partners aussetzen und ihm damit anvertrauen. Dabei ergänzt die Vertrauenshaftung die privatautonome Selbstbindung dort, wo die Rechtsgeschäftslehre Schutzlücken offenlässt und das Selbstverantwortungsprinzip korrelativ neben das Selbstbindungsprinzip treten muss.[733]

Canaris suchte nach allgemeinen Tatbeständen der Vertrauenshaftung und systematisierte damit die Vertrauenshaftung. Über den abstrakten Begriff der Gewährung in Anspruch genommenen Vertrauens von Ballerstedt hinaus unterscheidet er bei den Vertrauenstatbeständen zwischen der Rechtsscheinhaftung, der Vertrauenshaftung kraft rechtsethischer Notwendigkeit, der Erklärungshaftung und der Anvertrauenshaftung. Die Haftung in contrahendo bei der Verletzung von Schutzpflichten ordnet er der Anvertrauenshaftung zu, die dadurch begründet wird, dass der Verletzte seine Rechtsgüter im Rahmen des rechtsgeschäftlichen Verkehrs[734] der Einwirkungsmöglichkeit des anderen Teils ausgesetzt und ihm in diesem Sinne anvertraut hat.[735]

IV. Einwendungen gegen den Haftungsgrund der c.i.c. durch Vertrauen

1. „Legitime Erwartung“ statt Vertrauen

Es stellte sich die Frage nach der Terminologie des Vertrauens. Johannes Köndgen verzichtete auf den Begriff des Vertrauens, der seit dem Erscheinen des Aufsatzes von Ballerstedt ganz beherrschend war und von Canaris systematisiert wurde.[736] Stattdessen verwendete er den Begriff der „Erwartung“, der sich aus der zeitlichen Dimension jeder sozialen Interaktion[737] ergebe: Erwartungen seien antizipative Bewertungsstandards, die zukünftige Eigenschaften und Handlungen des Erwartenden (Ego) oder des/der Erwartungsadressaten (Alter) bewerten würden.[738] Erwartungen differenziert Köndgen nach den jeweils unterschiedlichen Konsequenzen im Falle einer Erwartungsenttäuschung. Zum einen handelt es sich um „kognitive Erwartungen“, wenn das Ego im

733 Canaris, Die Vertrauenshaftung im deutschen Privatrecht, München 1971, S. 440.

734 Vgl. Canaris, Die Vertrauenshaftung im deutschen Privatrecht, München 1971, S. 442 f. und 540 (Fn. 75).

735 Canaris, Die Vertrauenshaftung im deutschen Privatrecht, München 1971, S. 540.

736 Gegen die Lehre von Vertrauenshaftung von Canaris vgl. Köndgen, Selbstbindung ohne Vertrag, Tübingen 1981, S. 103 ff.; zur Lehre von Ballerstedt siehe oben 3. Teil C II; zur Systematisierung der Vertrauenshaftung siehe oben 3. Teil D.

737 Vgl. Luhmann, Vertrauen, 5. Aufl., Konstanz/München 2014, S. 80.

738 Köndgen, Selbstbindung ohne Vertrag, Tübingen 1981, S. 116.

Enttäuschungsfall seine Erwartungen neu definiert, um sie an die abweichende Wirklichkeit anzupassen.[739] Zum anderen geht es um „normative Erwartungen": Die abweichende Wirklichkeit werde nicht als Zeichen der Falsifikation von eigenen Erwartungen Egos interpretiert, sondern Erwartungsadressaten als Normverletzung, als abweichendes Verhalten zugeschrieben; unter „institutionalisierten Verhaltenserwartungen" sei zu verstehen, dass eine Erwartungsnorm nicht nur im Zwei-Personen-Modell der dyadischen Interaktion gelte, sondern dass sich der Erwartende auf unterstellbares Mit-erwarten Dritter stützen könne.[740] Köndgen betonte die Bedeutung der institutionalisierten Erwartungen normativen Typs für eine Theorie quasi-vertraglicher Verpflichtung und bezeichnete rechtlich stabilisierte normative Erwartungen als „legitime Erwartungen".[741]

Den Begriff der Erwartung hielt er für neutraler und technischer als den des Vertrauens; im Vergleich zum Vertrauensbegriff sei die Rede von legitimen Erwartungen offen für das über den Dualismus von Vertrauensschutz und Selbstbestimmung hinausgehende „ubiquitäre Reziprozitätsprinzip".[742] Auch die Vorentscheidung, Quasi-Verträge hermetisch von Verträgen im engeren Sinne der Rechtsgeschäftslehre abzugrenzen, hielt er nicht für sinnvoll, was mit den legitimen Erwartungen bewusst vermieden werden könne.[743]

Darüber hinaus sprach Köndgen über die Unbrauchbarkeit des Konsensprinzips, das Verpflichtungen darstellt und in der Vertrauenshaftungslehre eine große Rolle spielt.[744] Gemäß §§ 145 ff. BGB gilt der Konsens als Gestaltungselement des Vertrages im Allgemeinen und des Schuldvertrages im Besonderen. Hinsichtlich der Konsensdogmen während der Vertragsverhandlungen wies er darauf hin, dass Vertragsverhandlungen als ein sich schrittweise verdichtender Prozess der Selbst- und Fremdbindungen[745] analysiert werden könnten; diese Selbstbindung im Stadium der Vertragsverhandlungen sah er umgangssprachlich als „sich festlegen" an. Der Prozess der Vertragsverhandlungen zeigte sich als „ein sich immer mehr verdichtendes Geflecht von Selbst- und Fremdbindungen",[746] in dem der Konsens nur den Schlusspunkt setze und

739 Köndgen, Selbstbindung ohne Vertrag, Tübingen 1981, S. 116 f.
740 Köndgen, Selbstbindung ohne Vertrag, Tübingen 1981, S. 117.
741 Köndgen, Selbstbindung ohne Vertrag, Tübingen 1981, S. 116.
742 Köndgen, Selbstbindung ohne Vertrag, Tübingen 1981, S. 118.
743 Köndgen, Selbstbindung ohne Vertrag, Tübingen 1981, S. 118.
744 Köndgen, Selbstbindung ohne Vertrag, Tübingen 1981, S. 156 ff.
745 Vgl. Köndgen, Selbstbindung ohne Vertrag, Tübingen 1981, S. 244 ff.
746 Köndgen, Selbstbindung ohne Vertrag, Tübingen 1981, S. 160 f.

keineswegs erst in der berühmten logischen Sekunde die Vertragsverpflichtung hervorbringe; dem die Verhandlungsphase abschließenden Konsens bleibe nur die Bedeutung eines Formalaktes.[747] Ausgehend vom herkömmlichen Konsensprinzip präzisierte er die Vertragsverpflichtung unter dem Konzept der Selbstbindung. Selbstbindung diene definitorisch als Gattungsbegriff für die verschiedenen empirisch beobachtbaren Varianten von Verpflichtungsverhalten in sozialen Interaktionen.[748] In Bezug auf die Definition von Selbstbindung präsentierte er sich wie folgt:

> „Ein Student, der drei Viertel seines Studiums bereits absolviert hat, fühlt sich durch diese Investition gebunden, auch noch das Examen ‚mitzunehmen', bevor er in ein anderes Fach überwechselt."[749]

Selbstbindung umfasse daher auch Verhaltensmuster, die keine Versprechen im umgangssprachlichen Sinne und noch viel weniger Willenserklärungen im technisch-juristischen Sinne seien; der Begriff der Selbstbindung sei nicht gleichbedeutend mit dem gebräuchlicheren Begriff der Verpflichtung und semantisch enger als dieser; unter Verpflichtung verstand er einen ambivalenten Begriff, der nicht nur Selbstbindung, sondern auch Fremdbindung bedeute und im juristischen Sprachgebrauch oft genug „Pflicht" bedeute.[750]

Canaris' Kritik an diesem Konzept machte aber deutlich, dass der Begriff „Selbstbindung ohne Vertrag" eine in sich widersprüchliche Kategorie darstelle: Entweder stelle die Rechtsordnung den Parteien ein Instrument der Selbstbindung zur Verfügung, nämlich die Bindung rechtsgeschäftlicher und gegebenenfalls eben vertraglicher Natur, oder die Rechtsordnung binde selbst, also die Bindung kraft Gesetzes. Es handelt sich dann nicht mehr um Selbstbindung.[751]

2. *Korrelat privatautonomer Gestaltungsmöglichkeit*

Gerhard Frotz bezweifelte, dass der innere Grund aller Pflichten in der Inanspruchnahme und Gewährung eines besonderen Vertrauens zu finden sei; er merkte kritisch an, dass die „vertrauenstheoretische

747 Köndgen, Selbstbindung ohne Vertrag, Tübingen 1981, S. 161.
748 Köndgen, Selbstbindung ohne Vertrag, Tübingen 1981, S. 163.
749 Köndgen, Selbstbindung ohne Vertrag, Tübingen 1981, S. 164.
750 Köndgen, Selbstbindung ohne Vertrag, Tübingen 1981, S. 164.
751 Canaris, Schutzgesetz – Verkehrspflichten – Schutzpflichten, in: Canaris/Diederichsen (Hrsg.), Festschrift für Karl Larenz zum 80. Geburtstag, München 1983, S. 27, 93 f.

Pflichtbegründungskonzeption" nicht erklären könne, „warum in contrahendo das ‚Vertrauen' stärker zu schützen ist, als im normalen außervertraglichen Leben, das ebenfalls recht enge Kontakte und ausgeprägtes Vertrauen kennt".[752] Es müsse hier einen zusätzlichen Grund geben, wenn der stärkere Vertrauensschutz gerade im Verhandlungsverhältnis gerechtfertigt sein solle, woran heute grundsätzlich niemand mehr zweifle.[753] Dieser Grund bestehe in der gegenüber der normalen außervertraglichen Haftung gesteigerten Verantwortung der Partner als „Kehrseite der eingeräumten privatautonomen Gestaltungsmöglichkeit".[754] Die Einbeziehung von Schutzpflichten in den rechtsgeschäftlichen Bereich[755] rechtfertige sich, wenn sie an die privatautonome Gestaltungsmöglichkeit des Verpflichteten, nicht aber an das Vertrauen anknüpfe; damit werde das Dilemma der Anwendbarkeit des § 242 BGB außerhalb eines bestehenden Vertrages gelöst.[756]

Larenz hielt es nicht für überzeugend,[757] dass Frotz den Rechtsgrund für eine gegenüber dem allgemeinen Deliktsrecht gesteigerte Verantwortlichkeit, nämlich die Schutzpflichten, im Korrelat der privatautonomen Gestaltungsmöglichkeit sah. Larenz forderte eine zusätzliche Begründung dafür.[758] Er rekonstruierte die Pflichtengruppen im Verhandlungsverhältnis, nämlich die Schutzpflichten und die Aufklärungspflichten, die nicht auf den Schutz bestimmter Rechtsgüter wie Leben, Körper, Gesundheit und Eigentum gerichtet sind.[759] Inhaltlich identisch mit der Schutzpflicht ist die Verletzung einer

752 Frotz, Verkehrsschutz im Vertretungsrecht, Frankfurt a. M. 1972, S. 65.

753 Frotz, Verkehrsschutz im Vertretungsrecht, Frankfurt a. M. 1972, S. 65.

754 Frotz, Verkehrsschutz im Vertretungsrecht, Frankfurt a. M. 1972, S. 63 f.

755 Vgl. Canaris, Ansprüche wegen „positiver Vertragsverletzung" und „Schutzwirkung für Dritte" bei nichtigen Verträgen, JZ 1965, S. 475, 479.

756 Frotz, Die rechtsdogmatische Einordnung der Haftung für culpa in contrahendo, in: Faistenberger/Mayrhofer (Hrsg.), Privatrechtliche Beiträge: Gedenkschrift Franz Gschnitzer, Aalen 1969, S. 163, 175.

757 Zum Vorbringen von Frotz siehe Larenz, Bemerkungen zur Haftung für „culpa in contrahendo", in: Flume/Raisch/Steindorff (Hrsg.), Festschrift für Kurt Ballerstedt zum 70. Geburtstag, Berlin 1975, S. 397 ff.

758 Larenz, Bemerkung zur Haftung für „culpa in contrahendo", in: Flume/Raisch/Steindorff (Hrsg.), Festschrift für Kurt Ballerstedt, Berlin 1975, S. 397, 399.

759 Larenz, Bemerkungen zur Haftung für „culpa in contrahendo", in: Flume/Raisch/Steindorff (Hrsg.), Festschrift für Kurt Ballerstedt zum 70. Geburtstag, Berlin 1975, S. 397, 403 ff.

Verkehrssicherungspflicht in einer Vielzahl von Fällen.[760] Die Schutzpflichten als Verkehrssicherungspflicht gehören nach seiner Auffassung zu den Fällen, die bei einer künftigen Angleichung des § 831 an § 278 BGB aus dem Bereich der Haftung für culpa in contrahendo, also der pVV, herausgenommen und ihrer sachlichen Struktur nach in den deliktischen Bereich verwiesen würden; sie müssten aber bis zu der geplanten Änderung des § 831 BGB weiterhin in der bisherigen Weise gelöst werden.[761] Bei den deliktisch nicht erfassten Schutzpflichten ergebe sich die Haftung aus zweiseitigen Vertrauenstatbeständen, nämlich der Inanspruchnahme des Vertrauens durch den in Verhandlungen Eintretenden und der Gewährung des Vertrauens durch die andere Partei.[762] Larenz fand also ihren Rechtfertigungsgrund in der allgemeinen Erwartung redlichen Verhaltens des Geschäftspartners, „die eine über das Deliktsrecht hinausreichende besondere Verantwortlichkeit im Verhandlungsverhältnis rechtfertigt, die, wenn man so will, ein Korrelat zu der rechtlichen gesicherten Möglichkeit privatautonomer Gestaltung der Rechtsverhältnisse darstellt“.[763]

3. *Der vom Haftenden herbeigeführte Kontakt der Rechtsgüter*

Baumert wandte sich gegen die Ansicht, wonach die Haftung vor Vertragsschluss durch ein besonderes Vertrauen zwischen den an den Vertragsverhandlungen Beteiligten begründet werde.[764] Er wies auf denkbare Fälle hin, in denen

---

760 Z. B. RGZ 78, 239 ff. = JW 1912, 191 (Nr. 8); BGH NJW 1962, 31 f.; BGHZ 66, 51 ff. = NJW 1976, 712 ff.; zur nicht ausreichenden Beleuchtung der Treppe zur ärztlichen Praxis siehe LM Nr. 11a, § 823 (Ef) BGB usw.

761 Larenz, Bemerkungen zur Haftung für „culpa in contrahendo“, in: Flume/Raisch/Steindorff (Hrsg.), Festschrift für Kurt Ballerstedt zum 70. Geburtstag, Berlin 1975, S. 397, 403.

762 Ballerstedt, Zur Haftung für culpa in contrahendo bei Geschäftsabschluß durch Stellvertreter, AcP 151 (1950/1951), S. 501, 508.

763 Larenz, Bemerkungen zur Haftung für „culpa in contrahendo“, in: Flume/Raisch/Steindorff (Hrsg.), Festschrift für Kurt Ballerstedt zum 70. Geburtstag, Berlin 1975, S. 397, 415.

764 Vgl. Stoll, Abschied von der Lehre von der positiven Vertragsverletzung, AcP 136 (1932), S. 257, 298; ders., Die Lehre von den Leistungsstörungen, Tübingen 1936, S. 27 f.; Dölle, Aussergesetzliche Schuldpflichten, ZgesStaatsW 103 (1943), S. 67, 74; Ballerstedt, Zur Haftung für culpa in contrahendo bei Geschäftsabschluß durch Stellvertreter, AcP 151 (1950/1951), S. 501, 506 und 507; Canaris, Ansprüche wegen „positiver Vertragsverletzung“ und „Schutzwirkung für Dritte“ bei nichtigen Verträgen, JZ 1965, S. 475, 476 f.; ders., Die Vertrauenshaftung im deutschen Privatrecht, München 1971, S. 540.

eine Sonderverbindung zu bejahen sei, um diese Haftung ohne Vertrauen zu begründen: Wenn der Arbeiter A die U-Bahn mit erheblichem Widerwillen und Misstrauen betrete, um zur Arbeitsstelle zu kommen, und er dazu gezwungen sei,[765] müsse er im Falle einer Verletzung geschützt werden; daher sei zur Begründung von Schutzpflichten nicht unbedingt Vertrauen erforderlich,[766] sondern „der vom Haftenden herbeigeführte Kontakt der Rechtsgüter".[767]

E. Zuordnung der Schutzpflichten zur deliktischen Haftung

I. Einführung

Zurück zum Kernproblem des Linoleumrollen-Falls: Als der Handlungsgehilfe die von der Kundin angegebenen Linoleumrollen herausholte und zwei andere zur Seite legte, fielen diese um, und die in der Nähe stehende Kundin und ihr Kind wurden von den Rollen getroffen und stürzten zu Boden. Dadurch erlitten es körperliche Verletzungen und die Mutter einen Schockschaden. Beide könnten gemäß den § 831 Abs. 1 S. 1 BGB gegen den Geschäftsherrn einen deliktischen Schadensersatzanspruch geltend machen, der jedoch an dessen Exkulpationsmöglichkeit gemäß § 831 Abs. 1 S. 2 BGB scheitern würde. Dies könnte zu einem harten Ergebnis auf Seiten der Geschädigten führen.[768] Seit diesem Fall haben sich daher die Schutzpflichten im außerdeliktischen Bereich weiterentwickelt.

Um deliktsrechtliche Schwächen zu vermeiden, wendete das Reichsgericht in diesem Fall trotz fehlenden Vertragsschlusses Vertragsrecht an, indem es als Rechtfertigungsgrund ein fingierter Vorzeigevertrag[769] anführte. Seitdem stellt sich stets das Problem der Begründung des Rechtsverhältnisses der Vertragsverhandlung.[770] Zur Begründung dieses Rechtsverhältnisses stellte Dölle auf

---

765 Baumert, Tatbestand und Haftungsmaßstab der einzelnen Pflichten bei der culpa in contrahendo, Berlin 1955, S. 28.

766 Vgl. Erman, Beiträge zur Haftung für das Verhalten bei Vertragsverhandlungen, AcP 139 (1934), S. 273, 311 f.

767 Baumert, Tatbestand und Haftungsmaßstab der einzelnen Pflichten bei der culpa in contrahendo, Berlin 1955, S. 28 f.

768 Vgl. Caemmerer, Wandlungen des Deliktsrechts, in: ders. u. a. (Hrsg.), Hundert Jahre Deutsches Rechtsleben, Festschrift zum hundertjährigen Bestehen des Deutschen Juristentages, Bd. 2, Karlsruhe 1960, S. 49, 119.

769 Dazu siehe 2. Teil B II 2 b).

770 Vgl. RGZ 78, 239 ff. = JW 1912, 191 (Nr. 8); zur Dogmengeschichte der Begründungsansätze des Rechtsverhältnisses der Vertragsverhandlungen siehe 2. Teil C.

den sozialen Kontakt ab, der die außerdeliktischen Schutzpflichten durch ein besonderes, dem anderen entgegengebrachtes Vertrauen begründe.[771] Er unterschied zwischen einem sozialen Kontakt mit und ohne Zweck, und zwar der Zweck, der mit dem Eintritt in den fremden Lebens- oder Vertrauensbereich verfolgt wird. Den sozialen Kontakt ohne diesen Zweck sah er als rein gesellschaftlich[772] an. Die Schutzpflichten seien nicht rechtsgeschäftlicher Natur, sondern entstünden aus einem objektiven sozialen Kontakt, dessen Rechtsfolgen ohne Rücksicht auf den Willen der Beteiligten einträten.[773] Ballerstedts befürwortete die außerdeliktischen Schutzpflichten durch die Gewährung in Anspruch genommenen Vertrauens; das durch dieses Vertrauen begründete Schuldverhältnis sei nicht rechtsgeschäftlicher, sondern gesetzlicher oder gewohnheitsrechtlicher Natur.[774] Schließlich übernahm Canaris den Gedanken von Ballerstedt und entwickelte darüber hinaus seine eigene Lehre „einheitliches Schutzverhältnis".[775]

Schwer zu widerlegen ist die Kritik, dass die Hypertrophie des Vertragsrechts letztlich zu einer Deliktshaftung nach vertraglichen Grundsätzen führe und die böse Tat in der generellen Erstreckung der Vertragshaftung auf die bereits nach § 823 Abs. 1 BGB deliktisch geschützten Rechtsgüter auch in den Fällen liege, in denen die Erhaltung nicht vertraglich geschuldet, also nicht als Leistung versprochen sei.[776] Um die tendenzielle Ausdehnung der Vertragshaftung auf deliktisch geschützte Rechtsgüter zu verhindern,[777] wurde die Diskussion über

771 Dölle, Außergesetzliche Schuldpflichten, ZgesStaatsW 103 (1943), S. 67, 74.
772 Dölle, Außergesetzliche Schuldpflichten, ZgesStaatsW 103 (1943), S. 67, 77.
773 Dölle, Außergesetzliche Schuldpflichten, ZgesStaatsW 103 (1943), S. 67, 84.
774 Vgl. Ballerstedt, Zur Haftung für culpa in contrahendo bei Geschäftsabschluß durch Stellvertreter, AcP 151 (1950/1951), S. 501, 505.
775 Vgl. ders., Ansprüche wegen „positiver Vertragsverletzung" und „Schutzwirkung für Dritte" bei nichtigen Verträgen, JZ 1965, S. 475 ff.
776 Kreuzer, Anmerkung zum BGH-Urt. v. 28.1.1976 – VIII ZR 246/74 (OLG Koblenz), JZ 1976, S. 776, 778; vgl. BGHZ 66, 51 ff. = NJW 1976, 712 ff. (Gemüseblatt-Fall).
777 Vgl. Köndgen, Selbstbindung ohne Vertrag, Tübingen 1981, S. 418: „Der Kundige wird den Zustand der Hypertrophie im deutschen Vertragsrecht erkennen. Und er wird den Ursprung dieser pathologischen Entwicklung auf den Moment zurückdatieren, da das deutsche Schuldrecht die Verletzung von bereits nach § 823 Abs. 1 BGB deliktisch geschützten Rechtsgütern der Zuständigkeit des Vertragsrechts überwies [...]"; siehe auch Stoll, Haftungsverlagerung durch beweisrechtliche Mittel, AcP 176 (1976), S. 145, 150 ff. insbesondere Fn. 21: „Im übrigen halte ich [...] daran fest, daß alle pseudo- oder quasivertraglichen Schutzpflichten – ganz gleich, ob man sie aus dem Vertrag, einem vertragsähnlichen Vertrauensverhältnis oder aus sozialem Kontakt ableitet – strukturell sich überhaupt nicht von den

die reine Deliktshaftung wieder aufgenommen.[778] Kritisiert wurde zunächst, dass die teilweise inhaltliche Deckung zweier Schuldverhältnisse einen Überschuss an rechtlicher Durchdringung des tatsächlichen Geschehens indiziere und dass die Sonderung der Schutzpflichten zudem deren Zusammenhang mit den weiteren Verhaltenspflichten zerstöre und die Möglichkeit vereitele, Schutzpflichtverletzungen eine generelle Bedeutung zu sichern, etwa im Hinblick auf die Gefährdung des Vertragszwecks durch mehrfache oder schwerwiegende Schutzpflichtverletzungen.[779]

1. Anwendung des RG auf die deliktische Haftung

Bereits wenige Monate nach dem Linoleumrollen-Fall, bei dem die Haftung aus dem Vertragsrecht gemäß § 278 BGB angewendet wurde, wendete das RG im Warenhaus-Fall[780] die Haftung aus dem Deliktsrecht gemäß § 831 BGB anders an. Das Kernargument war, dass zwischen der Kundin und dem Warenhausinhaber keine rechtsgeschäftliche Bindung besteht, woraus sich nicht die Vertragsnähe, sondern die Deliktsnähe ergibt.[781] Derselbe Senat gestattete erneut eine Exkulpation des Geschäftsherrn gemäß § 831 Abs. 1 S. 2 BGB, ohne dabei auf ein vorvertragliches Rechtsverhältnis einzugehen.[782]

---

deliktsrechtlichen Verkehrspflichten unterscheiden […]. Die Leugnung des wahren Charakters solcher Pflichten mit Rücksicht auf ihre konstruktive Einbettung in irgendwelche ‚Sonderverbindungen' ist kein Ruhmesblatt der deutschen Zivilrechtsdogmatik." M. w. N. siehe unter 3. Teil E I 3 und II.

778 Vgl. Wiegand, Die Verhaltungspflichten, in: Stolleis u. a. (Hrsg.), Die Bedeutung der Wörter, Studien zur europäischen Rechtsgeschichte, Festschrift für Sten Gagnér zum 70. Geburtstag, München 1991, S. 547, 549 und 559.

779 Gernhuber, Das Schuldverhältnis, Tübingen 1989, § 2 IV 4, S. 27 f.; ähnlich vgl. Larenz, Lehrbuch des Schuldrechts Allgemeiner Teil, Bd. 1, 14. Aufl., München 1987, § 9 I, S. 119 f.: „Die Schutzpflichten und wohl auch die meisten – nicht vertragsspezifischen – Loyalitätspflichten gehören nach ihm [Canaris] nicht dem vertraglichen Schuldverhältnis an, sondern dem neben diesem weiterbestehenden gesetzlichen Schuldverhältnis, das schon durch die Aufnahme des geschäftlichen Kontakts begründet wurde. Eine solche Zerlegung des bisher als einheitlich betrachteten Schuldverhältnisses in zwei nebeneinanderherlaufende Schuldverhältnisse halte ich nicht für glücklich. Sie führt zunächst einmal, […], zu erheblichen Abgrenzungsschwierigkeiten."

780 JW 1913, 23 (Nr. 10).

781 Vgl. Nüßlein, Die Integration der culpa in contrahendo in das BGB nach der Schuldrechtsreform, Berlin 2018, S. 177 f.

782 Vgl. Benedict, Culpa in contrahendo, Tübingen 2007, S. 320.

Dem Sachverhalt zufolge befand sich der Kläger am 13.9.1910 im Warenhaus der Beklagten, als ihm ein schweres Metallgestell auf den Kopf fiel, wodurch er körperlich verletzt wurde. Er verlangte Schadensersatz für Heilungskosten und Schmerzensgeld sowie den Ausspruch der Feststellung, dass die Beklagte ihm auch alle künftigen Schäden aus dem Unfall zu ersetzen habe.[783]

Das RG sah diesen Fall als wesentlich verschieden von dem entschiedenen Linoleumrollen-Fall an. Es lag kein Schutzpflichtvertrag vor, der im Linoleumrollen-Fall ja nach den Umständen stillschweigend durch den Antrag der Klägerin auf Vorzeigen von zwei Linoleumteppichen und durch dessen Durchführung durch den Handlungsgehilfen zustande gekommen war. Vielmehr betrat der Kläger im vorliegenden Fall lediglich das Warenhaus. Das RG stellte fest, dass eine allgemeine vertragliche Haftung des Warenhausinhabers für die körperliche Sicherheit nicht hinreichend begründet sei und dass dies unabhängig von der Kaufabsicht des Klägers gelte; eine allgemeine vertragliche Haftung des „gewerblichen" Verkäufers für verkehrssichere Verkaufsräume und Zugänge gegenüber dem Käufer wurde daher abgelehnt.[784]

2. *Verkehrspflichten als der zentrale Begriff*

Die Verkehrspflichten haben in der Rechtsprechung das Deliktssystem des Gesetzes um einen weiten und wichtigen Bereich von Deliktstatbeständen ergänzt und damit das System abgerundet.[785] Es besteht eine allgemeine Regel im deutschen Recht, wonach jeder die vernünftigerweise zu erwartende Sorgfalt anwenden müsse, um Schäden von anderen abzuwenden.[786] Das Reichsgericht entschied über die Verkehrspflichten: Ein Baum, der dem Beklagten gehörte und sich auf einem öffentlichen Weg befand, fiel um und verursachte Schäden am Gebäude des Klägers. Im Jahr 1902 sprach das RG dem Kläger Schadensersatz zu, da es an einem Schutzgesetz i. S. v. § 823 Abs. 2 BGB fehle, § 823 Abs. 1 BGB aber anwendbar sei; eine Haftung für rechtswidriges Unterlassen trete auch nach § 823 Abs. 1 BGB ein.[787] Im Jahr 1903 erging eine

---

783 RG JW 1913, 23 f. (Nr. 10).

784 RG JW 1913, 23, 24 (Nr. 10).

785 Caemmerer, Wandlungen des Deliktsrechts, in: ders. u. a. (Hrsg.), Hundert Jahre Deutsches Rechtsleben, Festschrift zum hundertjährigen Bestehen des Deutschen Juristentages, Bd. 2, Karlsruhe 1960, S. 49, 80 f.

786 Caemmerer, Wandlungen des Deliktsrechts, in: ders. u. a. (Hrsg.), Hundert Jahre Deutsches Rechtsleben, Festschrift zum hundertjährigen Bestehen des Deutschen Juristentages, Bd. 2, Karlsruhe 1960, S. 49, 80.

787 RGZ 52, 373 ff.

Entscheidung des RG, bei der der Kläger abends auf einer öffentlich genutzten steinernen Treppe stürzte, die im Eigentum der beklagten Gemeinde W. stand. Die Treppe war schadhaft und unbeleuchtet, und die Gemeinde hatte sie trotz der herrschenden Schneeglätte weder geräumt noch gestreut. In diesem Fall nahm das RG an, dass derjenige, welcher sein Grundstück zum öffentlichen Verkehr bestimmt, die Pflicht habe, für die Verkehrssicherheit zu sorgen.[788]

Die Verkehrspflichten entwickelten sich aus dem Begriff der „Verkehrssicherungspflichten",[789] bei denen es sich um Gefahrsteuerungsgebote handelt, die dem Verfügungsberechtigten eines unbeweglichen Vermögensgegenstandes zum Schutz von Leben, Gesundheit und Eigentum anderer Personen auferlegt worden seien; zu den Verkehrssicherungspflichten seien die Gebäudeunterhaltungspflicht, die Streupflicht und die Straßenverkehrssicherungspflicht zu rechnen, d. h. es handele sich um eine Sachhalterhaftung für unbewegliches Vermögen, die daran anknüpfe, dass die Sache von sich aus gefährlich sei. Die eigene räumliche Sphäre als beherrschbarer Gefahrenkreis berge gegenständliche Risiken in einem nicht tolerierbaren Maß.[790] Im Gegensatz dazu werde die Gefahr, die von einer beweglichen Sache ausgehe, auf die Zurechnungsebene der Verkehrspflichten verlagert, die sich aus der Verfügungsbefugnis über gefährliche technische Geräte oder über gefährliche Stoffe ergäben, und zwar in die Nähe des Regelungsbereichs der §§ 833, 834 BGB zur Tierhalter- und Aufsichtshaftung. Dies sei der Unterschied zu den Verkehrssicherungspflichten im Regelungsbereich des § 836 BGB, also der Haftung des Grundstücksbesitzers.[791]

In der Rechtsprechung gibt es zwei Gruppen bezüglich des Entlastungsbeweises. Die erste Gruppe bezieht sich auf das sogenannte

788 RGZ 54, 53, 59.

789 Vgl. Caemmerer, Wandlungen des Deliktsrechts, in: ders. u. a. (Hrsg.), Hundert Jahre Deutsches Rechtsleben, Festschrift zum hundertjährigen Bestehen des Deutschen Juristentages, Bd. 2, Karlsruhe 1960, S. 49, 72: „Über diese Verkehrssicherungspflichten in eigentlichen Sinn ging die Rechtsprechung aber bald hinaus. Heute versteht man unter ‚Verkehrspflichten' Sorgfaltspflichten aller Art: [...] wer sonst in erlaubter Weise eine Tätigkeit entfaltet oder einen Zustand schafft, von dem Gefahren für andere ausgehen können, muß die erforderlichen Schutz- und Sicherheitsmaßnahmen treffen, um Schäden von Dritten abzuwenden." Zu den Entscheidungen des RG und zur begrifflichen Entwicklung siehe Bar, Entwicklung und rechtsstaatliche Bedeutung der Verkehrs(-sicherungs)pflichten, JZ 1979, S. 332, 332 f.

790 Bar, Verkehrspflichten, Köln/Berlin u. a. 1980, § 3, S. 45 f. Zur Entwicklungslinie der Verkehrssicherungspflichten siehe, ders., aaO., § 3, S. 46 ff.

791 Bar, Verkehrspflichten, Köln/Berlin u. a. 1980, § 3, S. 54.

Organisationsverschulden.[792] Die zweite Gruppe betrifft den Bereich der Verkehrspflichten mit dem Inhalt der Überwachung und Kontrolle von Gehilfen, die als deliktische Auffangtatbestände hinter § 831 BGB gestellt wurden. Dies führte dazu, dass der Entlastungsbeweis nach § 831 Abs. 1 S. 2 BGB in der haftungsrechtlichen Wirklichkeit in der Rechtsprechung praktisch nicht mehr existierte.[793] Ein Hauseigentümer hatte die Streupflicht vertraglich auf einen anderen übertragen – ohne die Billigung der Polizei einzuholen. Trotzdem könne er sich nicht damit entlasten, dass er die Streupflicht auf den Mieter übertragen und diesen sorgfältig ausgewählt und überwacht habe, denn die Streupflicht bleibe immer seine Verpflichtung. Trotz seiner Krankheit habe er „stets dafür zu sorgen, daß vor seinem Hause niemand durch Glätte zu Schaden kommen konnte."[794] Sein Entlastungsbeweis sei zudem unzureichend, da er die Klageansprüche aus § 823 BGB und nicht aus § 831 BGB herleite, so dass eine Entlastung für die widerrechtliche Schädigung durch einen Dritten in

---

792 Vgl. BGHZ 49, 19, 21 f.: Der BGH wies auf das Verhältnis zwischen dem Auftraggeber und dem Handelsvertreter hin, nämlich die beide würden im Innenverhältnis ihre Rechtsbeziehungen durch den Vertretervertrag nach Handelsvertreterrecht begründen. Außerdem sei der Vertreter „nach außen gerade nicht als ‚selbständiger Handelsvertreter' für den Auftraggeber aufgetreten."; vgl. OLG Köln NJW 1972, 1950 ff.; Soergel/Hadding (1988), § 31 Rz. 3: Der Verein hafte im Gegensatz zum § 831 Abs. 1 S. 2 BGB nach § 31 BGB für ein zum Schadensersatz verpflichtendes Verhalten eines „verfassungsmäßig berufenen Vertreters" schlechthin. Die Haftung dieses Vereins sei von einem spezifischen Verschulden unabhängig und bestehe also ohne möglichen Entlastungsbeweis. § 31 sei als „lex specialis" anzusehen und verdränge § 831 BGB grundsätzlich für ihren Anwendungsbereich.; vgl. Kreuzer, Culpa in contrahendo und Verkehrspflichten, Freiburg 1971, § 1 C II 4, S. 157; Bar, Verkehrspflichten, Köln/Berlin u. a. 1980, § 9 II 1 a), S. 250: „Die Funktion der schutzpflichtverletzenden culpa in contrahendo als Umgehungsinstrument für § 831 BGB ist aber auch bei größeren Betriebseinheiten heute eher Rechtsgeschichte denn Rechtswirklichkeit."

793 Bar, Verkehrspflichten, Köln/Berlin u. a. 1980, § 9, S. 247 ff.

794 BGH NJW 1952, 61 f.; BGH VersR 1970, 182: Ein Hauseigentümer könne sich bei einem objektiv verkehrswidrigen Zustand nicht wegen seines Alters (über 80 Jahre) von der Ersatzpflicht befreien, weil er verpflichtet gewesen sei, einen Gehweg auf der Fahrbahn stets freizuhalten und bei Glätte zu streuen. Er hätte Vorsorge dafür treffen müssen, dass diese Pflichten von einer anderen Person wahrgenommen werden, wenn er und seine damals noch lebende Ehefrau alters- und krankheitsbedingt nicht mehr in der Lage gewesen wären, selbst zu streuen.

Rede stehe, sondern die Haftung für die eigene schuldhafte Verletzung eines Schutzgesetzes.[795]

Seine eigene Verantwortlichkeit gegenüber Dritten werde auch nicht dadurch eingeschränkt, dass er einzelne Aufgaben der Verkehrssicherung auf einen Mieter übertrage.[796] Komme es infolge einer objektiven Streupflichtverletzung zu einem gefährlichen Straßenzustand, der zu einem Unfall führe, so müsse er sich entlasten und ggf. beweisen, dass er „alles Mögliche und Zumutbare“ getan habe, um die Beachtung der Streupflicht sicherzustellen, wenn er eine Überwachungsperson einsetze.[797] Dabei muss er ihr „bestimmte und klare Anweisungen erteilen, deren Durchführung eine Gefährdung und Schädigung Dritter ausschießt.“[798]

3. *Deliktsnahe Betrachtungsweise der Schutzpflichten*

Eine allgemeine Haftung für culpa in contrahendo, die bereits über die Regeln der Vertragshaftung hinausgeht und aus einem den Vertrag vorbereitenden Rechtsverhältnis konstruiert wird, hielt Erwin Riezler bereits jedoch nicht für erforderlich. Es wäre dogmatisch und rechtlich sinnvoller, die Schadensersatzpflicht auf den Gesichtspunkt der unerlaubten Handlung zu stützen, sofern nach dem Tatbestand überhaupt eine Verletzung einer Schutzpflicht angenommen werden kann.[799] Außerdem erkannte er die Problematik, die bereits im Linoleumrollen-Fall erörtert wurde, nämlich die Exkulpationsmöglichkeit des Geschäftsherrn gemäß § 831 Abs. 1 S. 2 BGB. Riezler hielt weiterhin fest, dass sich die Haftung des Geschäftsherrn auf eigenes Verschulden stützte und es

795 BGH NJW 1952, 61; vgl. BGH MDR 1957, 214, 215: „Zutreffend hat das Berufungsgericht ausgeführt, daß die im Mietvertrag vereinbarte Übertragung der Reinigungs- und Streupflicht auf die im Erdgeschoß wohnenden Eheleute W rechtliche Wirkung nur im Verhältnis zwischen der Beklagten und diesen Mietern hatte. Die Voraussetzungen, unter denen für die Eheleute W nach den Bestimmungen der WegereinigungsVO die Reinigungs- und Streupflicht mit öffentlich-rechtlicher Wirkung hätte begründet werden können, haben nicht vorgelegen. Da es sich somit um die Verletzung einer der Beklagten selbst obliegenden Verpflichtung handelt und der Schadensersatzanspruch des Klägers sich auf § 823 BGB gründet, kommt ein Entlastungsbeweis nach § 831 BGB nicht in Betracht.“

796 BGH VersR 1962, 238, 239.

797 BGH VersR 1967, 685.

798 BGH VersR 1962, 332, 333; BGH VersR 1967, 877.

799 Riezler, Haftung für Schädigung durch Sachen nach französischem und englischem Recht, RabelsZ 5 (1931), S. 567, 569 f.

daher gar nicht auf § 278 oder § 831 BGB ankam. Folgendes sollte berücksichtigt werden: „[...] wenn man auf dem Boden des im BGB sowohl für die Vertragshaftung als auch für die Deliktshaftung aus § 823 nun einmal gegebenen Verschuldungsprinzips bleiben will, vorsichtiger zu sagen: Die Verkehrssicherheit vom Räumen, die dem Publikum oder einem größeren Kreise von Menschen geöffnet sind, ist schlechthin ein Verkehrserfordernis, der Inhaber der Räume, der nicht für diese Sicherheit sorgt, verstößt also gegen die im Verkehr erforderliche Sorgfalt, handelt mithin (vgl. § 276 Abs. 1 S. 2) selbst schuldhaft."[800]

Zur Frage der Natur der außerdeliktischen Schutzpflichten wies Rudolf Nirk darauf hin, dass es in Deutschland an einem einheitlichen allgemeinen deliktischen Tatbestand fehle, weshalb man zunehmend den Ausweg in einer Flucht in die Vertragssphäre sehe.[801] Dies hielt er jedoch für verfehlt, da es sich nur um die Verletzung von Schutzpflichten deliktischer Natur handele, wenn diese insbesondere durch eine mangelhafte Beschaffenheit des Lokals oder durch fehlerhafte Betriebseinrichtungen verletzt würden.[802] Darüber hinaus wies Ernst von Caemmerer auf die Gründe hin, aus denen eine Vielzahl typischer deliktischer Haftungstatbestände in den Bereich der vertraglichen Haftung einbezogen wurden: Man habe die deliktische Haftungsordnung für Angestellte als unzulänglich empfunden und durch das Prinzip der vertraglichen Verantwortlichkeit

800 Riezler, Haftung für Schädigung durch Sachen nach französischem und englischem Recht, RabelsZ 5 (1931), S. 567, 570 f.

801 Nirk, Rechtsvergleichendes zur Haftung für culpa in contrahendo, RabelsZ 18 (1953), S. 310, 352.

802 Titze, Verschulden bei Vertragsschluß, in: Stier-Somlo/Elfter u. a. (Hrsg.), Handwörterbuch der Rechtswissenschaft, Bd. 6, Berlin/Leipzig 1929, S. 516 f.; ders., JW 1931, 512 ff.; vgl. Nirk, Rechtsvergleichendes zur Haftung für culpa in contrahendo, RabelsZ 18 (1953), S. 310, 352; Rietzler, Haftung für Schädigung durch Sachen nach französischem und englischem Recht, RabelsZ 5 (1931), S. 567, 570 f.; Hildebrandt, Die Erklärungshaftung, Berlin 1931, S. 134: „[D]enn die bewußten Vorschriften lassen einen Schluß auf eine solche uferlose Erweiterung nicht zu; dies gilt auch von den angeführten Gesetzesstellen, wenn (§ 694) und soweit (§§ 463 S. 2, 523, 524 Abs. 1, 1624 Abs. 2, 600) sie der Verhütung mittelbaren Schadens dienen; denn da dort der Schaden von der gefahrdrohenden Beschaffenheit des zielgeschäftlichen Leistungsgegenstandes ausgeht, besteht eine innere Beziehung zwischen Zielgeschäft und Aufklärung über die Gefährlichkeit dieses Gegenstandes. An einem solchen inneren Zusammenhang mangelt es aber bei den Erhaltungspflichten ganz, soweit die Gefahr der Verletzung lediglich auf Ort und Zeit der Geschäftsverhandlungen beruht."

für den Erfüllungsgehilfen ersetzen wollen.[803] Hans Stoll empfand auch die Ausweitung der vertraglichen Haftung in Wahrheit als „Überdehnung des Vertragsbegriffes“ und hielt deshalb daran fest, dass sich alle pseudo- oder quasivertraglichen Schutzpflichten strukturell nicht von den deliktischen Verkehrspflichten unterscheiden, und zwar unabhängig davon, ob sie aus einem Vertrag, einem vertragsähnlichen Vertrauensverhältnis oder einem sozialen Kontakt abgeleitet werden.[804] Ulrich Huber wies außerdem kritisch darauf hin, dass die Lehre von der besonderen Schutzpflicht, die aus einem Vertrag oder einem vorvertraglichen Vertrauensverhältnis entspringt, nichts weiter als eine Umschreibung sei, die den Kern der Sache eher verschleiere als offenbare.[805] Diese Schutzpflicht bestehe bereits vor Vertragsschluss; sie treffe nicht den Einzelnen, sondern jedermann; sie ergebe sich entweder daraus, dass der Verkäufer ein bestimmtes Produkt zum Zwecke des Verkaufs herstelle oder lagere, oder daraus, dass er die Verkaufsräume für den allgemeinen Verkehr öffne; die Haftung des Verkäufers beruhe daher nicht auf der Verletzung einer besonderen „Schutzpflicht“, sondern auf einer allgemeinen „Verkehrspflicht“.[806] Die Schutzpflichten spielen hierbei keine Rolle im Hinblick auf den am Güteraustausch orientierten Parteiwillen; die Vertragsparteien beabsichtigten lediglich, ihr Vermögen zu vermehren und hatten nicht vor, ihre Erhaltungsinteressen dem Schutz des Vertragspartners anzuvertrauen.[807]

Dieter Medicus sah die Natur der Sonderverbindung, die keine Leistungs-, sondern nur Schutzpflichten umfasse, als gesetzliches Schuldverhältnis an; dieses Schuldverhältnis sei aber weder vertraglicher noch deliktischer Natur, weil

---

803 Caemmerer, Wandlungen des Deliktsrechts, in: ders. u. a. (Hrsg.), Hundert Jahre Deutsches Rechtsleben, Festschrift zum hundertjährigen Bestehen des Deutschen Juristentages, Bd. 2, Karlsruhe 1960, S. 49, 56; dazu siehe Eichler, Die Konkurrenz der vertraglichen und deliktischen Haftung im deutschen Recht, AcP 162 (1963), S. 401, 414.

804 Stoll, Haftungsverlagerung durch beweisrechtliche Mittel, AcP 176 (1976), S. 145, 150 f. (Fn. 21); vgl. ders., Tatbestände und Funktionen der Haftung für culpa in contrahendo, in: Ficker u. a. (Hrsg.), Festschrift für Ernst von Caemmerer, Tübingen 1978, S. 435, 452; ders., Die Beweislastverteilung bei positiven Vertragsverletzungen, in Esser/Thieme (Hrsg.), Festschrift für Fritz von Hippel, Tübingen 1967, S. 517, 526.

805 Huber, Zur Haftung des Verkäufers wegen positiver Vertragsverletzung, AcP 177 (1977), S. 281, 319.

806 Huber, Zur Haftung des Verkäufers wegen positiver Vertragsverletzung, AcP 177 (1977), S. 281, 319 f.

807 Bar, Verkehrspflichten, Köln/Berlin u. a. 1980, § 11, S. 314.

die Haftung zum einen nicht auf einer rechtsgeschäftlichen Willenserklärung beruhe und weil zum anderen etwa bei Körperverletzungen in Warenhäusern ein Delikt in Betracht komme; die Haftung aus culpa in contrahendo stehe aber gerade konkurrierend neben der deliktischen Haftung und falle nicht mit dieser zusammen.[808] Darüber hinaus überdachte er die Argumente zum schwächenden Deliktsrecht, das in der Exkulpationsmöglichkeit nach § 831 Abs. 1 S. 2 BGB, der Verjährung nach § 852 BGB a. F. oder dem deliktisch regelmäßig nicht geschützten Vermögen als solchem gegen fahrlässige Schädigung bestehe.[809] Hier habe das Deliktsrecht aber wesentliche Vorteile: Das angemessene Schmerzensgeld mache den Rückgriff auf das Deliktsrecht bei allen Folgeschäden einer Körperverletzung unentbehrlich; es ist zu erwarten, dass die Schwächen des Deliktsrechts im Bereich der Gehilfenhaftung in absehbarer Zeit durch das Wegfallen der Exkulpationsmöglichkeit beseitigt werden.[810]

Christian von Bar behandelte auch die obige Problematik mit dem Begriff „Verkehrspflichten".[811] Unter Berücksichtigung von Verkehrs(-sicherungs) pflichten stellte er fest, dass die Figur der culpa in contrahendo ihre ursprüngliche Bedeutung im Zusammenhang mit der Verletzung von Erhaltungsinteressen im Wesentlichen verloren habe. Es sei daran festzuhalten, dass das Vertragsrecht in erster Linie dem Austausch von Leistungen und das Deliktsrecht dem Güterschutz diene;[812] zur Begründung dieses Ergebnisses verwies er beispielsweise auf eine Entscheidung,[813] in der sich das RG bereits nicht damit

---

808 Medicus, Die culpa in contrahendo zwischen Vertrag und Delikt, in: Forstmoser/Giger u. a. (Hrsg.), Festschrift für Max Keller, Zürich 1989, S. 205, 210 f. und 218.

809 Medicus, Vertragliche und deliktische Ersatzansprüche für Schäden aus Sachmängeln, in: Tübinger Festschrift für Eduard Kern, Tübingen 1968, S. 313, 324 ff. und 330 f.

810 Medicus, Vertragliche und deliktische Ersatzansprüche für Schäden aus Sachmängeln, in: Tübinger Festschrift für Eduard Kern, Tübingen 1968, S. 313, 327. Er verwies auf eine Umstellung des § 831 im „Referentenentwurf eines Gesetzes zur Änderung und Ergänzung schadensersatzrechtlicher Vorschriften" vom Januar 1967, S. 4: „§ 831 Wer einen anderen in Ausführung der Verrichtung durch eine vorsätzlich oder fahrlässig begangene unerlaubte Handlung einem Dritten einen Schaden zufügt, neben dem anderen zum Ersatz des Schadens verpflichtet."

811 Zur Entwicklung des Begriffes „Verkehrs(-sicherungs)pflichten" siehe Bar, Entwicklung und rechtsstaatliche Bedeutung der Verkehrs(-sicherungs)pflichten, JZ 1979, S. 332 ff.; auch vgl. ders., Verkehrspflichten, Köln/Berlin u. a. 1980, § 3, S. 43 ff.

812 Bar, Verkehrspflichten, Köln/Berlin u. a. 1980, § 9, S. 247 ff. und § 11, S. 314.

813 RG JW 1936, 915. Der Kläger, ein Boxer, besuchte das Warenhaus der Beklagten, um im dritten Stock einzukaufen. Als er die Treppe zwischen dem zweiten und

begnügt habe, mit Hilfe der culpa in contrahendo und des auf sie anwendbaren § 278 BGB materielle Schäden zu gewähren und den Schmerzensgeldanspruch an § 831 BGB scheitern zu lassen.[814] Die Schwäche des Deliktsrechts, nämlich den Entlastungsbeweis bei der Haftung für Verrichtungsgehilfen, umging das RG durch Anwendung des § 31 BGB, der für alle juristischen Personen und Personengesellschaften gilt.[815] Ein weiteres Beispiel hierfür ist die Entscheidungen des BGH,[816] die dem klassischen Fall der nicht leistungsbezogene culpa in contrahendo entsprechend sind.[817] Bar bejahte den Ersatz vertragsähnlicher bzw. vorvertraglicher Pflichten durch Verkehrspflichten; allgemeine und vertragliche Verkehrssicherungspflichten würden zur Identität verschmelzen, wenn man den vorvertraglichen Vertrauensband zum Entstehungsgrund einer deliktischen Handlungspflicht mache.[818]

II. Behebung der deliktsrechtlichen Schwächen durch „funktionale Zuständigkeit"

Karl Kreuzer hielt auch die Ausdehnung der vertraglichen Haftung auf typische deliktische Sachverhalte grundsätzlich für verfehlt und stellte fest, dass das allgemeine Interesse an der Integrität von Rechtsgütern, vor allem an der Unversehrtheit von Person und Eigentum, nicht vom Schutzzweck der schuldrechtlichen Sonderverbindung erfasst werde. Das allgemeine

---

dem dritten Stockwerk hinaufging, stürzte er wegen einer gelockerten Messingkappe an der Wandseite und brach sich dabei die Grundgelenke des zweiten und dritten Fingers der rechten Hand. Er machte geltend, dass er aufgrund dieser Verletzung seinen Beruf nicht mehr ausüben könne und ihm ein erheblicher Verdienstausfall entstanden sei. In diesem Fall entschied das RG, dass eine Handelsgesellschaft, die große Warenhäuser unterhalte, sich nicht darauf berufen könne, dass der Leiter der betreffenden Filiale kein besonderer Vertreter der Handelsgesellschaft (§§ 30, 31 BGB) sei, aber aufgrund seiner großen Erfahrung keiner Anleitung und Aufsicht bedürfe. Dies würde bedeuten, dass ein Großunternehmen praktisch nie wegen Vernachlässigung der ihm gegenüber den Kauflustigen obliegenden Verkehrssorgfalt in Anspruch genommen werden könnte.

814 Bar, Verkehrspflichten, Köln/Berlin u. a. 1980, § 9, S. 249.

815 Siehe oben 3. Teil E I 2.

816 BGH VersR 1966, 1190; BGH VersR 1964, 974; OLG Köln VersR 1970, 229, 230; OLG München VersR 1974, 269.

817 Vgl. Kreuzer, Culpa in contrahendo und Verkehrspflichten, Freiburg 1971, § 1 C II 4, S. 156 ff.

818 Bar, Verkehrspflichten, Köln/Berlin u. a. 1980, § 11, S. 313.

Erhaltungsinteresse werde daher „funktional“ durch die Gemeinordnung,[819] in erster Linie durch das Deliktsrecht, gewährleistet, soweit es nicht zu individuellen oder vertragstypischen Leistungsbeziehungen zur Erhaltung des Bestandes gekommen sei.[820] Das Deliktsrecht diene im vorvertraglichen Bereich der sachgerechten Konfliktlösung:[821] Die beiden wichtigsten Gründe für die tendenzielle Ausdehnung der vertraglichen Haftung auf deliktische Sachverhalte seien zum einen die Exkulpationsmöglichkeit des Geschäftsherrn, § 831 Abs. 1 S. 2 BGB,[822] und zum anderen die dreijährige Verjährungsfrist bei der Anwendung der §§ 823 ff. BGB. Die Rechtsprechung komme aber im Notfall auch mit Hilfe der §§ 823 Abs. 1, 31 BGB in Verbindung mit den fortgebildeten Beweislastregeln zu sachgerechten Ergebnissen; die Entscheidung des Gesetzgebers von 1896 für eine verhältnismäßig kurze Verjährungsfrist sei angesichts der Beschleunigung der Lebensverhältnisse jedenfalls eher gerechtfertigt als die allgemeine dreißigjährige Frist.[823] Im Übrigen machte er im Hinblick auf die Lehre vom einheitlichen Schutzverhältnis darauf aufmerksam, dass

---

819 Kreuzer stellt Gemeinordnung im Gegensatz zur schuldrechtlichen Sonderordnung, und die Gemeinordnung könne mit Deliktsordnung gleichgesetzt werden. Dazu siehe ders., Culpa in contrahendo und Verkehrspflichten, Freiburg 1971, S. 257 (Fn. 977).

820 Kreuzer, Culpa in contrahendo und Verkehrspflichten, Freiburg 1971, S. 275; auch ders., Anmerkung zum BGH-Urt. v. 28.1.1976 – VIII ZR 246/74 (OLG Koblenz), JZ 1976, S. 776, 800.

821 Kreuzer, Anmerkung zum BGH-Urt. v. 28.1.1976 – VIII ZR 246/74 (OLG Koblenz), JZ 1976, S. 776, 780.

822 Kreuzer, Culpa in contrahendo und Verkehrspflichten, Freiburg 1971, S. 156 f.: „Die einzige – im Übrigen mehr als 20 Jahre zurückliegende – Entscheidung, die die Grundsätze der culpa in contrahendo offensichtlich allein zu dem Zweck heranzog, um die Haftungsnorm für Erfüllungsgehilfen anwenden zu können, überdehnt ohne Zweifel den legitimen Bereich des Verschuldens bei Vertragsverhandlungen und liegt überdies nicht auf geschäftlicher Ebene (Leihe). […] Dennoch übergehen viele dieser Urteile das Problem einer Anwendung des § 831 BGB stillschweigend und prüfen unmittelbar die deliktische (oder vertragliche) Verkehrssicherungs- und/oder Organisationspflicht des Geschäftsinhabers bzw. Organs der beklagten Körperschaft. Mit Hilfe des ‚Durchgriffs‘ auf den Geschäftsherrn – ggf. mittels des für alle juristischen Personen und Personengesellschaften geltenden § 31 BGB – wird das Problem des Exkulpationsbeweises bei der Haftung für den Verrichtungsgehilfen umgangen.“

823 Kreuzer, Anmerkung zum BGH-Urt. v. 28.1.1976 – VIII ZR 246/74 (OLG Koblenz), JZ 1976, S. 776, 780; zur dreijährigen Verjährungsfrist auch S. 781; vgl. ders., Culpa in contrahendo und Verkehrspflichten, Freiburg 1971, S. 271 f.

die leistungsbezogene vertragliche Sonderwertung zu unhaltbaren Lösungen führe, wenn man sie auf Schutzpflichtverletzungen im vorvertraglichen Bereich anwende.[824] Der Konstruktion eines einheitlichen Schutzverhältnisses bedürfe es nicht, weil bereits der historische Gesetzgeber in den Gesetzesmaterialien zum Ausdruck gebracht habe, dass etwa bei der Herabsetzung des Haftungsmaßstabs des Schenkers in § 521 BGB ausschließlich an die Leistungspflicht gedacht gewesen sei.[825]

Er hielt es für eine schnelle und sichere Abhilfe, sowohl für die Beweislastverteilung als auch für die Gehilfenhaftung eine weiterentwickelte Gemeinordnung – eine gesetzliche Neuordnung des Deliktsrechts – zu schaffen. Hinsichtlich der Beweislastverteilung formulierte Leo Raape in analoger Anwendung der §§ 282, 285 BGB a. F. den Ausdruck eines allgemeinen Beweisgrundsatzes für Schuldverhältnisse: Der Gläubiger habe die objektive Pflichtverletzung, der Schuldner die subjektive Pflichtverletzung zu beweisen.[826] Im Anschluss an diese Äußerung Raapes wurde in der umfangreichen Literatur[827] allgemein die Auffassung vertreten, dass die Beweislastumkehr der §§ 282, 285 BGB a. F. für das Verschulden sinngemäß auch für positive Vertragsverletzungen gelten müsse.[828] Diese Beweislastumkehr gelte nur, wenn ein Leistungsversprechen vorliege; das Leistungsversprechen des Schuldners führe zu einer generellen Übernahme des Risikos der Beweislosigkeit, ohne Rücksicht darauf, ob sich im Einzelfall eine solche Beweislastregelung auch aus dem Gedanken der Beweislastverteilung nach Gefahrenkreisen ergebe.[829] Ausgehend von dieser Auffassung betonte Kreuzer, dass ein allgemeines Versprechen bei Gelegenheit einer Vertrags- oder Verhandlungsbeziehung, dem Partner keinen Schaden zuzufügen, nicht angenommen werde; das Gesetz schreibe dies nicht vor. Es handele sich nicht um einen Bruch des Versprechens, sondern um einen

---

824 Kreuzer, Culpa in contrahendo und Verkehrspflichten, Freiburg 1971, S. 271 f.

825 Motive II, S. 296 = Mugdan II, S. 164; Protokolle II, S. 21 = Mugdan II, S. 747. Dazu siehe Kreuzer, Culpa in contrahendo und Verkehrspflichten, Freiburg 1971, S. 271 f. (Fn. 1034).

826 Raape, Die Beweislast bei positiver Vertragsverletzung, AcP 147 (1947), S. 217, 218.

827 Zu den weiteren Nachweisen siehe Stoll, Die Beweislastverteilung bei positiven Vertragsverletzungen, in: Esser/Thieme (Hrsg.), Festschrift für Fritz von Hippel, Tübingen 1967, S. 517 (Fn. 2); auch Kreuzer, Culpa in contrahendo und Verkehrspflichten, Freiburg 1971, S. 277 (Fn. 1053).

828 Stoll, Die Beweislastverteilung bei positiven Vertragsverletzungen, in: Esser/Thieme (Hrsg.), Festschrift für Fritz von Hippel, Tübingen 1967, S. 517.

829 Kreuzer, Culpa in contrahendo und Verkehrspflichten, Freiburg 1971, S. 278.

Verstoß gegen den allgemeinen Grundsatz des neminem laedere, nämlich den Schutz von Integritätsinteressen; eine analoge Anwendung der Beweisumkehrregeln auf die Verletzung vorvertraglicher Schutzpflichten sei daher nicht gerechtfertigt.[830] Entscheidend seien die Beweisregeln der Gemeinordnung, die durch die Anerkennung des prima-facie-Beweises,[831] also durch die Lehre von der Beweislastverteilung nach Gefahren-, Organisations- und Herrschaftsbereich sowie durch die Modifikation der Beweisgrundsätze bei schuldhafter Beweisvereitelung und objektivem Schutzgesetzverstoß entscheidend fortentwickelt worden seien; sie erlaubten auch bei vorvertraglichen Integritätsschäden eine den konkreten Umständen angemessene Verteilung der Beweislast.[832]

Hinsichtlich der Gehilfenhaftung wies er darauf hin, dass die ursprüngliche Unzugänglichkeit des § 831 BGB durch seine immanente Korrektur und Einengung des Anwendungsbereichs in der Praxis nicht mehr spürbar sei:[833] Er nannte die Warenhausfälle, die sich auf Körperverletzungen im geschäftlichen Kontakt in den Räumlichkeiten des Warenhauses bezogen,[834] als Beispiele

---

830 Kreuzer, Culpa in contrahendo und Verkehrspflichten, Freiburg 1971, S. 278.

831 Kreuzer, Culpa in contrahendo und Verkehrspflichten, Freiburg 1971, S. 278 f.

832 Kreuzer, Culpa in contrahendo und Verkehrspflichten, Freiburg 1971, S. 279.

833 Vgl. Kreuzer, Culpa in contrahendo und Verkehrspflichten, Freiburg 1971, S. 280 ff.

834 Vor allem vgl. Spirituskocher-Fall: BGH Urt. v. 13.12.1960 – VI ZR 42/60, LM Nr. 10, § 823 (Db) BGB = NJW 1961, 455–456. Der Fall betrifft die Körperverletzung des achtjährigen Klägers durch eine Brennstoffexplosion. Ein Propagandist führte seit dem 20.8.1956 vor dem Geschäftshaus einer Filiale der Beklagten an einem Stand auf dem Gehweg unmittelbar neben dem Haupteingang die Zubereitung von Popcorn vor. Er röstete den vom Filialleiter zur Verfügung gestellten Mais mit einem ebenfalls aus den Beständen der Beklagten stammenden Spirituskocher und verkaufte den Mais. Am 30.8.1956 stand der Kläger neben anderen Passanten am Vorführtisch des Propagandisten und sah diesem bei seiner Tätigkeit zu. Der Propagandist füllte, wie er es immer zu tun pflegte, Spiritus aus einer Reserveflasche nach, ohne vorher die Flamme des Kochers gelöscht zu haben. Dabei verschüttete er einen Teil der Flüssigkeit. Es kam zu einer Brennstoffexplosion. Dadurch erlitt der Kläger schwere, entstellende Verbrennungen an Kopf, Oberkörper und Händen. Er verlangte von der Beklagten Ersatz des durch die Explosion entstandenen Schadens. Der gleiche Senat wie im Bananenschalen-Fall bejahte die Haftung der Beklagten wegen schuldhafter Verletzung einer ihr obliegenden „Verkehrssicherungspflicht“. Die Beklagte sei ihrerseits verpflichtet gewesen, dafür Sorge zu tragen, dass durch die Vorführungen niemand zu Schaden komme. Sie habe durch ihr Zusammenwirken mit dem Propagandisten, indem sie dem Propagandisten die Standräume und Geräte zur Verfügung gestellt habe, dafür gesorgt, dass die nicht ungefährliche Vorführung des Propagandisten auf

dafür, dass der BGH und die Instanzgerichte ausschließlich Deliktsrecht anwenden und eine Haftung allein aus deliktischen Vorschriften begründet werde.[835] Es komme nicht darauf an, ob der angestrebte Vertrag überhaupt zustande gekommen sei oder ob der Schadenseintritt vor oder nach dem erfolgten Vertragsschluss liege.[836] Seine Ausführungen zu §§ 278, 831 machen deutlich, dass § 831 über den Gesetzeswortlaut hinaus Schutzpflichten des Geschäftsherrn hinsichtlich der Auswahl, Überwachung, Instruktion und Ausrüstung seiner Verrichtungsgehilfen statuiert und ihm auch die Pflichten zu einer sorgfältigen allgemeinen Aufsichtsorganisation und zu einer zweckmäßigen Betriebsorganisation auferlegt, die im Ergebnis zu einer allgemeinen Gefahrenabwehr- bzw. Schadensverhütungspflicht zusammengefasst werden. Er wies ferner darauf hin, dass sich die Urteile[837] mehrten, die die Anforderungen an den Entlastungsbeweis aus § 831 Abs. 1 S. 2 BGB verschärften.[838] Damit werde § 831 BGB brauchbar, wenn auch nicht voll befriedigend. Diese Vorschrift sei seither von den Gerichten nur sehr selten angewendet worden; gegenüber § 831 und § 278 BGB habe er auch § 823 Abs. 1 BGB als „vorherrschende Anspruchsgrundlage“ angesehen.[839]

Die Betonung von Bar liegt darauf, dass eine Abkehr von der Vertragsregel und eine Rückkehr zur Gemeinordnung angestrebt werden solle, soweit man sich nicht damit begnüge, die Geltung der Vertragsregel festzustellen, sondern Lösungen für einzelne Tatsachenfragen suche.[840]

III. Kritik an der Ausweitung der Haftung für c.i.c. in den Vorschlägen zur Schuldrechtsreform

Der BGH wies in der Lehre von der culpa in contrahendo deutlich auf die Gefahr einer uferlosen Ausdehnung der Schadensersatzpflicht wegen Verschuldens bei

ihrem Grundstück unmittelbar neben dem Haupteingang ihres Geschäftshauses stattgefunden habe.

835 Zu den Warenhausfällen vgl. Kreuzer, Culpa in contrahendo und Verkehrspflichten, Freiburg 1971, S. 151 f. (Fn. 531 und 534).

836 Kreuzer, Culpa in contrahendo und Verkehrspflichten, Freiburg 1971, S. 153 und zu Rechtsprechungen von Instanzgerichten siehe ders. aaO., S. 153 (Fn. 537 f.).

837 Vgl. RGZ 120, 154, 161; RG JW 1935, 3536 f.; BGH VersR 1955, 746, 747; BGH VersR 1959, 375.

838 Kreuzer, Culpa in contrahendo und Verkehrspflichten, Freiburg 1971, S. 282.

839 Kreuzer, Culpa in contrahendo und Verkehrspflichten, Freiburg 1971, S. 283.

840 Kreuzer, Culpa in contrahendo und Verkehrspflichten, Freiburg 1971, S. 273.

Vertragsverhandlungen hin.[841] Schon Nirk äußerte sich besorgt über die Lehre von der culpa in contrahendo, „daß es […] nützlich sein könnte, eine Betrachtung darüber anzustellen, ob die c.i.c. als eine ‚geglückte richterliche Rechtsfortbildung' bezeichnet werden kann". Die sei „damals geradezu unvorstellbar gewesen. Daß aber weitere 10 Jahre später angesichts der ‚Ausuferung' dieses Rechtsinstituts immer mehr die Frage ernsthaft gestellt werden muß, Culpa in contrahendo – quo vadis?"[842] Seine Frage ging auch auf das Unbehagen zurück, dass sich in diesem Bereich eine ausgeprägte Billigkeitsrechtsprechung „angesiedelt" habe, die zwar im Ergebnis zu einer verfeinerten Einzelfallgerechtigkeit führe, in der Konsequenz aber wiederum zu Rechtsunsicherheit, weil die Rechtsüberzeugung des jeweiligen (anonymen) Richters schwer vorhersehbar sei.[843] Der Anwendungsbereich der culpa in contrahendo sei sehr umfassend. Er reiche von der Haftung für Pflichtverletzungen des anderen Teils bei Verhandlungen und für die Verletzung von Aufklärungspflichten über die Haftung für den grundlosen Abbruch von Vertragsverhandlungen bis hin zur Prospekthaftung der Gründer und Initiatoren von Anlagegesellschaften und Bauherrenmodellen, sowie der Haftung von Angehörigen bestimmter Professionen, denen die Allgemeinheit besonderes Vertrauen entgegenbringe.[844]

Die Kritik an der uferlosen bzw. unkontrollierten Ausdehnung der Haftung für culpa in contrahendo blieb auch in der Diskussion um die

---

841 BGH NJW 1970, 1840, 1841; zuvor besagte OLG München NJW 1968, 651: „Es läßt sich nicht leugnen, daß die Lehre von der Haftung aus culpa in contrahendo die Gefahr einer uferlosen Ausdehnung in sich birgt."; dazu siehe Benedict, Culpa in contrahendo, Tübingen 2007, S. 520.

842 Nirk, Culpa in contrahendo, in: Hefermehl (Hrsg.), Festschrift für Philipp Möhring, München 1975, S. 71, 99.

843 Nirk, Culpa in contrahendo, in: Hefermehl (Hrsg.), Festschrift für Philipp Möhring, München 1975, S. 71, 98 f.; zum Ausdruck „geglückte richterliche Rechtsfortbildung" siehe Larenz, Culpa in contrahendo, Verkehrssicherungspflichten und sozialer Kontakt, MDR 1954, S. 515 ff.; vgl. Emmerich, Recht der Leistungsstörungen, München 1978, § 5 A III 2, S. 35: „Im heutigen Schrifttum stößt vor allem die unkontrollierte Ausdehnung der Haftung für c.i.c. auf immer neue Fälle auf zunehmende Kritik. In der Tat beschwört die gegenwärtige Praxis unverkennbar die Gefahr herauf, daß das Rechtsinstitut der c.i.c. zu einem bequemen Allzweckinstrument degeneriert, das in jedem Einzelfall weitgehend beliebige Billigkeitsentscheidungen ohne jede Bindung an die Wertungen des Gesetzes erlaubt."

844 Emmerich, Recht der Leistungsstörungen, 3. Aufl., München 1991, § 5, S. 39.

Schuldrechtsmodernisierung[845] erhalten. Eduard Picker bezeichnete die Debatte um die Schuldrechtsmodernisierung als eine „Art jüngsten Gerichts", das über Tod und Leben der culpa in contrahendo und pFV entscheiden sollte.[846]

1. *Ansatzpunkte des Gutachters Dieter Medicus*

Dieter Medicus setzte sich in seinem Gutachten zur Schuldrechtsnovelle mit der Lehre vom Verschulden bei Vertragsverhandlungen auseinander. Er lehnte es ab, im geltenden deutschen Schuldrecht eine große Generalklausel des Verschuldens bei Vertragsverhandlungen vorzusehen; eine solche Generalklausel verstärke „die Gefahr einer vagen Billigkeitsrechtsprechung"[847].[848] Er schloss sich damit der Auffassung von Ulrich Huber[849] an. Die erwünschten Ergebnisse, die mit der Umgehung der deliktischen Schwächen durch vertragliche Haftung bei Vertragsverhandlungen angestrebt wurden, dürften bereits mit dem seit dem Linoleumrollen-Fall erheblich weiterentwickelten Deliktsrecht erreichbar sein.[850] Deshalb seien Regeln über das Verschulden bei Vertragsverhandlungen

---

845 Picker/Schilken, Positive Forderungsverletzung und culpa in contrahendo – Zur Problematik der Haftungen „zwischen" Vertrag und Delikt, AcP 183 (1983), S. 369, 372.

846 Ausführlich zu den Entstehungsvorgängen der Schuldrechtsreform vom Beginn der Debatte in den 1970er Jahren bis zur Gesetzesverkündung am 29.11.2001 siehe Nüßlein, Die Integration der culpa in contrahendo in das BGB nach der Schuldrechtsreform, Berlin 2018, S. 49 ff.

847 Stoll, Tatbestände und Funktionen der Haftung für culpa in contrahendo, in: Ficker u. a. (Hrsg.), Festschrift für Ernst von Caemmerer, Tübingen 1978, S. 435, 436.

848 Medicus, Verschulden bei Vertragsverhandlungen, in: BMJ (Hrsg.), Gutachten und Vorschläge zur Überarbeitung des Schuldrechts, Bd. 1, Köln 1981, S. 479, 485 f.

849 Siehe unten zum Hubers Gutachten, insbesondere BMJ (Hrsg.), aaO., S. 743.

850 Vgl. Larenz, Bemerkungen zur Haftung für „culpa in contrahendo", in: Flume/Raisch/Steindorff (Hrsg.), Festschrift für Kurt Ballerstedt zum 70. Geburtstag, Berlin 1975, S. 397, 402 f.: Er verwies hinsichtlich der Exkulpationsmöglichkeit in den Warenhaus-Fällen darauf: […] „da damit ein ‚Zustand der Verkehrswidrigkeit' der Räume und dessen Ursächlichkeit für den Schaden festgestellt war, hätte nun die Leitung des Warenhauses beweisen müssen, daß von ihr alle erforderlichen organisatorischen und sonstigen Maßnahmen getroffen waren, um den Eintritt eines derartigen Zustandes zu vermeiden oder ihn sofort zu beseitigen. Nicht aber brauchte der Kunde zu beweisen, daß die Leitung des Warenhauses ein Verschulden trifft. […] Bis es zu der geplanten Änderung des § 831 BGB kommt, wird man diese Fälle freilich weiter in der bisherigen Weise lösen müssen. Man sollte sich jedoch darüber klar werden, daß diese Fälle, eben weil sie eigentlich in das Gebiet des Deliktsrechts gehören, für die Erkenntnis des ‚inneren Grundes' der Haftung

als Vorschlag für eine Schuldrechtsreform überflüssig;[851] die Gerichte könnten von sich aus auf das Deliktsrecht zurückgreifen, wenn dieses ihren Bedürfnissen entsprechend geändert worden sei.[852]

Er stimmte der Auffassung von Joachim Gernhuber zu, dass die „Skelettierung des Schuldverhältnisses bis auf die Leistungspflichten"[853] durch die Schutzpflichten überholt sei.[854] Im Gegensatz zu den Leistungspflichten seien die Schutzpflichten situationsbezogen entstanden; nicht nur die Pflicht, sondern auch die Zuweisung der Gläubiger- und Schuldnerrolle ergebe sich aus der konkreten Situation. Nach Medicus habe die Lehre von den Schutzpflichten deshalb eine „erhebliche Unsicherheit" in das Schuldrecht gebracht, weil sich die Schutzpflichten erst nach einem erheblichen Zeitablauf konkretisierten.[855] Eine Regelung der Entstehungsvoraussetzungen und des Inhalts der Schutzpflichten sei in absehbarer Zeit nicht zu erwarten; insoweit bestehe noch erheblicher gesetzgeberischer Handlungsbedarf.[856]

a) Gehilfenhaftung und Verjährung

Ein wesentlicher Grund für die Ausdehnung der vertraglichen Haftung aus culpa in contrahendo auf das Deliktsrecht ist zum einen der Unterschied zwischen § 278 und § 831 BGB, nämlich die Exkulpationsmöglichkeit nach § 831 Abs. 1 S. 2 BGB. Medicus wies darauf hin, dass im Deliktsrecht bereits Wege gefunden worden seien, die Exkulpationsmöglichkeit einzuschränken.

---

für culpa in contrahendo nichts hergeben."; ähnlich auch Stoll, Tatbestände und Funktionen der Haftung für culpa in contrahendo, in: Ficker u. a. (Hrsg.), Festschrift für Ernst von Caemmerer, Tübingen 1978, S. 435, 437; zu den Fallgruppen siehe Caemmerer, Wandlung des Deliktsrechts, in: ders. u. a. (Hrsg.), Festschrift zum Hundertjährigen Bestehen des Deutschen Juristentages 1860–1960, Bd. 2, Karlsruhe 1960, S. 49, 56 ff.

851 Medicus, Verschulden bei Vertragsverhandlungen, in: BMJ (Hrsg.), Gutachten und Vorschläge zur Überarbeitung des Schuldrechts, Bd. 1, Köln 1981, S. 479, 489.

852 Medicus, Verschulden bei Vertragsverhandlungen, in: BMJ (Hrsg.), Gutachten und Vorschläge zur Überarbeitung des Schuldrechts, Bd. 1, Köln 1981, S. 479, 494; ähnlich Larenz, Bemerkungen zur Haftung für „culpa in contrahendo", in: Flume/Raisch/Steindorff (Hrsg.), Festschrift für Kurt Ballerstedt zum 70. Geburtstag, Berlin 1975, S. 397, 402 f.

853 Gernhuber, Vorwort des Herausgebers, in: Hermann Lange, Schadensersatz, Tübingen 1979, S. V; Medicus, Probleme um das Schuldverhältnis, Berlin 1987, S. 5.

854 Medicus, Probleme um das Schuldverhältnis, Berlin 1987, S. 16.

855 Medicus, Probleme um das Schuldverhältnis, Berlin 1987, S. 17.

856 Medicus, Probleme um das Schuldverhältnis, Berlin 1987, S. 26.

Insbesondere seien Organisations- und Überwachungspflichten zu berücksichtigen. Zu deren Erfüllung bleibe der Geschäftsherr auch dann verpflichtet, wenn er sich zur Verkehrssicherung Gehilfen bediene;[857] zum anderen liegt ein weiterer Grund in dem Unterschied zwischen deliktischer und allgemeiner Verjährung, nämlich § 852 a. F. und § 195 BGB. Die kürzere deliktische Verjährungsfrist müsse angepasst werden; dann spiele es keine Rolle, wenn § 292 b Abs. 2 nach dem Vorschlag von Ulrich Huber[858] auch in Sonderverbindungen zu § 852 BGB anwendbar sei.[859]

b) Beweislast und Vermögensverletzung

Die Anwendung der Haftung aus culpa in contrahendo führt zu einer Beweislastumkehr zugunsten des Geschädigten analog §§ 282, 285 BGB a. F.[860] Medicus wies in diesem Zusammenhang auf den Bedeutungsverlust hin, wenn die Reformvorschläge umgesetzt würden; Bar schlug in seinem Entwurf unter § 6 I des Gutachtens vor, dass nach § 824 Abs. 1 S. 2 BGB derjenige, der wegen Verletzung einer Verkehrspflicht hafte, seine Schuldlosigkeit beweisen müsse.[861]

---

857 Medicus, Verschulden bei Vertragsverhandlungen, in: BMJ (Hrsg.), Gutachten und Vorschläge zur Überarbeitung des Schuldrechts, Bd. 1, Köln 1981, S. 479, 491.

858 Huber, Leistungsstörungen, in: BMJ (Hrsg.), Gutachten und Vorschläge zur Überarbeitung des Schuldrechts, Bd. 1, Köln 1981, S. 647, 676: „§ 292 b (1) […] (2) Hat der Schuldner infolge der Nichterfüllung Schadensersatz wegen der Verletzung oder Tötung einer Person oder wegen der Beschädigung oder Zerstörung einer fremden Sache zu leisten, so findet auf die Verjährung des Anspruchs die Vorschrift des § 852 Anwendung. Das gilt, sofern nicht anders bestimmt ist, auch, wenn für sonstige Ansprüche aus dem Schuldverhältnis eine abweichende Verjährungsfrist angeordnet ist."

859 Medicus, Verschulden bei Vertragsverhandlungen, in: BMJ (Hrsg.), Gutachten und Vorschläge zur Überarbeitung des Schuldrechts, Bd. 1, Köln 1981, S. 479, 491 f.

860 Vgl. BGH NJW 1962, 31, 32: „Allerdings hat die Rspr. [Rechtsprechung] bislang keine generelle Regelung über die Umkehrung der Beweislast bei positiven Vertragsverletzungen nach Art des § 282 BGB aufgestellt, sondern immer der Art der Vertragsbeziehungen und der Art der Schadensquelle Bedeutung beigemessen. […] Dabei ist die Umkehrung der Beweislast auch dann gerechtfertigt, wenn der Besucher noch keinen Vertrag geschlossen hat, sondern zum Zweck des Vertragsabschlusses den Raum betrat (culpa in contrahendo)."

861 Bar, Deliktsrecht, in: BMJ (Hrsg.), Gutachten und Vorschläge zur Überarbeitung des Schuldrechts, Bd. 2, Köln 1981, S. 1681, 1761: „§ 824 (Pflichtverletzung) – (1) […] Die Ersatzpflicht ist bei fehlendem Verschulden ausgeschlossen. […]"; zur Umgestaltung des § 831 siehe BMJ (Hrsg.), Referentenentwurf eines Gesetzes zur Änderung und Ergänzung schadensersatzrechtlicher Vorschiften, Bd. 1, Karlsruhe

Allerdings führte der BGH zur Beweislastverteilung aus: „Es ist in der Rechtsprechung seit langem anerkannt, bei einzelnen vertraglichen, vorvertraglichen und deliktischen Rechtsbeziehungen eine Verteilung der Beweislast nach Gefahrenbereichen vorzunehmen.“[862] Die überwiegende Zahl der Juristen verneine, dass die Haftung aus Sonderverbindung gegenüber dem Deliktsrecht Beweislastvorteile biete.[863]

Außerdem ging Medicus auf die Vermögensverletzung ein, die weder nach § 823 Abs. 1 BGB noch nach dem Vorschlag Bars in seinem Gutachten § 6 I (§ 824 Abs. 1 S. 1 des Entwurfs) vorlag. Er bezweifelte die Bemerkung von Larenz, dass das Recht der Sonderverbindung unentbehrlich sei, wenn das Vermögen als solches schon vor Vertragsschluss zu den zu schützenden fremden Rechtsgütern gehören solle.[864] Larenz ging also davon aus, dass die vertragliche Haftung über die allgemeine deliktische Haftung hinausgeht, soweit sie auch für reine Vermögensschäden gilt: Der Kunde sei auf der Bananenschale ausgerutscht und habe sich nicht verletzt. Er habe sich nur etwas verspätet und dadurch einen Geschäftsabschluss versäumt, z. B. weil er zunächst seine Kleidung gereinigt habe. Sollte das Warenhaus ihm in diesem Fall den „entgangenen Gewinn“ ersetzen? Larenz war der Auffassung, dass nach der Lehre von den Schutzpflichten der entgangene Gewinn zu ersetzen sei.[865] Ihm widersprach jedoch Medicus mit der Begründung, dass es sich bei der Verschmutzung der Kleidung um eine (primäre) Eigentumsverletzung handele und das Versäumen des Geschäftsabschlusses dann als bloße sekundäre Vermögensverschlechterung

---

1967, S. 4 und Bd. 2, S. 77 ff.; der Hinweis darauf siehe Medicus, Verschulden bei Vertragsverhandlungen, in: BMJ (Hrsg.), Gutachten und Vorschläge zur Überarbeitung des Schuldrechts, Bd. 1, Köln 1981, S. 479, 491.

862 BGHZ 67, 383, 387; vgl. BGHZ 27, 236, 238; BGHZ 51, 91, 103 ff.; BGH NJW 1980, 2186, 2187; BGH NJW 1962, 31, 32.

863 Medicus, Verschulden bei Vertragsverhandlungen, in: BMJ (Hrsg.), Gutachten und Vorschläge zur Überarbeitung des Schuldrechts, Bd. 1, Köln 1981, S. 479, 492; vgl. Schlechtriem, Vertragsordnung und außervertragliche Haftung, Frankfurt a. M. 1972, S. 306 ff.; Stoll, Haftungsverlagerung durch beweisrechtliche Mittel, AcP 176 (1976), S. 145, 162 ff.; Huber, Leistungsstörungen, in: BMJ (Hg.), Gutachten und Vorschläge zur Überarbeitung des Schuldrechts, Bd. 1, Köln 1981, S. 647, 736 ff.

864 Medicus, Verschulden bei Vertragsverhandlungen, in: BMJ (Hrsg.), Gutachten und Vorschläge zur Überarbeitung des Schuldrechts, Bd. 1, Köln 1981, S. 479, 493.

865 Larenz, Bemerkungen zur Haftung für „culpa in contrahendo“, in: Flume/Raisch/Steindorff (Hrsg.), Festschrift für Kurt Ballerstedt zum 70. Geburtstag, Berlin 1975, S. 397, 402.

nach § 823 Abs. 1 BGB ersatzfähig sein könne; die Verletzung vertragsfremder Rechtsgüter bei oder im Vorfeld von Vertragsverhandlungen gehöre von den geschützten Rechtsgütern her eher in das Deliktsrecht als in das Recht der Sonderverbindungen.[866]

c) *Umfang des Schadensersatzes*

Medicus betonte, dass der Ersatz bestimmter Drittschäden nach §§ 844, 845 BGB sowie ein Schmerzensgeld nach § 847 BGB a. F. im geltenden Recht nicht nach dem Recht der Sonderverbindung, sondern nur nach Deliktsrecht gewährt werde. Dementsprechend sei die Schutzpflichtverletzung bei Vertragsverhandlungen dem Deliktsrecht zuzuordnen.[867] Auch er verwies auf den Vorschlag von Ulrich Huber im Gutachten zum Leistungsstörungsrecht, das Schmerzensgeld aus dem Deliktsrecht herauszunehmen. Nach seinem Vorschlag des § 292 b Abs. 1 BGB würden die §§ 842 bis 847 BGB auch dann Anwendung finden, wenn wegen der Nichterfüllung einer Sonderverbindung Schadensersatz zu leisten sei.[868] Sein Vorschlag sei aber nicht nachteilig, auch wenn der Vorteil der deliktischen Einordnung der vorvertraglichen Schutzpflichten dadurch verloren gegangen sei.[869]

2. *Ansatzpunkte des Gutachters Ulrich Huber*

Ulrich Huber ging in seinem Gutachten zu den Leistungsstörungen zunächst auf die Lehren von den Schutzpflichten und vom Vertrag mit Schutzwirkung zugunsten Dritter ein. Er hielt sie für die Wiedergabe eines überholten Wissensstandes, der die neuere Entwicklung der Dogmatik des Deliktsrechts noch nicht rezipiert habe.[870] Als diese neuere Dogmatik des Deliktsrechts stellte er

---

866 Medicus, Verschulden bei Vertragsverhandlungen, in: BMJ (Hrsg.), Gutachten und Vorschläge zur Überarbeitung des Schuldrechts, Bd. 1, Köln 1981, S. 479, 493.

867 Medicus, Verschulden bei Vertragsverhandlungen, in: BMJ (Hrsg.), Gutachten und Vorschläge zur Überarbeitung des Schuldrechts, Bd. 1, Köln 1981, S. 479, 493.

868 Huber, Leistungsstörungen, in: BMJ (Hrsg.), Gutachten und Vorschläge zur Überarbeitung des Schuldrechts, Bd. 1, Köln 1981, S. 647, 676; zur ähnlichen Ergebnis nach § 253 Abs. 2 BGB seines Entwurfs im Gutachten siehe Hohloch, Allgemeines Schadensrecht, in: BMJ (Hrsg.), Gutachten und Vorschläge zur Überarbeitung des Schuldrechts, Bd. 1, Köln 1981, S. 375, 474.

869 Medicus, Verschulden bei Vertragsverhandlungen, in: BMJ (Hrsg.), Gutachten und Vorschläge zur Überarbeitung des Schuldrechts, Bd. 1, Köln 1981, S. 479, 494.

870 Huber, Leistungsstörungen, in: BMJ (Hrsg.), Gutachten und Vorschläge zur Überarbeitung des Schuldrechts, Bd. 1, Köln 1981, S. 647, 737; ders., aaO., S. 667: Sein Gedanke an der culpa in contrahendo stellte er mit den Sätzen klar dar: „Der

die Verkehrspflicht[871] dar.[872] Eine Ausdehnung der vertraglichen Haftung aus culpa in contrahendo auf die deliktische Haftung lehnte er ab; das Deliktsrecht müsse ausreichen, um die damit verbundenen Probleme,[873] wie sie etwa im Linoleumrollenfall entstanden waren, zu lösen.[874] Im Hinblick auf diesen Problembereich machte er deutlich, dass die culpa in contrahendo praktisch funktionslos werde, wenn der Gesetzgeber das Deliktsrecht entsprechend ändere, und dass man daher im Deliktsrecht ansetzen müsse, wenn man ein rechtspolitisches Regelungsbedürfnis für gegeben halte.[875] Er fasste zusammen: „Die Tatsache, daß die Rechtsprechung es gelegentlich aus Nachsicht zuläßt, in einer Seitenpforte durch die Mauer der Vertragstreue zu schlüpfen, ist für den Gesetzgeber kein Grund, hier gleich eine Bresche zu schlagen. Jedenfalls hat eine Reform des allgemeinen Leistungsstörungsrechts mit dem Problem nichts

---

Entwurf hat auf eine Regelung der culpa in contrahendo bewusst verzichtet. Das einheitliche Kaufrecht enthält für eine solche Regelung kein Vorbild. Bei der Rechtsfigur der culpa in contrahendo handelt es sich um einen Sammelbegriff für Rechtsprobleme ganz unterschiedlicher Struktur, die sich einem einheitlichen gesetzgeberischen Zugriff entziehen. Hält man bestimmte dieser Probleme für regelungsbedürftig, so gehört die Regelung nicht ins allgemeine Leistungsstörungsrecht, sondern z. B. ins Deliktsrecht (Reform des § 831 BGB), […]".

871 Huber, Zur Haftung des Verkäufers wegen positiver Vertragsverletzung, AcP 177 (1977), S. 281, 318 ff., insbesondere 321: „Im Kaufrecht spielen indessen Schutzpflichten dieser Art, die überhaupt erst aus dem Vertrag oder aus ‚sozialem Kontakt' entstehen, keine Rolle. Hier geht es ausschließlich um allgemeine Verkehrspflichten, bei deren Verletzung nach deutscher Rechtstradition außer den deliktsrechtlichen auch vertragsrechtliche Rechtsbehelfe zur Verfügung stehen."

872 Huber, Leistungsstörungen, in: BMJ (Hrsg.), Gutachten und Vorschläge zur Überarbeitung des Schuldrechts, Bd. 1, Köln 1981, S. 647, 737.

873 Diese Probleme beziehen sich in der Regel auf die Schwächen des Deliktsrechts. Huber nannte sie in seinem Gutachten, S. 647, 737 detailliert, und zwar Ersetzung der Beweislastverteilung des Deliktsrechts durch die günstigere Beweislastverteilung bei der Haftung wegen positiver Vertragsverletzung; Ersetzung der deliktsrechtlichen Verjährung nach § 852 BGB a. F. durch die allgemeine Verjährungsfrist des § 195 BGB; Ersetzung der Haftung für Verrichtungsgehilfe nach § 831 BGB durch die Haftung für Erfüllungsgehilfen nach § 278 BGB; Begründung einer Haftung für reine Vermögensschäden in Fällen, in denen ein Rechtsgut im Sinn des § 823 Abs. 1 BGB verletzt sei.

874 Huber, Leistungsstörungen, in: BMJ (Hrsg.), Gutachten und Vorschläge zur Überarbeitung des Schuldrechts, Bd. 1, Köln 1981, S. 647, 737 f.

875 Huber, Leistungsstörungen, in: BMJ (Hrsg.), Gutachten und Vorschläge zur Überarbeitung des Schuldrechts, Bd. 1, Köln 1981, S. 647, 743.

zu tun.[876] […] Überhaupt gehört der Begriff der culpa in contrahendo zu den dogmatischen Figuren, die mehr versprechen als sie halten. […] Ein einheitliches Prinzip, das einer gesetzlichen Gesamtregelung zugrundegelegt werden könnte, läßt sich aus den vielfältigen Erscheinungsformen der Rechtsfigur nicht abstrahieren.[877]"

3. Ansatzpunkte des Gutachters Christian von Bar

Christian von Bar lehnte ebenso wie Medicus, Huber, Stoll, Kreuzer u. a. die Regelung der Lehre von culpa in contrahendo ab. Er wollte den Begriff der Schutzpflichten durch den der Verkehrspflichten ersetzen, der als Rechtsfigur von der Rechtsprechung in das geschriebene Deliktsrecht implantiert worden war und im Deliktsrecht als dogmatischer Katalysator eine wichtige Rolle spielte.[878]

In der Rechtsprechung waren die Verkehrspflichten bereits etabliert, nach denen jeder, der im Rechtsverkehr eine Gefahrenquelle schaffe oder andauern lasse, alle nach den Umständen erforderlichen Vorkehrungen gegen die Schädigung anderer zu treffen habe.[879] Sie bestehen unabhängig davon, ob eine gesetzlich konkretisierte Verhaltensanordnung bestehe oder nicht und ob durch Personen, (un-)bewegliche Sachen der Verkehr gefährdet oder der Verletzte unmittelbar geschädigt worden sei; sie stehen in Lebenslagen zur Verfügung, in denen sich soziale Kontakte verdichten und eine latente Schadensbereitschaft von Personen oder Sachen besonders groß sei.[880]

Die vertragsrechtliche Umgehung wegen der deliktsrechtlichen Exkulpationsmöglichkeit nach § 831 Abs. 1 S. 2 BGB hielt er für richtig, weil diese Vorschrift verfehlt und auch unhaltbar sei.[881] Als „Vehikel", um § 278 BGB

---

876 Huber, Leistungsstörungen, in: BMJ (Hrsg.), Gutachten und Vorschläge zur Überarbeitung des Schuldrechts, Bd. 1, Köln 1981, S. 647, 743.

877 Huber, Leistungsstörungen, in: BMJ (Hrsg.), Gutachten und Vorschläge zur Überarbeitung des Schuldrechts, Bd. 1, Köln 1981, S. 647, 746.

878 Bar, Deliktsrecht, in: BMJ (Hrsg.), Gutachten und Vorschläge zur Überarbeitung des Schuldrechts, Bd. 2, Köln 1981, S. 1681, 1714.

879 BGHZ 5, 378, 380; 14, 83, 85; 34, 206, 209; BGH VersR 1961, 139; VersR 1966, 542, 543; LM Nr. 95, § 823 (Dc) BGB Bl. 2; vgl. Bar, Deliktsrecht, in: BMJ (Hrsg.), Gutachten und Vorschläge zur Überarbeitung des Schuldrechts, Bd. 2, Köln 1981, S. 1681, 1715; auch siehe oben 3. Teil E I 2.

880 Bar, Deliktsrecht, in: BMJ (Hrsg.), Gutachten und Vorschläge zur Überarbeitung des Schuldrechts, Bd. 2, Köln 1981, S. 1681, 1715.

881 Vgl. RGZ 162, 129, 166: „Vielmehr können die tatsächlichen Umstände des täglichen Lebens, insbesondere des wirtschaftlichen Verkehrs, es mit sich bringen,

anwendbar erscheinen zu lassen, sah er die Rechtsfiguren, der culpa in contrahendo, des Vertrags mit Schutzwirkung zugunsten Dritter, der positiven Vertragsverletzung sowie der „nachwirkenden“ Vertragspflichten an.[882] Diese Rechtsfigur zielt auf den Schutz des Integritätsinteresses nach § 823 Abs. 1 BGB, wird aber nicht auf ein rechtsgeschäftliches, also vertragliches Schuldverhältnis gestützt, sondern auf ein gesetzliches Schuldverhältnis, das sich aus der Inanspruchnahme und Gewährung besonderen Vertrauens ergibt.[883] Dieser Begründungsansatz gehöre zum „genuinen Deliktsrecht“,[884] denn die entscheidende Schwäche, dass die Haftung für culpa in contrahendo und für die Verletzung drittwirkender Vertragspflichten nicht zu einem Schmerzensgeldanspruch führe, ergebe sich daraus, dass sie im Anwendungsbereich des Vertragsrechts liege.[885]

In einer Vielzahl von Fällen könne aber nur noch um Schmerzensgeld sinnvoll prozessiert werden, weil der Sozialversicherte den Anspruch aus dem „vertraglichen Schutzpflichtverhältnis“ gemäß § 1542 RVO verliere, soweit er Leistungen aus der RVO in Anspruch genommen habe; die vertraglich konstruierte Haftung diene derzeit überhaupt nicht mehr dazu, § 831 BGB zu umgehen.[886] Ein Entlastungsbeweis nach § 831 Abs. 1 S. 2 BGB sei auch in der

daß ein solcher Vertreter bestellt werden muß, für den eine Entlastung dem Dritten gegenüber nicht möglich ist. Diese […] Rechtssätze waren anfänglich in beschränkterem Umfange zur Obhutspflicht der Gemeinden für die Verkehrssicherheit der Straßen und Wege herausgebildet worden, wo das Unerträgliche einer Entlastungsmöglichkeit aus § 831 BGB […] in die Augen sprang.“

882 Bar, Deliktsrecht, in: BMJ (Hrsg.), Gutachten und Vorschläge zur Überarbeitung des Schuldrechts, Bd. 2, Köln 1981, S. 1681, 1716 f.

883 Vgl. Dölle, Aussergesetzliche Schuldpflichten, ZgesStaatsW 103 (1943), S. 67 ff.; Ballerstedt, Zur Haftung für culpa in contrahendo bei Geschäftsabschluß durch Stellvertreter, AcP 151 (1950/1951), S. 501 ff.; Canaris, Ansprüche wegen „positiver Vertragsverletzung“ und „Schutzwirkung für Dritte“ bei nichtigen Verträgen, JZ 1965, S. 475 ff.; Thiele, Leistungsstörung und Schutzpflichtverletzung, JZ 1967, S. 649 ff.; Gerhardt, Der Haftungsmaßstab im gesetzlichen Schutzverhältnis (Positive Vertragsverletzung, culpa in contrahendo), JuS 1970, S. 597 ff. u. a.

884 Bar, Deliktsrecht, in: BMJ (Hrsg.), Gutachten und Vorschläge zur Überarbeitung des Schuldrechts, Bd. 2, Köln 1981, S. 1681, 1717.

885 Fikentscher, Schuldrecht, 6. Aufl., § 20 IV, S. 68; Soergel/Zeuner (1999), § 847 Rz. 9; Erman/Schiemann (1993), § 847 Rz. 4; MüKo/Mertens (1980), § 847 Rn. 11.

886 Bar, Deliktsrecht, in: BMJ (Hrsg.), Gutachten und Vorschläge zur Überarbeitung des Schuldrechts, Bd. 2, Köln 1981, S. 1681, 1717; ders., Verkehrspflichten, Köln/Berlin u. a. 1980, § 9 II 1, S. 248.

Rechtsprechung nicht mehr vorgesehen,[887] insbesondere spiele dieser Entlastungsbeweis z. B. bei Verkehrssicherungspflichten, der Produzentenhaftung, den deliktischen Berufspflichten und der Haftung bei der Leitung und Durchführung von Massenveranstaltungen praktisch keine Rolle mehr.[888]

Bar stellte den Reformvorschlag zur Lösung der Deliktsschwäche bei der Gehilfenhaftung nach § 831 BGB vor, wo ein Entwurf einer deutschen Schadensordnung zu dieser Vorschrift bereits vorlag, der vom Gesetzgeber noch nicht aufgegriffen wurde:

> „§ 6 Haftung für Gehilfen. [...] (2) Die Ersatzpflicht tritt nicht ein, wenn der Geschäftsherr nachweist, daß den Verrichtungsgehilfen kein Verschulden trifft. Es bleibt jedoch auch in diesem Falle bei der Ersatzpflicht des Geschäftsherrn, wenn er nicht außerdem nachweist, daß er bei der Auswahl und bei der Beaufsichtigung des Gehilfen, sowie bei der ihm etwa obliegenden Beschaffung von Gerätschaften und dergleichen die im Verkehr erforderliche Sorgfalt beobachtet hat, oder daß der Schaden auch bei Anwendung dieser Sorgfalt entstanden wäre. Hat der Geschäftsherr aus zwingenden Gründen, namentlich wegen des Umfangs des Betriebes, den Gehilfen nicht selbst ausgewählt und beaufsichtigt oder die Gerätschaften nicht selbst beschafft, so befreit ihn von der Ersatzpflicht nur der Nachweis, daß die mit der Auswahl und der Beaufsichtigung oder der Beschaffung der Gerätschaften betrauten Personen hierbei die im Verkehr erforderliche Sorgfalt beobachtet haben, oder daß der Schaden auch bei Anwendung dieser Sorgfalt entstanden wäre. [...]“[889]

IV. Kritiker einer Orientierung am Deliktsrecht

Hans-Detlev Fischer hatte die Anerkennung vorvertraglicher Pflichten zwischen Rechtsgenossen durch das objektive Tatbestandsmerkmal der Anbahnung von

---

887 Bar, Verkehrspflichten, Köln/Berlin u. a. 1980, § 9 II 1, S. 250: Er verwies auf die neuere Untersuchung von Kreuzer, Culpa in contrahendo und Verkehrspflichten, Freiburg 1971, § 1 C II 4, S. 156 ff. um zu nachweisen, dass seit mehr als 20 Jahren in der Rechtsprechung zur Umgehung des § 831 BGB nicht mehr vertragliche Gehilfenhaftung nach § 278 BGB angewandt worden sei.

888 Vgl. Bar, Verkehrspflichten, Köln/Berlin u. a. 1980, § 9 II 3, S. 261 ff.

889 Nipperdey, Grundfragen der Reform des Schadensersatzrechts: 1. Arbeitsbericht des Ausschusses für Personen-, Vereins-, Schuldrechts der ADR, München 1940, S. 91 = Schubert/Schmid/Regge (Hrsg.), Akademie für Deutsches Recht 1933–1945 Protokolle der Ausschüsse, Bd. 3/5, Berlin/New York 1993, S. 605, 689; vgl. die Fassung des § 831 BGB, in: BMJ (Hrsg.), Referentenentwurf eines Gesetzes zur Änderung und Ergänzung schadensersatzrechtlicher Vorschriften, Bd. 1, Karlsruhe 1967, S. 4 (zum Wortlaut des § 831) und Bd. 2, S. 77 ff. (zur Begründung des § 831). Dazu siehe 3. Teil E I 3.

Vertragsverhandlungen zwar bereits als einen „entscheidenden Bruch unseres schuldrechtlichen Systems“[890] bezeichnet, doch bildeten die Gedanken des einheitlichen Schutzpflichtverhältnisses und auch der Vertrauenshaftung später die Eckpfeiler für die Begründung der Haftung aus Sonderverbindung.[891] Canaris selbst bezeichnete diese Gedanken als „dritte Haftungsspur“,[892] die auf die culpa in contrahendo zurückgehe.[893]

Canaris wandte sich gegen die Tendenz, auf die Ausdehnung der vertraglichen Haftung aus culpa in contrahendo wieder in das echte Deliktsrecht zurückführen zu wollen. Die Haftung aus Sonderverbindung habe gegenüber dem Deliktsrecht insofern eine eigenständige Funktion, als sie die Regeln über die Vertragsverletzung anwendbar mache; es könne sich um Vertragsverletzung im engeren Sinne oder um eine Form der Vertrauenshaftung handeln.[894] Er hielt das Deliktsrecht des BGB für ein überzeugendes Lösungsmodell, das den Antagonismus von Integritätsschutz und Handlungsfreiheit zu einem ausgewogenen Ausgleich bringe und trotz gewisser Schwächen der geist- und phantasielosen Flucht in die große Generalklausel des Deliktsrechts allemal überlegen sei.[895] Die Orientierung an der geschriebenen Norm trage nämlich

---

890 Fischer, Gefälligkeitsfahrt und vorvertragliche Haftung, Kiel 1938, S. 75: „Wir haben schon dargelegt, daß sich die Lehre von der c.i.c. aus dem Gesetz nicht rechtfertigen läßt und müssen weitergehend sagen, daß sie eine Rechtsbildung contra legem, gegen das System des Gesetzes ist. Denn mit der Anerkennung eines Rechtsverhältnisses der Vertragsverhandlungen ist die Zweiteilung des Systems in Delikt und Vertrag zerbrochen zugunsten eines mehrstufigen Aufbaus. Das bedeutet aber nicht eine Korrektur, sondern einen Bruch des Systems, […]“.

891 Benedict, Culpa in contrahendo, Tübingen 2007, S. 523.

892 Canaris, Schutzgesetz – Verkehrspflichten – Schutzpflichten, in: Canaris/Diederichsen (Hrsg.), Festschrift für Karl Larenz zum 80. Geburtstag, München 1983, S. 27, 102 ff.

893 Vgl. Canaris, Geschäfts- und Verschuldensfähigkeit bei Haftung aus „culpa in contrahendo“, Gefährdung und Aufopferung, NJW 1964, S. 1987 ff.; ders., Das Verlöbnis als „gesetzliches“ Rechtsverhältnis, AcP 165 (1965), S. 1, 10 ff.; ders., Ansprüche wegen „positiver Vertragsverletzung“ und „Schutzwirkung für Dritte“ bei nichtigen Verträgen, JZ 1965, S. 475 ff.; ders., Die Produzentenhaftpflicht in dogmatischer und rechtspolitischer Sicht, JZ 1968, S. 494, 501 ff.

894 Canaris, Schutzgesetz – Verkehrspflichten – Schutzpflichten, in: Canaris/Diederichsen (Hrsg.), Festschrift für Karl Larenz zum 80. Geburtstag, München 1983, S. 27, 34.

895 Canaris, Schutzgesetz – Verkehrspflichten – Schutzpflichten, in: Canaris/Diederichsen (Hrsg.), Festschrift für Karl Larenz zum 80. Geburtstag, München 1983, S. 27, 39.

dem Bemühen des Gesetzes um tatbestandliche Klarheit und Erkennbarkeit der Haftungsvoraussetzungen Rechnung und verhindere zugleich, dass § 823 Abs. 2 BGB durch die Entwicklung allgemeiner Verhaltenspflichten im Wege der freien richterlichen Rechtsfortbildung zu jener allgemeinen deliktischen Generalklausel pervertiert werde, die die Verfasser des BGB abgelehnt hätten.[896] Wenn das Deliktsrecht nicht aus dem Gleichgewicht geraten solle, müsse man sich durch die Mittel der systematischen Interpretation bemühen, für eine „blankettartige Norm“ wie § 823 Abs. 2 BGB „einigermaßen klare Konturen“ zu gewinnen.[897]

Die Verkehrspflichten entwickelten sich nicht nur zur Bewältigung der Unterlassungsproblematik,[898] sondern auch zur dogmatischen Rechtfertigung bzw. praktischen Abgrenzung der Gleichstellung des Unterlassens mit dem positiven Tun im Rahmen des § 823 Abs. 1 BGB.[899] Canaris wendete sich gegen die Auffassung, die Verkehrspflichten nicht mehr § 823 Abs. 1 BGB, sondern § 823 Abs. 2 BGB zuzuordnen;[900] dies hätte zur Folge, dass der Bereich des Unterlassens und der mittelbaren Eingriffe aus § 823 Abs. 1 BGB herausgenommen würde.[901] Diese Auffassung führe daher nicht zu einer klareren Ordnung des Deliktsrechts, sondern im Gegenteil zu höchst unerfreulichen Abgrenzungsschwierigkeiten; sie leiste nicht das, was eine gute Dogmatik leisten müsse.[902] Auch die Umstände, dass eine Haftung aus Schutzpflichtverletzung

896 Canaris, Schutzgesetz – Verkehrspflichten – Schutzpflichten, in: Canaris/Diederichsen (Hrsg.), Festschrift für Karl Larenz zum 80. Geburtstag, München 1983, S. 27, 45.

897 Canaris, Schutzgesetz – Verkehrspflichten – Schutzpflichten, in: Canaris/Diederichsen (Hrsg.), Festschrift für Karl Larenz zum 80. Geburtstag, München 1983, S. 27, 47 f.

898 Vgl. Bar, Verkehrspflichten, Köln/Berlin u. a. 1980, § 1, S. 6 ff.

899 Canaris, Schutzgesetz – Verkehrspflichten – Schutzpflichten, in: Canaris/Diederichsen (Hrsg.), Festschrift für Karl Larenz zum 80. Geburtstag, München 1983, S. 27, 77.

900 Canaris, Schutzgesetz – Verkehrspflichten – Schutzpflichten, in: Canaris/Diederichsen (Hrsg.), Festschrift für Karl Larenz zum 80. Geburtstag, München 1983, S. 27, 77.

901 Canaris, Schutzgesetz – Verkehrspflichten – Schutzpflichten, in: Canaris/Diederichsen (Hrsg.), Festschrift für Karl Larenz zum 80. Geburtstag, München 1983, S. 27, 78.

902 Canaris, Schutzgesetz – Verkehrspflichten – Schutzpflichten, in: Canaris/Diederichsen (Hrsg.), Festschrift für Karl Larenz zum 80. Geburtstag, München 1983, S. 27, 79. Hier wies er auch darauf hin: „Man sollte der Rechtsprechung daher nicht aufzureden versuchen, sie habe mit der Entwicklung der Verkehrspflichten das

bei reinen Vermögensschäden nicht das eigentliche Vertragsinteresse, sondern das Interesse an der Unversehrtheit anderer Rechtsgüter schütze, wurden von ihm nur so verstanden, dass hier „kein prinzipieller, sondern nur ein gradueller Unterschied gegenüber dem Deliktsrecht" bestehe; mit der Einführung des deliktischen Schutzes vor fahrlässig verursachten Vermögensschäden nach § 823 Abs. 2 BGB, insbesondere i. V. m. § 263 StGB bzw. § 826 BGB könnte die Lehre von der culpa in contrahendo überflüssig werden.[903]

Ein wesentlicher Unterschied zwischen außerdeliktischen Schutzpflichten und Verkehrspflichten besteht darin, dass Schutzpflichten wegen ihrer Verletzung eine Haftung nach Vertragsgrundsätzen auslösen; sie dienen dem Schutz sowohl vor Rechts- und Rechtsgutverletzungen im Sinne des § 823 Abs. 1 BGB als auch vor reinen Vermögensschäden.[904] Den Grund für die Anwendung des Schutzpflichtverhältnisses fand er in der Anwendung des § 278 BGB ohne die Exkulpationsmöglichkeit des § 831 Abs. 1 S. 2 BGB und kritisierte die am Deliktsrecht orientierte Ansicht, die mit der „Rechtsvergleichung"[905] zu begründen versuchte:

> „Gegenüber einer derartigen Vorgabe der lex lata gehen Hinweise auf angebliche Lehren der Rechtsvergleichung ebenso ins Leere wie die Behauptung des ‚wahren' Charakters einer bestimmten Pflicht. Ohnehin ist methodologisch und rechtsquellentheoretisch ganz dunkel, wie die Rechtsvergleichung etwas über den ‚wahren' Charakter von Pflichten zu ‚lehren'. Denn daß die meisten oder auch alle ausländischen

---

gesetzliche System des Deliktsrechts in mehr oder weniger revolutionärer Weise durchbrochen und es sei daher nur folgerichtig, das Zerstörungswerk durch die Verpflanzung der Verkehrspflichten nach § 823 Abs. 2 BGB und die Anerkennung von frei entwickelten Verkehrspflichten zum Schutze reiner Vermögensinteressen zu vollenden."

903 Canaris, Schutzgesetz – Verkehrspflichten – Schutzpflichten, in: Canaris/Diederichsen (Hrsg.), Festschrift für Karl Larenz zum 80. Geburtstag, München 1983, S. 27, 90.

904 Canaris, Schutzgesetz – Verkehrspflichten – Schutzpflichten, in: Canaris/Diederichsen (Hrsg.), Festschrift für Karl Larenz zum 80. Geburtstag, München 1983, S. 27, 85; dagegen siehe Bar, Deliktsrecht, in: BMJ (Hrsg.), Gutachten und Vorschläge zur Überarbeitung des Schuldrechts, Bd. 2, Köln 1981, S. 1681, 1717; ders., Verkehrspflichten, Köln/Berlin u. a. 1980, § 9 II 1, S. 248.

905 Vgl. Nirk, Rechtsvergleichendes zur Haftung für culpa in contrahendo, RabelsZ 18 (1953), S. 310 ff.; Kreuzer, Culpa in contrahendo und Verkehrspflichten, Freiburg 1971.

Rechtordnungen die einschlägigen Probleme deliktsrechtlich lösen, kann doch wohl nicht im Ernst bedeuten, daß dies die allein ‚richtige' Lösung ist."[906]

Der Schutz eines Rechts oder eines Rechtsguts gegenüber jedermann könne zu einem weit verbreiteten Missverständnis führen. Daraus dürfe nicht zwingend auf die deliktische Natur der betreffenden Pflicht geschlossen werden. Es sei seit jeher selbstverständlich gewesen, „daß deliktsrechtliche Pflichten zugunsten bestimmter Einzelpersonen bestehen und den Schutz aus einer Sonderverbindung ergänzen oder verstärken können".[907]

In Bezug auf den Gemüseblatt-Fall[908] betonte er, dass die Anwendung des § 278 BGB weder gekünstelt noch gewalttätig sei, sondern einem dringenden Gerechtigkeitsbedürfnis entspreche, das auch nach Abschaffung des Entlastungsbeweises des § 831 Abs. 1 S. 2 BGB nicht deliktisch, sondern wegen der Einschaltung eines selbständigen Gehilfen nur vertraglich oder vertragsähnlich befriedigt werden könne. Er wollte die daraus resultierenden dogmatischen Schwierigkeiten durch die Erkenntnis überwinden, dass es für die Schutzpflichten nicht auf die Stellung als Vertragspartei, sondern auf die Einbeziehung in die Sonderverbindung – die gesteigerte Einwirkungsmöglichkeit auf die Rechtsgüter des anderen Teils – ankomme; unter diesem Gesichtspunkt betrachtete er das Kind in diesem Fall nicht selbst als Vertragspartei, sondern als ein Begleiter des Vertrages.[909]

Schließlich gelangte er durch die Analyse des Zusammenhangs zwischen der Haftung aus Schutzpflichtverletzung und der deliktsrechtlichen Haftung zu dem Ergebnis, „daß die Haftung wegen Schutzpflichtverletzung gegenüber der Deliktshaftung funktionell und tatbestandlich eigenständig ist".[910]

---

906 Canaris, Schutzgesetz – Verkehrspflichten – Schutzpflichten, in: Canaris/Diederichsen (Hrsg.), Festschrift für Karl Larenz zum 80. Geburtstag, München 1983, S. 27, 86.

907 Canaris, Schutzgesetz – Verkehrspflichten – Schutzpflichten, in: Canaris/Diederichsen (Hrsg.), Festschrift für Karl Larenz zum 80. Geburtstag, München 1983, S. 27, 86.

908 Vgl. BGHZ 66, 51 ff. = NJW 1976, 712 ff. (Gemüseblatt-Fall); auch siehe oben 2. Teil B II 3.

909 Canaris, Schutzgesetz – Verkehrspflichten – Schutzpflichten, in: Canaris/Diederichsen (Hrsg.), Festschrift für Karl Larenz zum 80. Geburtstag, München 1983, S. 27, 88.

910 Canaris, Schutzgesetz – Verkehrspflichten – Schutzpflichten, in: Canaris/Diederichsen (Hrsg.), Festschrift für Karl Larenz zum 80. Geburtstag, München 1983, S. 27, 102.

Seine verbleibende Aufgabe bestand darin, nachzuweisen, dass dieses Ergebnis auch für die Vertragshaftung gelte; diese Aufgabe schloss er mit der Feststellung, dass die Haftung aus culpa in contrahendo unzweifelhaft keine echte Vertragshaftung sei und ihre dogmatische Grundlage in einem „gesetzlichen" Schuldverhältnis, nicht aber im Parteiwillen liege; die Haftung wegen Schutzpflichtverletzung bilde daher in der Tat eine „dritte Spur".[911] Die Lehre der Vertrauenshaftung sei keine willkürliche Erfindung der Dogmatik, sondern ebenso wie die mit ihr notwendig verbundene Dreispurigkeit von Vertrags-, Delikts- und Vertrauenshaftung im System des geltenden Rechts selbst angelegt: „Man sollte daher den hierin liegenden Ansatz für eine Rechtsfortbildung kräftig nutzen".[912]

F. Verankerung der §§ 241 Abs. 2, 311 Abs. 2 BGB in das neue Schuldrecht

Die Lehre von der culpa in contrahendo, die durch Jhering entfacht wurde und über Hugo Kreß und Heinrich Stoll auf Claus-Wilhelm Canaris[913] überging, bildete schließlich durch den legitimen Begriff „Vertrauen" ein dogmatisches System im Privatrecht. Diese Bemühungen stießen jedoch auf großen Widerstand.[914] Die Kontroverse entzündete sich an der Frage, ob Integritätsschäden vor Vertragsschluss durch vertragliche Haftung oder durch deliktische Haftung kompensiert werden sollen. Gerhard Dilcher und Eduard Picker hatten zeitgleich vor der Versammlung der deutschen Zivilrechtslehrer auf die

---

911 Canaris, Schutzgesetz – Verkehrspflichten – Schutzpflichten, in: Canaris/Diederichsen (Hrsg.), Festschrift für Karl Larenz zum 80. Geburtstag, München 1983, S. 27, 102.

912 Canaris, Schutzgesetz – Verkehrspflichten – Schutzpflichten, in: Canaris/Diederichsen (Hrsg.), Festschrift für Karl Larenz zum 80. Geburtstag, München 1983, S. 27, 93.

913 Vgl. Canaris, Ansprüche wegen „positiver Vertragsverletzung" und „Schutzwirkung für Dritte" bei nichtigen Verträgen, JZ 1965, S. 475 ff. und Schutzgesetz – Verkehrspflichten – Schutzpflichten, in: Canaris/Diederichsen (Hrsg.), Festschrift für Karl Larenz zum 80. Geburtstag, München 1983, S. 30, 84 ff. und 102: Er entwickelte seine Lehre mit dem Abstand von Heinrich Stolls Lehre. Dabei beschäftigte er sich mit der Frage, wie die Haftung für Schutzpflichtverletzungen bei der Durchführung von Verträgen, die als nichtig aufklärend oder angefochten gelten, dogmatisch begründet werden könne. Siehe auch HKK/Dorn, § 241 Rn. 104; siehe oben 3. Teil C III.

914 Dazu siehe 3. Teil D IV und E.

systemsprengende Zeitlichkeit der sozialethischen Entwicklung hingewiesen, dem Streben nach einer großen deliktischen Generalklausel ihrerseits eine klare Absage erteilt und die Lehren von der culpa in contrahendo und der positiven Forderungsverletzung bejaht.[915]

Der Übergang von der Delikts- zur Sonderverbindungslehre wurde in der deutschen Zivilrechtswissenschaft vollzogen. Die Kommission im Jahre 1984 ließ die Kontroverse in den Gutachten[916] hinter sich und konzentrierte sich auf die Aufgabe der Schuldrechtsmodernisierung im Sinne des Leistungsstörungsrechts. Hierbei ging es nur um die Lehre vom einheitlichen Schutzverhältnis. Die Lehre, die sich am Deliktsrecht orientierte, ist seither zur Ruhe gekommen.[917]

I. Abschlussbericht der Kommission zur Überarbeitung des Schuldrechts

1. Die Schutzpflichten in § 241 Abs. 2 BGB-KE

Im Abschlussbericht der Kommission zur Überarbeitung des Schuldrechts wurden Lösungsvorschläge in 22 mehrtägigen Sitzungen erarbeitet. 1992 wurden die Schutzpflichten in § 241 Abs. 2 BGB-KE formuliert, ohne dieser Ausdruck dort verwendet wurde:

> „§ 241 BGB-KE (Pflichten aus dem Schuldverhältnis) […] (2) Das Schuldverhältnis kann unter Berücksichtigung seines Inhalts und seiner Natur jeden Teil zu besonderer Rücksicht auf die Rechte und Rechtsgüter des anderen Teils verpflichten. Hierauf kann sich das Schuldverhältnis beschränken."[918]

---

915 Dilcher, Vom Beitrag der Rechtsgeschichte zur Zivilrechtswissenschaft, AcP 184 (1984), S. 246, 262 ff.; Picker/Schilken, Positive Forderungsverletzung und culpa in contrahendo – Zur Problematik der Haftungen „zwischen" Vertrag und Delikt, AcP 183 (1983), S. 369, 485 ff.; vgl. Benedict, Culpa in contrahendo, Tübingen 2007, S. 530 f.

916 Siehe oben 3. Teil E II und III; vgl. BMJ (Hrsg.), Gutachten und Vorschläge zur Überarbeitung des Schuldrechts, Bd. 1 und 2, Köln 1981.

917 Benedict, Culpa in contrahendo, Tübingen 2007, S. 531. Zu einer am Deliktsrecht orientierten Auffassung siehe Köndgen, Die Positivierung der culpa in contrahendo als Frage der Gesetzgebungsmethodik, in: Schulze/Schulte-Nölke (Hrsg.), Die Schuldrechtsreform vor dem Hintergrund des Gemeinschaftsrechts, Tübingen 2001, S. 231, 236 f.

918 BMJ (Hrsg.), Abschlussbericht der Kommission zur Überarbeitung des Schuldrechts, Köln 1992, S. 113.

Die Kommission verwies darauf, dass das geltende Recht Mängel aufwies, da die Schutzpflichten im allgemeinen Schuldrecht außerhalb vereinzelter Regelungen, wie z. B. § 618 BGB, nicht erwähnt wurden; sie ließ daher § 241 BGB unverändert und stellte das geltende Recht durch einen ergänzenden Absatz klar.[919]

Ohne Zweifel an der Existenz von Schutzpflichten gegenüber den Leistungspflichten[920] bestand ein neuer Regelungsvorschlag im § 241 Abs. 2 BGB-KE. Die Kommission unterschied die Schutzpflichten von den allgemeinen Verkehrspflichten durch die Verwendung des Ausdrucks „besondere Rücksicht". Die Verkehrspflichten sind nicht § 278 BGB anwendbar. § 241 Abs. 2 S. 2 BGB-KE bedeutete ferner, dass die Schutzpflichten auch isoliert ohne Leistungspflichten auftreten können; das Paar von „jeder Teil" oder „der andere Teil" statt „Gläubiger" und „Schuldner" wurde im § 241 Abs. 2 S. 1 BGB-KE verwendet, da bei Schutzpflichten die geltende Rollenverteilung zwischen Gläubiger und Schuldner nicht übereinstimmen müsse.[921] Die Bezeichnung „Inhalt und Natur" des Schuldverhältnisses wies darauf hin, dass die Schutzpflichten nur nach der konkreten Situation zu bestimmen seien. Hinzu kommt die uneingeschränkte Erwähnung der „Rechte und Rechtsgüter", wonach über den begrenzenden Schutzbereich des § 823 Abs. 1 BGB hinaus auch das bloße Vermögen geschützt sei könne.[922]

2. *Culpa in contrahendo in § 305 Abs. 2 BGB-KE*

Auch hier änderte die Kommission nichts, sondern fügte einen weiteren Absatz in § 305 BGB-KE ein,[923] der diese Regelung vorsah:

919 BMJ (Hrsg.), Abschlussbericht der Kommission zur Überarbeitung des Schuldrechts, Köln 1992, S. 114.

920 Die Kommission verwies hierbei auf die rechtsvergleichende Betrachtung, wonach die Lehre von Schutzpflichten bereits in Österreich und der Schweiz rezipiert worden war. Dies bestätige die Richtigkeit der deutschen Lehre. Siehe BMJ (Hrsg.), Abschlussbericht der Kommission zur Überarbeitung des Schuldrechts, Köln 1992, S. 114. Ihre Begründung der Lehre von den Schutzpflichten durch rechtsvergleichende Überlegungen ist jedoch nicht unumstritten.

921 BMJ (Hrsg.), Abschlussbericht der Kommission zur Überarbeitung des Schuldrechts, 1992, S. 114 f.

922 BMJ (Hrsg.), Abschlussbericht der Kommission zur Überarbeitung des Schuldrechts, 1992, S. 115; vgl. HKK/Dorn, § 241 Rn. 106.

923 Vgl. BMJ (Hrsg.), Abschlussbericht der Kommission zur Überarbeitung des Schuldrechts, 1992, S. 142 (Fn. *).

„§ 305 BGB-KE (Begründung vertraglicher oder vorvertraglicher Schuldverhältnisse) [...] (2) Ein Schuldverhältnis mit Pflichten nach § 241 Abs. 2 BGB-KE kann bereits durch Anbahnung eines Vertrags entstehen.“[924]

Mit der Neuregelung der Schutzpflichten in § 241 Abs. 2 BGB-KE hat sich die Kommission zugleich dafür ausgesprochen, in § 305 Abs. 2 BGB-KE einen Sonderfall der Schutzpflichten bei der Vertragsanbahnung gesetzlich vorzusehen. Dabei handelte es sich um die Lehre von der culpa in contrahendo. Die Kommission ging davon aus, dass es im geltenden Recht an einer umfassenden Regelung der culpa in contrahendo fehle und dass es lediglich Einzelvorschriften – z. B. § 11 Nr. 7 AGB-Gesetz a. F. – gebe, die auf den Grundgedanken vorvertraglicher Pflichten, deren Verletzung Schadensersatzansprüche auslösen könne, zurückgingen.[925] Sie sah jedoch die Schwierigkeit, dass diese Lehre von der culpa in contrahendo nach den bisherigen Erkenntnissen in Wissenschaft und Rechtsprechung nicht einheitlich geregelt werden könne. Sie wies daher darauf hin, dass § 305 Abs. 2 BGB-KE nur eine grundsätzliche Aussage zur culpa in contrahendo enthalte; die Formulierung „kann [...] entstehen“ verdeutliche, dass Kontakte zur Anbahnung eines Vertrages nicht notwendig und nicht immer zu beiderseitigen Pflichten führen würden.[926] Diese Vorschrift wirkt in Verbindung mit § 241 Abs. 2 BGB-KE. Damit sei klargestellt, dass es sich um Schutzpflichten für die Rechte und Rechtsgüter des jeweils anderen Teils handele; die Verletzung von Schutzpflichten im vorvertraglichen Bereich könne ein Leistungsverhalten – z. B. Information oder Aufklärung – erfordern, ohne dass daraus ein Erfüllungsanspruch entstehen müsse.[927]

Die Kommission verzichtete ausdrücklich auf die grundlegende Frage der Regelung, ob das die Schutzpflichten begründende Schuldverhältnis in jedem Fall auf Gesetz beruhen müsse oder auch auf einem wirksamen Rechtsgeschäft beruhen könne, da es sich um eine Frage der systematischen Einordnung handele, die der Rechtswissenschaft obliege.[928]

924 BMJ (Hrsg.), Abschlussbericht der Kommission zur Überarbeitung des Schuldrechts, 1992, S. 142.

925 BMJ (Hrsg.), Abschlussbericht der Kommission zur Überarbeitung des Schuldrechts, 1992, S. 142 f.

926 BMJ (Hrsg.), Abschlussbericht der Kommission zur Überarbeitung des Schuldrechts, 1992, S. 144.

927 BMJ (Hrsg.), Abschlussbericht der Kommission zur Überarbeitung des Schuldrechts, 1992, S. 144.

928 HKK/Dorn, § 241 Rn. 106.

II. Reformprozess der Regelungen der Schutzpflichten bzw. der Lehre der c.i.c.

Die Regelungen des §§ 241 Abs. 2, 305 Abs. 2 BGB-KE aus dem Abschlussbericht wurden unverändert in den Diskussionsentwurf des Bundesministeriums der Justiz vom 4.8.2000 (kurz: BGB-DiskE) und dessen Begründung wörtlich in der Regierungsbegründung von 2001 wiederholt:[929]

> „§ 241 […] (2) Das Schuldverhältnis kann unter Berücksichtigung seines Inhalts und seiner Natur jeden Teil zu besonderer Rücksicht auf die Rechte und Rechtsgüter des anderen Teils verpflichten. Hierauf kann sich das Schuldverhältnis beschränken."[930]

> „§ 305 (Rechtsgeschäftliche Schuldverhältnisse, Verbotene Verträge) (1) Zur Begründung eines Schuldverhältnisses durch Rechtsgeschäft sowie zur Änderung des Inhalts eines Schuldverhältnisses ist ein Vertrag zwischen den Beteiligten erforderlich, soweit nicht das Gesetz ein anderes vorschreibt. Ein Schuldverhältnis mit Pflichten nach § 241 Abs. 2 kann bereits durch Anbahnung eines Vertrags entstehen.
>
> (2) Ein Vertrag, durch den sich der eine Teil verpflichtet, sein künftiges Vermögen oder einen Bruchteil seines künftigen Vermögens zu übertragen oder mit einem Nießbrauch zu belasten, ist nichtig.
>
> (3) […]"[931]

In der Konsolidierten Fassung des Diskussionsentwurfs eines Schuldrechtsmodernisierungsgesetzes (kurz: BGB-KonDiskE) wurden die §§ 241 Abs. 2, 305 Abs. 2 BGB-KE zwar übernommen, aber inhaltlich geändert: Die Kommission hat den Hinweis auf die „Natur des Schuldverhältnisses" als „inhaltsleer" gestrichen;[932] im Rahmen der Begründung der sich aus § 241

929 Zur Regierungsbegründung des DiskE, in: Canaris (Hrsg.), Schuldrechtsreform 2002, München 2002, S. 151 ff., 175 ff.; zur Regierungsbegründung des E-SRMG, in: Canaris (Hrsg.), Schuldrechtsreform 2002, München 2002, S. 652 ff., 718 ff. = BT-Drucks. 14/6040, S. 125 f., 161 ff.

930 BMJ (Hrsg.), Diskussionsentwurf eines Schuldrechtsmodernisierungsgesetzes vom 4.8.2000, S. 15 = Diskussionsentwurf des Bundesministeriums der Justiz, in: Canaris (Hrsg.), Schuldrechtsreform 2002, München 2002, S. 10.

931 BMJ (Hrsg.), Diskussionsentwurf eines Schuldrechtsmodernisierungsgesetzes vom 4.8.2000, S. 15, 20 = Diskussionsentwurf des Bundesministeriums der Justiz, in: Canaris (Hrsg.), Schuldrechtsreform 2002, München 2002, S. 10, 13.

932 BMJ (Hrsg.), Konsolidierte Fassung des Diskussionsentwurfs eines Schuldrechtsmodernisierungsgesetzes vom 6.3.2001, S. 10 (in Fn. 1); zur Konsolidierten Fassung des Diskussionsentwurfs eines SRMG, in: Canaris (Hrsg.), Schuldrechtsreform 2002, München 2002, S. 356, 368 f.

Abs. 2 BGB-KonDiskE ergebenden Pflichten, also der Schutzpflichten, wurde die Lehre von der culpa in contrahendo in § 311 Abs. 2 BGB-KonDiskE aufgenommen:

> „§ 241 BGB-KonDiskE (Pflichten aus dem Schuldverhältnis): [...] (2) Das Schuldverhältnis kann nach seinem Inhalt /../ jeden Teil zu besonderer Rücksicht auf die Rechte, Rechtsgüter und Interessen des anderen Teils verpflichten. /../
> § 311 BGB-KonDiskE (Rechtsgeschäftliche Schuldverhältnisse): [...] (2) Ein Schuldverhältnis mit Pflichten nach § 241 Abs. 2 entsteht auch durch
>
> 1. die Aufnahme von Vertragsverhandlungen,
> 2. die Anbahnung eines Vertrages, bei welcher der eine Teil im Hinblich[k] auf eine etwaige rechtsgeschäftliche Beziehung dem anderen Teil die Möglichkeit zur Einwirkung auf eine Rechte, Rechtsgüter und Interessen gewährt oder ihm diese anvertraut, oder
> 3. ähnliche geschäftliche Kontakte.“[933]

Die Kommission hielt die vereinzelten Vorschriften über die culpa in contrahendo für „unzureichend“ und erwähnte deshalb deren typische Erscheinungsformen in Absatz 2, so dass die culpa in contrahendo in das BGB aufgenommen werden konnte.[934] Sie strich § 305 Abs. 1 S. 2 BGB-DiskE (= § 305 Abs. 2 BGB-KE) und ersetzte ihn durch § 311 Abs. 2 BGB-KonDiskE. Diese Streichung hatte jedoch zwei Folgen: Zum einen fehle dem Gesetz jeder Anhaltspunkt dafür, dass über den geschäftlichen Kontakt hinaus auch bei anderen sozialen Kontakten Schutzpflichten begründet werden sollten, und insoweit sei § 241 Abs. 2 S. 2 BGB-KE, wonach sich ein Schuldverhältnis auf die Begründung von Schutzpflichten beschränken könne, offener; zum anderen erwecke diese Streichung den Eindruck, dass ein Schuldverhältnis – auch ein Schutzpflichten begründendes Schuldverhältnis – stets das Vorhandensein primärer Leistungspflichten voraussetze.[935] Daneben fügte die Kommission im konsolidierten Diskussionsentwurf hinter „Rechte und Rechtsgüter“ auch den Ausdruck

933 BMJ (Hrsg.), Konsolidierte Fassung des Diskussionsentwurfs eines Schuldrechtsmodernisierungsgesetzes vom 6.3.2001, S. 23 f. Dabei führte die Kommission in Fn. 1 aus, dass die Absätze 2 und 3 das Anliegen des § 305 Abs. 1 S. 2 BGB-DiskE (= § 305 Abs. 2 BGB-KE) aufgenommen hätten; in Fn. 2 betraf Absatz 2 die typischen Formen der culpa in contrahendo im Verhältnis potenzieller Vertragsparteien. Hierzu siehe Canaris (Hrsg.), Schuldrechtsreform 2002, München 2002, S. 356 (Fn. 1 und 2), 368 f.

934 BMJ (Hrsg.), Konsolidierte Fassung des Diskussionsentwurfs eines Schuldrechtsmodernisierungsgesetzes vom 6.3.2001, S. 24 (Fn. 1).

935 HKK/Dorn, § 241 Rn. 107.

„Interessen" ein. Damit sollte klargestellt werden, dass die Rücksichtnahme auf allgemeine Vermögensinteressen in Abgrenzung und Erweiterung zum Deliktsrecht gemeint sei.[936]

Im Rechtsausschuss des Bundestages wurde § 241 Abs. 2 BGB-KonDiskE schließlich geändert: Der Rechtsausschuss des Bundestages wollte ohne Adjektiv „besonder" von der Pflicht „zur Rücksicht" sprechen; durch die Unterscheidung innerhalb der Pflichten aus einem Schuldverhältnis zwischen der „besonderen" Rücksichtspflicht für eine Haftung aus culpa in contrahendo und der „einfachen" Rücksichtspflicht für eine unbeachtliche Haftung sollte dem Missverständnis vorgebeugt werden.[937] Eine Änderung des § 311 Abs. 2 BGB-KonDiskE erfolgte jedoch nicht.[938]

III. Standpunkte der Opposition im Reformprozess

Rund 250 Rechtsprofessorinnen und Rechtsprofessoren stellen sich, wohl erstmals in der Geschichte, auf die „Oppositionsfront" zum Gesetzgeber.[939] Formuliere man § 241 Abs. 2 BGB-DiskE den Satz „Das Schuldverhältnis kann [...] zur Rücksicht [...] verpflichten", so werde ohne ersichtlichen Grund und völlig unsystematisch ein ganz spezieller Inhalt des Schuldverhältnisses herausgegriffen, nämlich die Pflicht zur Rücksichtnahme auf Rechte und Rechtsgüter des anderen Teils;[940] der Hinweis auf die zu berücksichtigende „Natur und Inhalt" des Schuldverhältnisses[941] habe „ein rein tautologisches Charakter", denn

---

936 HKK/Dorn, § 241 Rn. 107; vgl. Canaris, Die Reform des Rechts der Leistungsstörungen, JZ 2001, S. 499, 519: „Dabei ist wichtig, daß [...] in § 241 Abs. 2 KonDiskE auf bloße ‚Interessen' erstreckt worden ist. Damit soll klargestellt werden, daß nicht etwa nur Rechte und Rechtsgüter i. S. v. § 823 Abs. 1 BGB und auch nicht nur Vermögensinteressen, sondern eben Interessen aller Art einschließlich der Entscheidungsfreiheit gemein sind."

937 Bericht des Rechtsausschusses, in: Canaris (Hrsg.), Schuldrechtsreform 2002, München 2002, S. 1073 f. = BT-Drucks. 14/7052, S. 182; vgl. HKK/Dorn, § 241 Rn. 108.

938 Vgl. Bericht des Rechtsausschusses, in: Canaris (Hrsg.), Schuldrechtsreform 2002, München 2002, S. 1088 = BT-Drucks. 14/7052, S. 190.

939 Olzen/Wank, Die Schuldrechtsreform, Köln u. a. 2002, Rn. 15.

940 HKK/Dorn, § 241 Rn. 109. Franz Dorn wies darauf hin, dass dies auf den ersten Blick den Eindruck erwecken könne, als sei die Entstehung von Schutzpflichten die Ausnahme.

941 Vgl. § 241 Abs. 2 BGB-DiskE.

niemand käme auf die Idee, dass es bei der Ermittlung des Inhalts des Schuldverhältnisses dessen „Natur und Inhalt“ nicht zu berücksichtigen gelte.[942] Zudem liefere § 241 Abs. 2 BGB nicht mehr als eine nachträgliche gesetzliche Legitimation der Lehre von den Schutzpflichten und nicht mehr als einen Anknüpfungspunkt für die Regelungen der §§ 280 ff., 311 Abs. 2, 3 BGB; auch diese Regelung weiche nach wie vor nicht von der Begründung und Herleitung der Schutzpflichten aus §§ 157, 242 BGB ab, und man bestimme die jeweiligen Schutzpflichten nach dem „Inhalt des jeweiligen Schuldverhältnisses“.[943] Für § 241 Abs. 2 BGB gilt nach wie vor die Auffassung von Barbara Dauner-Lieb, wonach in § 241 Abs. 2 BGB-DiskE auf eine genauere Aufschlüsselung der verschiedenen Pflichten, d. h. auf die zentrale Unterscheidung zwischen Schutzpflichten und leistungsbezogenen Nebenpflichten verzichtet wurde.[944] Auch § 241 Abs. 2 BGB wird als „Blankettnorm“ angesehen, die wie aus einem Lehrbuch des Schuldrechts entnommen erscheine;[945] diese Vorschrift operiere mit einer bislang ungewohnten Terminologie, nämlich Rücksichtspflicht statt Schutzpflicht, lasse jede Konkretisierung vermissen und sei in ihrem Regelungsgehalt weniger aus dem Wortlaut als vielmehr nur mit Hilfe der Gesetzesmaterialien zu erschließen, die ihrerseits einen hohen Grad an Vertrautheit

942 Huber, Das geplante Leistungsstörungsrecht, in: Ernst/Zimmermann (Hrsg.), Zivilrechtswissenschaft und Schuldrechtsreform, Tübingen 2001, S. 31, 140.

943 HKK/Dorn, § 241 Rn. 109.

944 Dauner-Lieb, Die geplante Schuldrechtsmodernisierung – Durchbruch oder Schnellschuß?, JZ 2001, S. 8, 14.

945 Vgl. Huber, Das geplante Leistungsstörungsrecht, in: Ernst/Zimmermann (Hrsg.), Zivilrechtswissenschaft und Schuldrechtsreform, Tübingen 2001, S. 31, 139 f. auch Dauner-Lieb, Kodifikation von Richterrecht, in: Ernst/Zimmermann (Hrsg.), Zivilrechtswissenschaft und Schuldrechtsreform, Tübingen 2001, S. 305, 316 f., 327. Dauner-Lieb wendete dort gegen die konkrete Formulierung des § 305 Abs. 1 S. 2 BGB-DiskE ein, dass diese Vorschrift als einen „inhalts- und rechtsfolgeblinden Formalverweis auf Rechtsprechung und Lehre“ anzusehen sei und auch als eine „Blankettermächtigung zu weiterer Rechtsfortbildung“; auch werde durch diese Vorschrift die „Verständlichkeit, Transparenz und Rechtssicherheit“ gegenüber dem bisherigen Zustand nicht verbessert (S. 317). Sie betonte ferner, dass diese Vorschrift als „inhaltsleere Normhülsen“ an die Stelle der Regelungskompetenz des Gesetzgebers getreten sei; es sei durchaus nachvollziehbar und zutreffend, sie als „Symbolpolitik“ zu bezeichnen (S. 327); auch siehe dies., Das Schuldrechtsmodernisierungsgesetz in Wissenschaft und Praxis, in: Dauner-Lieb u. a. (Hrsg.), Das neue Schuldrecht in der Praxis, Köln u. a. 2003, S. 3, 19 f.

mit der bisherigen Rechtsentwicklung und der in vielen Punkten keineswegs unstreitigen Diskussion voraussetze.[946]

§ 305 Abs. 1 S. 2 BGB-DiskE sah vor, dass ein Schuldverhältnis durch „Anbahnung eines Vertrages" entstehen kann. Barbara Dauner-Lieb fand es bemerkenswert, dass an eine Kodifizierung der inzwischen sehr gefestigten Vertrauenshaftung niemals gedacht worden sei.[947] Das Schuldverhältnis nach § 305 Abs. 1 S. 2 BGB-DiskE sei weitgehend eine „leere Hülse" geblieben, die erst noch mit einem konkreten Pflichteninhalt gefüllt werden müsse.[948]

Die Regelungen der außerdeliktischen Schutzpflichten in §§ 241 Abs. 2, 305 Abs. 1 S. 2 BGB-DiskE zielten nicht auf eine eigenständige Regelung, sondern auf die Schaffung einer Art „Merkposten", um diese richterrechtlich entwickelte Rechtsfigur in der Zivilrechtskodifikation zu verankern.[949] Johannes Köndgen warf die Frage auf, ob die culpa in contrahendo überhaupt kodifizierbar sei und ob es einer gesetzlichen Positivierung überhaupt bedürfe;[950] die Normierung der culpa in contrahendo in § 305 Abs. 1 S. 2 BGB-DiskE sei entbehrlich, solange der Gesetzgeber nicht in das gewachsene Richterrecht zur culpa in contrahendo eingreifen wolle; er wies darauf hin, dass es sich bei der culpa in contrahendo um funktionales Deliktsrecht handele, d. h. im Vergleich zur „Sonderverbindung" könnten die vorvertraglichen Integritätsverletzungen als „Sonderdeliktsrecht" verstanden werden.[951]

Nach Ansicht der Rechtsprofessorinnen und Rechtsprofessoren der Opposition wurde vor allem kritisiert, dass die Schuldrechtsreform „überhastet"

946 Dauner-Lieb, Kodifikation von Richterrecht, in: Ernst/Zimmermann (Hrsg.), Zivilrechtswissenschaft und Schuldrechtsreform, Tübingen 2001, S. 305, 313. Dazu siehe HKK/Dorn, § 241 Rn. 109.

947 Dauner-Lieb, Kodifikation von Richterrecht, in: Ernst/Zimmermann (Hrsg.), Zivilrechtswissenschaft und Schuldrechtsreform, Tübingen 2001, S. 305, 319.

948 Köndgen, Die Positivierung der culpa in contrahendo als Frage der Gesetzgebungsmethodik, in: Schulze/Schulte-Nölke (Hrsg.), Die Schuldrechtsreform vor dem Hintergrund des Gemeinschaftsrechts, Tübingen 2001, S. 231, 241.

949 Schulze/Schulte-Nölke, Schuldrechtsreform und Gemeinschaftsrecht, in: dies. (Hrsg.), Die Schuldrechtsreform vor dem Hintergrund des Gemeinschaftsrechts, Tübingen 2001, S. 3, 18.

950 Köndgen, Die Positivierung der culpa in contrahendo als Frage der Gesetzgebungsmethodik, in: Schulze/Schulte-Nölke (Hrsg.), Die Schuldrechtsreform vor dem Hintergrund des Gemeinschaftsrechts, Tübingen 2001, S. 231, 233 ff.

951 Köndgen, Die Positivierung der culpa in contrahendo als Frage der Gesetzgebungsmethodik, in: Schulze/Schulte-Nölke (Hrsg.), Die Schuldrechtsreform vor dem Hintergrund des Gemeinschaftsrechts, Tübingen 2001, S. 231, 236 f.

durchgeführt worden sei.[952] Während die Schaffung des ursprünglichen Schuldrechts über 20 Jahre gedauert habe, sei die Schuldrechtsreform in nur wenigen Jahren durchgeführt worden.[953] Diese Überhastung habe zur „Unausgereiftheit" des neuen Vertragsrechts geführt.[954] Zudem sei die Schuldrechtsreform auf den veralteten Grundlagen der Reformvorschläge von 1992 aufgebaut.[955]

IV. Hinzufügung der neuen §§ 241 Abs. 2, 311 Abs. 2, 3 BGB

Die Schutzpflichten und die culpa in contrahendo waren freilich bereits in den §§ 241 Abs. 2, 311 Abs. 2, 3 BGB n. F. gesetzlich verankert, da sich das Schuldrechtsmodernisierungsgesetz (SRMG) letztlich für eine Kodifizierung entschieden hatte. Canaris hatte dies mit seinem „rechtswissenschaftlichen Vermächtnis der deutschen lex lata" endgültig geprägt und sein „Lebenswerk" vollendet.[956]

952 Altmeppen, Schadensersatz wegen Pflichtverletzung – Ein Beispiel für die Überhastung der Schuldrechtsreform, DB 2001, S. 1131, 1133; Knütel, Zur Schuldrechtsreform, NJW 2001, S. 2519, 2519; Däubler-Gmelin, Die Entstehung für die so genannte Große Lösung bei der Schuldrechtsreform – Zum Entwurf eines Gesetzes zur Modernisierung des Schuldrechts, NJW 2001, S. 2281, 2288 f.; vgl. Lorenz, Schadensersatz wegen Pflichtverletzung, JZ 2001, S. 742, 744. Er bejahte die Übereilung der Schuldrechtsreform, aber wies auf Art und Weise der Kritik hin: „Selbstverständlich kann man die Reform auch ablehnen, jedoch muß man die Kritik differenzieren. So kann man etwa mit gutem Grund gegen die Integration des AGB-Gesetzes in das BGB sein, gleichzeitig aber das vorgeschlagene neue Leistungsstörungsrecht begrüßen. Ebenso wichtig ist es, die Sachkritik von derjenigen des Zeitplanes zu trennen."

953 Knütel, Zur Schuldrechtsreform, NJW 2001, S. 2519, 2519.

954 Knütel, Zur Schuldrechtsreform, NJW 2001, S. 2519, 2521.

955 Dauner-Lieb, Die Schuldrechtsreform – Das große juristische Abenteuer, DStR 2001, S. 1572, 1574.

956 Benedict, Culpa in contrahendo, Tübingen 2007, S. 531 f.; Canaris, Die Reform des Rechts der Leistungsstörungen, JZ 2001, S. 499, 519: „[…] hat sich die Kommission bemüht, in § 311 Abs. 2 und 3 KonDiskE eine Regelung zu entwerfen, die den Anforderungen an eine – wenngleich nur generalklauselartige – subsumtionsgeeignete Norm genügt. Das erscheint vor allem deshalb als sinnvoll, weil ohne die culpa in contrahendo beim heutigen Rechtszustand weder des Vertrags- noch das Deliktsrecht angemessen zu verstehen ist und der Rechtssuchende, insbesondere auch der Ausländer und der Student, daher hierzu eine Grundlage im Text des BGB finden sollte." Dagegen siehe Rieble, Die Kodifikation der culpa in contrahendo, in: Dauner-Lieb u. a. (Hrsg.), Das neue Schuldrecht in der Praxis, Köln u. a. 2003, S. 137, 137 f.: „die Neuregelung sagt nicht, welche Anforderungen an

1. *Der inhaltliche Zustand der §§ 241 Abs. 2, 311 Abs. 2 BGB n. F.*

Der § 241 Abs. 2 BGB bestimmt Nebenpflichten, insbesondere Schutzpflichten zum Schutz vor Rechten, Rechtsgütern und Interessen des anderen Teils:

> „§ 241 (Pflichten aus dem Schuldverhältnis): [...] (2) Das Schuldverhältnis kann nach seinem Inhalt jeden Teil zur Rücksicht auf die Rechte, Rechtsgüter und Interessen des anderen Teils verpflichten."

Die Schutzpflichten ergeben sich aus „rechtsgeschäftsähnlichen" Schuldverhältnissen nach § 311 Abs. 2 BGB, die durch die Aufnahme von Vertragsverhandlungen, die Anbahnung eines Vertrages, bei dem der eine Teil dem anderen Teil die Einwirkungsmöglichkeit auf dessen Rechte, Rechtsgüter und Interessen gewährt oder diese anvertraut, und ähnliche geschäftliche Kontakte entstehen können:

> „§ 311 Abs. 2 BGB (Rechtsgeschäftliche und rechtsgeschäftsähnliche Schuldverhältnisse) [...] (2) Ein Schuldverhältnis mit Pflichten nach § 241 Abs. 2 entsteht auch durch
>
> 1. die Aufnahme von Vertragsverhandlungen,
> 2. die Anbahnung eines Vertrags, bei welcher der eine Teil im Hinblick auf eine etwaige rechtsgeschäftliche Beziehung dem anderen Teil die Möglichkeit zur Einwirkung auf seine Rechte, Rechtsgüter und Interessen gewährt oder ihm diese anvertraut, oder
> 3. ähnliche geschäftliche Kontakte."

In § 282 BGB ist die Rechtsfolge wegen der Verletzung von Schutzpflichten i. V. m. §§ 280 Abs. 1, 241 Abs. 2, 311 Abs. 2 BGB vorgeschrieben:

> „§ 282 (Schadensersatz statt der Leistung wegen Verletzung einer Pflicht aus § 241 Abs. 2): Verletzt der Schuldner eine Pflicht nach § 241 Abs. 2, kann der Gläubiger unter den Voraussetzungen des § 280 Abs. 1 Schadensersatz statt der Leistung verlangen, wenn ihm die Leistung durch den Schuldner nicht mehr zuzumuten ist."

---

den das Schuldverhältnis begründenden geschäftlichen Kontakt zu stellen sind, statt dessen fügt sie mit § 311 Abs. 2 Nr. 3 BGB eine zusätzliche Nebelkerze ein. Sie schweigt darüber, welche konkreten Pflichten ausgelöst werden, nennt nicht einmal Regelbeispiele oder Fallgruppen. Auch die Rechtsfolgefragen werden nicht angesprochen."; siehe auch Köndgen, Die Positivierung der culpa in contrahendo als Frage der Gesetzgebungsmethodik, in: Schulze/Schulte-Nölke (Hrsg.), Die Schuldrechtsreform vor dem Hintergrund des Gemeinschaftsrechts, Tübingen 2001, S. 231 ff. Zu dem Hinweis von Rieble auf die Unklarheit in § 311 Abs. 2 Nr. 3 „ähnliche geschäftliche Kontakte" hatte Canaris bereits selbst angemerkt, dass diese Vorschrift „leider etwas dunkel" sei. Dazu siehe Canaris, Die Reform des Rechts der Leistungsstörungen, JZ 2001, S. 499, 520.

Mit dem Inkrafttreten des SRMG am 1.1.2002 sind die Schutzpflichten im eigenen Pflichtensystem des neu gefassten § 241 Abs. 2 BGB verankert und können bereits durch die „Aufnahme von Vertragsverhandlungen", die „Anbahnung eines Vertrages" oder „ähnliche geschäftliche Kontakte" entstehen,[957] ohne dass es zu einem Vertragsschluss nach § 311 Abs. 1 BGB kommen muss. Die Entstehungsgründe der Schutzpflichten werden als „ein Schutzpflichtverhältnis" bzw. eine Sonderbeziehung oder Sonderverbindung bezeichnet.

2. Endlich Ruhe in der Diskussion um das SRMG seit dem 1.1.2002?

Beruhigte der Abschluss der Schuldrechtsreform die Kontroverse um Schutzpflichten und culpa in contrahendo? Seit dem Inkrafttreten des SRMG am 1.1.2002 geht die Diskussion weiter. Die Kritik ist nicht zur Ruhe gekommen. Barbara Dauner-Lieb kritisiert, dass der Gesetzgeber § 311 Abs. 2 BGB in das Schuldrecht eingeführt habe, um einen Zuwachs an Klarheit, Transparenz und damit Rechtssicherheit zu erreichen, diese Vorschrift aber für die Fallgruppe der vorvertraglichen Verletzung von Integritätsinteressen, in der es um einen Ausgleich der Schwächen des § 831 BGB gehe, bestenfalls einen „halbwegs nachvollziehbaren Anhaltspunkt" biete; die Haftung aus culpa in contrahendo stehe nicht im Widerspruch zu § 311 Abs. 2 BGB, finde aber in dieser Vorschrift auch keine wirkliche Stütze.[958] Franz Dorn äußerte sich kritisch zu § 241 Abs. 2 BGB: Die Regelung nenne nunmehr neben den Leistungspflichten auch die Schutzpflichten, es werde aber nicht der gesamte Pflichtenkreis angesprochen; ein Schuldverhältnis bestehe auch ohne Leistungspflicht; § 241 Abs. 2 BGB sei eine reine Blankettnorm.[959]

Die in Rede stehenden Fälle, also die Verletzung von Verkehrspflichten zum Schutz von Rechten und Rechtsgütern des (möglichen künftigen) Vertragspartners, würden „in Wirklichkeit ins Deliktsrecht gehören".[960] Für die

---

957 Vgl. § 311 Abs. 2 Nr. 1–3 BGB n. F.

958 Dauner-Lieb, Die Schuldrechtsreform in der akademischen Lehre, in: Artz/Gsell/Lorenz (Hrsg.), Zehn Jahre Schuldrechtsmodernisierung, Tübingen 2014, S. 267, 274 f.

959 HKK/Dorn, § 241 Rn. 113: „Sie [Die Praxis] wird mit § 241 II ebenso gut fertig werden, wie sie ohne ihn fertig geworden ist." Dies ergab sich aus den Sätzen von Laband, Zum zweiten Buch des Entwurfs eines bürgerlichen Gesetzbuches für das Deutsche Reich, 1. Abschnitt, Titel 1–3, AcP 73 (1888), S. 161, 175, er hielt bereits dem § 241 Abs. 1 entgegen: „Die Praxis wird ohne denselben mindestens ebenso gut fertig werden als mit demselben."

960 MüKo/Emmerich (2022), § 311 Rn. 42; vorher vgl. MüKo/Emmerich (2007), § 311 Rn. 60: „[…], so dass es sich bei den Verkehrspflichten um einen genuinen

Warenhausfälle ließe sich ohne weiteres eine angemessene Lösung über das Deliktsrecht finden, weil die Verkehrssicherungspflichten eine intensive richterrechtliche Entwicklung erfahren hätten.[961]

Die Diskussionen um § 311 Abs. 2 BGB sind noch nicht abgeschlossen. Hans-Peter Haferkamp sah jedoch den Vertrag mit Schutzwirkung für Dritte (VSD) als „degeneriert zu einer dogmatisch unkonturierten Billigkeitshaftung" an und wollte einen Nachweis für einen gesetzgeberischen Willen darin finden, dass mit den beiden Schlüsselbegriffen „Einwirkungen" und „anvertraut" das Konzept der „Vertrauenshaftung" von Canaris aufgegriffen worden sei.[962] Sein Konzept habe darin bestanden, den Drittschutz als Haftung für gewährtes und in Anspruch genommenes Vertrauen zu begründen.[963] Als „Vertrauenshaftung" hafte der Schuldner dem Dritten nicht aus seinem Vertrag mit dem Gläubiger, sondern aufgrund eines gesetzlichen Schutzpflichtverhältnisses für ein Anvertrauen. Trotz der sprachlichen Übereinstimmung des Gesetzes mit dem Konzept von Canaris schloß er weitergehende Folgerungen aus: „Spekulation" sei jedenfalls die Behauptung, „dass der Gesetzgeber hier eine Art trojanisches Pferd eingestellt hätte, mittels dessen die Habilitationsschrift von Canaris kodifiziert werden sollte."[964] Ein weiterer Nachweis dafür sei der Gemüseblatt-Fall. Canaris wolle diesen Fall in Zukunft über ähnliche geschäftliche Kontakte lösen. Bei § 311 Abs. 2 Nr. 3 BGB gehe es in seiner Lösung nicht um eine Einbeziehung der Tochter in die c.i.c. zugunsten der Mutter, sondern um einen

---

Anwendungsbereich auch der c.i.c. handelt. [...] An der engen, in der Natur der Sache liegenden Verwandtschaft zwischen der Haftung für die Verletzung von Verkehrspflichten aus c.i.c. und aus Delikt ändert dies aber (natürlich) nichts." Auch siehe oben 3. Teil D III.

961 Dauner-Lieb, Kodifikation von Richterrecht, in: Ernst/Zimmermann (Hrsg.), Zivilrechtswissenschaft und Schuldrechtsreform, Tübingen 2001, S. 305, 318.

962 Vgl. Ansprüche wegen „positiver Vertragsverletzung" und „Schutzwirkung für Dritte" bei nichtigen Verträgen, JZ 1965, S. 475, 476.

963 Vgl. Ballerstedt, Zur Haftung für culpa in contrahendo bei Geschäftsabschluß durch Stellvertreter, AcP 151 (1950/1951), S. 501, 507; Canaris, Ansprüche wegen „positiver Vertragsverletzung" und „Schutzwirkung für Dritte" bei nichtigen Verträgen, JZ 1965, S. 475, 476; ders., Die Vertrauenshaftung im deutschen Privatrecht, München 1971, S. 539 ff.; ders., Schutzgesetz – Verkehrspflichten – Schutzpflichten, in: Canaris/Diederichsen (Hrsg.), Festschrift für Karl Larenz zum 80. Geburtstag, München 1983, S. 27, 107; siehe auch oben 3. Teil C III und D.

964 Haferkamp, Der Vertrag mit Schutzwirkung für Dritte nach der Schuldrechtsreform, in: Dauner-Lieb u. a. (Hrsg.), Das neue Schuldrecht in der Praxis, Köln u. a. 2003, S. 171, 178.

eigenen Anspruch der Tochter der c.i.c. gegen den Supermarkt.[965] Es sei aber unklar, ob der Gesetzgeber mit dem Merkmal des „geschäftlichen Kontakts“ ein Modell zur Verfügung gestellt habe, mit dem künftig über den vorvertraglichen Bereich hinaus generell unmittelbare Haftungen gegenüber Dritten aus c.i.c. gelöst werden sollten.[966] Mit dem SRMG ist der Streit um den VSD also nicht beendet. Der VSD ist weder in § 311 Abs. 2 noch in § 311 Abs. 3 BGB gesetzlich verankert. Der VSD werde durch eine tragfähige dogmatische Grundlage von der Expertenhaftung abgegrenzt; dies biete die Chance, einen echten VSD wiederzubeleben.[967] Er gibt also die Hoffnung auf einen künftigen VSD nicht auf.

V. Evaluierung der Bestimmungen des neuen Schuldrechts über außerdeliktische Schutzpflichten

Eingangs lohnt eine Lesart der heutigen Lösung aus der Sicht des Jahres 1936, als Heinrich Stoll in einer Neufassung von „Treu und Glauben“ des Volksgesetzbuches „§ 2 (BGB 242) Vertrauensverhältnis und Schutzpflicht“[968] vorschlug. Das Konzept der Schutzpflichten ist trotz der Fortschritte in der Schutzpflichtdogmatik funktional sehr ähnlich geblieben: Sie bestehen unabhängig von Leistungspflichten und dienen dem Schutz von Rechten und Rechtsgütern vor Vertragsschluss, ohne dass ein Vertrag wirksam zustande gekommen ist. Die Schutzpflichten nach § 241 Abs. 2 BGB wären Rücksichtnahmepflichten im Sinne des Gemeinschaftsgedankens, freilich ohne die dabei mitschwingende

---

965 Canaris, Die Reform des Rechts der Leistungsstörungen, JZ 2001, S. 499, 520. Canaris zitierte den Schiffsmakler-Fall (BGHZ 70 337), sprach im Text aber vom Gemüseblatt-Fall (BGHZ 66, 51). Dazu siehe Haferkamp, Der Vertrag mit Schutzwirkung für Dritte nach der Schuldrechtsreform, in: Dauner-Lieb u. a. (Hrsg.), Das neue Schuldrecht in der Praxis, Köln u. a. 2003, S. 171, 178; vgl. Canaris, Schutzgesetz – Verkehrspflichten – Schutzpflichten, in: Canaris und Diederichsen (Hrsg.), Canaris/Diederichsen (Hrsg.), Festschrift für Karl Larenz zum 80. Geburtstag, München 1983, S. 27, 88.

966 Haferkamp, Der Vertrag mit Schutzwirkung für Dritte nach der Schuldrechtsreform, in: Dauner-Lieb u. a. (Hrsg.), Das neue Schuldrecht in der Praxis, Köln u. a. 2003, S. 171, 178.

967 Haferkamp, Der Vertrag mit Schutzwirkung für Dritte nach der Schuldrechtsreform, in: Dauner-Lieb u. a. (Hrsg.), Das neue Schuldrecht in der Praxis, Köln u. a. 2003, S. 171, 180 f.; vgl. Pierson, Sozialpolitik durch Rechtsprechung, in: Rückert u. a. (Hrsg.), 20 Jahre Neues Schuldrecht, Tübingen 2023, S. 77, 88.

968 Siehe oben 1. Teil B III 2 b).

rassistische Komponente.[969] Es geht also um verstärkte Pflichten zur Vertragstreue. Hinsichtlich der Sonderverbindung ist § 311 Abs. 2 BGB das Ergebnis der Diskussion um die bereits damals unternommenen dogmatischen Eingrenzungsversuche.[970] Die Aufnahme von Vertragsverhandlungen i.S.d. § 311 Abs. 2 Nr. 1 BGB ist nicht notwendig bereits die Abgabe von Willenserklärungen, sondern ein tatsächlicher zweiseitiger Vorgang, nämlich „Verhandlungen".[971] Nach Nr. 2 dieser Vorschrift begründet „die Anbahnung eines Vertrags, bei welcher der eine Teil im Hinblick auf eine etwaige rechtsgeschäftliche Beziehung dem anderen Teil die Möglichkeit zur Einwirkung auf seine Rechte, Rechtsgüter und Interessen gewährt oder ihm diese anvertraut",[972] rechtsgeschäftsähnliche Schuldverhältnisse. Daraus ergeben sich die Schutzpflichten i.S.d. § 241 Abs. 2 BGB.

§ 311 Abs. 2 Nr. 2 BGB betont die notwendige Vorverlagerung bei besonderem Rechtsgüterschutz der Anvertrauenshaftung in Vertragsverhandlungen und stellt den Vorrang gegenüber der deliktsrechtlichen Lehre[973] heraus.[974] Die Formulierung „ähnliche geschäftliche Kontakte" i.S.d. Abs. 2 Nr. 3 ist weit gefasst in Fallgruppen wie Vertrag mit Schutzwirkung zugunsten Dritter oder Gefälligkeitsverhältnisse mit zumindest rechtsgeschäftlichem Charakter.[975] Es handelt sich um die „allgemeine [...] Generalformel vom geschäftlichen Kontakt", die sich auf jeden schadensrechtlich relevanten sozialen und hypothetischen Kontakt erstrecke.[976]

In Bezug auf den Umgang mit der culpa in contrahendo kann man den Zustand des SRMG 2002 mit dem des historischen BGB 1900 vergleichen und kommt zu einem unterschiedlichen Lösungsansatz: Der historische Gesetzgeber des BGB stellte „die differenzierte Auflösung in Einzeltatbestände" in den Mittelpunkt, der Gesetzgeber des SRMG hingegen „die abstrakte Verallgemeinerung zur haftungsrechtlichen Generalklausel".[977]

---

969 Vgl. Benedict, Culpa in contrahendo, Tübingen 2007, S. 602. Zum Inhalt der Schutzpflichten von Heinrich Stoll siehe oben 3. Teil A.

970 Siehe oben 2. Teil; 3. Teil B, C und D.

971 MüKo/Emmerich (2022), § 311 Rn. 45.

972 Vgl. Canaris, Die Vertrauenshaftung im deutschen Privatrecht, München 1971, S. 540.

973 Siehe oben 3. Teil E II und III.

974 Vgl. Benedict, Culpa in contrahendo, Tübingen 2007, S. 602.

975 MüKo/Emmerich (2022), § 311 Rn. 50.

976 Benedict, Culpa in contrahendo, Tübingen 2007, S. 602.

977 Benedict, Culpa in contrahendo, Tübingen 2007, S. 600.

4. Teil. Deutsche dogmatische Entwicklungsgeschichte als Leitfaden für die Schuldrechtsreform im koreanischen ZGB?

A. Begriffe „culpa in contrahendo“ und „Schutzpflichten“ im KZGB

I. Haftungssystem im KZGB

1. Vorgeschichte des KZGB

Das koreanische ZGB wurde im Schuldrecht weitgehend vom mandschurischen ZGB übernommen. Die Gründe dafür waren instabile nationale Umstände: Die japanische Besatzung vom 29.8.1910 bis 15.8.1945 und der Koreakrieg vom 25.6.1950 bis 27.7.1953 führten erstens dazu, dass es in Korea nur wenige Zivilrechtler gab, die verschiedene ausländische Rechte studierten und ein ZGB entwarfen. Hinzu kam der große Wunsch der koreanischen Bevölkerung nach einem eigenen ZGB. Drittens galt das Mandschurische ZGB als damals modernste Privatrechtskodifikation in Ostasien. Dies lag an seinen japanischen Wurzeln. Das – bereits unter Einfluss des deutschen Rechts – entstandene japanische ZGB war von den japanischen Zivilrechtlern unter Berücksichtigung der japanischen Rechtsprechung und Rechtslehre beständig verbessert worden. All dies floss in das Mandschurische ZGB.[978] Dieses ZGB wurde in Korea bis Ende 1959 angewendet, und das neue koreanische ZGB trat am 1.1.1960 in Kraft.[979] Da diesen japanischen Entwicklungen immer auch eine Auseinandersetzung mit der deutschen Rechtswissenschaft zugrunde gelegen hatte, waren viele Lösungen dem deutschen BGB verwandt. Dies gilt auch für die hier interessierende Frage.

---

978 Heung-Sub Choi, Begründung vertraglicher Schuldverhältnisse im koreanischen ZGB, in: Shin/Zimmermann (Hrsg.), 50 Jahre – Koreanisches Zivilgesetzbuch, Seoul 2011, S. 135 f.

979 Vgl. Hyung-Bae Kim, Geschäftsherrenhaftung im Spiegel der koreanischen Rechtsprechung – Aus rechtsvergleichender Perspektive, in: Dauner-Lieb/Hommelhoff u. a. (Hrsg.), Festschrift für Horst Konzen, Tübingen 2006, S. 413; zur ausführlichen Bearbeitung des Entwurfs zum neuen koreanischen ZGB vgl. Hyeong-Kyu Lee, Die Rezeption des europäischen Zivilrechts in Ostasien, ZVglRWiss 86 (1987), S. 158, 163 ff.

2. *Vertragliche und gesetzliche Haftung*

Das koreanische ZGB unterscheidet in seinem Haftungssystem zwischen deliktischer und vertraglicher Haftung. Es sieht zwei Arten von Schuldverhältnissen vor. Ein Schuldverhältnis entsteht entweder durch Rechtsgeschäft oder kraft Gesetzes. Rechtsgeschäftliche Schuldverhältnisse setzen einen wirksamen Vertrag voraus. Gesetzliche Schuldverhältnisse entstehen aus Geschäftsführung ohne Auftrag, ungerechtfertigter Bereicherung und unerlaubter Handlung. Aus Geschäftsführung ohne Auftrag und ungerechtfertigter Bereicherung folgt ein Anspruch auf Herausgabe des Erlangten und ein Anspruch auf Verwendungsersatz. Vertrag und unerlaubte Handlung bilden die Anspruchsgrundlage für den Schadensersatz.

Im Entwurf des koreanischen ZGB waren die Vorschriften über den Vertragsschluss mit denen des mandschurischen ZGB identisch.[980] Das koreanische Parlament überprüfte den Entwurf und fügte zwei Vorschriften hinzu, nämlich die Vorschriften über den gekreuzten Antrag im § 533 KZGB:

> „Kreuzen sich zwei auf den gleichen Vertragsinhalt gerichtete Anträge gleichzeitig zwischen den beiden Beantragenden, so kommt der Vertrag zu dem Zeitpunkt zustande, zu dem der Antrag dem anderen zugegangen ist."[981]

und über das negative Interesse aus anfänglicher Unmöglichkeit unter der Überschrift „Verschulden beim Vertragsschluss" in § 535 KZGB:

> „(1) Wer bei Abschluss eines Vertrages, der eine unmögliche Leistung zum Gegenstand hat, die Unmöglichkeit der Leistung kannte oder kennen musste, hat den Schaden zu ersetzen, den der andere Teil dadurch erleidet, dass er auf die Gültigkeit des Vertrages vertraute. Der Schadensersatz kann jedoch nicht über den Betrag des Interesses hinausgehen, das der andere Teil an der Gültigkeit des Vertrages hat. (2) Die Vorschriften des Absatzes 1 finden jedoch keine Anwendung, wenn der

---

980 Zu den mandschurischen Vorschriften über den Vertragsschluss siehe §§ 515–521 in Gesellschaft für Verwaltung der Mandschurei (滿洲行政學會) (Hrsg.), Kodifikation von Mandschukuo (滿洲國法令輯覽), Bd. 5 (第五巻), Mandschukuo (滿洲國) 1936, S. 89; zu den §§ 527–535 KZGB siehe Kyu-Chang Cho, Koreanisches Bürgerliches Gesetzbuch, Frankfurt a. M. 1980, S. 104 f. Diese Vorschriften bleiben unverändert. Vgl. Heung-Sub Choi, Begründung vertraglicher Schuldverhältnisse im koreanischen ZGB, in: Shin/Zimmermann (Hrsg.), 50 Jahre – Koreanisches Zivilgesetzbuch, Seoul 2011, S. 135.

981 Kyu-Chang Cho, Koreanisches Bürgerliches Gesetzbuch, Frankfurt a. M. 1980, S. 105.

> andere Teil die Unmöglichkeit der Leistung beim Vertragsabschluss kannte oder kennen musste.“[982]

Die vertragliche Anspruchsgrundlage für Schadensersatz wegen Nichterfüllung ist in § 390 KZGB geregelt, der mit § 377 der Kodifikation von Madschukuo[983] identisch ist:

> „Hat der Schuldner dem Inhalt des Schuldverhältnisses nach seine Verbindlichkeit nicht in gehöriger Weise erfüllt, so kann der Gläubiger Schadensersatz verlangen, es sei denn, daß die Leistung infolge eines vom Schuldner nicht zu vertretenden Umstandes unmöglich wird.“[984]

Auch § 732 der Kodifikation von Mandschukuo[985] ist identisch mit § 750 KZGB, der unter der Überschrift „Inhalt der unerlaubten Handlung“ die deliktische Anspruchsgrundlage für den Schadensersatz bestimmt:

> „Wer vorsätzlich oder fahrlässig einem anderen widerrechtlich einen Schaden zufügt, ist diesem zum Ersatz des daraus entstehenden Schadens verpflichtet.“[986]

Wie sich aus den beiden Vorschriften §§ 390, 750 KZGB ergibt, bevorzugt das koreanische Recht die generalklauselartige Haftung bei Leistungsstörungen und unerlaubten Handlungen.[987]

Die deliktische Gehilfenhaftung schrieb zudem in dem § 737 der Kodifikation von Mandschukuo[988] vor, der auch identisch mit § 756 KZGB ist:

---

982 Kyu-Chang Cho, Koreanisches Bürgerliches Gesetzbuch, Frankfurt a. M. 1980, S. 105.

983 Gesellschaft für Verwaltung der Mandschurei (滿洲行政學會) (Hrsg.), Kodifikation von Mandschukuo (滿洲國法令輯覽), Bd. 5 (第五巻), Mandschukuo (滿洲國) 1936, S. 65 f.

984 Kyu-Chang Cho, Koreanisches Bürgerliches Gesetzbuch, Frankfurt a. M. 1980, S. 77.

985 Gesellschaft für Verwaltung der Mandschurei (滿洲行政學會) (Hrsg.), Kodifikation von Mandschukuo (滿洲國法令輯覽), Bd. 5 (第五巻), Mandschukuo (滿洲國) 1936, S. 126.

986 Kyu-Chang Cho, Koreanisches Bürgerliches Gesetzbuch, Frankfurt a. M. 1980, S. 148.

987 Vgl. Heung-Sub Choi, Begründung vertraglicher Schuldverhältnisse im koreanischen ZGB, in: Shin/Zimmermann (Hrsg.), 50 Jahre – Koreanisches Zivilgesetzbuch, Seoul 2011, S. 135, 150 (Fn. 42).

988 Gesellschaft für Verwaltung der Mandschurei (滿洲行政學會) (Hrsg.), Kodifikation von Mandschukuo (滿洲國法令輯覽), Bd. 5 (第五巻), Mandschukuo (滿洲國) 1936, S. 126 f.

„(Schadensersatzpflicht des Geschäftsherrn) (1) Wer einen anderen zu einer Verrichtung bestellt, ist für den Ersatz des Schadens verantwortlich, den der andere in Ausführung der Verrichtung einem anderen zufügt. Das gilt nicht, wenn der Geschäftsherr bei der Auswahl der bestellten Person und bei der Aufsicht über die Ausführung der ihr angewiesenen Verrichtung die im Verkehr erforderliche Sorgfalt verwendet hat oder wenn der Schaden auch bei Anwendung dieser Sorgfalt entstanden wäre. (2) Wer die Ausführung der Verrichtung an Stelle des Geschäftsherrn beaufsichtigt, ist auch für den Schadensersatz gemäß Absatz 1 verantwortlich. (3) In den Fällen der Absätzen 1 und 2 kann der Geschäftsherr oder der Aufsichtführende den Ausgleich vom Dienstverpflichteten verlangen, der einem Dritten den Schaden verursacht hat.“[989]

II. Außerdeliktische Schutzpflichten im koreanischen Schuldrecht

1. *Stellungnahme in der Literatur*

Die Vertrags- und Deliktshaftung werden in § 390 bzw. § 750 KZGB ohne einzelne Tatbestände geregelt. Fälle außerdeliktischer Schutzpflichten sollten ohne weiteres über das Deliktsrecht gelöst werden können, da § 750 KZGB wie im französischen Deliktsrecht eine große Generalklausel enthält, die auch im Deliktsrecht an die Stelle des reinen Vermögensschadens tritt. Dennoch gibt es drei Lösungsansätze für diese Fälle.

a) Weitere Verhaltenspflichten

Es gibt die Auffassung, dass neben den Leistungspflichten auch weitere Verhaltenspflichten als Nebenpflichten bestehen, die der Sicherstellung der Leistungserfüllung dienen; aus dem Schuldverhältnis ohne primäre Leistungspflichten ergeben sich weitere Verhaltenspflichten, die bei Vertragsverhandlungen durch gesetzliches Schuldverhältnis nach dem Grundsatz von Treu und Glauben begründet werden. Die Verhaltenspflichten ergeben sich mit Vertragsabschluss aus dem vertraglichen Schuldverhältnis. Die Natur der Verhaltenspflichten ändert sich von gesetzlich zu vertraglich, wenn der Vertrag zustande gekommen ist.[990]

---

989 Kyu-Chang Cho, Koreanisches Bürgerliches Gesetzbuch, Frankfurt a. M. 1980, S. 149 f.

990 Der vertragliche Lösungsansatz in Korea folgt der Ansicht von Karl Larenz. Vgl. Larenz, Lehrbuch des Schuldrechts Allgemeiner Teil, Bd. 1, 14. Aufl., München 1987, § 2 I, S. 6 ff.; Yun-Jik Kwak (곽윤직), Lehrbuch des Schuldrechts (채권법), Allgemeiner Teil (총론), 6. Aufl. (제6판), Seoul 2006, S. 69; Jong-Ok Won (원종옥), Gedanken zur Sorgfaltspflicht (보호의무에 관한 소고), Soongsil Law

b) *Einheitliches Schutzpflichtverhältnis*

Wie bereits in seiner Lehre vom Schutzverhältnis aufgezeigt,[991] ergeben sich die Schutzpflichten aus einem gesetzlichen Schuldverhältnis, das durch rechtsgeschäftlichen Verkehr[992] vor Vertragsschluss begründet wird. Ihre Verletzung führt zur gesetzlichen Haftung, die weder vertraglich noch deliktisch, sondern „dritte Spur“ ist.[993] Der Rechtsgrund für diese Haftung ist im § 535 KZGB analog zu finden.[994] Dieser Lösungsansatz entspricht der Lehre vom Schutzpflichtverhältnis von Canaris. In Korea besteht jedoch ein Unterschied darin, dass der Rechtsgrund der gesetzlichen Haftung in § 535 KZGB zu finden ist, nicht jedoch im Grundsatz von Treu und Glauben.

c) *Deliktischer Lösungsansatz*

Im Gegensatz zu diesen beiden Lösungen werden Fälle außerdeliktischer Schutzpflichten durch das Deliktsrecht gelöst. Hier besteht jedoch das Hindernis, dass die Anwendung der Deliktshaftung zu harten Ergebnissen für die Geschädigten führen kann. Der Geschäftsherr kann sich nämlich nach § 756 Abs. 1 S. 2 KZGB – ähnlich wie in Deutschland nach § 831 Abs. 1 S. 2 BGB – von der Haftung für seinen Verrichtungsgehilfen befreien. Entgegen dem Wortlaut der deliktischen Gehilfenhaftung nach § 756 Abs. 1 S. 2 KZGB ist eine Exkulpationsmöglichkeit des Geschäftsherrn in der koreanischen Rechtsprechung jedoch praktisch nicht vorgesehen.[995]

Review (숭실 법학논총) 35 (2016), S. 157, 176; Won-Lim Jee (지원림), Lehrbuch des Zivilrechts (민법강의), 13. Aufl. (제13판), Seoul 2014, S. 1350 (Rn. 5–48 f.).

991 Vgl. Canaris, Ansprüche wegen „positiver Vertragsverletzung“ und „Schutzwirkung für Dritte“ bei nichtigen Verträgen, JZ 1965, S. 475 ff.; ders., Schutzgesetz – Verkehrspflichten – Schutzpflichten, in: Canaris/Diederichsen (Hrsg.), Festschrift für Karl Larenz zum 80. Geburtstag, München 1983, S. 27, 102 ff.

992 Siehe oben 3. Teil D II 3 b).

993 In Korea ist die Anerkennung von Schutzpflichten aus dem Schutzverhältnis im Rahmen der Lehre von den Leistungsstörungen umstritten. Dazu siehe Seunghyeon Seong, Die Entwicklung des Rechts der Leistungsstörungen in Korea, in: Shin/Zimmermann (Hrsg.), 50 Jahre – Koreanisches Zivilgesetzbuch, Seoul 2011, S. 219, 231.

994 Hyung-Bae Kim (김형배) u. a. (Hrsg.), Lehrbuch des Zivilrechts (민법학강의), 12. Aufl., (제12판), Seoul 2013, S. 1245 f.

995 Vgl. Heung-Sub Choi, Begründung vertraglicher Schuldverhältnisse im koreanischen ZGB, in: Shin/Zimmermann (Hrsg.), 50 Jahre – Koreanisches Zivilgesetzbuch, Seoul 2011, S. 135, 143 und 147 f.; Byung-Jun Lee, Zivilrecht, in: Korea Legislation Research Institute (Hrsg.), Einführung in das koreanische Recht, Berlin/Heidelberg 2010, S. 96; Seunghyeon Seong, Die Entwicklung des Rechts der

Eine deliktische Haftung kann auch ohne weiteres über die große Generalklausel des § 750 KZGB angenommen werden, wenn kein Vertrag vorliegt. Der KOGH räumt dem Geschäftsherrn praktisch keine Exkulpationsmöglichkeit nach § 756 Abs. 1 S. 2 KZGB ein, da er ihm die Pflicht auferlegt, den Verrichtungsgehilfen mit der erforderlichen Sorgfalt zu überwachen. Vernachlässigt er diese Sorgfalt oder wäre der Schaden bei Anwendung dieser Sorgfalt nicht eingetreten, so haftet er für den daraus entstandenen Schaden.[996] Auch in Deutschland hat die praktische Bedeutung der Exkulpationsmöglichkeit nach § 831 Abs. 1 S. 2 BGB an Relevanz verloren. Dies ist zum einen darauf zurückzuführen, dass der Anwendungsbereich des § 31 BGB erweitert wurde, und zum anderen darauf, dass die Rechtsprechung zunehmend Überwachungs- und Organisationspflichten festlegte, für deren Einhaltung der Schädiger verantwortlich ist.[997] Dadurch wurden die Schwächen der Deliktshaftung infolge der Exkulpationsmöglichkeit in der deutschen Rechtsprechung umgangen und in der haftungsrechtlichen Wirklichkeit faktisch beseitigt.[998] Es besteht daher

---

Leistungsstörungen in Korea, in: Shin/Zimmermann (Hrsg.), 50 Jahre – Koreanisches Zivilgesetzbuch, Seoul 2011, S. 219, 231 f.; zu den Rechtsprechungen des KOGH siehe Hyung-Bae Kim, Geschäftsherrenhaftung im Spiegel der koreanischen Rechtsprechung – Aus rechtsvergleichender Perspektive, in: Dauner-Lieb/Hommelhoff u. a. (Hrsg.), Festschrift für Horst Konzen, Tübingen 2006, S. 413, 433 f.; vgl. KOGHE v. 13.8.1985, 84 Da 979; KOGHE v. 11.1.1991, 90 Da 8954; KOGHE v. 9.10.2003, 2001 Da 24655. Dazu siehe unter 4. Teil A II 2.

996 Zu Taxifahrer-Fällen siehe KOGHE v. 11.01.1991, 90 Da 8954; KOGHE v. 9.10.2003, 2001 Da 24655; Hyung-Bae Kim, Geschäftsherrenhaftung im Spiegel der koreanischen Rechtsprechung – Aus rechtsvergleichender Perspektive, in: Dauner-Lieb/Hommelhoff u. a. (Hrsg.), Festschrift für Horst Konzen, Tübingen 2006, S. 413, 433 f.

997 Huber, Leistungsstörungen, in: BMJ (Hrsg.), Gutachten und Vorschläge zur Überarbeitung des Schuldrechts, Bd. 1, Köln 1981, S. 647, 739; vgl. Bar, Verkehrspflichten, Köln/Berlin u. a. 1980, § 9, S. 249; zur Rechtsprechung zur Umgehung der Schwäche der Deliktshaftung infolge Exkulpationsmöglichkeit siehe oben 3. Teil E I 2.

998 Bar, Verkehrspflichten, Köln/Berlin u. a. 1980, § 9, S. 249 ff.; Huber, Leistungsstörungen, in: BMJ (Hrsg.), Gutachten und Vorschläge zur Überarbeitung des Schuldrechts, Bd. 1, Köln 1981, S. 647, 739: „[…] besteht m.E. ein Anlaß zu der Befürchtung, die Rechtsprechung könnte § 276 Abs. 1 des Entwurfs dahin mißverstehen, daß bei deliktischen Schädigungen im Rahmen von Vertragsbeziehungen ein schärferer Haftungsmaßstab anzulegen wäre als bei der allgemeinen Haftung nach § 823 BGB. Eine besondere Erwähnung der ‚Schutzpflichten' im allgemeinen Leistungsstörungsrecht wäre allerdings dazu geeignet, solche Mißverständnisse

kein tatsächlicher Vorteil, den Anwendungsbereich der vertraglichen Haftung auf die deliktische Haftung auszudehnen.[999] In der koreanischen Literatur und Rechtsprechung wird der Vertrag mit Schutzwirkung für Dritte überwiegend abgelehnt, da Fälle des Vertrages mit Schutzwirkung für Dritte über die deliktische Generalklausel des § 750 KZGB gelöst werden können.[1000]

Im koreanischen Recht gibt es Überlegungen, die deutsche Lehre von der culpa in contrahendo und dem Vertrag mit Schutzwirkung in das koreanische Deliktsrecht zu übernehmen. Der weite Anwendungsbereich und die einfache Voraussetzung der Deliktshaftung führen freilich dazu, dass sehr unterschiedliche Sachverhalte nur von einer Generalklausel erfasst werden. Es sei daher dringend erforderlich, im koreanischen Deliktsrecht verschiedene Fallgruppen zu bilden, wobei die Rechtsfiguren der culpa in contrahendo und des Vertrages mit Schutzwirkung für Dritte zur Bildung dieser Fallgruppen dienen könnten.[1001]

2. Stellungnahme in der Rechtsprechung

Die Rechtsprechung des KOGH bejaht eine vertragliche Haftung aus culpa in contrahendo nur im Anwendungsbereich des § 535 KZGB (anfängliche Unmöglichkeit) und außerhalb dieses Bereichs eine deliktische Haftung im Rahmen vorvertraglicher Schuldverhältnisse. Es wird unverändert die

---

zu fördern. Der Entwurf sieht deshalb bewußt davon ab, den Begriff der ‚Schutzpflicht‘ zu übernehmen.“

999 Vgl. Heung-Sub Choi, Begründung vertraglicher Schuldverhältnisse im koreanischen ZGB, in: Shin/Zimmermann (Hrsg.), 50 Jahre – Koreanisches Zivilgesetzbuch, Seoul 2011, S. 135, 149; Chang-Su Yang (양창수), in: Yun-Jik Kwak (곽윤직) (Hrsg.), Kommentar zum ZGB (민법주해), Bd. 9 (제9권), Seoul 2009, S. 218 ff.; Kwang-Min Seo (서광민), Schutzpflichten im Schuldrecht (채권법상의 보호의무), Sogang Law Review (서강법학) 3 (2001), S. 95, 112 ff.: In den S. 115 ff. sah er jedoch ein Bedürfnis für die Anerkennung von Schutzpflichten darin, dass die Verletzung von Schutzpflichten zur vertraglichen Haftung wegen Nichterfüllung von Nebenpflichten führe. Daher haftete der Schuldner bei Verletzung dieser Pflichten für Schadensersatz.

1000 Heung-Sub Choi, Begründung vertraglicher Schuldverhältnisse im koreanischen ZGB, in: Shin/Zimmermann (Hrsg.), 50 Jahre – Koreanisches Zivilgesetzbuch, Seoul 2011, S. 135, 147 f.

1001 Heung-Sub Choi, Begründung vertraglicher Schuldverhältnisse im koreanischen ZGB, in: Shin/Zimmermann (Hrsg.), 50 Jahre – Koreanisches Zivilgesetzbuch, Seoul 2011, S. 135, 150.

deliktische Haftung für Schäden aus dem grundlosen Abbruch von Vertragsverhandlungen angewendet. Dabei wird eine „berechtigte Erwartung oder ein berechtigtes Vertrauen" auf das sichere Zustandekommen des Vertrages vorausgesetzt: Wenn ein Beteiligter die Verhandlungen pflichtwidrig oder ohne triftigen Grund abbreche, so sei dies nach dem Grundsatz von Treu und Glauben als eine über den Grundsatz der Vertragsfreiheit hinausgehende rechtswidrige Handlung zu verurteilen.[1002]

Es ist festzustellen, dass der KOGH den Anwendungsbereich zwischen vertraglicher und deliktischer Haftung im Zeitpunkt des wirksamen Zustandekommens des Vertrages klar abgrenzt. Der KOGH leitet die Schutzpflichten aus dem wirksam geschlossenen Vertrag ab und erkennt sie nach dem Grundsatz von Treu und Glauben als Nebenpflichten zu den primären Leistungspflichten an. Diese dienen dem Schutz der Integritätsinteressen des anderen Vertragspartners, nämlich dessen Leben, Körper und Vermögen.[1003]

Der KOGH nahm eine deliktische Haftung einer Gesellschaft für den Schaden an, der durch einen betrügerischen Wechsel des Arbeitnehmers entstanden war, da der Geschäftsherr nicht in der Lage war, den Entlastungsbeweis zu führen.[1004] Im Fall eines Taxifahrers, der einen weiblichen Fahrgast vergewaltigt hatte, bejahte der KOGH die deliktische Haftung des Taxiunternehmens für den

1002 KOGHE v. 11.4.2003, 2001 Da 53059. Die Koreanische Vereinigung für Internationalen Handel (Korea International Trade Association) schlug die Errichtung der Skulptur vor und legte den Entwurf mehreren Künstlern vor. Ein Künstler wurde als Gewinner ausgewählt und benachrichtigt. Drei Jahre später zog sie den Plan zur Errichtung der Skulptur zurück und lehnte den Abschluss des Vertrags mit dem ausgewählten Künstler ab. Siehe auch KOGHE v. 15.5.2001, 99 Da 40418; KOGHE v. 28.5.2004, 2002 Da 32301; vgl. Heung-Sub Choi, Begründung vertraglicher Schuldverhältnisse im koreanischen ZGB, in: Shin/Zimmermann (Hrsg.), 50 Jahre – Koreanisches Zivilgesetzbuch, Seoul 2011, S. 135, 144 und 145: Der KOGH bejahte einen Schadenersatzanspruch nach § 750 KZGB (KOGHE v. 10.9.1993, 92 Da 42897) in einem Fall, in dem ein Bewerber für eine Stelle an einer Privatschule die öffentliche Anstellungsprüfung bestanden hatte. Die Privatschule verschob jedoch die Einstellung aus finanziellen Gründen mehrfach und teilte schließlich dem Bewerber ein Jahr später mit, dass sie ihn nicht einstellen könne. Der Bewerber verlangte daraufhin Schadensersatz von der Schule.

1003 KOGHE v. 10.10.1997, 96 Da 47032; KOGHE v. 24.11.1998, 98 Da 25061; KOGHE v. 27.7.2001, 99 Da 56734; KOGHE v. 24.1.2003, 2001 Da 2129; KOGHE v. 11.4.2003, 2002 Da 63275. Dazu siehe Won-Lim Jee (지원림), Lehrbuch des Zivilrechts (민법강의), 13. Aufl. (제13판), Seoul 2014, S. 911 f. (Rn. 4–16).

1004 KOGHE v. 13.8.1985, 84 Da 979.

ihr entstandenen Schaden, weil das Taxiunternehmen als Geschäftsherr in der Überwachung des Fahrers als Verrichtungsgehilfen die erforderliche Sorgfalt außer Acht gelassen hatte oder der Schaden bei Anwendung dieser Sorgfalt nicht eingetreten wäre.[1005] Der KOGH nahm auch eine deliktische Haftung des Arbeitgebers, also des Geschäftsherrn, an, wenn der Leiharbeitnehmer als Fahrer entgegen der Anweisung des überlassenden Arbeitgebers eine willkürliche Fahrt unternahm und dabei einen Fußgänger verletzte, da ihm der Entlastungsbeweis hinsichtlich der Anwendung der erforderlichen Sorgfalt bei der Auswahl und Überwachung des Leiharbeitnehmers nicht gelang.[1006]

B. Bedarf an Reform der deliktischen Gehilfenhaftung im KZGB

Das koreanische Haftungssystem unterscheidet zwischen vertraglicher und deliktischer Haftung. Die Deliktshaftung ist als große Generalklausel im § 750 KZGB vorgeschrieben. Im Falle, dass jemand während Vertragsverhandlungen seine Integritätsinteressen verletzt und dabei Schaden eintritt, greift grundsätzlich die Deliktshaftung. Dennoch besteht in der koreanischen Deliktshaftung eine Schutzlücke aufgrund der Exkulpationsmöglichkeit des Geschäftsherrn nach § 756 Abs. 1 S. 2 KZGB.

Die Vorschriften zum Vertragsschluss sind mit Ausnahme der neu hinzugefügten §§ 533, 535 KZGB mit denen des mandschurischen ZGB identisch. Gemäß § 535 KZGB wird das Verschulden bei Vertragsschluss geregelt. Die Anwendung beschränkt sich jedoch auf den Fall, dass jemand bei Abschluss des Vertrages, der eine unmögliche Leistung zum Gegenstand hat, die Unmöglichkeit der Leistung kannte oder kennen musste. Dies ist nur ein Fall von allen Fällen der culpa in contrahendo, wobei der Inhalt der Schutzpflichten nicht zu finden ist. In der Literatur gibt es drei Lösungsansätze zu den außerdeliktischen Schutzpflichten: Weitere Verhaltenspflichten, Schutzpflichten aus einheitlichem Schutzverhältnis und den deliktischen Lösungsansatz. Bei der Verletzung von außerdeliktischen Schutzpflichten wird die deliktische Haftung angewendet, da das Deliktsrecht eine große Generalklausel vorsieht und der

---

1005 KOGHE v. 11.1.1991, 90 Da 8954.

1006 KOGHE v. 9.10.2003, 2001 Da 24655. Zur Ablehnung der Annahme des KOGH zu keiner Exkulpationsmöglichkeit des Geschäftsherrn vgl. Hyung-Bae Kim, Geschäftsherrenhaftung im Spiegel der koreanischen Rechtsprechung – Aus rechtsvergleichender Perspektive, in: Dauner-Lieb/Hommelhoff u. a. (Hrsg.), Festschrift für Horst Konzen, Tübingen 2006, S. 413, 433 f.

KOGH die deliktische Schutzlücke wegen der Exkulpationsmöglichkeit des Geschäftsherrn dadurch überwindet, dass er dem Geschäftsherrn entgegen dem Wortlaut des § 756 Abs. 1 S. 2 KZGB fast nie eine Möglichkeit zubilligt, sich von der Haftung zu befreien.

Der „Widerspruch zum Wortlaut" bedeutet aber, dass die Rechtssicherheit zugunsten billiger Ergebnisse geopfert wird. Es ist daher erforderlich, dass die Regelung zur Gehilfenhaftung im Deliktsrecht überarbeitet wird, um über die Hilfe der Richter hinaus zu gehen. Tatsächlich gab es bereits im Jahr 2013 Diskussion über die Reform des KZGB. Die Kommission schlug vor, die Exkulpationsmöglichkeit bei der Gehilfenhaftung nach § 756 Abs. 1 S. 2 KZGB zu streichen, um sich an die Wirklichkeit in der Praxis anzupassen.[1007] Sie begründete dies damit, dass die Vorschrift zur Gehilfenhaftung ausdrücklich unklar sei und die Entlastungsmöglichkeit des Geschäftsherrn in der Praxis praktisch nicht angenommen werde; es bestehe eine Diskrepanz zwischen der Vorschrift zur Gehilfenhaftung und der Praxis, die zu beheben sei.[1008] Der Geschäftsherr hat mit der Streichung des § 756 Abs. 1 S. 2 KZGB keinen Raum mehr, um sich von der Ersatzpflicht zu exkulpieren. Auch wenn der Geschäftsherr bei der Auswahl der bestellten Person und bei der Beschaffung oder der Leistung alle die im Verkehr erforderliche Sorgfalt beobachtet und der Schaden auch bei Anwendung dieser Sorgfalt entstanden sein würde, soll er sich nicht von der Ersatzpflicht befreien können. Dies führt zu harten Ergebnissen für den Geschäftsherrn. Die Streichung der Exkulpationsmöglichkeit ist kein richtiger Lösungsansatz und schafft nur ein weiteres rechtliches Problem.

Die Exkulpationsmöglichkeit des Geschäftsherrn ist grundsätzlich anzuerkennen. Allerdings müssen die Voraussetzungen dafür streng festgelegt werden. Eine Diskussion zur Reform des koreanischen Deliktsrechts sollte durchgeführt werden, wobei ausnahmsweise die Exkulpationsmöglichkeit zugelassen werden sollte.[1009]

1007 Justizministerium (법무부) (Hrsg.), Der Entwurf der koreanischen Zivilgesetzbuchsreform 2013 – Vorschriften (2013 민법개정시안 – 조문편), Bd. 6 (제6권), Seoul 2013, S. 211.

1008 Justizministerium (법무부) (Hrsg.), Der Entwurf der koreanischen Zivilgesetzbuchsreform 2013 – Schuldverhältnis II (2013 민법개정시안 – 채권편 하), Bd. 10 (제10권), Seoul 2013, S. 469 ff.

1009 Vgl. Nipperdey, Grundfragen der Reform des Schadensersatzrechts: 1. Arbeitsbericht des Ausschusses für Personen-, Vereins-, Schuldrechts der ADR, München 1940, S. 91 = Schubert/Schmid/Regge (Hrsg.), Akademie für Deutsches Recht 1933–1945 Protokolle der Ausschüsse, Bd. 3/5, Berlin/New York 1993, S. 605, 689. Dazu siehe 3. Teil E III 3.

Zusammenfassung

1. Kurz nach Inkrafttreten des BGB löste sich Hermann Staub von der Lösung des BGB für Nebenpflichtverletzungen, behauptete die Lückenhaftigkeit des BGB und entwickelte die pVV. Jemand verletzt seine Pflicht, so seine Argumentation, nicht durch negatives Verhalten wie Verzug und Unmöglichkeit, sondern durch positives Verhalten, d. h. er tut, was er zu unterlassen hat, oder die von ihm zu erbringende Leistung ist fehlerhaft.[1010] Dies bezeichnete er als pVV, die über die Leistungspflichten hinaus als Mittel zur Konkretisierung der vertraglichen Pflichten des Schuldners in Betracht kommt. Seine Lehre von der pVV führte zur Entwicklung verschiedener Pflichten neben den Leistungspflichten. Heinrich Siber fasste diese Pflichten unter dem Begriff der Diligenzpflichten zusammen und unterteilte sie in Anzeige- und Erhaltungspflichten. Sibers Gedanke wurde später von Hugo Kreß und Heinrich Stoll aufgegriffen. Sie versuchten, das Verhältnis der Schutzpflichten zu den Leistungspflichten im Pflichtensystem zu konstruieren. Die skizzierte Entwicklungsgeschichte der Schutzpflichten zeigt, dass ihre Entdeckung und Entwicklung nicht geradlinig verlief. Dies hat bis heute zur Folge, dass die Terminologie rund um die Schutzpflichten nicht unstreitig ist. Heinrich Stoll verselbständigte dann aus der Analyse der Interessenlage der am Schuldverhältnis Beteiligten im Gegensatz zu den Leistungspflichten die Schutzpflichten, die nicht auf den Leistungserfolg, sondern auf das Schutzinteresse gerichtet sind. Sie dienen über die Leistungspflichten hinaus dem Schutz vor Schäden an den Rechtsgütern der Parteien, die bei den Vertragsverhandlungen und der Vertragsdurchführung entstehen können. Ihre Begründung auf einer Sonderbeziehung als gegenseitigem Vertrauensverhältnis.[1011] Die Schutzpflichten werden von allgemeinen deliktischen Rechtspflichten abgegrenzt. Die Sonderbeziehung als ihre Rechtfertigung eröffnet die Einwirkungsmöglichkeit auf den fremden Rechtskreis. Heinrich Stoll stellt dieses Konzept in mehreren Aufsätzen[1012] dar.

1010 Staub, Die positiven Vertragsverletzungen und ihre Rechtsfolgen, in: Festschrift für den 26. Deutschen Juristentag, Berlin 1902, S. 29, 31.

1011 Siehe oben 1. Teil B III 2 a).

1012 Vgl. Stoll, Abschied von der Lehre von der positiven Vertragsverletzung, AcP 136 (1932), S. 257, 287 ff.; ders., Die Lehre von den Leistungsstörungen, Tübingen 1936, S. 26 ff.

2. Die Frage nach der Begründung außerdeliktischer Schutzpflichten wurde bereits im Linoleumrollen-Fall aufgeworfen. In dieser Entscheidung wurde zur Begründung der außerdeliktischen Schutzpflichten lediglich ein „den Vertrag vorbereitendes Rechtsverhältnis" aufgezeigt; in dessen Prozessakten wurde jedoch das Zustandekommen des Warenvorzeigevertrages durch das Verhalten der an den Vertragsverhandlungen Beteiligten fingiert.[1013] Auch in der Literatur wurde später über die Rechtfertigung außerdeliktischer Schutzpflichten diskutiert. Diese wurden jedoch stets durch die Fiktion des Willens der an den Vertragsverhandlungen Beteiligten begründet. Dies stieß bald auf heftige Kritik, weil sich die Beteiligten einen Willen unterstellen, den sie nicht haben.

   In der Weimarer Zeit wurde das Arbeitsrecht bereits vom Vertragsrecht losgelöst. Ein Arbeitsverhältnis wurde durch Rückgriff auf tatsächliche Vorgänge begründet, anstatt auf das an den Parteiwillen anknüpfende Modell des Gesetzes zurückzugreifen.[1014] Günter Haupt wies sodann darauf hin, dass ein Vertragsverhältnis sowohl durch den Abschluss eines rechtsgeschäftlichen Vertrages als auch durch die bloße Verwirklichung tatsächlicher Vorgänge entstehen konnte. Er ging über die Probleme der bloßen Fiktion des Vorvertrages hinaus und begründet ein faktisches Vertragsverhältnis durch bloßen sozialen Kontakt. Hans Dölle entwickelte diesen Gedanken weiter und nahm an, dass außerdeliktische Schutzpflichten kraft sozialen Kontakts begründet würden. Jedoch führte dies bei Gefälligkeiten zur Verwischung der Grenze zwischen rechtsgeschäftlichem und privatem, geselligem Verkehr. Karl Larenz beschränkte den sozialen Kontakt auf die Ebene des Geschäftsverkehrs. Trotz der Kritik an den Lehren von Günter Haupt und Hans Dölle[1015] ermöglichten diese eine weitere Entwicklung[1016] im Rahmen ihrer Begründung.
3. Hintergrund der Entwicklung war der Aufstieg des Treuegedankens. Nach dem Ersten Weltkrieg verstärkte sich die Notwendigkeit, sich an die veränderten wirtschaftlichen Umstände anzupassen. Der Gemeinschaftsgedanke wuchs.[1017] In der NS-Zeit wurde der Güteraustausch dem Gemeinschaftszweck untergeordnet. Heinrich Stoll betrachtet das Verhältnis der Einzelnen als Vertragsgenossen, die das gemeinsam gesetzte Ziel im gemeinsamen

1013 Siehe oben 2. Teil B. II 1.
1014 Siehe oben 2. Teil C II 2.
1015 Siehe oben 2. Teil C II 6.
1016 Siehe oben 3. Teil C II–III.
1017 Siehe oben 3. Teil A I–III.

Zusammenwirken verfolgen.[1018] Die Parteien stehen im Schuldverhältnis nicht gegeneinander, sondern nebeneinander und miteinander im Gemeinschaftsgedanken. Das Vertrauensverhältnis erzeugt die Treuepflicht, nach der die Parteien zur Erreichung des gemeinsam im Vertrag gesetzten Zwecks vertrauensvoll zusammenarbeiten müssen.[1019] Jeder Vertragspartner hat Rechte und Pflichten und ist verpflichtet, auf den anderen billige Rücksicht zu nehmen. In der nationalsozialistischen Weltanschauung werden die Rücksichtnahmepflichten jedem Teil als Vertragsgenossen auferlegt.[1020]
Die Ableitung außerdeliktischer Schutzpflichten folgte bereits bei Heinrich Stoll 1936 immer stärker dem Vertrauensgedanken, der einen – sei es auch nur faktischen – Vertrag langsam entbehrlich machte. Das Reichsgericht erkannte an, dass Vertragsverhandlungen zwischen den Beteiligten Erzeugungskräfte für ein vertragsähnliches Vertrauensverhältnis haben, das sie zur im Verkehr erforderlichen Sorgfalt verpflichtet.[1021] Heinrich Stoll rekonstruiert das Pflichtensystem des BGB dann durch eine Abgrenzung der Schutzpflichten von den Leistungspflichten. Die außerdeliktischen Schutzpflichten leitet er nicht aus einem Vertragsverhältnis ab, sondern aus einer Sonderbeziehung, die das Vertrauensverhältnis berührt, das sich aus den Einwirkungsmöglichkeiten auf die Rechtsgüter des anderen Teils ergibt. Das Vertrauensverhältnis entsteht erst in dem Moment, in dem die Parteien erkennbar vertragliche Beziehungen anbahnen.

4. Bei der Legitimation außerdeliktischer Schutzpflichten durch das Vertrauen stellt sich die Frage, was Vertrauen im rechtlichen Sinne bedeutet und welches Vertrauen objektiv schutzwürdig ist. Vertrauen als natürlich-sittliches Gefühl ist ein psychologisches Tatbestandsmerkmal und damit notwendigerweise subjektiv.[1022] Es ist für einen neutralen Beobachter freilich schwer nachvollziehbar, ob bei den Beteiligten wirklich Vertrauen bestand. Um

---

1018 Siehe oben 3. Teil A III 2.

1019 Stoll, Die Lehre von den Leistungsstörungen, Tübingen 1936, S. 26.

1020 Vgl. Lange, Liberalismus, Nationalsozialismus und Bürgerliches Recht, Tübingen 1933, S. 16; Stoll, Die Lehre von den Leistungsstörungen, Tübingen 1936, S. 10, 58; ders., Gemeinschaftsgedanke und Schuldvertrag, DJZ 1936, Sp. 414, 417 f. Siehe oben 3. Teil A III 2.

1021 Vgl. RGZ 120, 249, 251; siehe auch Giaro, Culpa in contrahendo: eine Geschichte der Wiederentdeckungen, in: Falk/Mohnhaupt (Hrsg.), Das Bürgerliche Gesetzbuch und seine Richter, Frankfurt a. M. 2000, S. 113, 142.

1022 Grimm, Deutsches Wörterbuch, Bd. 12, Leipzig 1956, Sp. 1946, 1955. Dazu siehe Eichler, Die Rechtslehre vom Vertrauen, Tübingen 1950, S. 3.

Vertrauen im rechtlichen Sinne zu begründen, wurden Vertrauenstatbestände schematisiert und von individuellen Besonderheiten gelöst.[1023] Vertrauen war nun normativ, also objektiv.
In Anlehnung an Heinrich Stolls Legitimationsversuch außerdeliktischer Schutzpflichten durch eine besondere Vertrauensbeziehung[1024] entwickeln sich die Lehren von der „Gewährung in Anspruch genommenen Vertrauens“[1025] und von den „Schutzverhältnis“[1026] weiter. Kurt Ballerstedt sieht in der Konstruktion eines zweiseitigen Vertrauenstatbestandes einen Rechtfertigungsgrund für außerdeliktische Schutzpflichten. Dieser besteht darin, dass der Schuldner das Vertrauen des anderen Teils durch sein Verhalten wirksam in Anspruch nimmt und der andere Teil ihm dieses Vertrauen gewährt. Claus-Wilhelm Canaris begründet darüber hinaus außerdeliktische Schutzpflichten durch das besondere Rechtsverhältnis der Vertragsverhandlung, welches die Parteien unabhängig von ihrem Willen begründen. Dieses besondere Rechtsverhältnis ist gesetzlicher Natur. Nach Vertragsschluss muss dasselbe selbstverständlich gelten wie bei Schutzpflichtverletzungen vor Vertragsschluss. Canaris beschäftigt sich in diesem Zusammenhang mit dem Konzept des einheitlichen Schutzverhältnisses. Daraus ergeben sich Schutzpflichten, die sich von den Leistungspflichten im Leistungsverhältnis unterscheiden.[1027]
Claus-Wilhelm Canaris lässt seine Lehre vom einheitlichen Schutzverhältnis hinter sich und rekonstruiert die Vertrauenshaftung als allgemeinen Haftungsgrund im Privatrecht. Vertrauenshaftung liegt vor, wenn das Vertrauen für den Eintritt der Rechtsfolge eine Rolle spielt. Canaris versteht die Vertrauenshaftung als gesetzliche Haftung, die mit der privatautonomen Gestaltungsfreiheit korreliert. Rechtsverhältnisse werden durch privatautonomes Handeln geregelt, das auf Einwirkung auf einen fremden Rechtskreis gerichtet ist. Eine besondere Einwirkungsmöglichkeit führt zu einer erhöhten Gefahrenlage für die Interessen des anderen Teils.[1028] Er sucht nach

1023 Siehe oben 3. Teil C I.

1024 Vgl. Stoll, Abschied von der Lehre von der positiven Vertragsverletzung, AcP 136 (1932), S. 257, 288; ders., Die Lehre von den Leistungsstörungen, Tübingen 1936, S. 25 ff.; ders., Vertrag und Unrecht, Halbbd. 2, Tübingen 1943, § 6 I 4, S. 17.

1025 Siehe oben 3. Teil C II.

1026 Siehe oben 3. Teil C III 2.

1027 Vgl. Canaris, Ansprüche wegen „positiver Vertragsverletzung“ und „Schutzwirkung für Dritte“ bei nichtigen Verträgen, JZ 1965, S. 475, 478 f. (Fn. 34).

1028 Siehe oben 3. Teil D II 1–2.

allgemeinen Tatbeständen der Vertrauenshaftung und systematisiert diese. Dazu gehören die Rechtsscheinhaftung, die Vertrauenshaftung kraft rechtsethischer Notwendigkeit, die Erklärungshaftung und die Anvertrauenshaftung. Die Haftung in contrahendo bei der Verletzung von Schutzpflichten wird der Anvertrauenshaftung zugeordnet.[1029]

Die Lehre von Canaris stellt das traditionelle Haftungssystem in Frage, das durch eine strikte Unterscheidung zwischen Vertragshaftung und Deliktshaftung gekennzeichnet ist. Mit seiner Lehre der Vertrauenshaftung wird die klare Grenze des Haftungssystems verwischt. Außerdeliktische Schutzpflichten müssen sich eindeutig von allgemeinen Verkehrspflichten unterscheiden. Canaris stellt dafür die Momente vor, in denen der Verletzte im Rahmen des rechtsgeschäftlichen Verkehrs seine Rechtsgüter der Einwirkungsmöglichkeit des anderen Teils ausgesetzt und ihm in diesem Sinne anvertraut hat. Diese Formulierung ist aber generalklauselartig und muss in jedem Einzelfall bestimmt werden.

5. Kritisiert wird allerdings die Hypertrophie des Vertragsrechts; die Vertragshaftung hat die Deliktshaftung im Rahmen der Schutzpflichten verdrängt, d. h. sie erstreckt sich tendenziell auf deliktisch geschützte Rechtsgüter. Dies kann zur „Gefahr einer vagen Billigkeitsrechtsprechung“[1030] führen. Daher wird diskutiert, ob außerdeliktische Schutzpflichten wieder in die reine Deliktshaftung aufgenommen werden sollten.[1031] Es handelt sich hierbei um Verkehrspflichten als zentralen Begriff, die außervertraglichen Schutzpflichten gegenüberstehen.

   Im Gutachten zur Schuldrechtsnovelle setzen sich Juristen tiefgehend gegen die uferlose Ausdehnung der vertraglichen Haftung aus der culpa in contrahendo ein. Dabei werden Lösungsvorschläge zur Vermeidung von deliktischen Schwächen vorgestellt. Dieter Medicus hält die Regelung über das Verschulden bei Vertragsverhandlungen als Vorschlag für eine Schuldrechtsreform für überflüssig. Er argumentiert, dass die erwünschten Ergebnisse bereits mit dem weitentwickelten Deliktsrecht erreichbar sein dürften. In der Praxis wird die Umgehung der deliktischen Schwächen nicht durch die Ausdehnung der vertraglichen Haftung erreicht, sondern durch die Beweislastumkehr im Deliktsrecht. Wenn ein Zustand der Verkehrswidrigkeit der

1029 Siehe oben 3. Teil D II 3.

1030 Stoll, Tatbestände und Funktionen der Haftung für culpa in contrahendo, in: Ficker u. a. (Hrsg.), Festschrift für Ernst von Caemmerer, Tübingen 1978, S. 435, 436.

1031 Siehe oben 3. Teil E.

Räume festgestellt wird und dieser für den Schaden ursächlich ist, muss der Kunde nicht beweisen, dass die Leitung des Warenhauses schuldhaft gehandelt hat.[1032] Außerdem wird der Bedeutungsverlust des Beweislastumkehrs bejaht, wenn die Reformvorschläge von Christian von Bar umgesetzt werden. Gemäß § 824 Abs. 1 S. 2 BGB muss im Entwurf unter § 6 I des Gutachtens derjenige, der wegen Verletzung einer Verkehrspflicht haftet, seine Schuldlosigkeit beweisen.[1033] Auch er hat die Anpassung der kürzeren deliktischen als der allgemeinen Verjährungsfrist im Auge; wenn § 292 b Abs. 2 im Vorschlag von Ulrich Huber auch in Sonderverbindung mit § 852 BGB anwendbar ist, spielt die deliktische Verjährungsfrist keine Rolle mehr.[1034] Bar schlägt in einem Entwurf einer deutschen Schadensordnung eine Reform der Exkulpationsmöglichkeit nach § 831 vor. Gemäß § 831 Abs. 2 dieses Entwurfs soll die Exkulpationsmöglichkeit des Geschäftsherrn zwar grundsätzlich anerkannt, aber ausnahmsweise zugelassen werden.[1035]

6. Die Kommission der zweiten Schuldrechtsreform von 2001 ließ die Kontroverse um außerdeliktische Schutzpflichten in den „Gutachten und Vorschlägen zur Überarbeitung des Schuldrechts" von 1984 außer Acht. Die Deliktslehre, die der Lehre vom einheitlichen Schutzverhältnis gegenübersteht, wurde nicht mehr diskutiert. Im Reformprozess des Schuldrechts drehte die breite Opposition in der Rechtswissenschaft gegen den Diskussionsentwurf des Ministeriums daher um andere Fragen. Zum einen wird § 241 Abs. 2 BGB als „Blankettnorm" betrachtet und es wird mit einer bislang ungewohnten Terminologie, nämlich Rücksichtspflicht statt Schutzpflicht, operiert. Diese Vorschrift weicht jedoch nach wie vor nicht von der Begründung und Herleitung der Schutzpflichten aus §§ 157, 242 BGB ab. Die Schutzpflichten sind anhand des jeweiligen Schuldverhältnisses zu bestimmen. Barbara Dauner-Lieb zufolge verzichtet diese Vorschrift auf eine genauere Aufschlüsselung der verschiedenen Pflichten, d. h. auf die zentrale Unterscheidung zwischen Schutzpflichten und leistungsbezogenen

1032 Larenz, Bemerkungen zur Haftung für „culpa in contrahendo", in: Flume/Raisch/Steindorff (Hrsg.), Festschrift für Kurt Ballerstedt zum 70. Geburtstag, Berlin 1975, S. 397, 402.

1033 Bar, Deliktsrecht, in: BMJ (Hrsg.), Gutachten und Vorschläge zur Überarbeitung des Schuldrechts, Bd. 2, Köln 1981, S. 1681, 1761: „§ 824 (Pflichtverletzung) – (1) […] Die Ersatzpflicht ist bei fehlendem Verschulden ausgeschlossen. […]".

1034 Siehe oben 3. Teil E III 1 c).

1035 Siehe oben 3. Teil E III 3.

Nebenpflichten.[1036] Zum anderen ist die Begründung des Schuldverhältnisses nach § 305 Abs. 1 S. 2 BGB-DiskE weitgehend eine „leere Hülse" geblieben, die erst noch mit einem konkreten Pflichteninhalt gefüllt werden muss. Johannes Köndgen hält es für entbehrlich, dass die culpa in contrahendo in § 305 Abs. 1 S. 2 BGB-DiskE kodifiziert wird, solange der Gesetzgeber nicht in das richterrechtlich entwickelte Rechtsfigur der culpa in contrahendo eingreifen will. Die culpa in contrahendo ist für ihn funktionell Teil des Deliktsrechts. Dies konnte sich jedoch nicht mehr durchsetzen. Die Oppositionsfront kritisiert außerdem die „übereilte" Durchführung der Schuldrechtsreform, da sie Unausgereiftheit des neuen Vertragsrechts mit sich bringt.[1037]

Claus-Wilhelm Canaris hat sein Lebenswerk mit der Kodifizierung der §§ 241 Abs. 2, 311 Abs. 2, 3 BGB zu Ende gebracht und mit seinem rechtswissenschaftlichen Vermächtnis der deutschen lex lata endgültig seine Prägung gegeben. Die Schutzpflichten sind im eigenen Pflichtensystem des neu gefassten § 241 Abs. 2 BGB verankert. Sie können bereits durch die „Aufnahme von Vertragsverhandlungen", die „Anbahnung eines Vertrages" oder „ähnliche geschäftliche Kontakte" begründet werden, ohne dass es zu einem wirksamen Vertrag kommen muss.

7. Das KZGB hatte im Schuldrecht weitgehend das mandschurische ZGB übernommen. Das Haftungssystem unterscheidet zwischen Delikts- und Vertragshaftung. Im Gegensatz zum deutschen Deliktsrecht, das einzelne Tatbestände vorsieht, ist das Deliktsrecht des KZGB als Generalklausel vorgeschrieben. Fälle außerdeliktischer Schutzpflichten können über das Deliktsrecht gelöst werden. Die Schutzlücke der deliktischen Gehilfenhaftung besteht aber aufgrund der Exkulpationsmöglichkeit nach § 756 Abs. 1 S. 2 KZGB ähnlich wie in Deutschland. Durch die Ausdehnung des Anwendungsbereichs des § 31 BGB oder die zunehmende Festlegung der Überwachungs- und Organisationspflichten des Geschäftsherrn werden die Schwächen der Deliktshaftung infolge der Exkulpationsmöglichkeit in der deutschen Rechtsprechung umgangen und in der haftungsrechtlichen Praxis faktisch beseitigt. Der KOGH lässt auch die Exkulpationsmöglichkeit des Geschäftsherrn fast nie zu, indem er ihm die Überwachungspflicht auferlegt. Daher besteht kein Vorteil darin, den Anwendungsbereich der vertraglichen Haftung auf die deliktische Haftung zu erweitern.

1036 Dauner-Lieb, Die geplante Schuldrechtsmodernisierung – Durchbruch oder Schnellschuß?, JZ 2001, S. 8, 14.

1037 Siehe oben 3. Teil F III.

Im Jahre 2013 schlug die Kommission zur Reform des KZGB vor, die Exkulpationsmöglichkeit bei der deliktischen Gehilfenhaftung nach § 756 Abs. 1 S. 2 KZGB zu streichen, weil die Vorschrift zur deliktischen Gehilfenhaftung ausdrücklich unklar sei und die Exkulpationsmöglichkeit in der Praxis nicht gewährt werde.[1038] Dies führt jedoch zu harten Ergebnissen für den Geschäftsherrn. Es bleibt kein Raum mehr für ihn, um sich von der Ersatzpflicht zu exkulpieren, obwohl er bei der Auswahl der bestellten Person und bei der Beschaffung oder Leistung „alle die im Verkehr erforderliche Sorgfalt" beobachtet hat und der Schaden auch bei Anwendung dieser Sorgfalt entstanden wäre. Eine bloße Abschaffung der deliktischen Gehilfenhaftung ist nicht der richtige Lösungsweg und führt zu einem weiteren Rechtsproblem.

Um die Deliktsschwäche des KZGB zu lösen, sollte der Reformvorschlag Bars zur Gehilfenhaftung nach § 831 BGB berücksichtigt werden, wonach dem Geschäftsherrn nur ausnahmsweise eine Exkulpationsmöglichkeit eingeräumt wird.[1039]

1038 Justizministerium (법무부) (Hrsg.), Der Entwurf der koreanischen Zivilgesetzbuchsreform 2013 – Schuldverhältnis II (2013 민법개정시안 – 채권편 하), Bd. 10 (제10권), Seoul 2013, S. 469 ff.

1039 Vgl. Nipperdey, Grundfragen der Reform des Schadensersatzrechts: 1. Arbeitsbericht des Ausschusses für Personen-, Vereins-, Schuldrechts der ADR, München 1940, S. 91 = Schubert/Schmid/Regge (Hrsg.), Akademie für Deutsches Recht 1933–1945 Protokolle der Ausschüsse, Bd. 3/5, Berlin/New York 1993, S. 605, 689.

Literaturverzeichnis

Achilles, Albrecht/Gebhard, Albert/Spahn, Peter (Hrsg.), Protokolle der Kommission für die zweite Lesung des Entwurfs des Bürgerlichen Gesetzbuchs. Bd. 1: Allgemeiner Theil und Recht der Schuldverhältnisse Abschn. I, Abschn. II, Tit. I. Berlin 1897; Bd. 2: Recht der Schuldverhältnisse Abschn. II, Tit. 2–20, Abschn. III, IV. Berlin 1898 (zit.: Protokolle)

Altmeppen, Holger, Schadensersatz wegen Pflichtverletzung – Ein Beispiel für die Überhastung der Schuldrechtsreform, DB 2001, S. 1131–1133

Amira, Karl von/Eckhard, Karl August, Germanisches Recht, Bd. 2, Berlin 1967

Amira, Karl von, Nordgermanisches Obligationenrecht, Bd. 1, Leipzig 1882

Amira, Karl von, Nordgermanisches Obligationenrecht, Bd. 2, Leipzig 1895

Bachmann, Gregor, Kommentierung des § 241, in: Säcker, Franz Jürgen/Rixecker, Roland/Oetker, Hartmut/Limperg, Bettina (Hrsg.), Münchener Kommentar zum Bürgerlichen Gesetzbuch, Schuldrecht Allgemeiner Teil, Bd. 2, §§ 241–310, 9. Aufl., München 2022 (zit.: MüKo/Bachmann)

Bachmann, Gregor/Schirmer, Jan-Erik, Leistungs- und Schutzpflichten in der Zivilrechtsdogmatik, in: Auer, Marietta/Grigoleit, Hans Christoph/Hager, Johannes/Herresthal, Carsten/Hey, Felix/Koller, Ingo/Langenbucher, Katja/Neuner, Jörg/Petersen, Jens/Riehm, Thomas/Singer, Reinhard (Hrsg.), Festschrift für Claus-Wilhelm Canaris zum 80. Geburtstag, Berlin/Boston 2017, S. 371–401

Bähr, Otto, Ueber Irrungen im Contrahieren, JhJb 14 (1875), S. 393–427

Ballerstedt, Kurt, Zur Haftung für culpa in contrahendo bei Geschäftsabschluß durch Stellvertreter, AcP 151 (1950/1951), S. 501–531

Bar, Christian von, Deliktsrecht, in: BMJ (Hrsg.), Gutachten und Vorschläge zur Überarbeitung des Schuldrechts, Bd. 2, Köln 1981, S. 1681–1778

Bar, Christian von, Entwicklung und rechtsstaatliche Bedeutung der Verkehrs(-sicherungs)pflichten, JZ 1979, S. 332–337

Bar, Christian von, Verkehrspflichten: Richterliche Gefahrsteuerungsgebote im deutschen Deliktsrecht, Köln/Berlin/Bonn/München 1980

Baumert, Georg, Tatbestand und Haftungsmaßstab der einzelnen Pflichten bei der culpa in contrahendo, Berlin 1955

Bekker, Ernst Immanuel, Psychologische Jurisprudenz, KritV 22 (1880), S. 33–57

Benedict, Jörg, Culpa in contrahendo, Tübingen 2007

Betti, Emilio, Über sogenannte faktische Vertragsverhältnisse, in: Nipperdey, Hans Carl (Hrsg.), Das deutsche Privatrecht in der Mitte des 20. Jahrhunderts: Festschrift für Heinrich Lehmann zum 80. Geburtstag, Bd. 1 Berlin 1956, S. 253–270

Blomeyer, Arwed, Allgemeines Schuldrecht, 4. Aufl., Berlin/Frankfurt a. M. 1969

BMJ (Hrsg.), Abschlussbericht der Kommission zur Überarbeitung des Schuldrechts, Köln 1992

BMJ (Hrsg.), Diskussionsentwurf eines Schuldrechtsmodernisierungsgesetzes vom 4.8.2000

BMJ (Hrsg.), Gutachten und Vorschläge zur Überarbeitung des Schuldrechts, Bde 1–2, Köln 1981

BMJ (Hrsg.), Konsolidierte Fassung des Diskussionsentwurfs eines Schuldrechtsmodernisierungsgesetzes vom 6.3.2001

BMJ (Hrsg.), Referentenentwurf eines Gesetzes zur Änderung und Ergänzung schadensersatzrechtlicher Vorschiften, Bde 1–2, Karlsruhe 1967

Bohrer, Michael, Die Haftung des Dispositionsgaranten, München 1980

Brinz, Alois von, Begriff der Obligation, Kritische Blätter civilrechtlichen Inhalts: In: zwangslosen Heften 3 (1853), S. 3–60

Brinz, Alois von, Der Begriff der obligatio, GrünhZ 1 (1874), S. 11–40

Brinz, Alois von, Lehrbuch der Pandekten, Bd. 2, 1. Abtheilung, 2. Aufl., Erlangen 1879

Brinz, Alois von, Obligation und Haftung, AcP 70 (1886), S. 371–408

Brüggemeier, Gert, Gesellschaftliche Schadensverteilung und Deliktsrecht, AcP 182 (1982), S. 385–452

Cabjolsky, Hans Jürgen, Entwicklung und heutiger Stand der Lehre von der Haftung für Verschulden beim Vertragsschluß, Belgard-Pers. 1933

Caemmerer, Ernst von, Wandlungen des Deliktsrechts, in: Caemmerer, Ernst von/Friesenhahn, Ernst/Lange, Richard (Hrsg.), Hundert Jahre Deutsches Rechtsleben, Festschrift zum hundertjährigen Bestehen des Deutschen Juristentages 1860–1960, Bd. 2, Karlsruhe 1960, S. 49–136

Canaris, Claus-Wilhelm (Hrsg.), Schuldrechtsreform 2002, München 2002

Canaris, Claus-Wilhelm, Ansprüche wegen „positiver Vertragsverletzung“ und „Schutzwirkung für Dritte“ bei nichtigen Verträgen, JZ 1965, S. 475–482

Canaris, Claus-Wilhelm, Bewegliches System und Vertrauensschutz im rechtsgeschäftlichen Verkehr, in: Bydlinski, Franz/Krejci, Heinz/Schilcher,

Bernd/Steininger, Viktor (Hrsg.), Das bewegliche System im geltenden und künftigen Recht, Wien/New York 1986, S. 103–116

Canaris, Claus-Wilhelm, Das Verlöbnis als „gesetzliches“ Rechtsverhältnis: – Ein Beitrag zur Lehre von der „Vertrauenshaftung“, AcP 165 (1965), S. 1–31

Canaris, Claus-Wilhelm, Die Produzentenhaftpflicht in dogmatischer und rechtspolitischer Sicht, JZ 1968, S. 494–507

Canaris, Claus-Wilhelm, Die Reform des Rechts der Leistungsstörungen, JZ 2001, S. 499–528

Canaris, Claus-Wilhelm, Die Vertrauenshaftung im deutschen Privatrecht, München 1971

Canaris, Claus-Wilhelm, Geschäfts- und Verschuldensfähigkeit bei Haftung aus „culpa in contrahendo“, Gefährdung und Aufopferung, NJW 1964, S. 1987–1993

Canaris, Claus-Wilhelm, Haftung Dritter aus positiver Forderungsverletzung, VersR 1965, S. 114–118

Canaris, Claus-Wilhelm, Schutzgesetz – Verkehrspflichten – Schutzpflichten, in: Canaris, Claus-Wilhelm/Diederichsen, Uwe (Hrsg.), Festschrift für Karl Larenz zum 80. Geburtstag, München 1983, S. 27–110

Canaris, Claus-Wilhelm, Systemdenken und Systembegriff in der Jurisprudenz – entwickelt am Beispiel des deutschen Privatrechts, 2. Aufl., Berlin 1983, S. 3–169

Canaris, Claus-Wilhelm, Theorienrezeption und Theorienstruktur, in: Leser, Hans Georg/Isomura, Tamotsu (Hrsg.), Wege zum japanischen Recht: Festschrift für Zentaro Kitagawa, Berlin 1992, S. 59–94

Canaris, Claus-Wilhelm, Vertrauenshaftung im Lichte der Rechtsprechung des Bundesgerichtshofs, in: Canaris, Claus-Wilhelm/Heldrich, Andreas/Hopt, Klaus J./Roxin, Claus/Schmidt, Karsten/Widmayer, Gunter (Hrsg.), 50 Jahre Bundesgerichtshof: Festgabe aus der Wissenschaft, Bd. 1, München 2000, S. 129–197

Cho, Kyu-Chang, Koreanisches Bürgerliches Gesetzbuch, Frankfurt a. M. 1980

Choe, ByoungJo, Culpa in contrahendo bei Rudolph von Jhering, Göttingen 1988

Choi, Heung-Sub, Begründung vertraglicher Schuldverhältnisse im koreanischen ZGB, in: Shin, Yu-Cheol/Zimmermann, Reinhard (Hrsg.), 50 Jahre – Koreanisches Zivilgesetzbuch, Seoul 2011, S. 135–151

Craushaar, Götz von, Der Einfluss des Vertrauens auf die Privatrechtsbildung, München 1969

Crome, Carl, System des Deutschen Bürgerlichen Rechts, Bd. 2/1, Tübingen/ Leipzig 1902

Däubler-Gmelin, Herta, Die Entstehung für die so genannte Große Lösung bei der Schuldrechtsreform – Zum Entwurf eines Gesetzes zur Modernisierung des Schuldrechts, NJW 2001, S. 2281–2289

Daum, Werner, Der Bundesgerichtshof zum finanzierten Abzahlungskauf – zugleich ein Beitrag zur culpa in contrahendo, NJW 1968, S. 372–377

Dauner-Lieb, Barbara, Das Schuldrechtsmodernisierungsgesetz in Wissenschaft und Praxis, in: Dauner-Lieb, Barbara/Konzen, Horst/Schmidt, Karsten (Hrsg.), Das neue Schuldrecht in der Praxis, Köln/Berlin/Bonn/ München 2003, S. 3–24

Dauner-Lieb, Barbara, Die geplante Schuldrechtsmodernisierung – Durchbruch oder Schnellschuß?, JZ 2001, S. 8–18

Dauner-Lieb, Barbara, Die Schuldrechtsreform – Das große juristische Abenteuer, DStR 2001, S. 1572–1576

Dauner-Lieb, Barbara, Die Schuldrechtsreform in der akademischen Lehre, in: Artz, Markus/Gsell, Beate/Lorenz, Stephan (Hrsg.), Zehn Jahre Schuldrechtsmodernisierung, Tübingen 2014, S. 267–278

Dauner-Lieb, Barbara, Kodifikation von Richterrecht, in: Ernst, Wolfgang/Zimmermann, Reinhard (Hrsg.), Zivilrechtswissenschaft und Schuldrechtsreform: Zum Diskussionsentwurf eines Schuldrechtsmodernisierungsgesetzes des Bundesministeriums der Justiz, Tübingen 2001, S. 305–328

Dedek, Helge, Negative Haftung, Tübingen 2007

Depping, André, Das BGB als Durchgangspunkt, Tübingen 2002

Dernburg, Heinrich, Ueber das Rücktrittsrecht des Käufers wegen positiver Vertragsverletzung, DJZ 1903, S. 1–5

Dilcher, Gerhard, Vom Beitrag der Rechtsgeschichte zur Zivilrechtswissenschaft, AcP 184 (1984), S. 246–288

Dölle, Hans, Aussergesetzliche Schuldpflichten, ZgesStaatsW 103 (1943), S. 67–102

Dölle, Hans, Juristische Entdeckungen, in: Festvortrag, Verhandlungen des 42. Deutschen Juristentages, Bd. 2, Tübingen 1958, S. 1–33

Dorn, Franz, Kommentierung des § 241, in: Schmoeckel, Mathias/Rückert, Joachim/Zimmermann, Reinhard (Hrsg.), Historisch-kritischer Kommentar zum BGB, Schuldrecht: Allgemeiner Teil, Bd. 2, Teilbd. 1, §§ 241–304, Tübingen 2007 (zit.: HKK/Dorn)

Dörner, Heinrich, Erster Weltkrieg und Privatrecht, Rechtstheorie 17 (1986), S. 385–401

Ehmann, Horst, Garantie- oder Verschuldenshaftung bei Nichterfüllung und Schlechtleistung?, in: Heldrich, Andreas/Prölss, Jürgen/Koller, Ingo/Langenbucher, Katja/Grigoleit, Hans Christoph/Hager, Johannes/Hey, Felix Christopher/Neuner, Jörg/Petersen, Jens/Singer, Reinhard (Hrsg.), Festschrift für Claus-Wilhelm Canaris zum 70. Geburtstag, Bd. 1, München 2007, S. 165–217

Ehrlich, Rudolf, Die Entwicklung der Lehre von der Haftung für Verschulden beim Vertragsschluß im spätgemeinen und im bürgerlichen Recht, Berlin-Neukölln 1933

Eichler, Hermann, Die Konkurrenz der vertraglichen und deliktischen Haftung im deutschen Recht, AcP 162 (1963), S. 401–420

Eichler, Hermann, Die Rechtslehre vom Vertrauen, Tübingen 1950

Emmerich, Volker, Kommentierung des § 311, in: Säcker, Franz Jürgen/Rixecker, Roland (Hrsg.), Münchener Kommentar zum Bürgerlichen Gesetzbuch, Schuldrecht Allgemeiner Teil, Bd. 2, §§ 241–432, 5. Aufl., München 2007; in: Säcker, Franz Jürgen/Rixecker, Roland/Oetker, Hartmut/Limperg, Bettina (Hrsg.), Münchener Kommentar zum Bürgerlichen Gesetzbuch, Schuldrecht Allgemeiner Teil, Bd. 3, §§ 311–432, 9. Aufl., München 2022 (zit.: MüKo/Emmerich)

Emmerich, Volker, Recht der Leistungsstörungen, München 1978

Emmerich, Volker, Recht der Leistungsstörungen, 3. Aufl., München 1991

Enneccerus, Ludwig/Lehmann, Heinrich, Recht der Schuldverhältnisse, Bd. 2, 15. Aufl., Tübingen 1958

Enneccerus, Ludwig/Nipperdey, Hans Carl, Allgemeiner Teil des Bürgerlichen Rechts, Halbbd. 2, Tübingen 1960

Entwurf, Entwurf eines Bürgerlichen Gesetzbuch für deutsche Reich. Erste Lesung. Ausgearbeitet durch die von dem Bundesrathe berufene Kommission, Berlin/Leipzig 1888

Entwurf, Entwurf eines Bürgerlichen Gesetzbuch für deutsche Reich. Zweite Lesung. Nach den Beschlüssen der Redaktionskommission, I–III Buch, Berlin 1894

Erman, Walter, Beiträge zur Haftung für das Verhalten bei Vertragsverhandlungen, AcP 139 (1934), S. 273–336

Esser, Josef/Schmidt, Eike, Schuldrecht, Allgemeiner Teil, Bd. 1/2, Heidelberg/Karlsruhe 1976

Esser, Josef/Schmidt, Eike, Schuldrecht Allgemeiner Teil, Bd. 1, 7. Aufl., Heidelberg 1993

Esser, Josef, Gedanken zur Dogmatik der „faktischen Schuldverhältnisse“, AcP 159 (1958/1959), S. 86–99

Esser, Josef, Grundsatz und Norm in der richterlichen Fortbildung des Privatrechts, 4. Aufl., Tübingen 1990

Esser, Josef, Schuldrecht Allgemeiner Teil, Bd. 1, 4. Aufl., Karlsruhe 1970

Esser, Josef, Wert und Bedeutung der Rechtsfiktionen: Kritisches zur Technik der Gesetzgebung und zur bisherigen Dogmatik des Privatrechts, Frankfurt a. M. 1940

Evans-von Krbek, Franziska-Sophie, Nichterfüllungsregeln auch bei weiteren Verhaltens- oder Sorgfaltspflichtverletzungen?, AcP 179 (1979), S. 85–152

Faenger, Julia, Leistungsunabhängige Nebenpflichten zum Schutz des Integritätsinteresses im deutschen und französischen Recht, Köln 2012

Fikentscher, Wolfgang, Schuldrecht, 6. Aufl., Berlin/New York 1976

Fikentscher, Wolfgang, Schuldrecht, 9. Aufl., Berlin/New York 1997

Fikentscher, Wolfgang/Heinemann, Andreas, Schuldrecht Allgemeiner und Besonderer Teil, 12. Aufl., Berlin 2022

Fischbach, Vorbereitende Rechtsverhältnisse, Archiv für bürgerliches Recht (AbR) 41 (1915), S. 160–170

Fischer, Hans-Detlev, Gefälligkeitsfahrt und vorvertragliche Haftung, Kiel 1938

Florian, Ulrich, Claus-Wilhelm Canaris – Die Vertrauenshaftung im deutschen Privatrecht, in: Hoeren, Thomas (Hrsg.), Zivilrechtliche Entdecker, München 2001, S. 377–408

Flume, Werner, Das Rechtsgeschäft und das rechtlich relevante Verhalten, AcP 161 (1962), S. 52–76

Forsthoff, Ernst, Die Verwaltung als Leistungsträger, Königsberger rechtswissenschaftliche Forschungen, Bd. 2, Stuttgart/Berlin 1938

Frost, Marinade, Vorvertragliche und vertragliche Schutzpflichten, Berlin 1981

Frotz, Gerhard, Die rechtsdogmatische Einordnung der Haftung für culpa in contrahendo, in: Faistenberger, Christoph/Mayrhofer, Heinrich (Hrsg.), Privatrechtliche Beiträge – Gedenkschrift Franz Gschnitzer, Aalen 1969, S. 163–180

Frotz, Gerhard, Verkehrsschutz im Vertretungsrecht, Frankfurt a. M. 1972

Georg Baumert, Georg, Tatbestand und Haftungsmaßstab der einzelnen Pflichten bei der culpa in contrahendo, Berlin 1955

Gerhardt, Walter, Der Haftungsmaßstab im gesetzlichen Schutzverhältnis (Positive Vertragsverletzung, culpa in contrahendo), JuS 1970, S. 597–603

Gernhuber, Joachim, Das Schuldverhältnis, Tübingen 1989

Gernhuber, Joachim, Vorwort des Herausgebers, in: Hermann Lange, Schadensersatz, Tübingen 1979

Gesellschaft für Verwaltung der Mandschurei (滿洲行政學會) (Hrsg.), Kodifikation von Mandschukuo (滿洲國法令輯覽), Bd. 5 (第五巻), Mandschukuo (滿洲國) 1936

Giaro, Tomasz, Culpa in contrahendo: eine Geschichte der Wiederentdeckungen, in: Ulrich Falk/Heinz Mohnhaupt (Hrsg.), Das Bürgerliche Gesetzbuch und seine Richter: zur Reaktion der Rechtsprechung auf die Kodifikation des deutschen Privatrechts (1896–1914), Frankfurt a. M. 2000, S. 113–154

Gierke, Otto von, Deutsches Privatrecht, Bd. 3, 2. Aufl. (unveränderter Nachdruck der 1. Aufl. von 1917), Berlin 2010

Gierke, Otto von, Die soziale Aufgabe des Privatrechts, Berlin 1889

Gierke, Otto von, Die Wurzeln des Dienstvertrages, in: Festschrift für Heinrich Brunner zum fünfzigjährigen Doktorjubiläum am 8. April 1914, München/Leipzig 1914, S. 37–68

Grimm, Jacob/Grimm, Wilhelm, Deutsches Wörterbuch, in: Deutsche Akademie der Wissenschaften zu Berlin, Bd. 12, I. Abteilung, Leipzig 1956, Sp. 1946–1958

Grüneberg, Christian, Kommentierung des § 241, in: Palandt, Otto (Hrsg.), Bürgerliches Gesetzbuch mit Nebengesetz, 79. Aufl., München 2020 (zit.: Palandt/Grüneberg)

Hadding, Walther, Kommentierung des § 31, in: Soergel, Hans Theodor (Begr.)/Siebert, Wolfgang (Hrsg.), Bürgerliches Gesetzbuch mit Einführungsgesetz und Nebengesetzen, Allgemeiner Teil, Bd. 1, §§ 1–240, 12. Aufl., Stuttgart/Berlin/Köln/Mainz 1988 (zit.: Soergel/Hadding)

Haferkamp, Hans-Peter, „Methodenehrlichkeit"? – Die juristische Fiktion im Wandel der Zeiten, in: Berger, Klaus Peter/Borges, Georg/Herrmann, Harald/Schlüter, Andreas/Wackerbarth, Ulrich (Hrsg.), Zivil- und Wirtschaftsrecht im Europäischen und Globalen Kontext: Festschrift für Norbert Horn zum 70. Geburtstag, Berlin 2006, S. 1077–1089

Haferkamp, Hans-Peter, Der Vertrag mit Schutzwirkung für Dritte nach der Schuldrechtsreform, in: Dauner-Lieb, Barbara/Konzen, Horst/Schmidt, Karsten (Hrsg.), Das neue Schuldrecht in der Praxis, Köln/Berlin/Bonn/München 2003, S. 171–181

Haferkamp, Hans-Peter, Fall. 16 Der Kölner Telegrafenfall, in: Falk, Ulrich/Luminati, Michele/Schmoeckel, Matthias (Hrsg.), Fälle aus der Rechtsgeschichte, München 2008, S. 254–265

Haferkamp, Hans-Peter, Private Law, Judge-Made and Heimatfront, Comparative Legal History 2 (2014), S. 264–277

Haferkamp, Hans-Peter, Wege zur Rechtsgeschichte: Das BGB, 2. Aufl., Köln 2023

Hardach, Gerd, Der Erste Weltkrieg: 1914–1918, in: Fischer, Wolfram (Hrsg.), Geschichte der Weltwirtschaft im 20. Jahrhundert, Bd. 2, München 1973

Harke, Jan Dirk, Kommentierung des § 311 II, III, in: Schmoeckel, Mathias/Rückert, Joachim/Zimmermann, Reinhard (Hrsg.), Historisch-kritischer Kommentar zum BGB, Schuldrecht: Allgemeiner Teil, Bd. 2, Teilbd. 2, §§ 305–432, Tübingen 2007 (zit.: HKK/Harke)

Hartmann, Gustav, Die Obligation, Erlangen 1875

Haupt, Günter, Gesellschaftsrecht, 2. Aufl., Tübingen 1942

Haupt, Günter, Über faktische Vertragsverhältnisse, in: Leipziger Juristenfakultät (Hrsg.), Festschrift der Leipziger Juristenfakultät für Heinrich Siber zum 10. April 1940, Bd. 2, Leipzig 1943, S. 1–37

Hauss, Fritz, Zur Reform des deutschen Haftungsrechts, Düsseldorf 1964

Heck, Philipp, Gesetzesauslegung und Interessenjurisprudenz, AcP 112 (1914), S. 1–318

Heck, Philipp, Grundriß des Schuldrechts, Tübingen 1929

Heck, Philipp, Interessenjurisprudenz, Tübingen 1933

Heck, Philipp, Rechtserneuerung und juristische Methodenlehre, Tübingen 1936

Hedemann, Justus Wilhelm, Das bürgerliche Recht und die neue Zeit, Jena 1919

Hedemann, Justus Wilhelm, Schuldrecht des Bürgerlichen Gesetzbuches, 2. Aufl., Berlin/Leipzig 1931

Hefermehl, Wolfgang, Kommentierung des § 122, in: Soergel, Hans Theodor (Begr.)/Siebert, Wolfgang (Hrsg.), Bürgerliches Gesetzbuch mit Einführungsgesetz und Nebengesetzen, Allgemeiner Teil, Bd. 1, §§ 1–240, 12. Aufl., Stuttgart/Berlin/Köln/Mainz 1988 (zit.: Soergel/Hefermehl)

Henning, Friedrich-Wilhelm, Handbuch der Wirtschafts- und Sozialgeschichte Deutschlands, Bd. 2, Paderborn/München/Wien/Zürich 1996

Herholz, Felix, Das Schuldverhältnis als konstante Rahmenbeziehung, AcP 130 (1929), S. 257–324

Hermann, Hans-Georg, Mehr Lotse als Entdecker, in: Henne, Thomas/Schröder, Rainer/Thiessen, Jan (Hrsg.), Anwalt – Kommentator – „Entdecker", Festschrift für Hermann Staub zum 150. Geburtstag am 21. März 2006, Berlin 2006, S. 25–41

Heuck, Alfred/Nipperdey, Hans Carl, Lehrbuch des Arbeitsrechts, Bd. 1, 7. Aufl., Berlin/Frankfurt a. M. 1963

Hildebrandt, Heinrich, Die Erklärungshaftung, Berlin 1931

Himmelschein, Jury, Erfüllungszwang und Lehre von den positiven Vertragsverletzungen, AcP 135 (1932), S. 255–327

Hippel, Fritz von, Zum Aufbau und Sinnwandel unseres Privatrechts, Tübingen 1957

Hohloch, Gerhard, Allgemeines Schadensrecht. Empfiehlt sich eine Neufassung der gesetzlichen Regelung des Schadensrechts (§§ 249–255 BGB)?, in: BMJ (Hrsg.), Gutachten und Vorschläge zur Überarbeitung des Schuldrechts, Bd. 1, Köln 1981, S. 375–478

Huber, Konrad, Verkehrspflichten zum Schutz fremden Vermögens, in: Ficker, Hans Claudius/König, Detlef/Kreuzer, Karl F./Leser, Hans G./Bieberstein, Wolfgang Frhr. Marschall/Schlechtriem, Peter (Hrsg.), Festschrift für Ernst von Caemmerer zum 70. Geburtstag, Tübingen 1978, S. 359–388

Huber, Ulrich, Das geplante Leistungsstörungsrecht, in: Ernst, Wolfgang/Zimmermann, Reinhard (Hrsg.), Zivilrechtswissenschaft und Schuldrechtsreform: Zum Diskussionsentwurf eines Schuldrechtsmodernisierungsgesetzes des Bundesministeriums der Justiz, Tübingen 2001, S. 31–183

Huber, Ulrich, Leistungsstörungen, Bd. 1, in: Gernhuber, Joachim (Hrsg.), Handbuch des Schuldrechts in Einzeldarstellungen, Bd. 9/1, Tübingen 1999

Huber, Ulrich, Leistungsstörungen, in: BMJ (Hg.), Gutachten und Vorschläge zur Überarbeitung des Schuldrechts, Bd. 1, Köln 1981, S. 647–909

Huber, Ulrich, Zur Haftung des Verkäufers wegen positiver Vertragsverletzung, AcP 177 (1977), S. 281–348

Hübner, Heinz, Zurechnung statt Fiktion einer Willenserklärung, in: Dietz, Rolf/Hübner, Heinz (Hrsg.), Festschrift für Hans Carl Nipperdey zum 70. Geburtstag am 21. Januar 1965, Bd. 1, München/Berlin 1965, S. 373–400

Hübner, Rudolf, Grundzüge des deutschen Privatrechts, 5. Aufl., Leipzig 1930

Hücking, Ewald, Der Systemversuch Wilburgs, Köln 1982

Jakobs, Horst Heinrich, Unmöglichkeit und Nichterfüllung, Bonn 1969

Jee, Won-Lim (지원림), Lehrbuch des Zivilrechts (민법강의), 13. Aufl. (제13판), Seoul 2014

Jhering, Rudolf von, Culpa in contrahendo oder Schadensersatz bei nichtigen oder nicht zur Perfection gelangten Verträgen, in: Gerber, C. F. von/Jhering, R. v. (Hrsg.), JhJb 4 (1861), S. 1–112 (zit.: Culpa in contrahendo); in: Schmidt, Eike (Hrsg.), Rudolf von Jhering, Culpa in contrahendo und Hermann Staub, Die positiven Vertragsverletzungen, Bad Homburg v. d. H./Berlin/Zürich 1969, S. 7–91

Jobs, Friedhelm, Otto von Gierke und das moderne Arbeitsrecht, Frankfurt a. M. 1968

Justizministerium (법무부) (Hrsg.), Der Entwurf der koreanischen Zivilgesetzbuchsreform 2013 – Vorschriften (2013 민법개정시안 – 조문편), Bd. 6 (제6권), Seoul 2013

Justizministerium (법무부) (Hrsg.), Der Entwurf der koreanischen Zivilgesetzbuchsreform 2013 – Schuldverhältnis II (2013 민법개정시안 – 채권편 하), Bd. 10 (제10권), Seoul 2013

Kamp, Florian, Funktion und Grenzen schuldverhältnisbedingter Nebenpflichten, Hamburg 2020

Kaser, Max, Das römische Privatrecht, Abschn. 1, 2. Aufl., München 1971

Kaser, Max, Das römische Privatrecht, Abschn. 2, 2. Aufl., München 1975

Katzenmeier, Christian, Zur neueren dogmengeschichtlichen Entwicklung der Deliktsrechtstatbestände, AcP 203 (2003), S. 79–118

Katzenstein, Matthias, Die Bedeutung der vertraglichen Bindung für die culpa-Haftung des Vertragsschuldners auf Schadensersatz (Teil 1), Jura 2004, S. 800–806

Kim, Hyung-Bae, Geschäftsherrenhaftung im Spiegel der koreanischen Rechtsprechung – Aus rechtsvergleichender Perspektive, in: Dauner-Lieb, Barbara/Hommelhoff, Peter/Jacobs, Matthias/Kaiser, Dagmar/Weber, Christoph (Hrsg.), Festschrift für Horst Konzen zum siebzigsten Geburtstag, Tübingen 2006, S. 413–438

Kim, Hyung-Bae/Kim, Kyu-Wan/Kim, Myeong-Suk (김형배/김규완/김명숙) (Hrsg.), Lehrbuch des Zivilrechts (민법학강의), 12. Aufl. (제12판), Seoul 2013

Kindereit, Kai, Wer fühlt nicht, daß es hier einer Schadensersatzklage bedarf – Rudolf von Jhering und die „culpa in contrahendo“, in: Hoeren, Thomas (Hrsg.), Zivilrechtliche Entdecker, München 2001, S. 107–147

Kipp, Theodor, Das Reichsgericht und die positiven Vertragsverletzungen, DJZ 1903, S. 253–256

Knortz, Heike, Deutsche Wirtschaftsgeschichte der Weimarer Zeit: Eine Einführung in Ökonomie, Gesellschaft und Kultur der ersten deutschen Republik, Göttingen 2021

Knütel, Christian, Die Schwächen der „konkreten“ und „abstrakten“ Schadensberechnung und das positive Interesse bei der Nichterfüllung, AcP 202 (2002), S. 555–606

Knütel, Rolf, Zur Schuldrechtsreform, NJW 2001, S. 2519–2521

Koch, Christian Friedrich, Allgemeines Landrecht für die preußischen Staaten. Unter Andeutung der obsoleten oder aufgehobenen Vorschriften und Einschaltung der jüngeren noch geltenden Bestimmungen, 1. Theil, Bd. 1, 4. Aufl., Berlin 1862

Köndgen, Johannes, Selbstbindung ohne Vertrag, Tübingen 1981

Köndgen, Johannes, Die Positivierung der culpa in contrahendo als Frage der Gesetzgebungsmethodik, in: Schulze, Reiner/Schulte-Nölke, Hans (Hrsg.),

Die Schuldrechtsreform vor dem Hintergrund des Gemeinschaftsrechts, Tübingen 2001, S. 231–242

Köppen, Albert, Der obligatorische Vertrag unter Abwesenden, JhJb 11 (1871), S. 139–393

Kramer, Ernst A., Einl., in: Rebmann, Kurt/Säcker, Franz Jürgen (Hrsg.), Münchener Kommentar zum Bürgerlichen Gesetzbuch, Schuldrecht Allgemeiner Teil, Bd. 2, §§ 241–432, 1. Aufl., München 1979 (zit.: MüKo/Kramer)

Kramer, Ernst A., Einl., in: Säcker, Franz Jürgen/Rixecker, Roland (Hrsg.), Münchener Kommentar zum Bürgerlichen Gesetzbuch, Schuldrecht Allgemeiner Teil, Bd. 2, §§ 241–432, 5. Aufl., München 2007 (zit.: MüKo/Kramer)

Kramer, Ernst A., Kommentierung des § 122, in: Säcker, Franz Jürgen/Rixecker, Roland (Hrsg.), Münchener Kommentar zum Bürgerlichen Gesetzbuch, Allgemeiner Teil, Bd. 1, Halbbd. 1, §§ 1–240 ProstG, 5. Aufl., München 2006 (zit.: MüKo/Kramer)

Krebs, Peter, Sonderverbindung und außerdeliktische Schutzpflichten, München 2000

Krebs, Peter, Kommentierung des § 241, in: Dauner-Lieb, Barbara/Langen, Werner (Hrsg.), Nomos Kommentar zum BGB, Schuldrecht, Bd. 2, §§ 241–853, 4. Aufl., Baden-Baden 2021 (zit.: NK-BGB/Krebs)

Kreß, Hugo, Lehrbuch des Allgemeinen Schuldrechts, München 1929

Kreuzer, Karl, Anmerkung zum BGH-Urt. v. 28.1.1976 – VIII ZR 246/74 (OLG Koblenz), JZ 1976, S. 776–781

Kreuzer, Karl, Culpa in contrahendo und Verkehrspflichten, Freiburg 1971, neu veröffentl. in Würzburg 2015

Krückmann, Paul, Unmöglichkeit und Unmöglichkeitsprozeß; zugleich eine Kritik der Entwürfe Rußlands, Ungarns und der Schweiz, AcP 101 (1907), S. 1–307

Krüger, Wolfgang, Eine Linoleumrollen und die Folge, in: Brambring, Günter/Medicus, Dieter/Vogt, Max (Hrsg.), Festschrift für Horst Hagen, Köln 1990, S. 409–424

Kübel, Franz Philipp von, Entwurf eines bürgerlichen Gesetzbuches für das Deutsche Reich. Recht der Schuldverhältnisse. I. Allgemeiner Theil mit Begründung. Vorlage des Redaktors, Berlin 1882

Kuhlmann, Kai, Leistungspflichten und Schutzpflichten, Berlin 2001

Kwak, Yun-Jik (곽윤직), Lehrbuch des Schuldrechts (채권법), Allgemeiner Teil (총론), 6. Aufl. (제6판), Seoul 2006

Laband, Paul, Zum zweiten Buch des Entwurfs eines bürgerlichen Gesetzbuches für das Deutsche Reich, 1. Abschnitt, Titel 1–3, AcP 73 (1888), S. 161–208

Lackum, Eugen von, Verschmelzung und Neuordnung von „Culpa in contrahendo“ und „positiver Vertragsverletzung“, Bonn 1970

Lambrecht, Peter, Die Lehre vom faktischen Vertragsverhältnis, Tübingen 1994

Lange, Heinrich, Liberalismus, Nationalsozialismus und Bürgerliches Recht, Tübingen 1933

Lange, Heinrich, Vom alten zum neuen Schuldrecht, Hamburg 1934

Larenz, Karl, Bemerkungen zur Haftung für „culpa in contrahendo“, in: Flume, Werner/Raisch, Peter/Steindorff, Ernst (Hrsg.), Beiträge zum Zivil- und Wirtschaftsrecht: Festschrift für Kurt Ballerstedt zum 70. Geburtstag am 24. Dezember 1975, Berlin 1975, S. 397–419

Larenz, Karl, Culpa in contrahendo, Verkehrssicherungspflicht und sozialer Kontakt, MDR 1954, S. 515–518

Larenz, Karl, Die Begründung von Schuldverhältnissen durch sozialtypisches Verhalten, NJW 1956, S. 1897–1900

Larenz, Karl, Entwicklungstendenzen der heutigen Zivilrechtsdogmatik, JZ 1962, S. 105–110

Larenz, Karl, Kennzeichen geglückter richterlicher Rechtsfortbildungen, Karlsruhe 1964

Larenz, Karl, Lehrbuch des Schuldrechts Allgemeiner Teil, Bd. 1, 8. Aufl., München/Berlin 1967

Larenz, Karl, Lehrbuch des Schuldrechts Allgemeiner Teil, Bd. 1, 10. Aufl., München 1970

Larenz, Karl, Lehrbuch des Schuldrechts Allgemeiner Teil, Bd. 1, 14. Aufl., München 1987

Lee, Byung-Jun, Zivilrecht, in: Korea Legislation Research Institute (Hrsg.), Einführung in das koreanische Recht, Berlin/Heidelberg 2010, S. 79–114

Lee, Hyeong-Kyu, Die Rezeption des europäischen Zivilrechts in Ostasien, ZVglRWiss 86 (1987), S. 158–170

Lehmann, Heinrich, Die positiven Vertragsverletzungen, AcP 96 (1905), S. 60–113

Lehmann, Heinrich, Faktische Vertragsverhältnisse, NJW 1958, S. 1–5

Lehmann, Michael, Vertragsanbahnung durch Werbung, München 1981

Lehmann, Paul/Stroux, Johannes (Begr.), Mittellateinisches Wörterbuch. Bis zum Ausgehenden 13. Jahrhundert, Bd. 3, D–E, München 2007, Sp. 653–654

Leonhard, Franz, Die Haftung des Verkäufers für sein Verschulden beim Vertragsschlusse, Göttingen 1896

Leonhard, Franz, Verschulden beim Vertragsschlusse, Berlin 1910

Lepsius, Oliver, Die gegensatzaufhebende Begriffsbildung, München 1993

Lorenz, Stephan, Schadensersatz wegen Pflichtverletzung, JZ 2001, S. 742–745

Lorenz, Werner, Die Einbeziehung Dritter in vertragliche Schuldverhältnisse, JZ 1960, S. 108–114

Lorenz, Werner, Haftung für primäre Vermögensschäden bei unrichtiger Auskunft, in: Paulus, Gotthard/Diederichs, Uwe/Canaris, Claus-Wilhelm (Hrsg.), Festschrift für Karl Larenz zum 70. Geburtstag, München 1973, S. 575–620

Luhmann, Niklas, Vertrauen, 5. Aufl., Konstanz/München 2014

Lüsing, Jan, Die Pflichten aus culpa in contrahendo und positiver Vertragsverletzung, Baden-Baden 2010

Manigk, Alfred, Irrtum und Auslegung, Berlin 1918

Mansel, Heinz-Peter, Kommentierung des § 241, in: Stürner, Rolf (Hrsg.), Jauernig Bürgerliches Gesetzbuch mit Rom-I-, Rom-II-VO, EuUnthVO/HUnt-Prot und EuErbVO. Kommentar, 17. Aufl., 2018 (zit.: Jauernig/Mansel)

Mayer-Maly, Theo, „Von solchen Handlungen, die den Kontrakten in ihrer Wirkung gleichkommen", in: Festschrift für Walter Wilburg zum 60. Geburtstag, Graz 1965, S. 129–142

Mayer-Maly, Theo, Über Sinngehalt des § 859 ABGB, ÖJZ 1965, S. 64–67

Mayr, Vincent, Schutzpflichten im deutschen und französischen Recht, Frankfurt a. M. 2004

Medicus, Dieter/Petersen, Jens, Bürgerliches Recht, 28. Aufl., München 2021

Medicus, Dieter, Bürgerliches Recht, 21. Aufl., München 2007

Medicus, Dieter, Die culpa in contrahendo zwischen Vertrag und Delikt, in: Forstmoser, Peter/Giger, Hans/Heini, Anton/Schluep, Walter R. (Hrsg.), Festschrift für Max Keller zum 65. Geburtstag, Zürich 1989, S. 205–219

Medicus, Dieter, Grenzen der Haftung für culpa in contrahendo, JuS 1965, S. 209–218

Medicus, Dieter, Probleme um das Schuldverhältnis, Berlin 1987

Medicus, Dieter, Verschulden bei Vertragsverhandlungen, in: BMJ (Hrsg.), Gutachten und Vorschläge zur Überarbeitung des Schuldrechts, Bd. 1, Köln 1981, S. 479–550

Medicus, Dieter, Vertragliche und deliktische Ersatzansprüche für Schäden aus Sachmängeln, in: Die Rechtswissenschaftliche Abteilung der Rechts- und Wirtschaftswissenschaftlichen Fakultät der Universität Tübingen (Hrsg.), Tübinger Festschrift für Eduard Kern, Tübingen 1968, S. 313–334

Medicus, Dieter, Zur Entdeckungsgeschichte der culpa in contrahendo, in: Benöhr, Hans-Peter/Hackl, Karl/Knütel, Rolf/Wacke, Andreas (Hrsg.), Iuris Professio: Festgabe für Max Kaser zum 80. Geburtstag, Wien/Köln/Graz 1986, S. 169–181

Meincke, Jens Peter, Rechtsfolgen nachträglicher Unmöglichkeit der Leistung beim gegenseitigen Vertrag, AcP 171 (1971), S. 19–43

Melliger, Caspar, Culpa in contrahendo oder Schadenersatz bei nichtigen Verträgen nach dem gemeinen und schweizerischen Obligationenrecht sowie dem deutschen Bürgerlichen Gesetzbuch, 2. Aufl., Zürich 1898

Mertens, Hans-Joachim, Kommentierung der § 847, in: Rebmann, Kurt/Säcker, Franz Jürgen (Hrsg.), Münchener Kommentar zum Bürgerlichen Gesetzbuch, Schuldrecht Besonderer Teil, Bd. 3, Halbbd. 2, §§ 657–853, 1. Aufl., München 1980 (zit.: MüKo/Mertens)

Metzmaier, Gerd, Die Eingliederungstheorie und die Lehre vom Arbeitsverhältnis, Gießen 1968

Mommsen, Friedrich, Beträge zum Obligationenrecht, 1. Abtheilung: Die Unmöglichkeit der Leistung, Braunschweig 1853

Mommsen, Friedrich, Ueber die Haftung der Contrahenten bei der Abschließung von Schuldverträgen, Braunschweig 1879

Motive, Motive zu dem Entwurfe eines bürgerlichen Gesetzbuches für das Deutsche Reich. Amtliche Ausgabe. Bde 1–5, 1888 (zit.: Motive)

Mugdan, Benno, Die gesammelten Materialien zum Bürgerlichen Gesetzbuch für das Deutschen Reich, Berlin 1899, Bd. 1: Einführungsgesetz und Allgemeiner Theil; Bd. 2: Recht der Schuldverhältnisse (zit.: Mugdan)

Müller Eberhard (Hrsg.), Die positiven Vertragsverletzungen von Hermann Staub, 2. Aufl., Berlin 1913

Nikisch, Arthur, Arbeitsrecht. Allgemeine Lehren und Arbeitsvertragsrecht, Bd. 1, 3. Aufl., Tübingen 1961

Nipperdey, Hans Carl, Arbeitsvertrag und Eingliederung in die Betriebsgemeinschaft, DArbR 1937, S. 142–147

Nipperdey, Hans Carl, Faktische Vertragsverhältnisse?, MDR 1957, S. 129–130

Nipperdey, Hans Carl, Grundfragen der Reform des Schadensersatzrechts: 1. Arbeitsbericht des Ausschusses für Personen-, Vereins-, Schuldrechts der ADR: Unterausschuß für Schadensersatzrecht, München 1940

Nipperdey, Hans Carl, Kontrahierungszwang und diktierter Vertrag, Jena 1920

Nirk, Rudolf, Culpa in contrahendo – eine geglückte richterliche Rechtsfortbildung – quo vadis?, in: Hefermehl, Wolfgang (Hrsg.), Festschrift für Philipp Möhring zum 75. Geburtstag, München 1975, S. 71–100

Nirk, Rudolf, Culpa in contrahendo – eine richterliche Rechtsfortbildung – in der Rechtsprechung des Bundesgerichtshofes, in: Hefermehl, Wolfgang/Nipperdey, Hans Carl (Hrsg.), Festschrift für Philipp Möhring zum 65. Geburtstag am 4. September 1965, München/Berlin 1965, S. 385–418

Nirk, Rudolf, Rechtsvergleichendes zur Haftung für culpa in contrahendo, RabelsZ 18 (1953), S. 310–355

Nüßlein, Elke, Die Integration der culpa in contrahendo in das BGB nach der Schuldrechtsreform, Berlin 2018

Oertmann, Paul, Kommentar zum BGB, Das Recht der Schuldverhältnisse, 2. Aufl., Berlin 1906

Oertmann, Paul, Kommentar zum BGB, Das Recht der Schuldverhältnisse, 5. Aufl., Berlin 1928

Olzen, Dirk, Kommentierung des § 241, in: Staudinger, Julius von (Begr.), Kommentar zum Bürgerlichen Gesetzbuch. Einleitung zum Schuldrecht, §§ 241–243 (Treu und Glauben): Buch 2: Recht der Schuldverhältnisse, Neubearbeitung 2019 (zit.: Staudinger/Olzen)

Olzen, Dirk/Wank, Rolf, Die Schuldrechtsreform, Köln/Berlin/Bonn/München 2002

Paas, Susanne Karoline, Das bewegliche System, Tübingen 2021

Paßmann, Jan-Hendrik, Schutzpflichtverletzungen im Spannungsverhältnis von schuldrechtlichem und deliktischem Haftungsregime, Berlin 2010

Picker, Eduard, Vertragliche und deliktische Schadenshaftung, JZ 1987, S. 1041–1058

Picker, Eduard/Schilken, Eberhard, Positive Forderungsverletzung und culpa in contrahendo – Zur Problematik der Haftungen „zwischen" Vertrag und Delikt, AcP 183 (1983), S. 369–520

Pierson, Thomas, Sozialpolitik durch Rechtsprechung: c.i.c, Vertrag mit Schutzwirkung und Dritthaftung, in: Rückert, Joachim/Foljanty, Lena/Pierson, Thomas/Seinecke, Ralf (Hrsg.), 20 Jahre Neues Schuldrecht, Tübingen 2023, S. 77–137

Potthoff, Heinz, Arbeitsrecht – Das Ringen um werdendes Recht, Berlin 1928

Potthoff, Heinz, Beiträge zu Kritik und Reform, Arbeitsrecht 1922

Potthoff, Heinz, Die „Entthronung" des Arbeitsvertrages, Neue Zeitschrift für Arbeitsrecht 11 (1931), Sp. 283–288

Potthoff, Heinz, Ist das Arbeitsverhältnis ein Schuldverhältnis?, Arbeitsrecht 1922, Sp. 267–284

Pouliadis, Athanassios K., Culpa in contrahendo und Schutz Dritter, Berlin 1982

Preisner, Mareike, Das Zivilrecht der ersten deutschen Demokratie, in: Löhnig, Martin/Wagner, Stephan (Hrsg.), „Nichtgeborene Kinder des Liberalismus“?, Tübingen 2018, S. 5–22

Preisner, Mareike, Weimarer Schuldrechtswissenschaft: Der Begriff des Schuldverhältnisses, in: Löhnig, Martin/Preisner, Mareike (Hrsg.), Weimarer Zivilrechtswissenschaft, Tübingen 2014, S. 1–21

Raape, Leo, Die Beweislast bei positiver Vertragsverletzung, AcP 147 (1947), S. 217–289

Reincke, Horst W., Das Arbeitsverhältnis und seine Begründung, Köln 1958

Rieble, Volker, Die Kodifikation der culpa in contrahendo, in: Dauner-Lieb, Barbara/Konzen, Horst/Schmidt, Karsten (Hrsg.), Das neue Schuldrecht in der Praxis, Köln/Berlin/Bonn/München 2003, S. 137–157

Rietzler, Erwin, Haftung für Schädigung durch Sachen nach französischem und englischem Recht, RabelsZ 5 (1931), S. 567–632

Rückert, Joachim, Zehn Jahre neues Schuldrecht – Generalbericht und Würdigung, in: Duve, Thomas/Ruppert, Stefan (Hrsg.), Rechtswissenschaft in der Berliner Republik, Frankfurt a. M. 2018, S. 504–533

Rüthers, Bernd, Die unbegrenzte Auslegung. Zum Wandel der Privatrechtsordnung im Nationalsozialismus, 8. Aufl., Tübingen 2017

Savigny, Friedrich Carl von, Das Obligationenrecht als Theil des heutigen römischen Rechts, Bd. 2, Berlin 1853

Savigny, Friedrich Carl von, System des heutigen Römischen Rechts, Bd. 1–3, Berlin 1840 (zit.: System)

Schanze, Erich, Culpa in contrahendo bei Jhering, Ius Commune 7 (1978), S. 326–357

Schermaier, Martin Josef, „Dem Deutschen thut das Studium der Römer noth …“, JZ 2006, S. 330–339

Schiemann, Gottfried, Kommentierung der §§ 823–830, 840, 842–853, in: Schmoeckel, Mathias/Rückert, Joachim/Zimmermann, Reinhard (Hrsg.), Historisch-kritischer Kommentar zum BGB, Schuldrecht: Besonderer Teil, Bd. 3, Teilband 2, §§ 657–853, Tübingen 2013 (zit.: HKK/Schiemann)

Schiemann, Gottfried, Kommentierung des § 847 BGB, in: Westermann, Harm Peter/Aderhold, Lutz (Hrsg.): Handkommentar zum Bürgerlichen Gesetzbuch, Bd. 1, §§ 1–853, 9. Aufl., Münster 1993 (zit.: Erman/Schiemann)

Schlechtriem, Peter/Schmidt-Kessel, Martin, Schuldrecht Allgemeiner Teil, 6. Aufl., Tübingen 2005

Schlechtriem, Peter, Vertragsordnung und außervertragliche Haftung, Frankfurt a. M. 1972

Schmidt-Rimpler, Walter/Ehrenberg, Victor (Hrsg.), Handbuch des gesamten Handelsrechts, Bd. 5, I. Abteilung, 1. Hälfte, Leipzig 1928

Schmidt, Eike, Nachwort, in: Rudolf von Jhering, Culpa in contrahendo und Hermann Staub, Die positiven Vertragsverletzungen, Bad Homburg v. d. H./Berlin/Zürich 1969, S. 131–164

Schmidt, Eike, Schuldrecht Allgemeiner Teil, Bd. 1, Teilbd. 2, 7. Aufl., Heidelberg 1993

Schubert, Werner/Schmid, Werner/Regge, Jürgen (Hrsg.), Akademie für Deutsches Recht 1933–1945, Protokolle der Ausschüsse, Bd. 3/3. Ausschuss für Personen-, Vereins- und Schuldrecht, Berlin 1990

Schubert, Werner/Schmid, Werner/Regge, Jürgen (Hrsg.), Akademie für Deutsches Recht 1933–1945, Protokolle der Ausschüsse, Bd. 3/5, Ausschuss für Schadensersatzrecht, Berlin 1993

Schulze, Reiner/Schulte-Nölke, Hans, Schuldrechtsreform und Gemeinschaftsrecht, in: Schulze, Reiner/Schulte-Nölke, Hans (Hrsg.), Die Schuldrechtsreform vor dem Hintergrund des Gemeinschaftsrechts, Tübingen 2001, S. 3–24

Schumann, Ekkehard, Eigenständigkeit und Vielfalt der juristischen Hermeneutik – Zugleich zu Gadamers These über deren „Modelfuktion", in: Heldrich, Andreas/Prölss, Jürgen/Koller, Ingo/Langenbucher, Katja/Grigoleit, Hans Christoph/Hager, Johannes/Hey, Felix Christopher/Neuner, Jörg/Petersen, Jens/Singer, Reinhard (Hrsg.), Festschrift für Canaris zum 70. Geburtstag, Bd. 2, München 2007, S. 1367–1401

Schur, Wolfgang, Leistung und Sorgfalt, Tübingen 2001

Seo, Kwang-Min (서광민), Schutzpflichten im Schuldrecht (채권법상의 보호의무), Sogang Law Review (서강법학) 3 (2001), S. 95–119

Seong, Seunghyeon, Die Entwicklung des Rechts der Leistungsstörungen in Korea, in: Shin, Yu-Cheol/Zimmermann, Reinhard (Hrsg.), 50 Jahre – Koreanisches Zivilgesetzbuch, Seoul 2011, S. 219–241

Siber, Heinrich, Der Rechtszwang im Schuldverhältnis nach deutschem Reichsrecht, Leipzig 1903

Siber, Heinrich, Die schuldrechtliche Vertragsfreiheit, JhJb 70 (1921), S. 223–299

Siber, Heinrich, Planck's Kommentar zum bürgerlichen Gesetzbuch, Recht der Schuldverhältnisse (Allgemeiner Teil), Bd. 2/1, §§ 241–432, 4. Aufl., Berlin 1914

Siber, Heinrich, Zur Theorie von Schuld und Haftung nach Reichsrecht, JhJb 50 (1906), S. 55–276

Siebert, Wolfgang, Das Arbeitsverhältnis als personenrechtliches (sozialrechtliches) Rechtsverhältnis, DArbR 1935, S. 95–100

Siebert, Wolfgang, Das Arbeitsverhältnis in der Ordnung der nationalen Arbeit, Hamburg 1935

Siebert, Wolfgang, Die „faktische" Gesellschaft, in: Freisler, Roland/Löning, George Anton/Nipperdey, Hans Carl (Hrsg.), Festschrift für Justus Wilhelm Hedemann zum sechzigsten Geburtstag am 24. April 1938, Jena 1938, S. 266–289

Siebert, Wolfgang, Die Entwicklung der Lehre vom Arbeitsverhältnis im Jahre 1936, DArbR 1937, S. 14–19; zum Schluss, S. 44–49

Siebert, Wolfgang, Faktische Vertragsverhältnisse. Abwandlungen des Vertragsrechts in den Bereichen der Daseinsvorsorge, des Gesellschaftsrechts und des Arbeitsrechts, Karlsruhe 1958

Siebert, Wolfgang, Wandlung im bürgerlichen Recht seit 1933, DR 1944, S. 5–12

Singer, Reinhard, Claus-Wilhelm Canaris – der „Entdecker", in: Grundmann, Stefan/Riesenhuber, Karl (Hrsg.), Deutschsprachige Zivilrechtslehrer des 20. Jahrhunderts in Berichten ihrer Schüler: Eine Ideengeschichte in Einzeldarstellungen, Bd. 2, Berlin/New York 2010, S. 365–385

Sinzheimer, Hugo, Die Neuordnung des Arbeitsrechts, JW 1919, S. 465–468

Staub, Hermann, Die positiven Vertragsverletzungen in Monographie, 1. Aufl., Berlin 1904; in: Schmidt, Eike (Hrsg.), Rudolf von Jhering, Culpa in contrahendo und Hermann Staub, Die positiven Vertragsverletzungen, Bad Homburg v. d. H./Berlin/Zürich 1969, S. 93–130

Staub, Hermann, Die positiven Vertragsverletzungen und ihre Rechtsfolgen, in: Festschrift für den 26. Deutschen Juristentag, Berlin 1902, S. 29–56

Sticht, Thilo, Zur Haftung des Vertretenen und Vertreters aus Verschulden bei Vertragsschluss sowie des Erfüllungsgehilfen aus positiver Vertragsverletzung, München 1966

Stöcker, Hans Adolf, Die Rechtsgrundlage der culpa in contrahendo, Köln 1961

Stoll, Hans, Die Beweislastverteilung bei positiven Vertragsverletzungen, in: Esser, Josef/Thieme, Hans (Hrsg.), Festschrift für Fritz von Hippel zum 70. Geburtstag, Tübingen 1967, S. 517–559

Stoll, Hans, Haftungsverlagerung durch beweisrechtliche Mittel, AcP 176 (1976), S. 145–196

Stoll, Hans, Tatbestände und Funktionen der Haftung für culpa in contrahendo, in: Ficker, Hans Claudius/König, Detlef/Kreuzer, Karl F./Leser, Hans G./Marschall von Bieberstein, Wolfgang Frhr./Schlechtriem, Peter (Hrsg.), Festschrift für Ernst von Caemmerer zum 70. Geburtstag, Tübingen 1978, S. 435–474

Stoll, Hans, Vertrauensschutz bei einseitigen Leistungsversprechen, in: Jakobs, Horst Heinrich/Knobbe-Keuk, Brigitte/Picker, Eduard/Wilhelm, Jan (Hrsg.), Festschrift für Werner Flume zum 70. Geburtstag am 12. September 1978, Bd. 1, Köln 1978, S. 741–773

Stoll, Heinrich, Abschied von der Lehre von der positiven Vertragsverletzung, AcP 136 (1932), S. 257–320

Stoll, Heinrich, Begriff und Konstruktion in der Lehre der Interessenjurisprudenz, in: ders. (Hrsg.), Archiv für die civilistische Praxis, Beilageheft zum 13. Band der Neuen Folge. Der ganzen Folge 133. Band. Festgabe für Philipp Heck, Max Rümelin und Arthur Benno Schmidt, Tübingen 1931, S. 60–117 (zit.: Festgabe für Philipp Heck, AcP 133 (1931))

Stoll, Heinrich, Das Bürgerliche Recht in der Zeiten Wende, in: Hans Gerber, Deutschland in der Wende der Zeiten, Stuttgart/Berlin 1934, S. 165–202

Stoll, Heinrich, Die Lehre von den Leistungsstörungen, Tübingen 1936

Stoll, Heinrich, Die nationale Revolution und das bürgerliche Recht, DJZ 1933, Sp. 1229–1235

Stoll, Heinrich, Gemeinschaftsgedanke und Schuldvertrag, DJZ 1936, Sp. 414–421

Stoll, Heinrich, Haftung für das Verhalten während der Vertragsverhandlungen, LZ 1923, Sp. 532–548

Stoll, Heinrich, JW 1927, S. 1086

Stoll, Heinrich, Rücktritt und Schadensersatz, AcP 131 (1929), S. 141–185

Stoll, Heinrich, Vertrag und Unrecht, Halbbd. 2, Tübingen 1943

Stürner, Rolf, Der Anspruch auf Erfüllung von Treue- und Sorgfaltspflichten, JZ 1976, S. 384–392

Yang, Chang-Su (양창수), Yun-Jik Kwak (곽윤직) (Hrsg.), Kommentar zum ZGB (민법주해), Bd. 9 (제9권), Seoul 2009

Sutschet, Holger, Der Schutzanspruch zugunsten Dritter, Berlin 1999

Sutschet, Holger, Garantiehaftung und Verschuldenshaftung im gegenseitigen Vertrag, Tübingen 2006

Sutschet, Holger, Kommentierung des § 241, in: Hau, Wolfgang/Poseck, Roman (Hrsg.), Beck'scher Online-Kommentar zum BGB, 69. Ed., Stand: 01.02.2024, München (zit.: BeckOK BGB/Sutschet)

Thiele, Wolfgang, Leistungsstörung und Schutzpflichtverletzung, JZ 1967, S. 649–657

Thiessen, Jan, Sozialistisches Öl und nationalistisches Feuer – Zum 100. Todestag von Otto von Gierke, JZ 2021, S. 1167–1168

Thiessen, Jan, Von der (Linoleum-)Rolle – Die heimliche Anerkennung der culpa in contrahendo im Streit der Reichsgerichtsräte, in: Auer, Marietta/Grigoleit, Hans Christoph/ Hager, Johannes/Herresthal, Carsten/Hey, Felix/Koller, Ingo/Langenbucher, Katja/Neuner, Jörg/Petersen, Jens/Riehm, Thomas/Singer, Reinhard (Hrsg.), Festschrift für Claus-Wilhelm Canaris zum 80. Geburtstag, Berlin/Boston 2017, S. 51–85

Thom, Anna Bérénice, Ähnliche geschäftliche Kontakte i. S. v. § 311 Abs. 2 Nr. 3 BGB als Voraussetzung für das Entstehen einer Sonderverbindung, Frankfurt a. M./Berlin/Bern/Bruxelles/New York/Oxford/Wien 2009

Titze, Heinrich, Verschulden bei Vertragsschluß, in: Stier-Somlo, Fritz/Elfter, Alexander (Hrsg.), Handwörterbuch der Rechtswissenschaft, Bd. 6, Berlin/Leipzig 1929, S. 516–523

Tuhr, Andreas von, Der Allgemeine Teil des Deutschen Bürgerlichen Rechts, Bd. 2/1, München/Leipzig 1914

Tuhr, Andreas von, Schadensersatz bei Dissens, AcP 121 (1923), S. 359–361

Vangerow, Karl Adolph von, Lehrbuch der Pandekten, Bd. 3, 6. Aufl., Marburg/Leipzig 1863

Wang, Nijie, Vertragliche Nebenpflichten im Kaufrecht, Tübingen 2020

Wehler, Hans-Ulrich, Deutsche Gesellschaftsgeschichte, Bd. 3, München 1995

Weller, Marc-Philippe, Die Vertragstreue, Tübingen 2009

Werner, G., Die Schadensersatzpflicht wegen Verschuldens bei Erfüllung einer Verbindlichkeit, Das Recht 1903, S. 308–309

Wieacker, Franz, Das Sozialmodell der klassischen Privatrechtsgesetzbücher und die Entwicklung der modernen Gesellschaft, Karlsruhe 1952

Wieacker, Franz, Der Stand der Rechtserneuerung auf dem Gebiete des bürgerlichen Rechts, in: Wollschläger, Christian (Hrsg.), Franz Wieacker, Zivilistische Schriften (1934–1942), Frankfurt a. M. 2000, S. 215–243

Wieacker, Franz, Leistungsbeziehungen ohne Vereinbarung, ZAkDR 1943, S. 33–38

Wiedemann Herbert, Kommentierung vor § 275, in: Soergel, Hans Theodor (Begr.)/Siebert, Wolfgang (Hrsg.), Bürgerliches Gesetzbuch mit Einführungsgesetz und Nebengesetzen, Schuldrecht I, Bd. 2, §§ 241–432, 12. Aufl., Stuttgart/Berlin/Köln 1990 (zit.: Soergel/Wiedemann)

Wiegand, Wolfgang, Die Verhaltenspflichten, in: Stolleis, Michael/Frommel, Monika/Rückert, Joachim/Schröder, Reiner/Seelmann, Kurt/Wiegand, Wolfgang (Hrsg.), Die Bedeutung der Wörter: Studien zur europäischen Rechtsgeschichte: Festschrift für Sten Gagnér zum 70. Geburtstag, München 1991, S. 547–563

Wilburg, Walter, Entwicklung eines beweglichen Systems im bürgerlichen Recht, Graz 1950

Windscheid, Bernhard, Lehrbuch des Pandektenrechts, Bd. 2, 7. Aufl., Frankfurt a. M. 1891

Windscheid, Bernhard, Wille und Willenserklärung. Eine Studie, AcP 63 (1880), S. 72–112

Wolf, Ernst, Rücktritt, Vertretenmüssen und Verschulden, AcP 153 (1954), S. 97–144

Wollschläger, Christian, Die Entstehung der Unmöglichkeitslehre: Zur Dogmengeschichte des Rechts der Leistungsstörungen, Köln/Wien 1970

Won, Jong-Ok (원종옥), Gedanken zur Sorgfaltspflicht (보호의무에 관한 소고), Soongsil Law Review (숭실 법학논총) 35 (2016), S. 157–181

Würthwein, Susanne, Zur Schadensersatzpflicht wegen Vertragsverletzungen im Gemeinen Recht des 19. Jahrhunderts, Berlin 1990

Zeuner, Albrecht, Kommentierung des § 847, in: Soergel, Hans Theodor (Begr.)/Siebert, Wolfgang (Hrsg.), Bürgerliches Gesetzbuch mit Einführungsgesetz und Nebengesetzen, Schuldrecht IV/2, Bd. 5/2, §§ 823–853, 12. Aufl., Stuttgart/Berlin/Köln 1999 (zit.: Soergel/Zeuner)

Zimmer, Daniel, Das Recht der Leistungsstörungen, NJW 2002, S. 1–12

Zitelmann, Ernst, Nichterfüllung und Schlechterfüllung. Selbstmahnung des Schuldners, in: Festgabe der Bonner juristischen Fakultät für Paul Krüger zum Doktor-Jubiläum, Berlin 1911, S. 265–281

www.ingramcontent.com/pod-product-compliance
Ingram Content Group UK Ltd.
Pitfield, Milton Keynes, MK11 3LW, UK
UKHW021934290926
8980IPUK00016B/1616

9 783631 927878